财经商贸类专业校企"双元"合作开发教学改革成果教材
高等职业教育财经商贸类专业数智化教学改革教材

智能财务共享服务实务

ZHINENG CAIWU GONGXIANG FUWU SHIWU

主编 ◎ 钱文

副主编 ◎ 彭炜卿　孔菊丽　罗晗颖　李冠群

图书在版编目（CIP）数据

智能财务共享服务实务 / 钱文编. -- 上海：立信会计出版社，2025.8. --（高等职业教育大数据与会计专业数智化教学改革教材）. -- ISBN 978-7-5429-7948-3

Ⅰ．F232

中国国家版本馆 CIP 数据核字第 2025SS9276 号

策划编辑	孙　勇　吴佳璘
责任编辑	孙　勇
助理编辑	刘大伟
美术编辑	北京任燕飞工作室

智能财务共享服务实务

出版发行	立信会计出版社
地　　址	上海市中山西路 2230 号　　邮政编码　200235
电　　话	(021)64411389　　传　　真　(021)64411325
网　　址	www.lixinaph.com　　电子邮箱　lixinaph2019@126.com
网上书店	http://lixin.jd.com　　http://lxkjcbs.tmall.com
经　　销	各地新华书店
印　　刷	常熟市人民印刷有限公司
开　　本	787 毫米×1092 毫米　　1/16
印　　张	17
字　　数	392 千字
版　　次	2025 年 8 月第 1 版
印　　次	2025 年 8 月第 1 次
书　　号	ISBN 978-7-5429-7948-3/F
定　　价	49.00 元

如有印订差错，请与本社联系调换

前 言

数字化是当今世界经济社会发展的趋势,通过系统地谋划、统筹、推进数字中国建设,数字经济已成为我国经济发展的重要动力。党的二十大报告明确提出要"加快发展数字经济,促进数字经济和实体经济深度融合,打造具有国际竞争力的数字产业集群"。国家发展数字经济需要打造数字化企业,企业财务管理工作势必同步进行数字化转型。这对高等职业院校财经商贸类专业的人才培养提出了新的要求,为此,我们组织编写了本书。本书以用友 NC Cloud 财务共享服务平台为实训平台,基于企业工作场景,结合"财务数字化"职业技能等级证书考试要求编写,以促进各职业院校财经商贸类专业的数智化升级和改造。

本书共分为九个模块。财务共享服务认知;财务共享服务中心规划与设计;费用共享业务处理;采购与应付共享业务处理;销售与应收共享业务处理;资金结算共享业务处理;固定资产共享业务处理;总账报表与税务共享业务处理;财务共享服务中心运营管理。内容遵循财务共享服务规律,以立德树人为根本任务,强化课程思政,重视理实一体,突出职业特色,旨在为数字化转型中的企业培养具有数字化思维、掌握数字化工具、胜任数字化工作的新型财经商贸类人才。

本书具有以下特点:

(1)以模块为引领,以任务为驱动。本书以用友 NC Cloud 财务共享服务平台为基础,保持业务原貌,构建业财一体化情境。本书按照工作岗位和业务流程,以任务的形式设计学习内容,将所有相关知识点融入任务中,让学生在学中做、做中学,实现理论知识和实践操作深度融合,强化理实一体。

(2)校企双元合作,对接企业场景。本书编写团队有职业教育一线教师,也有行业一线技术人员和专家,他们将企业新技术、新理念、新要求融入任务中,模仿企业真实场景,确保本书内容的前沿性和实践性。

(3)应用新技术,服务新业态。本书紧跟信息技术发展趋势,在国家实施数字经济战略、加快数字产业化和产业数字化、培育新经济发展、扎实推进数字经济建设的背景下,及时纳入新技术、新规范、新业态。

(4)对接国家职业标准,实现岗课赛证融通。本书课程内容与职业岗位工作,以及"财务数字化应用""业财一体信息化应用""1+X"等职业能力等级证书标准相融合,实现产教融合,帮助学生全面发展。

(5) 践行立德树人理念,强化课程思政建设。本书坚持"立德树人"的根本目标,强化"三全育人"的人才培养过程,挖掘课程思政元素。本书把思政内容融入会计知识或技能教学过程中,做到"润物细无声"。本书注重培养学生的劳动意识、劳动态度、劳动技能和工匠精神,促进学生综合素质的提高。

本书由云南财经职业学院钱文担任主编,用友集团新道科技股份有限公司彭炜卿、云南财经职业学院孔菊丽、罗晗颖、李冠群担任副主编,云南财经职业学院吴书妤参与了本书的编写。本书的具体编写分工如下:模块1由钱文编写;模块2由罗晗颖、钱文编写;模块3由钱文编写;模块4由彭炜卿编写;模块5由孔菊丽编写;模块6由罗晗颖、钱文编写;模块7由吴书妤、钱文编写;模块8由罗晗颖、钱文编写;模块9由李冠群编写。钱文负责全书整体规划、总纂与定稿。

在本书的编写过程中,我们参考了大量专家、学者的著作和相关教材,也得到了立信会计出版社的大力支持,在此表示衷心感谢!

本书既适合高等职业教育财经商贸类专业课程教学使用,又适合社会财务工作者及财会人员培训使用。

由于编者水平有限,本书可能存在疏漏和不妥之处,恳请广大读者批评指正。联系邮箱:1204357498@QQ.COM。

编者

2025年4月

目 录

模块 1　财务共享服务认知 ···················· 1
　　任务 1　财务共享服务概述 ···················· 2
　　任务 2　财务共享服务带来的创新 ···················· 6
　　任务 3　财务共享服务模式下的责任和权利 ···················· 7
　　任务 4　财务共享服务的价值创造 ···················· 8
　　同步练习 ···················· 10

模块 2　财务共享服务中心规划与设计 ···················· 13
　　任务 1　财务共享服务中心规划与构建方法概述 ···················· 15
　　任务 2　财务共享服务中心战略规划 ···················· 19
　　任务 3　财务共享服务中心组织规划 ···················· 25
　　任务 4　财务共享服务中心流程规划 ···················· 29
　　任务 5　基于用友 NC Cloud 的财务共享服务中心初始配置 ···················· 35
　　同步练习 ···················· 42

模块 3　费用共享业务处理 ···················· 45
　　任务 1　费用报销业务 ···················· 46
　　任务 2　差旅费用报销共享业务 ···················· 48
　　任务 3　智能商旅报销共享业务 ···················· 55
　　任务 4　专项费用报销共享业务 ···················· 64
　　同步练习 ···················· 71

模块 4　采购与应付共享业务处理 ···················· 74
　　任务 1　采购应付业务 ···················· 75
　　任务 2　备品备件采购共享业务 ···················· 78
　　任务 3　原燃料采购共享业务 ···················· 88
　　同步练习 ···················· 150

模块 5　销售与应收共享业务处理 ···················· 153
　　任务 1　产成品销售业务 ···················· 154

任务 2　其他商品销售业务 …………………………………………………… 169
　　同步练习 ……………………………………………………………………… 179

模块 6　资金结算共享业务处理 ………………………………………………… 182
　　任务 1　收付款合同结算业务 ………………………………………………… 184
　　任务 2　外部委托付款业务 …………………………………………………… 200
　　同步练习 ……………………………………………………………………… 205

模块 7　固定资产共享业务处理 ………………………………………………… 208
　　任务 1　固定资产新增业务 …………………………………………………… 209
　　任务 2　固定资产变动业务 …………………………………………………… 221
　　同步练习 ……………………………………………………………………… 225

模块 8　总账报表与税务共享业务处理 ………………………………………… 228
　　任务 1　总账报表及 RPA 应用共享 …………………………………………… 230
　　任务 2　税务共享业务 ………………………………………………………… 235
　　同步练习 ……………………………………………………………………… 239

模块 9　财务共享服务中心运营管理 …………………………………………… 240
　　任务 1　财务共享作业绩效管理 ……………………………………………… 242
　　任务 2　财务共享作业质量稽核 ……………………………………………… 251
　　同步练习 ……………………………………………………………………… 260

参考文献 ……………………………………………………………………………… 263

模块 1 财务共享服务认知

学习目标

知识目标

1. 了解财务共享服务的含义
2. 熟悉财务共享服务中心常用的 IT 技术
3. 熟悉财务共享服务中心常用的信息系统

技能目标

1. 在共享模式下,能够说明高影仪、高速扫描仪、扫码枪、双屏、打印机等设备的用途及主要应用情境
2. 在共享模式下,能够说明流程平台、影像系统、作业平台、移动报销系统的含义和作用
3. 在共享模式下,能够识别不同的财务共享服务中心模式

素养目标

1. 增强岗位责任意识
2. 培养团队意识

学习重点

1. 财务共享服务常用的设备
2. 财务共享服务带来的革新
3. 财务共享服务中心的职责定位

学习难点

财务共享服务常用的设备

思维导图

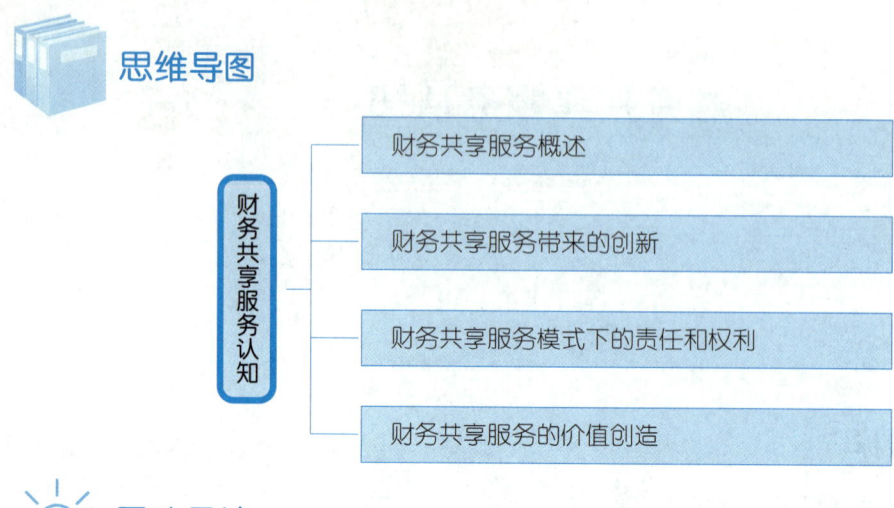

思政导读

加快建设"数字中国",财务共享服务势在必行

习近平总书记在中国共产党第二十次全国代表大会上指出:"必须坚持科技是第一生产力、人才是第一资源、创新是第一动力,深入实施科教兴国战略,人才强国战略,创新驱动发展战略,开辟发展新领域新赛道,不断塑造发展新动能新优势。"党的二十大报告强调,要加快建设数字中国,加快发展数字经济,促进数字经济和实体经济深度融合,打造具有国际竞争力的数字产业集群,进一步强化创新驱动发展战略。

2024年6月28日,第十四届全国人民代表大会常务委员会第十次会议表决通过《关于修改〈中华人民共和国会计法〉的决定》,自2024年7月1日起施行。其中,第二条规定:"会计工作应当贯彻落实党和国家路线方针政策、决策部署,维护社会公共利益,为国民经济和社会发展服务。"第八条规定:"国家加强会计信息化建设,鼓励依法采用现代信息技术开展会计工作,具体办法由国务院财政部门会同有关部门制定。"这明确了国家加强会计信息化建设的方向。

在此背景下,大中型集团企业建设财务共享服务中心(Financial Shared Service Center,FSSC)已不仅是提升效率之需,更是落实国家战略的关键举措。

任务 1 财务共享服务概述

一、共享服务的定义

在多业务单元的集团化运营组织中,组织将企业原来分散在各个业务单元内、具有高度相似性的专业职能抽取出来,成立独立的职能执行机构行使这些职能,提供统一服务,各个业务单元以服务采购的方式来共享这一职能服务,即共享服务(shared services)。

二、共享服务产生的原因

1. 共享服务产生的外部原因

共享服务产生的外部原因主要有以下四个：

（1）经济全球化。随着世界经济的发展，一些企业经济活动超越国界，通过对外贸易、技术转移、资本流动、提供服务、相互联系、相互依存而形成的有机经济整体。

（2）企业全球化。如今，一些企业跨越国界，在全球范围内进行生产、销售、投资和运营。

（3）管理思想与模式转变。为了让员工为企业提供更高价值，企业要为员工提供简单易行的智能应用，提高员工满意度。

（4）移动互联、云计算、大数据等科技的发展。新兴技术打通企业内部和外部更多的接口，企业可以直接获取、归集、使用更多的数据，大大地提高了各类数据的准确性与实时性，为业务提供各类大数据洞察分析。

2. 共享服务产生的内部原因

共享服务产生的内部原因主要有以下四个：

（1）成本不断增加。传统的分散的职能模式（如各个分公司、子公司均设财务、人力资源等部门）导致企业的成本居高不下，这必然对企业的发展造成影响。

（2）管控难以统一。不同地区分公司、子公司的财务安全管理、人力资源管理、资源配置等都各自为政，没有统一的标准和规范进行协调，企业难以实现统一管控，难以做大做强，难以实现扩张。

（3）集团知情权受到挑战。处在不同地域的分公司、子公司财务、绩效如果得不到正确反映，集团将无法预测投资结果，就不愿意投资，这会使企业的扩张受阻。

（4）经营和财务风险不断增加。在传统模式下，一个分公司、子公司出现问题可能造成其他分公司、子公司的连锁反应，使集团的发展扩张。

在上述内外部因素的共同驱动下，集团企业为了在跨区域范围内获得长期的竞争优势，不断探索新型管理模式，共享服务管理模式应运而生。

三、财务共享服务的定义

依托于信息技术，以财务业务流程处理为基础，以优化组织结构、规范流程、提升流程效率、降低运营成本或创造价值为目的，以市场视角为企业内外部客户提供专业化生产服务的分布式管理模式，叫做财务共享服务。这是国际财务共享服务管理协会（International Financial Shared Service Association，IFSS）给出的定义。财务共享服务中心是实现财务共享服务的具体组织或实体，是企业内部专门负责集中处理标准化财务流程的部门或机构。

财务共享服务是共享服务的一种，强调以信息技术为依托、以业务流程为核心、多样化实施动机、市场化视角、生产式服务等。企业建立财务共享服务中心前后的财务部门结构差异如图1-1所示。

四、财务共享服务常用的设备

财务共享服务常用的设备包括软件设备和硬件设备。

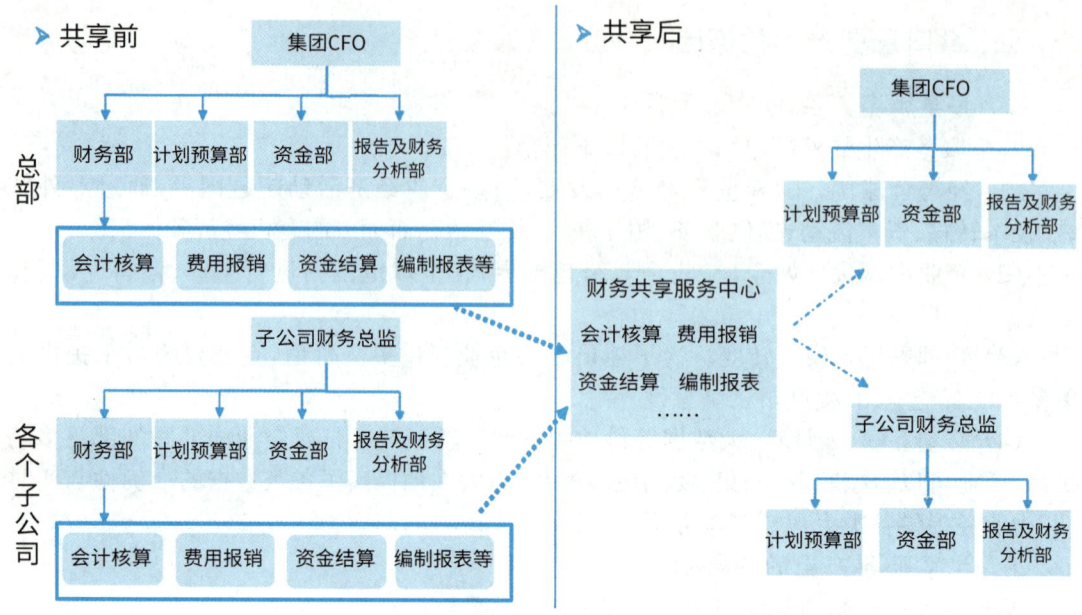

图 1-1　企业建立财务共享服务中心前后的财务部门结构差异

1. 软件设备

财务共享服务中心常用的 IT 技术很多，本章主要介绍以下几种：

（1）云化技术。云化技术是指企业的软件应用上网或上云的技术，如 SaaS、专属云等。

（2）智能化技术。智能化技术是指由计算机软件或计算机驱动的硬件替代或部分替代人类的体力或脑力劳动的技术，如智能报税、电子档案等相关的技术。

（3）多端化技术。多端化技术是指企业软件应用的输入输出（人机交互）可以用 PC 机及各种类型的智能设备完成的技术，如智能手机、平板电脑等相关的技术。

（4）社会化技术。社会化技术是指企业内部信息系统与企业外部系统进行实时交易互动的技术，如税务机构、商旅服务平台等相关的技术。

（5）自助服务技术。自助服务技术是指由非财务人员向财务共享服务信息系统发起共享业务请求的技术。

（6）流程引擎与消息平台技术。流程引擎与消息平台技术是指为了实现流程任务驱动与工作协同而搭建平台的技术。

（7）动态组织建模技术。动态组织建模技术是指为了适应企业组织结构或财务共享服务中心服务变化而构建的可配置的"组织模型"的技术。

（8）影像技术。影像技术是指财务共享服务中心业务处理所需异地原始凭证电子图片文件的技术。

（9）二维码或条码技术。二维码或条码技术是指用于链接存储单据或凭证的关键数据信息的技术，便于用扫码枪或其他设备进行数据采集。

（10）光学字符识别（OCR）技术。光学字符识别技术是指将图片上的文字内容识别出来并自动导入财务共享服务信息系统的技术。

（11）银企直连技术。银企直连技术是指将企业的管理信息系统与银行综合业务系统实现互联网对接的技术,便于企业直接在管理信息系统中处理银行账户的查询、转账、资金归集、信息下载等业务。

财务共享服务中心常用的 IT 应用系统主要有共享作业平台、报账平台、影像系统、资金平台系统等类型,财务共享服务中心常用的 IT 应用系统架构如图 1-2 所示。

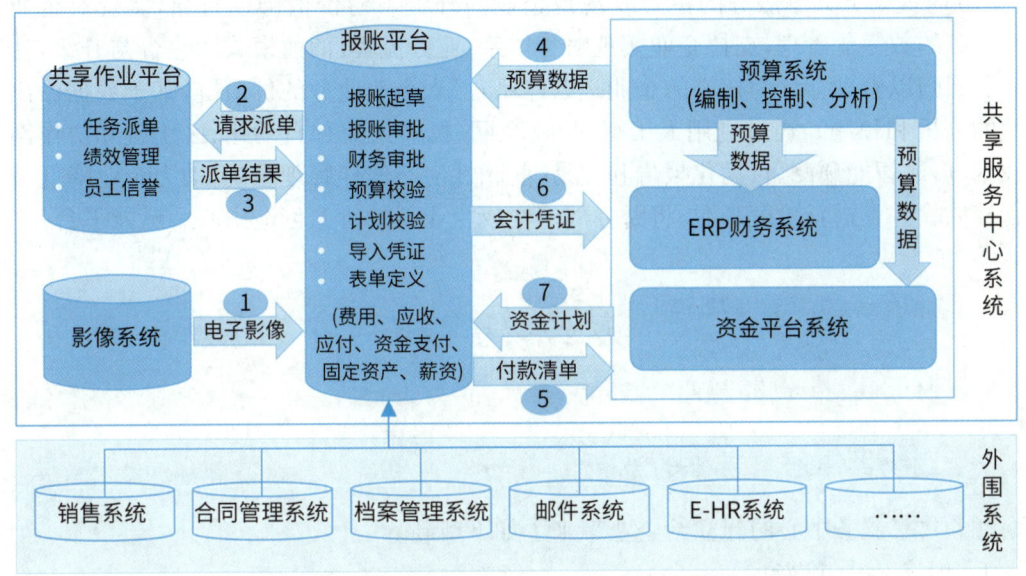

图 1-2 财务共享服务中心常用的 IT 应用系统架构

2. 硬件设备

财务共享服务中心常用硬件设备及使用场景主要有以下几种:

(1)高影仪。高影仪主要用于将物理凭证转换成影像文件。

(2)高速扫描仪。高速扫描仪主要用于连续扫描多张纸质凭证并将其转换成影像文件。

(3)打印机。打印机主要用于打印系统单据。

(4)扫描枪或扫码枪。扫描枪或扫码枪主要用于识别二维码或条码,并采集码中数据。

五、财务共享服务的发展历程

财务共享服务的发展经历了三个时代。

1. 财务共享服务 1.0 时代

1.0 时代财务共享服务的主要表现是利用影像平台、作业平台、运营平台,实现移动报账、影像采集、资料邮寄、派单抢单(共享作业)和档案管理等功能。具体业务中,对内业务主要包括员工报销、总账报表、资产管理和合同管理;对外业务主要包括与供应商、客户相关的流程处理以及与银行、税务机关的对接,需要银企直联和报税软件处理。

2. 财务共享服务 2.0 时代

2.0 时代财务共享服务的主要表现是财务共享服务中心连接外部的商旅、供应商、电子采购、电子商务及内部的各种业务系统构成企业实时的交易系统,打通端到端流程的实时数据流。连接政府税务平台,构成税务管理系统;连接银行金融机构,企业全球资金管理和结算支付系统。通过社会级的连接实现业财税资一体化的财务共享服务中心。

3. 财务共享服务3.0时代

3.0时代财务共享服务的主要表现是企业内外上下游价值链已打通,实现对企业更广泛业务的数字化管理,支持企业实现财务体系、业务流程、商业模式的整合与升级,让财务人员回归以管理会计为核心的企业运营体系,深入企业业务的价值链,基于数据做出前瞻性的分析和预测。通过应用人工智能、物联网、机器人流程自动化、区块链和协作网络等技术,形成智能预测、自动化报告和交易、前瞻性生态伙伴管理系统,助力企业降低成本和管控风险并发掘新价值来源,将财务部门变成企业新的价值创造中心和赋能平台。

任务 2　财务共享服务带来的创新

一、财务共享服务带来的革新

财务共享服务中心的建立给企业带来了如下革新。

1. 财务人员革新

财务共享服务中心建成之后,集团企业成员单位财务的基础工作被共享中心替代,财务人员能够从繁琐的基础业务中解脱出来。这必然导致集团对传统财务人员的需求减少,促进财务人员由核算型人才向管理型人才转变,促进了财务人员革新。

2. 核算系统革新

集团内的财务系统借助信息系统的支撑实现了财务共享,促进了财务核算体系革新。

3. 组织结构革新

财务共享服务中心的建立,财务职能专业化的分工,使企业集团财务管理能力得到提升,促进了财务组织结构革新。

4. 财务流程革新

将易于标准化的财务业务进行流程化、标准化、制度化建设,促进了财务流程革新。

5. 价值观念革新

集团企业要转变财务管理的思维理念、转变财务管理模式,财务共享服务将提高企业的管理效能,促进了企业价值观念革新。

二、财务共享服务促进了财务管理转型

财务共享服务弱化了交易业务处理,强化了决策支持服务,使会计核算由财务会计向管理会计转变,从繁重的会计作业、复杂的账簿管理、低效的手工对账向实现战略管控落地、突出财务服务意识、持续提高企业价值转变。财务共享服务的决策支持服务如图1-3所示。

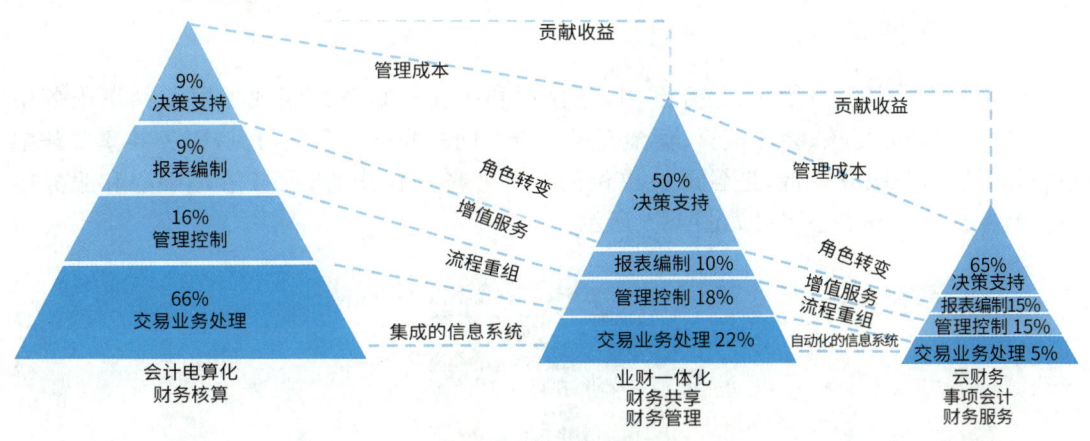

图 1-3 财务共享服务的决策支持服务

任务 3　财务共享服务模式下的责任和权利

一、财务共享服务模式下的财务责权

在财务共享服务模式下,企业应该合理划分财务的责任和权利。企业总部或企业财务的责任和权力主要是实施战略财务,作为管理层处理公司决策与资源配置。成员单位财务的责任和权利主要是协调和推进业务、财务工作,整合业财一体化。财务共享服务中心的责任和权利主要是记录和控制业务财务,实现共享财务。财务共享服务模式下的财务责任和权利如图 1-4 所示。

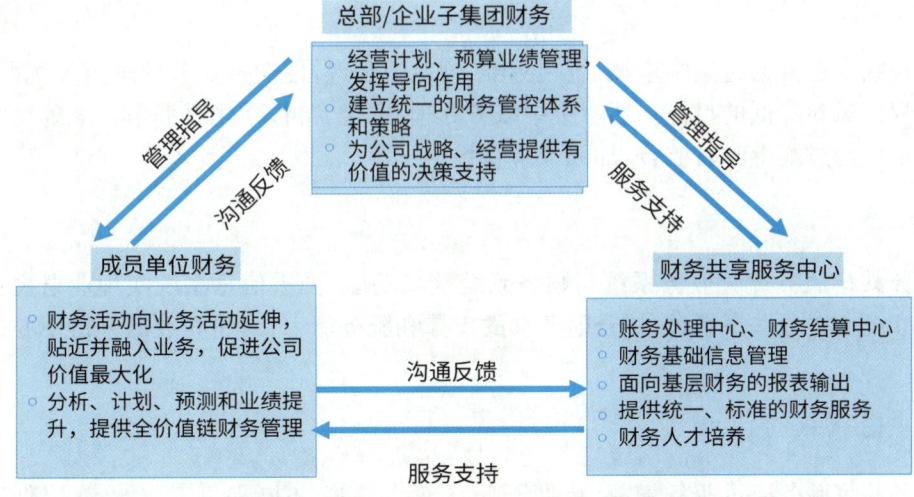

图 1-4　财务共享服务模式下的财务责任和权利

二、财务共享服务中心的职责定位

由企业集团总部财务部、业务部门、分公司和子公司财务部组成的财务共享服务中心,负责提供财务复核、会计核算、资金支付三个方面的服务。由此可见,财务共享服务中心是集团的财务服务平台,是各成员单位的会计业务运作中心、财务管理中心和服务中心。财务共享服务中心职责如图 1-5 所示。

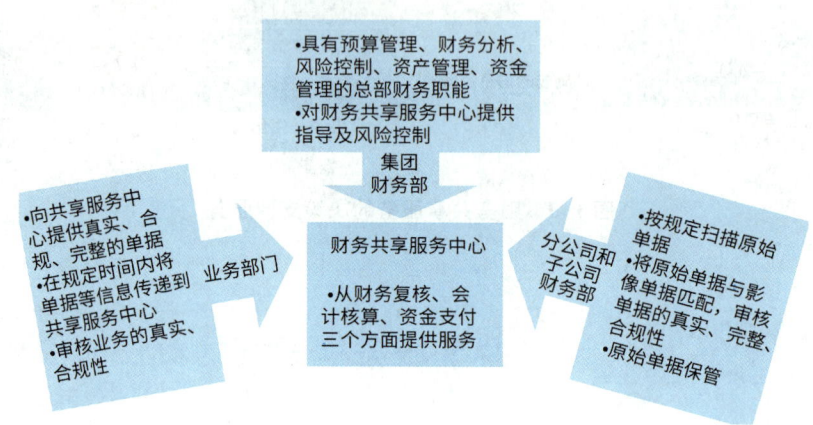

图 1-5　财务共享服务中心职责

任务 4　财务共享服务的价值创造

财务共享服务给大型企业集团带来了不局限于以下的价值。

一、强化风险管控

财务共享服务通过集中审核、统一标准、规范流程等,使财务业务处理更加规范有效,实现合规性风险降低的目标。通过集中账务处理、资金支付,强化财务信息准确性和资金支付安全。通过线上时时监督,加强风险管控。

二、统一信息平台

财务共享服务优化业务系统与财务系统接口功能,推进信息系统实现业财税资一体化。建立统一财务共享平台,提升财务部的支撑和服务能力,为建立数据分析中心提供数据支持。

三、降低运营成本

财务共享服务通过业务集中、专业分工、流程合并等,不断提高工作效率,降低运营成本。建立统一的信息化平台和有效的系统集成,实现业财高度集成和一体化操作,实现财务共享规模化效应,进一步降低财务运营成本。

四、促进财务转型

财务共享服务促进总部和分公司及子公司财务组织专业化分工,尤其是通过共享服务建设,为提升分公司和子公司财务人员的决策支持能力奠定了基础,为业务部门提供更优的服务,进而满足公司战略发展要求。

同步练习

一、单项选择题

1. 大型集团企业非常推崇财务共享服务中心的模式,不是因为(　　)。
   A. 企业认为这是一种时尚
   B. 经济全球化
   C. 企业全球化
   D. 新兴科技的出现,如大数据、云计算、移动技术应用等

2. 集团企业的财务工作如果分为战略财务和管控、业务分析和支持、财务交易处理三个层面,则共享服务中心的作业属于(　　)层面。
   A. 战略财务和管控　　　　　　　　B. 业务分析和支持
   C. 战略财务和管控及业务分析和支持　　D. 财务交易处理

3. 下列选项中,对财务共享服务中心的描述不正确的是(　　)。
   A. 财务共享服务中心的建立目的之一是支撑集团的管理会计
   B. 财务共享服务中心可以优化企业人力成本
   C. 财务共享服务中心是一种集团财务管理模式
   D. 财务共享服务中心只是一套信息化系统

4. 下列选项中,对财务共享服务中心的描述不正确的是(　　)。
   A. 共享服务中心的终极目标是成为独立的利润中心
   B. 一个超大型或大型集团企业可以建立多个共享中心
   C. 财务共享服务中心选址可以随便选在哪里
   D. 财务共享服务中心提供服务需要跟被服务对象签署服务协议

5. 下列选项中,对财务共享服务组织的描述不正确的是(　　)。
   A. 企业财务共享服务中心必定受企业财务部管理
   B. 财务共享服务中心可以作为企业成本中心
   C. 财务共享服务中心可以作为企业利润中心
   D. 财务共享服务中心可以单独成为一个公司

6. 业务财务负责业务单元的分析并提供支持,是财务共享服务带来的财务职能优化部分之一,下列选项中,不是其具体工作的是(　　)。
   A. 支持业务单元的计划、预测与预算
   B. 支持业务单元的投资分析、成本费用分析、营利性分析以及其他财务分析
   C. 为业务单元提供经营决策支持
   D. 制定财务制度、规范和政策

7. 财务核算标准化是财务共享服务中心模式所要求的内容,其带来了很多好处,但不包括的是(　　)。
   A. 满足业务单元不同核算要求　　　　B. 同级公司间财务数据具有可比性

C. 核算准确   D. 核算规范

8. 财务共享服务中心是集团企业将分散在各成员单元的部分财务工作剥离出来进行集中处理的组织。这部分财务工作的特点是（　　）。
   A. 易于标准化   B. 同质化
   C. 重复性   D. 易于标准化、同质化、重复性

9. 财务共享服务中心使用双屏电脑工作的原因是（　　）。
   A. 业务量太大
   B. 为了使工作环境看上去更专业
   C. 原始单据影像和系统业务单据分屏展示便于审核
   D. 以上都不是

10. 下列选项中，不属于财务共享服务中心特征的是（　　）。
    A. 规模性   B. 服务性
    C. 技术性   D. 以上均不是

二、多项选择题

1. 共享服务产生的外部原因有（　　）。
   A. 经济全球化   B. 企业全球化
   C. 管理思想与模式转变   D. 移动互联、云计算、大数据等科技发展

2. 共享服务产生的内部原因有（　　）。
   A. 成本不断增加   B. 管控难以统一
   C. 集团知情权受到挑战   D. 经营和财务风险不断增加

3. 财务共享服务中心业务范围的特征有（　　）。
   A. 给企业带来高价值   B. 低价值且重复性高
   C. 可标准化的流程   D. 属地化管理要求较低

4. 财务共享服务中心模式优化人才结构的优点有（　　）。
   A. 共享中心专注于财务管理
   B. 每个业务单元都有自己的财务核算团队
   C. 可以在集团范围进行人员结构有效调配
   D. 业务单元财务部门可以重点提升财务管理职能

5. 下列关于财务共享服务的说法中，正确的有（　　）。
   A. 业务单位的工作标准可以不统一
   B. 业务单位可以聚焦发展自己的核心竞争力
   C. 不容易保证服务质量
   D. 有利于强化风险控制

6. 战略财务负责财务规划和管控，财务共享服务中心把财务工作内容显性化地划分为3个部分，具体包括（　　）。
   A. 风险管控和绩效管理   B. 税务筹划
   C. 制定财务战略和规划   D. 资金和投融资管理

7. 企业建立财务共享服务中心的主要目的有（　　）。
   A. 控制经营和财务风险

B. 通过共享中心建立,加大集中管控力度
C. 获得及时有效的数据,并据此帮助集团企业进行正确的决策
D. 集团企业完全不需要在各个业务单位配置财务人员

8. 财务共享服务带来的财务职能优化是把财务工作显性化地划分为(　　)。
   A. 集团财务　　　B. 战略财务　　　C. 业务财务　　　D. 共享财务

三、判断题

1. 集团企业将分散在各成员单元的同质化、重复性和易于标准化的财务工作剥离出来进行集中处理,这个集中处理的组织叫做财务共享服务中心。（　　）
2. 财务共享服务的发展经历了三个时代,其中,财务共享服务1.0时代强调业财税资一体化。（　　）
3. 财务共享服务的发展经历了三个时代,其中,财务共享服务3.0时代强调财务数智化中台。（　　）
4. 企业在逐步建立财务共享服务中心的过程中会带来一系列革新,其中最主要的是革新价值理念。（　　）
5. 财务共享特征的统一性是指将操作模式、操作流程、操作标准进行统一,建立标准化的业务流程操作体系。（　　）
6. 财务共享服务中心的职责定位是指由企业集团财务部、业务部门、分公司、子公司财务部组成的财务共享服务中心,负责提供会计核算方面的服务。（　　）

模块 2 财务共享服务中心规划与设计

 学习目标

知识目标

1. 掌握财务共享服务中心构建方法
2. 熟悉财务共享服务中心战略定位模式的概念及规划方法
3. 熟悉"三角财务组织"(战略财务、业务财务、共享财务)的总体职责划分
4. 熟悉财务共享服务中心选址的规划和评估方法
5. 理解端到端业务流程设计原则

技能目标

1. 能够根据企业案例资料,获取与企业财务共享服务中心建设相关的关键信息
2. 能够用沙盘工具进行企业初始状态摆盘
3. 能够利用沙盘推演案例企业财务共享服务中心的规划与设计过程
4. 能够根据"三角财务组织"的职责边界,调整原有财务部门及其职责
5. 能够给出关于案例企业财务共享流程优化路径的建议

素养目标

1. 培养学生爱岗敬业、诚实守信的会计职业道德
2. 引导学生运用辩证唯物主义世界观和方法论学习财务知识
3. 培养学生团队协作和沟通协调能力

学习重点

1. 掌握财务共享服务中心构建方法
2. 根据企业案例资料,用沙盘工具进行初始状态摆盘
3. 利用沙盘推演案例企业财务共享服务中心的规划与设计过程

学习难点

1. 利用沙盘推演案例企业财务共享服务中心的规划与设计过程
2. 根据沙盘模拟结果撰写和呈现财务共享服务中心高阶规划方案

思维导图

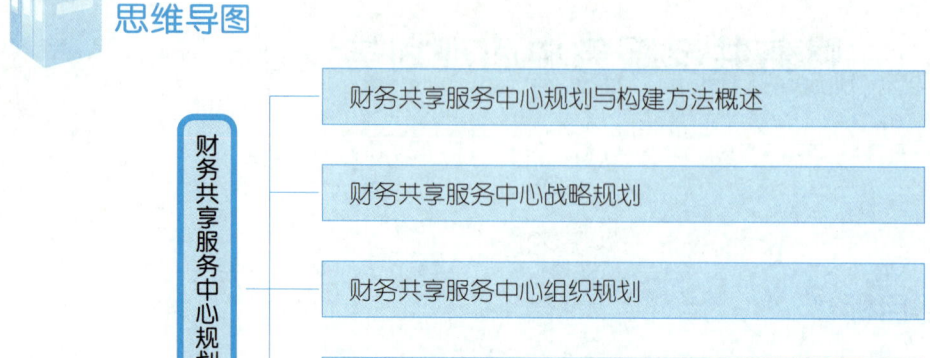

```
                        ┌─ 财务共享服务中心规划与构建方法概述
                        │
                        ├─ 财务共享服务中心战略规划
财务共享服务中心规划与设计 ┼─ 财务共享服务中心组织规划
                        │
                        ├─ 财务共享服务中心流程规划
                        │
                        └─ 基于用友 NC Cloud 的财务共享服务中心初始配置
```

思政导读

智领变革：财务共享服务中心的规划之道与职业担当

鸿途集团股份有限公司（以下简称"鸿途集团"）是一家多元化的大型企业，近年来，随着业务的快速扩张，集团财务管理的复杂性和成本也在不断增加。为了提升管理效率，集团决定建设财务共享服务中心。作为集团财务部的一员，小李被委以重任，负责财务共享服务中心的规划与设计工作。

小李深知，财务共享服务中心的建设不仅关系到企业的运营效率，而且关系到集团未来的战略发展。在项目启动初期，他带领团队深入调研，分析了集团各板块的财务现状，发现很多流程存在重复、低效的问题。为了优化流程，小李提出了"端到端"的流程设计原则，力求通过标准化和自动化，减少人为干预，提升财务处理的效率和准确性。

然而，项目的推进并非一帆风顺。在财务共享服务中心的选址问题上，团队成员意见不一。有人主张将财务共享服务中心设在成本较低的二线城市，以节省开支；有人认为应该设在集团总部所在地，便于沟通和管理。面对分歧，小李没有急于做出决定，而是带领团队进行了详细的数据分析和实地考察。他们综合考虑了地区经济水平、人才供给、基础设施等因素，最终选择了郑州作为财务共享服务中心的所在地。这一决定不仅降低了运营成本，还确保了财务共享服务中心与集团总部的紧密协作。

在财务共享服务中心的建设过程中，小李始终坚守职业道德，确保每一个决策都符合集团的长远利益。有一次，某供应商试图通过不正当手段影响财务共享服务中心的采购流程，小李果断拒绝了对方的"好意"，并严格按照集团的规定执行采购流程。他深知，作为财务人员，廉洁自律是最基本的职业操守，任何一点疏忽都可能给企业带来巨大的风险。

经过一年的努力，财务共享服务中心终于成功上线。它不仅大幅降低了集团的财务成本，还提升了财务数据的准确性和透明度。集团高层对小李的表现给予了高度评价，但他却谦虚地说："这是团队共同努力的结果，我只是尽了自己的责任。"

财务人员不仅要具备专业的知识和技能，而且要有强烈的责任感和职业道德。在企业的数字化转型过程中，每一个决策都关系到企业的未来，只有坚守原则、勇于担当，才能在变革中实现个人与企业的共同成长。

任务 1　财务共享服务中心规划与构建方法概述

一、财务共享服务中心规划与构建方法选择

财务共享服务中心是一项长期、系统、动态的会计和报告业务管理方式，将不同国家、地点的实体会计业务拿到一个共享服务中心（shared service center，SSC），保证了会计记录和报告的规范、结构统一，节省了系统和人工成本。企业的经营环境、战略目标、运营模式、财务制度、财务管理战略、信息系统建设程度等，均会对财务共享服务中心的建设产生影响。

企业构建财务共享服务中心，要确定财务共享服务的定位及目标，对关键因素进行评估和规范。影响财务共享服务中心建设成功与否的因素包括：地点（site）、流程（process）、组织和人员（organization and people）、监管与法规（regulatory and legal）、技术（technology）、服务关系管理（service relationship management）六要素，简称 SPORTS。财务共享服务中心构建六要素如图 2-1 所示。

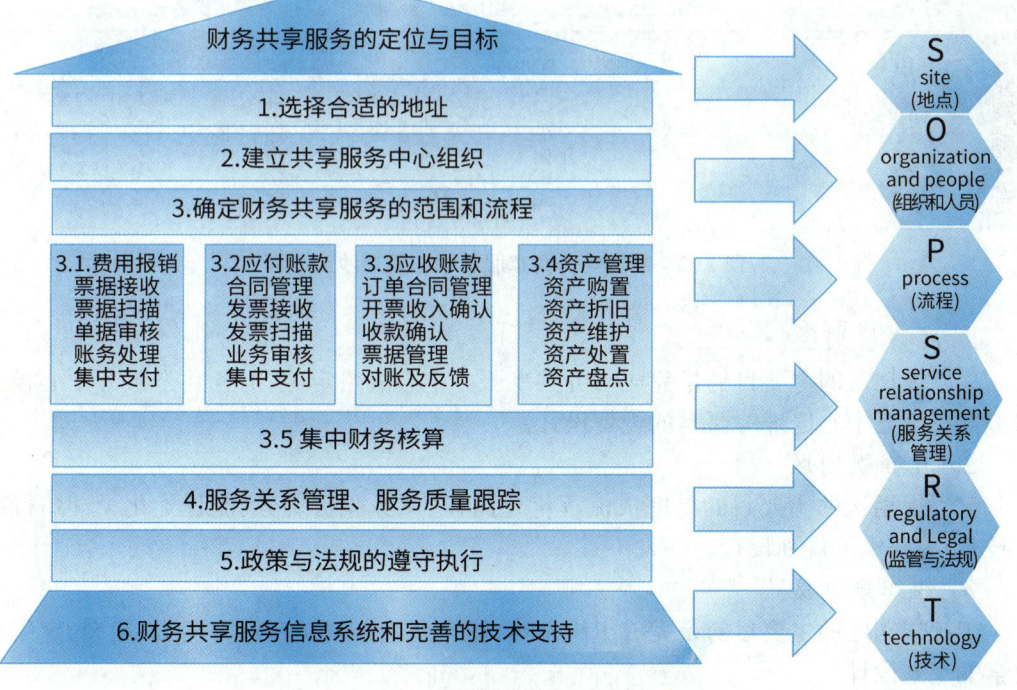

图 2-1　财务共享服务中心构建六要素

二、财务共享服务中心规划与构建沙盘认知

沙盘模拟是利用先进的现代企业经营与管理技术——ERP(企业资源计划系统),设计的角色沉浸式体验实验平台。沙盘模拟按照制造企业的职能部门划分职能中心,包括营销与规划中心、生产中心、物流中心和财务中心,各职能中心涵盖了企业运营的所有关键环节。企业通过沙盘模拟经营,能培养团队精神,全面提升管理能力。

(一)沙盘盘面

本书中的财务共享服务中心规划沙盘以新道财务共享服务中心建设方法为依据,将盘面提炼为"3区要素",具体包含战略规划区、流程规划区、组织规划区3个区域。新道财务共享服务中心规划沙盘盘面如图2-2所示。

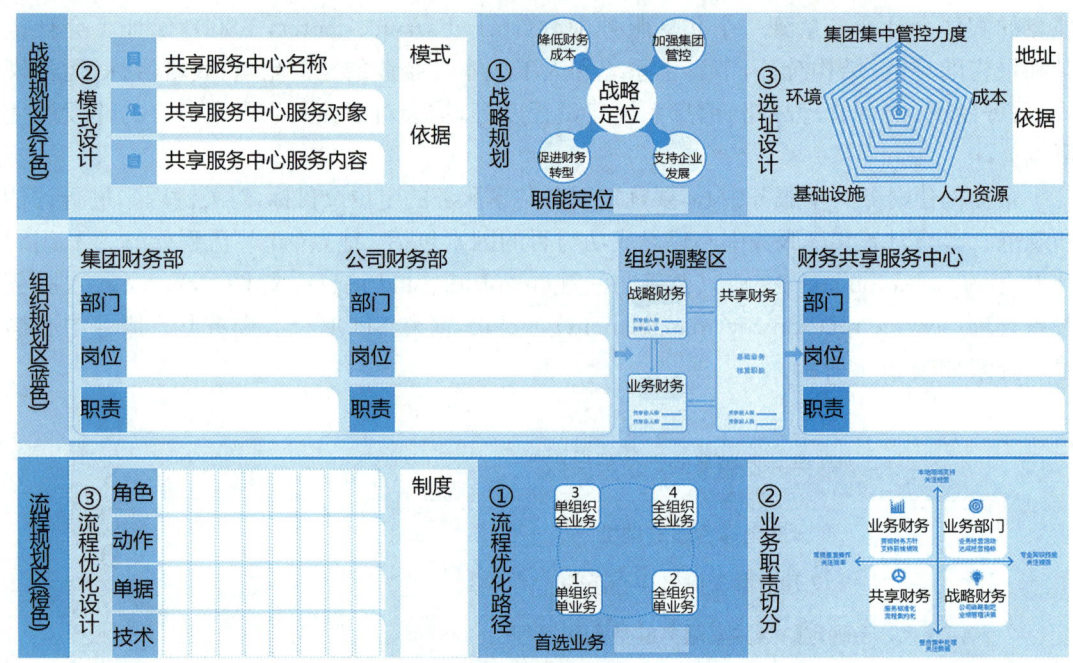

图2-2 新道财务共享服务中心规划沙盘盘面

1. 战略规划区

战略规划区的主要目的是完成财务共享服务中心战略定位、财务共享服务中心模式、财务共享服务中心选址等要素的规划设计。

2. 流程规划区

流程规划区的主要目的是完成流程优化路径、业务职责切分、流程优化设计(含制度与技术)等要素的规划设计。

3. 组织规划区

组织规划区的主要目的是完成组织架构、职责调整、人员"三定"(定责、定岗、定编)等要素的规划设计。

(二)沙盘卡片

沙盘盘面用不同分类色条区分沙盘3个规划区使用的卡片,战略规划区卡片分类色

条为红色,流程规划区卡片分类色条为蓝色,组织规划区卡片分类色条为橙色。

(三)沙盘初始状态摆盘

初始状态摆盘就是将企业的现状信息在沙盘盘面上进行复盘。

1. 战略规划区初始状态摆盘

根据企业的现状数据填写如表2-1所示的企业基础信息表。

表 2-1　企业基础信息表

名称	年营业收入（亿元）	财务人员数量（人）	财务人员效率（万元/人）	财务管理人员数量（人）	财务管理人员占比
集团合计					
板块(业务单元)1					
板块(业务单元)2					
板块(业务单元)3					
……					
集团财务部					

2. 流程规划区初始状态摆盘

根据企业资料,将企业的财务核算业务流程进行摆盘,包含动作、角色、单据卡片。

3. 组织规划区初始状态摆盘

根据企业资料,将集团财务部门组织结构进行摆盘,包含部门、岗位、职责等信息,统计现有财务角色的人数并写在角色卡片的括号中。

三、沙盘初始状态摆盘实操

> **任务情景**
>
> 鸿途集团始创于1987年,经过30余年的发展,已成为集水泥、旅游、铸造为主体的多元化股份制企业。2018年,集团以160亿元的营业收入进入2018年中国企业500强榜单。各板块营业收入中水泥80亿元,旅游32亿元,铸造24亿元,煤焦化22.4亿元,其他1.6亿元。之后,集团提出"产业多元化、产品专业化、管理现代化、市场国际化"的总体发展战略,借助现代化、信息化手段,全力打造"数字鸿途"。
>
> 鸿途集团水泥有限公司(以下简称"鸿途水泥"),是国家重点支持的前3家水泥企业(集团)之一,是国家重点支持兼并重组的五大水泥企业之一,2011年12月23日,鸿途水泥在港交所主板成功上市。旗下公司覆盖河南、辽宁、山东、安徽、山西、内蒙古、新疆、天津等省市。集团积极适应国家及行业政策的变化,通过先进的技术装备、合理的区域布局、充足的资源储备、规范的管理及品牌优势、致力于环境保护及可持续发展,集团得以实现快速发展,并维持及加强河南和辽宁两省的市场领导地位。鸿途集团组织架构图和鸿途集团沙盘各板块基础信息扫描二维码2-1获取。

二维码2-1
鸿途集团组织架构图及沙盘各板块基础信息

要求: 根据任务情景内容完成鸿途集团沙盘初始状态摆盘任务。

操作步骤

1. 战略规划区初始状态摆盘

根据任务情景中企业的现状数据填写鸿途集团企业基础信息表,如表2-2所示。

表 2-2　鸿途集团企业基础信息表

名称	年营业收入（亿元）	财务人员数量（人）	财务人员效率（万元/人）	财务管理人员数量（5级及以上）（人）	财务管理人员占比
鸿途集团	160	300	5 300	42	14%
水泥板块					
旅游板块					
铸造板块					
煤焦化板块					
集团财务部					

2. 组织规划区初始状态摆盘

根据任务情景中的企业资料，将鸿途集团的集团财务部门组织结构进行摆盘，组织规划区初始状态摆盘示例如图 2-3 所示。

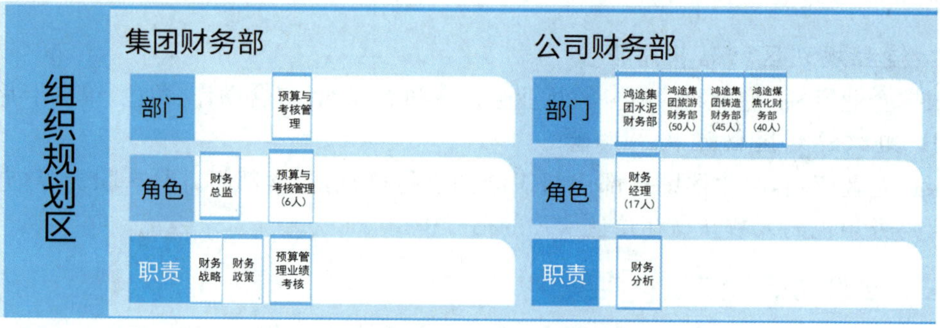

图 2-3　组织规划区初始状态摆盘示例

3. 流程规划区初始状态摆盘

根据任务情景中的企业资料，将鸿途集团的财务核算业务流程进行摆盘，流程规划区初始状态摆盘示例如图 2-4 所示。

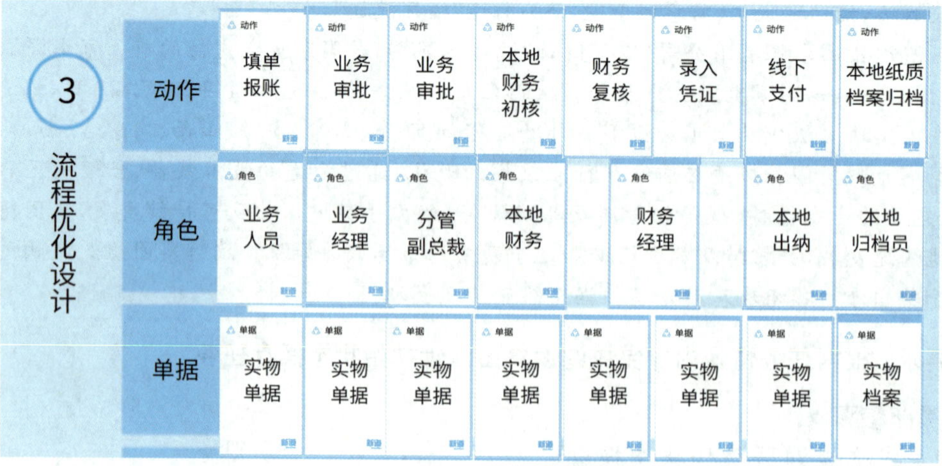

图 2-4　流程规划区初始状态摆盘示例

任务 2　财务共享服务中心战略规划

一、财务共享服务中心战略定位选择

财务共享服务中心战略定位有以下几个方面,企业需要根据自身的战略来进行优先级排序和选择,国内企业建设财务共享服务中心主要是围绕以下四个方面进行考量。

1. 加强集团管控

基于加强集团管控战略定位的财务共享服务中心更侧重于管理职能。集团通过制定统一的流程制度、建设统一的管理信息系统,形成集团集中化和标准化管理模式,整合财务管理和风险控制资源,对集团下属公司实施财务全程化、实时性监控,提高集团的综合掌控能力、支撑集团公司的发展战略。

2. 降低财务成本

降低财务成本是指通过对基础性、事务性工作的集中处理,一个财务人员可以处理几个公司的相同岗位的业务,从而在业务量不变的同时减少了人员,使原来成百上千人在不同子公司完成的工作由一个财务共享服务中心完成,提高了财务核算的效率,降低了原本分散在各单位的工作量所需费用,节约了人工成本。

3. 支持企业发展

公司在新的地区建立子公司或收购其他公司,财务共享服务中心能马上为这些新建的子公司提供服务。同时,公司管理人员能更好地把精力集中在公司的核心业务上,将其他的辅助功能交给财务共享服务中心完成,使更多财务人员从会计核算中解脱出来,为公司业务部门的经营管理和高层领导的战略决策提供高质量的财务决策支持,促进核心业务发展。

4. 挖掘数据价值

随着企业体量的增大、层级的增多,管理决策越来越复杂,因此,财务只有发挥更多的管理职能,才能为决策层提供具有参考价值的决策分析数据和报表。财务核算也必须更加细致化和专业化,才能为企业提供更好的具有管理价值的财务分析数据,而财务共享服务中心是企业集团集聚数据资源的最佳平台。

二、财务共享服务中心建设目标的确定

企业建设财务共享服务中心首先应该立足财务本身,与公司财务管理战略目标保持一致,纵向服务于公司发展战略,横向匹配公司 IT 信息化建设战略规划,在此基础上明确财务共享中心战略定位,定义财务共享中心建设的短期目标、中期目标和长期目标。短期目标通常为第 1~2 年的目标,中期目标通常为第 3~5 年的目标,长期目标通常为第 6~10 年的目标。

三、财务共享服务中心推进路径选择

财务共享服务对很多企业而言是一次财务革命,因此,在财务共享服务中心建设上,

不同企业会根据企业实际发展需要,一般采用以下两种不同的推进路径:一是先试点后推广,即从单业务或单组织开始试点,逐步推广到全业务或全组织范围内,先点后面、易于控制风险。二是一次性建设,即一次性在全业务、全组织范围内建设财务共享服务中心。两种推进路径都有各自的优缺点,企业要根据企业特点及需要择优选择,财务共享服务中心推进路径的比较及选择建议如表 2-3 所示。

表 2-3 财务共享服务中心推进路径的比较及选择建议

推进路径	先试点后推广	一次性建设
适用客户群	管控力度较弱,执行力适中的集团企业;业务类型多样、业态较多、核算相对比较复杂、地域分布比较广的集团企业;稳定期的集团企业	管控力度较强,执行力比较高的集团企业;业务类型不是很多样、不是很复杂,业态较少、核算相对比较简单的集团企业;信息系统相对单一,不存在太多异构系统对接问题的集团企业
优点	逐步推广,先点后面,易于控制风险;试点期变动较小,不会造成大的震荡,有益于变革推进;试点成功后可大规模快速复制	一鼓作气,能够造成大的声势,引起高层高度重视,对项目推进有帮助;不会产生多次实施带来的人员疲惫厌倦的负面情绪;应用价值高
缺点	对于试点机构的选择要慎重,既要考虑业务的全面性,也要考虑执行力、机构分布、管理现状、信息化现状等实际问题;业务在发展过程中,存在未知的可能性,试点完成后进行推广时业务可能发生变化	需要做好全面可行的规划;制订好科学严格的项目计划和管理制度,对于项目管理要求高;对于信息化基础要求高;沟通面广,需要加强共享中心内部管理,建立呼叫中心等沟通渠道
选择建议	选择推进路径时,先做项目可研分析。结合企业现状,进行必要性、可行性分析,选择最具有代表性的机构进行试点,并制订好相应的推进计划	

四、财务共享服务中心组织职能定位选择

从财务共享服务中心的组织维度来看,财务共享服务中心职能定位可以经历三个阶段的发展。

1. 成本组织

在成本组织定位下,财务共享服务中心隶属于集团总部,企业可在集团原财务部门下设立一个一级部门,该部门只对集团内部提供财务核算的服务,企业不对其进行独立考核。这是财务共享服务中心建立后短期内普遍被采用的组织定位。

2. 利润中心

在利润中心定位下,企业建立内部模拟考核机制,财务共享服务中心和被服务组织之间需要进行内部结算。这是普遍情况下,财务共享服务中心运营一段时间后的中期组织定位。

3. 财务服务公司

在财务服务公司定位下,财务共享服务中心作为独立运营的法人公司,提供市场化服务并自负盈亏,不仅仅服务于集团内部,也对外承接业务,提供市场化服务。这是普遍情况下,财务共享服务中心的长期组织定位。

企业应考虑集团的性质和自身战略发展确定财务共享服务中心组织职能定位。

五、财务共享服务中心建设模式选择

财务共享服务中心建设模式通常有三种模式。

1. 单中心模式

在单中心模式下,财务共享服务中心采用一套 IT 系统,财务共享服务中心内部组织按照"业务+业态"设置。该模式的主要优势在于管控力度强,地域覆盖广,但存在业务独立性较弱的缺点。这种模式常见于实行经营管控或财务管控的单一集团型企业。

2. 多中心模式

在多中心模式下,企业会建立多个财务共享服务中心,各中心可以采用不同的 IT 系统,彼此之间保持独立运作,但是缺乏协同关联。这种模式通常适用于超大型企业集团,特别是对子集团实行战略管控或财务管控的情况。

3. 联邦模式

在联邦模式下,企业按照业态或区域设置多个财务共享中心,采用一套信息系统。联邦模式多为企业考虑实际情况采用的过渡性方案,将来多为集中模式。

各个模式都有各自的优点和缺点,本身没有好与坏之分,只有合适与不合适,企业要根据自身发展需要选择适合自己的模式建财务共享中心。

六、财务共享服务中心服务内容确定

企业需要根据业务特点筛选纳入财务共享中心进行处理的业务,通常易于标准化和集中化的业务都可以纳入财务共享服务中心业务,但是需要遵循一定的原则,纳入财务共享服务中心业务的筛选原则主要包括以下几点。

1. 从集中管控的维度

考虑集中管理的必要性、集中管控力度的要求、业务的重要程度、异地处理的业务。

2. 从减少财务工作的维度

考虑占财务工作时间最长的业务、财务工作量最大的业务。

3. 从成本效益原则的维度

考虑管理成本的增幅、对管理水平的提高有多大的作用。

综合考虑上述维度,可以纳入财务共享服务中心的业务范围一般有费用报销、采购到应付、资金结算、总账报表以及固定资产核算等。

七、财务共享服务中心选址规划方法

确定财务共享服务中心所在地需要考虑多种因素,选址的结果将直接影响能否充分共享和投产比,且可能限制业务执行。在具体选址时,考虑的主要因素有:成本(cost)、人力资源(human resources)、基础设施(facilities)、环境(environment)、集团管控力度(centralized control)等。通常能够兼顾所有标准的办公地址基本不存在,故而企业在决策时应进行排序,选择其中最适合的即可。企业可以先确定几个备选城市,对每个备选城市进行数据资料收集、分项评分、加权汇总得到综合评分,以综合评分作为最终选址决策的重要依据。而因素的选取、权重的设计,均受到财务共享服务中心战略定位的重大影响。常见的财务共享服务中心选址决策分析表,如表 2-4 所示。

表 2-4　常见的财务共享服务中心选址决策分析表

因素	方向	权重	影响因子	备选城市 相关性	评分	得分
成本	人力成本：考虑当地薪资水平、现有财务人员的搬迁安置成本等	7%	薪酬	参考因素 1. 政府相关网站 2. 权威机构报告 3. 招聘网站相关岗位薪资水平		
		5%	房价	参考因素 1. 政府相关网站 2. 权威机构报告 3. 房屋中介公司网站		
	交通成本：考虑人员业务沟通的往返差旅成本、单车运输或邮寄成本等	2%	铁路	参考因素 1. 政府相关网站 2. 权威机构报告		
		2%	公路	参考因素 1. 政府相关网站 2. 权威机构报告		
		2%	机场	参考因素 1. 政府相关网站 2. 权威机构报告		
	办公成本：考虑办公固定成本，如办公大楼购买成本或办公室租金	7%	房价或房租	参考因素 1. 政府相关网站 2. 权威机构报告 3. 房屋中介公司网站		
人力资源	人员技能及知识水平：可通过市场调查、公开数据等渠道获得相关信息	3%	财务培训机构数量	参考因素 1. 政府相关网站 2. 权威机构报告		
	人才供给及流动性等：人才供给不足或人员流动性大会造成 FSSC 用人困难，例如，强生在苏州建立 FSSC 时就曾因为人员招聘困难，严重影响其业务的开展	10%	财经类院校数量	参考因素 1. 政府相关网站 2. 权威机构报告		
		2%	城市人口	参考因素 1. 政府相关网站 2. 权威机构报告		
基础设施	IT、通信设备的可靠性：FSSC 的有效运营非常依赖强大技术的支撑，这就要求畅通、安全、稳定的主干网络 通信成本：较高的通信成本会抬高 FSSC 的运营成本，尤其是在一些通信网络不发达的地区	8%	5G试点城市	参考因素 1. 政府相关网站 2. 权威机构报告 3. 设备服务商报告		
		2%	信息化试点城市	参考因素 1. 政府相关网站 2. 权威机构报告 3. 设备服务商报告		

(续表)

因素	方向	权重	影响因子	备选城市		
				相关性	评分	得分
基础设施	国际便利度：与国外市场联系是否方便也是众多有海外业务的公司需要考虑的因素	2%	世界500强在所在城市设立机构的数量	参考因素 1. 政府相关网站 2. 权威机构报告		
		1%	吸引外商投资的额度	参考因素 1. 政府相关网站 2. 权威机构报告		
	基础设施质量：考虑当地的高校、道路及其他配套设施的发展情况	1%	配套的教育资源	参考因素 1. 政府相关网站 2. 权威机构报告 3. 高校官网		
		1%	配套的医疗资源	参考因素 1. 政府相关网站 2. 权威机构报告		
环境	政府政策：如税收政策、发票管理政策、数据安全要求等	4%	税收及优惠政策（购买土地、引进人才、购房等）	参考因素 1. 政府相关网站 2. 权威机构报告		
		4%	所在城市政府政策是否支持金融、生产服务业发展	参考因素 政府相关网站		
	发展能力：如市场潜力，部分跨国企业选择将其FSSC建立在中国，就是看重中国巨大的市场容量；城市竞争程度、人文环境等，在竞争较为激烈、压力比较大的城市，人员的稳定性会受到影响	4%	城市发展能力	参考因素 1. 政府相关网站 2. 权威机构报告		
	客户群体集中度：目标市场区域	3%	面向客户服务	参考因素 1. 政府相关网站 2. 权威机构报告		

(续表)

因素	方向	权重	影响因子	备选城市		
				相关性	评分	得分
集团管控力度	与总部（或区域总部）的沟通便利程度	20%	选址在总部所在地			
	总部（或区域总部）的影响，如战略发展定位	10%	选址在主管单位所在地/创始人祖籍所在地/客户所在地			

八、财务共享服务中心战略规划案例实操

本节以鸿途集团为例，对其做财务共享服务中心战略规划。

1. 鸿途集团财务共享服务中心战略规划

根据鸿途集团的案例资料及鸿途财务共享服务中心建设目标，讨论并确定鸿途财务共享服务中心的最重要战略定位并在沙盘上用相应卡片标注，然后讨论并确定鸿途财务共享服务中心建设目标及推进路径。同时，将上述决策的依据、过程和结论由专人用会议纪要的形式加以记录。

2. 鸿途集团财务共享服务中心建设模式设计

根据鸿途集团的案例资料，讨论并确定鸿途建设财务共享服务中心建设所适用的模式，给财务共享服务中心命名并将所有（采用单中心模式）名称用即时贴书写，并粘贴在沙盘盘面上的"战略规划区＞②模式设计＞共享服务中心名称"区域内。决策依据、过程和结论均记入会议纪要。

3. 鸿途集团财务共享服务中心职能定位设计

根据鸿途集团的案例资料，讨论并确定鸿途财务共享服务中心的组织职能定位，书写在即时贴上并粘贴到沙盘盘面上的"战略规划区＞②模式设计＞依据"区域内。决策依据、过程和结论均记入会议纪要。

4. 鸿途集团财务共享服务中心服务对象及服务内容设计

根据鸿途集团的案例资料，讨论并确定鸿途建设财务共享服务的对象和内容，并将相关卡片分别摆放到沙盘盘面上的"战略规划区＞②模式设计＞共享服务中心服务对象"和"战略规划区＞②模式设计＞共享服务中心服务内容"区域内。决策依据、过程和结论均记入会议纪要。

5. 鸿途集团财务共享服务中心选址

从案例企业鸿途集团的业务版图来看，鸿途集团的业务主要集中在中原地区和辽宁省。因此，在进行财务共享服务中心选址工作时，鸿途集团先初选了郑州、大连和天津这3个候选地点。

（1）每个小组的战略规划区负责人登录教学平台，在"快捷入口≫下载中心≫xlsx"处下载"财务共享选址的决策评分表"（即财务共享选址的决策分析表）模板。

(2)团队通过各种渠道自行收集郑州、大连和天津这3个候选地点的相关信息,并在"财务共享选址的决策评分表"中进行分析和评分。

(3)在"财务共享选址的决策评分表"中,将分析结果使用雷达图在沙盘选址区域画出来,并将最终确定的财务共享服务中心选定的城市卡片放至沙盘盘面对应区域。

任务3　财务共享服务中心组织规划

一、财务共享服务中心组织及部门设计

大型集团企业基于财务共享服务中心的财务管理体系主要可分为4个层级:①基础平台和业务系统层,在建设财务共享服务中心时往往要保持这两层的稳定性和持续性;②财务共享服务中心层,该层一般按照共享的业务内容(如财务核算、财务报表、资金收付等)进行内部部门或作业组设置;③财务管理中心层,该层主要负责财务战略、财务制度、资金管理等战略财务和业务财务职能;④应用展现层,该层一般分为集团管控分析和业务运营分析两部分,将其他各层的数据以实时、可视化分析或报告的形式,向各级管理者提供决策数据。大型集团财务管理体系如图2-5所示。

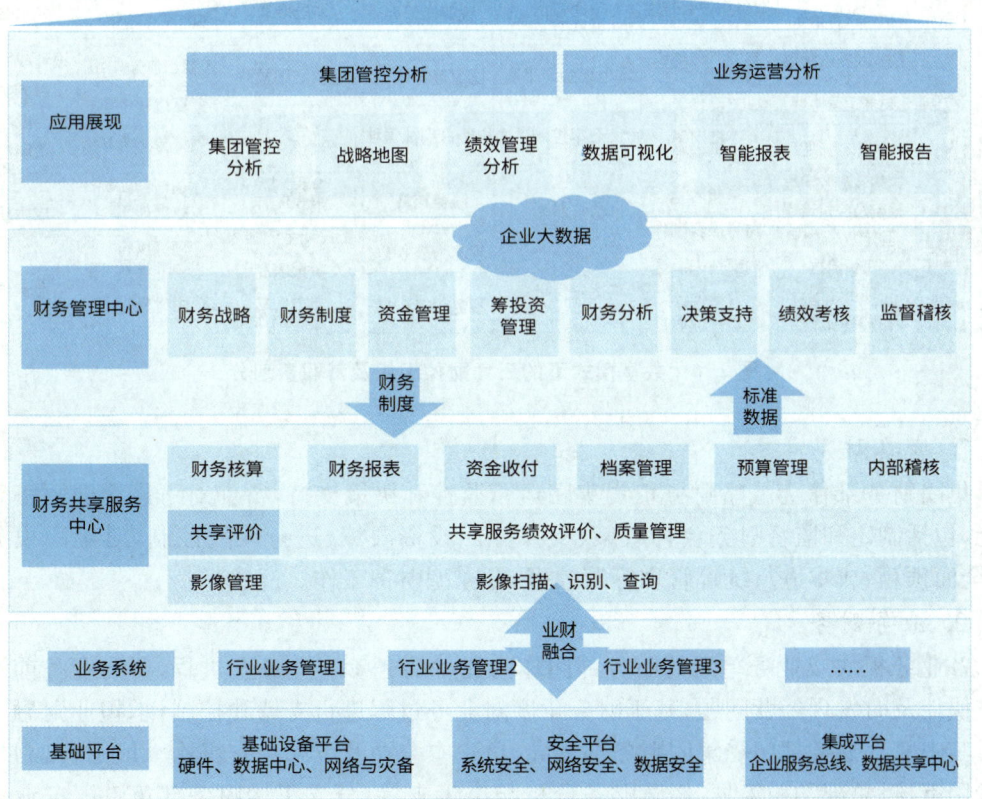

图2-5　大型集团财务管理体系

二、财务共享服务中心人员规划方法

(一) 财务职责调整

当传统的财务组织向基于财务共享服务中心三角财务组织(即财务三支柱模型,是企业财务组织从传统共享模式升级后的一种模型,核心内容是将财务职能拆分为三大支柱:一是共享服务中心,其主要职能为集中处理如费用报销、应收应付等标准化、重复性业务,通过规模化降低运营成本,提升效率;二是业务财务,其主要职能为深入业务前端,为部门提供如预算分析、成本优化等决策支持,推动财务与业务的协同;三是战略财务,其主要职能为专注顶层设计,制定财务政策、风险管控和战略规划,确保企业长期目标落地)。转换后,企业势必要对相关岗位和职责进行调整,即依据三角财务组织转型,明确划分战略财务、共享财务与业务财务职能的边界。通常的做法是通过适当的财务工作专业分层、分工,形成三角财务组织:战略财务、业务财务、共享财务。共享模式下的三角财务组织及其职责划分如图 2-6 所示。

		财务会计				管理会计		
		财务运作	财务报告	资金管理	税务管理	经营绩效管理	预算与经营预测	成本管理
战略财务	指导	集团会计政策 集团会计流程 会计分录审核及批准 财务核算稽核	合并报表管理 法定披露要求 外部审计要求 财务报表合规性管理	集团现金流筹划 集团资金调度 资金统一支付 集团资金解决方案	集团税务规划 税务合规性政策及流程 税知识库	管理报告体系 KPI考核流程/规则/指标定义 激励政策	预算制定流程及规则 战略规划及战略目标的设定 预算模型设计 集团预算组织	成本战略 成本核算及管理流程 成本激励
业务财务	控制	授权及权限管理 财务运营协调 本地财务制度	本地财务报表合规性管理 财务报表内部检查 本地财务报表调整	本地现金流平衡 汇率控制	国家商务模式 税务合规性管理	经营业绩预测 经营业绩分析及推动	预算编制及申报 预算过程控制 预算分析考核	设计成本控制 项目成本控制 生产成本控制 费用控制
共享财务	执行	销售及应收流程 采购及应付流程 固定资产流程 工资流程 项目流程 特殊事项流程	定期关帐 财务报表制作 内部往来清理 财务报表自查报告	银行对账 下达支付指令	税务核算 税务报表制作 税务检查支持	全程利润报表制作 责任现金流报表 发货报表制作 库存周转报表制作	预算执行数据加工 预算执行标准报表 费用分析报表	成本核算 成本报表

图 2-6 共享模式下的三角财务组织及其职责划分

1. 战略财务

集团财务部作为战略财务负责集团运营监控和决策支持,行使对下属企业财务管理职能,包括制定和监督财务会计政策、支撑集团投资决策、进行风险控制,对集团税务筹划、全面预算、成本进行统筹管理等管控型、专家型财务工作。

2. 业务财务

各业务板块或业务单元的财务部门作为业务财务参与业务全过程,作为业务前端的合作伙伴及时发现经营问题,基于财务角度对业务过程进行支持和控制,承担业财融合职责。其中总部财务部门受集团财务部领导,负责本公司及下属分支机构一般财务监督、成本费用审核、总部纳税筹划、经营财务分析与决策支持;分支机构财务部负责财务业务监督控制、决策支撑和高附加值的运营管控型及现场型财务工作。

3. 共享财务

财务共享中心负责集团各公司及分支机构的会计基础核算、费用、资金结算等规模型、重复性可标准化处理的财务工作。共享财务要做到专业化、标准化、流程化、集约化。

(二) 财务人员"三定"

1. 人员定责

企业应在集团原来的财务职责划分基础上,基于财务共享服务中心进行重新划分和调整,进一步明确财务共享服务中心的职责。将从事标准化工作的会计核算人员分离出来,调整到财务共享服务中心,将财务核算工作和财务管理工作分开,使会计核算工作集中后按专业岗位进行分工作业,实现由财务共享服务中心集中处理基础性核算服务,有效控制成本与风险。

2. 人员定岗

人员定岗是指确定财务共享服务中心具体的岗位设置,在集团财务部、原板块及业务单位财务部的岗位中,如果职责保留则岗位保留,否则将取消相应岗位、人员待转岗。财务共享服务中心的岗位设置,一般会采用两个原则,即矩阵式原则和按照业务分工与按照会计主体分工相结合的原则。财务共享服务中心岗位设置的原则及模式如图 2-7 所示。

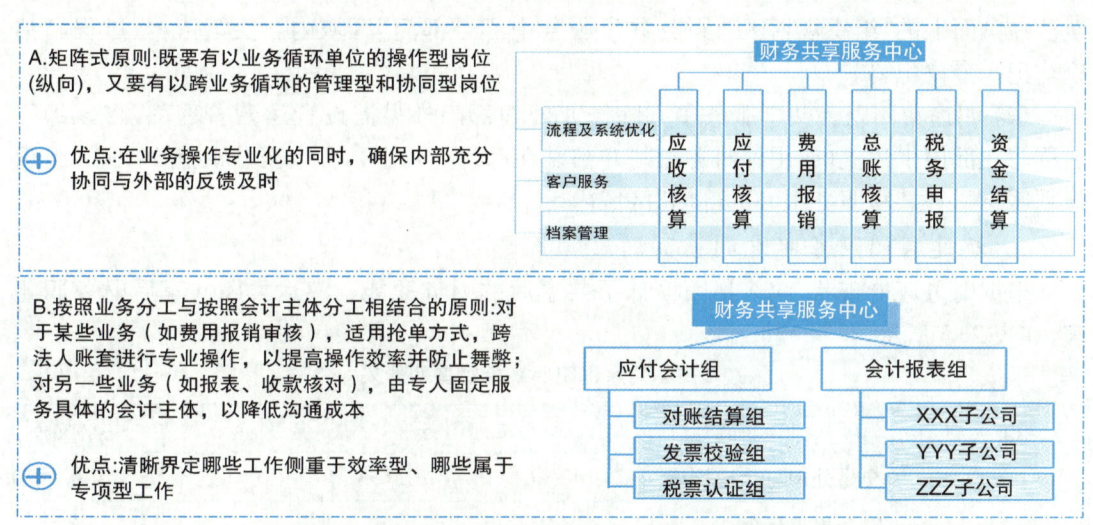

图 2-7 财务共享服务中心岗位设置的原则及模式

(1) 矩阵式原则既要有以业务循环单位的操作型岗位(纵向),又要有以跨业务循环的管理型和协同型岗位。其优点是在实现业务操作专业化的同时,确保内部充分协同与外部的反馈及时。

(2) 按照业务分工与按照会计主体分工相结合的原则对某些业务(如费用报销审核)适用抢单方式,跨法人账套进行专业操作,以提高操作效率并防止舞弊;对另一些业务(如报表、收款核对),由专人固定服务具体的会计主体,以降低沟通成本。其优点是清晰界定哪些工作侧重于效率型、哪些属于专项型工作。

3. 人员定编

人员定编是指确定财务共享服务中心中每个岗位的编制数量,财务共享中心岗位人员配置测算方法有 3 种：业务分析法、对标评测法与数据测算法。

（1）业务分析法是基于业务特性，结合现有管理人员及业务人员经验，进行分析评估，最终确定人员需求数量的方法。

（2）对标评测法是对于原先没有岗位设置、无经验值参考、无法进行数据测算的业务，选取相近口径其他单位的业务进行对标，并在此基础上进行估测，最终确定人员需求数量的方法。

（3）数据测算法又称工时法，是在业务量和工作效率（人均业务量）确定的基础上，确定人员需求数量的方法。此方法适用于能够提取可靠业务量，并能够对单笔业务量所用时间进行测量的项目。

三、财务共享服务中心组织规划案例实操

以鸿途集团为例，对其进行财务共享服务中心组织规划。

1. 鸿途集团财务共享服务中心组织及部门设计

（1）依据战略规划区域中模式设计的服务内容，设置鸿途集团财务共享服务中心的作业处理部门，将部门名称写在部门卡片上（或用即时贴书写并粘贴在部门卡片上），并放至沙盘盘面上的"组织规划区＞财务共享服务中心＞部门"区域内。决策依据、过程和结论均记入会议纪要。

（2）鸿途集团财务共享服务中心除作业处理部门外另需设置运营管理部，将该部门名称写在部门卡片上（或用即时贴书写并粘贴在部门卡片上），并放至沙盘盘面上的"组织规划区＞财务共享服务中心＞部门"区域内。

2. 鸿途集团财务职责调整实训

根据财务职能现状，鸿途集团设计了共享后的财务职能。鸿途集团共享后财务职能表，如表 2-5 所示。

表 2-5 鸿途集团共享后财务职能表

职能类别	职能细分	战略财务	板块财务	企业财务	共享财务
基础业务核算职能	交易处理与会计核算			△	▲
	财务报表管理			△	▲
	薪酬税务及财务其他事项			▲	△
	资金收付			△	▲
	票据与档案管理			△	▲
财务运行监控	财务政策与制度	▲	△		
	财务内控控制与风险管理	△	▲	△	
	财务监督检查	▲	▲		
价值创造	投筹资管理	▲	△	△	
	资金运作	▲	△		
	纳税筹划	▲	△		

(续表)

职能类别	职能细分	战略财务	板块财务	企业财务	共享财务
决策支持	财务战略	▲			
	全面预算管理	▲	△	△	
	业绩考核与报告	▲	△	▲	
	公司经济运行监控	▲	△	▲	
	财务状况分析	▲	△	▲	

注：▲主导职能；△辅助职能。

（1）依据表2-5，将鸿途集团现有的集团财务、公司财务职责卡片逐一进行职责类型判断，将规模型职责放入沙盘盘面上的"组织规划区＞职责调整区＞共享财务"区域内，将管控型职责放入沙盘盘面上的"组织规划区＞职责调整区＞战略财务"区域内，将经营型职责放入"组织规划区＞职责调整区＞业务财务"区域内。同时将决策依据、过程和结论记入会议纪要。

（2）对调整区职责卡片合并同类，与财务共享服务中心下设部门比对，将可纳入共享中心的职责卡片摆放到对应的财务共享服务中心部门下方职责区。

任务4　财务共享服务中心流程规划

一、财务共享服务中心流程规划方法

（一）流程优化路径设计

流程优化路径是指企业采取怎样的计划，将财务共享的业务内容和服务对象组织范围逐步扩大。流程优化路径的选择，主要考虑以下因素：对现有业务、组织和人员的影响；人力资源和技能的就绪度；财务共享的实施周期；项目推进难度；系统和基础设施就绪度。

假设用1～4这4个数字来代表不同的优化业务范围及组织范围组合，常见的流程优化路径选择如表2-6所示。其中"1"代表单一业务、单一组织实施共享，"2"代表单一业务、全组织实施共享，"3"代表全业务、单一组织实施共享，"4"代表全业务、全组织实施共享。

表2-6　常见的流程优化路径选择

路径选择	概要描述
3-4	从单一公司开始试点，将全部业务纳入共享服务中心进行试点，等试点公司全部业务稳定运行后，再扩展到全部公司
2-4	从全部公司的某一业务纳入共享服务中心进行试点，等试点业务稳定运行后，再逐步将其他业务纳入共享服务中心
1-3-4	先将单一公司的某一业务纳入共享服务中心进行试点，等试点业务稳定运行后，将试点公司的所有业务纳入共享服务中心，再扩大范围将其他子公司纳入共享服务中心
1-2-4	先将单一公司的某一业务纳入共享服务中心进行试点。等试点业务稳定运行后，将这项试点业务推广到所有子公司，再逐步将其他业务纳入共享服务中心

(二)业务职责切分

财务共享服务中心流程梳理和优化的核心是对财务共享服务中心产生业务交互的流程进行重新评估与再造。借助财务共享服务中心所带来的组织和业务交互模式变革,企业可以改善成本、服务质量和影响速度方面的绩效。

1. 业务职责切分工作步骤

将拟纳入财务共享服务中心的业务流程细化到具体的流程步骤(活动)中,逐一分析每个活动的特征,并根据各活动的特征,将其分到业务部门、业务财务、共享财务、战略财务中的一个部门。

(1)流程梳理分类是指基于各成员单位的业务模式,对财务核算流程进行梳理分类,整理会计核算流程并逐级细分。

(2)流程节点拆分是指将流程拆分至每个流程节点,对不同组织的同质流程每个节点的业务规则进行对比分析。

(3)属地分析是指对每个流程节点的归属地、岗位和职责进行识别,分析其属地、岗位和职责的合理性以及将其纳入共享的可行性。

(4)关键问题分析是指结合财务共享需要,平衡流程效率和风险,根据流程清单梳理结果,对差异和问题进行总结分析,识别影响流程的关键因素和影响共享实施的关键问题。

(5)信息系统分析是指根据流程中的信息传递分析每个流程环节的系统支撑是否到位和合理,结合财务共享服务项目目标,识别系统功能的改进方向。

2. 纳入财务共享服务中心的业务流程选择

财务核算、费用共享、业财一体化管控、影像扫描、资金集中管控是财务共享规划设计时需要重点设计的业务流程。企业通过一系列特质分析,确定组织内适合建立共享服务的财务工作或流程,将现有的流程通过该滤镜层层过滤,找出适合共享的流程。财务共享规划需要重点设计的业务流程如图2-8所示,财务共享流程筛选滤镜如图2-9所示。

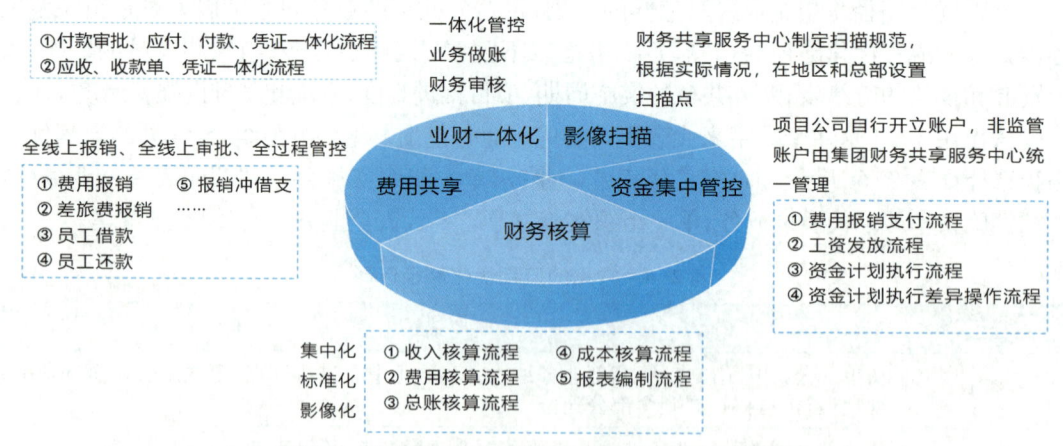

图2-8 财务共享规划需要重点设计的业务流程

(三)流程优化设计

1. 流程优化设计简要过程

企业选取纳入财务共享服务中心范围、需要进行优化的业务流程,根据业务职责切分

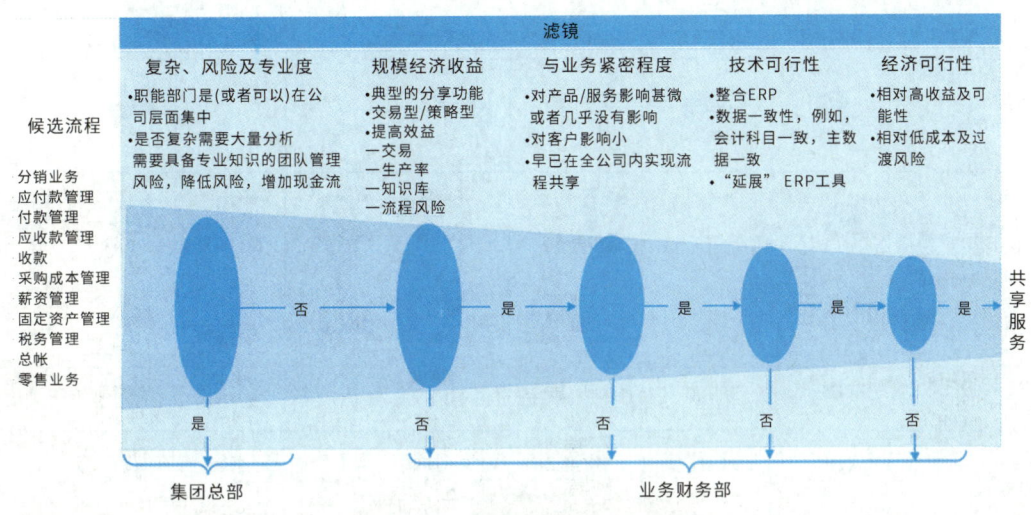

图 2-9　财务共享流程筛选滤镜

和组织规划的结果,将纳入财务共享服务中心范围的现有流程转换为共享后的流程。转换时应明确该流程在共享后所需要的配套制度,以及每一个流程活动(动作)的角色、单据、技术等要素。其中,角色是指执行该动作人员的岗位角色;单据是指输入的单据、输出的单据;技术是指所涉及的技术或信息系统名称。

2. 流程优化设计的端到端原则

企业优化设计流程时,需要遵守端到端的设计原则。"端"指企业外部的输入或输出点,这些外部的输出或输入点包括客户、市场、政府或机构以及企业的利益相关者。"端到端流程"是指以客户、市场、政府或机构及企业利益相关者为输入或输出点的,一系列连贯、有序的活动的组合。端到端流程设计的原则有以下几点:

(1) 业务组织与财务组织地域分离原则:原始单据的传递、原始单据的归档、内控的管理要求。

(2) 跨业务组织流程的标准化原则:实现业务形态、信息系统、审批流程、业务环节、主数据等的标准化。

(3) 信息系统的现状与集成原则:业务系统与财务共享服务中心系统一体化与异构化。

(4) 新技术应用原则:共享服务模式是在信息技术支持下的管理变革,实现业务财务、流程财务的有效协同,推动财务管理向更高价值领域迈进。

企业采购业务端到端业务流程设计示例如图 2-10 所示。

(四) 信息系统技术规划

企业建设财务共享服务中心,离不开新技术的应用与平台支撑,如报账系统、影像系统、共享服务作业平台、审批等。企业要让这些系统和新技术发挥最大的效益,需要对所有信息系统进行科学合理的流程设计,让不同的系统平台在不同的节点可以发挥高效、精准的业务处理作用,共享服务信息化流程示例如图 2-11 所示。

财务共享服务中心的建设依托比较发达的信息技术水平,财务信息系统的建设与完善是实现财务共享的必要手段,最常见的技术有以下几个方面。

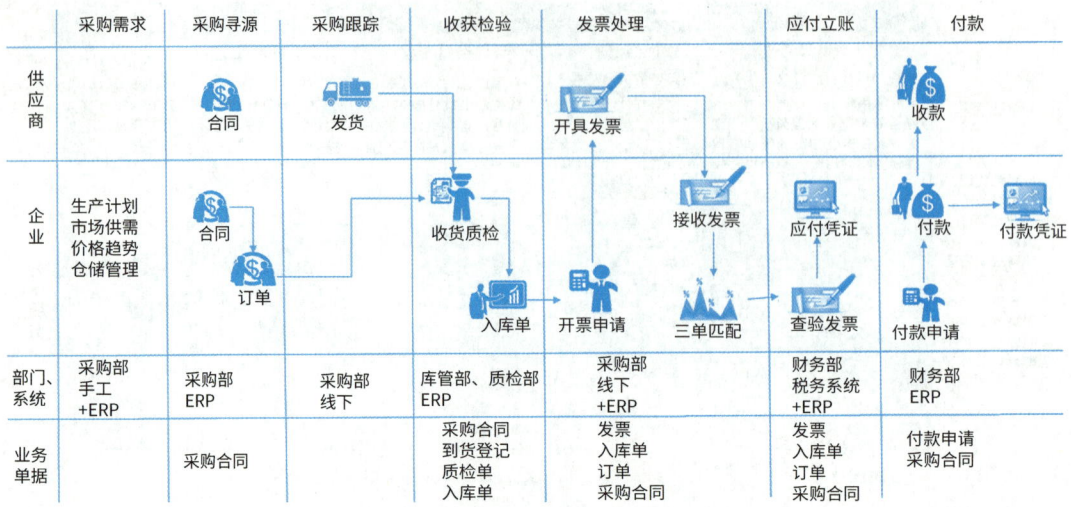

图 2-10　企业采购业务端到端业务流程设计示例

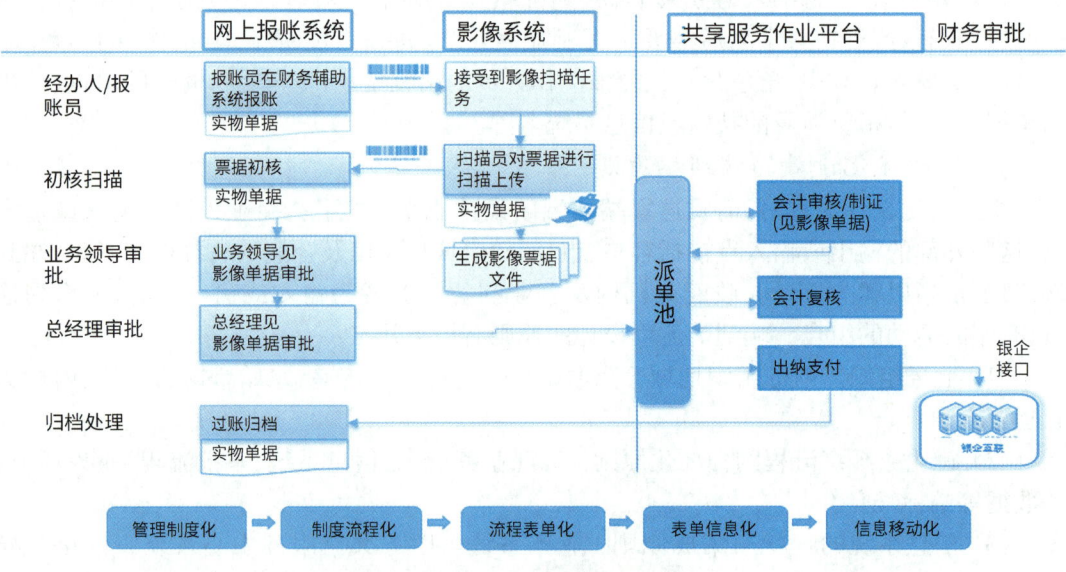

图 2-11　共享服务信息化流程示例

1. 流程平台

工作流对于财务共享服务中心至关重要。财务共享服务中心流程再造的特点就是标准化、自动化，以此来提高工作效率。实现流程标准化、自动化的技术基础就是工作流。企业通过工作流平台，将各项业务流程固化，并通过消息平台，实现自动任务驱动、任务找人。财务共享服务中心工作模式如图 2-12 所示。

2. 动态组织建模

动态组织建模是财务共享服务中心的一项重要技术。企业建立财务共享服务中心的一个目的就是支撑企业快速发展，包括企业的收购、兼并、重组、拆分等。财务共享服务中心通过动态组织建模，可以快速应对组织结构变化。财务共享服务中心通过服务委托关

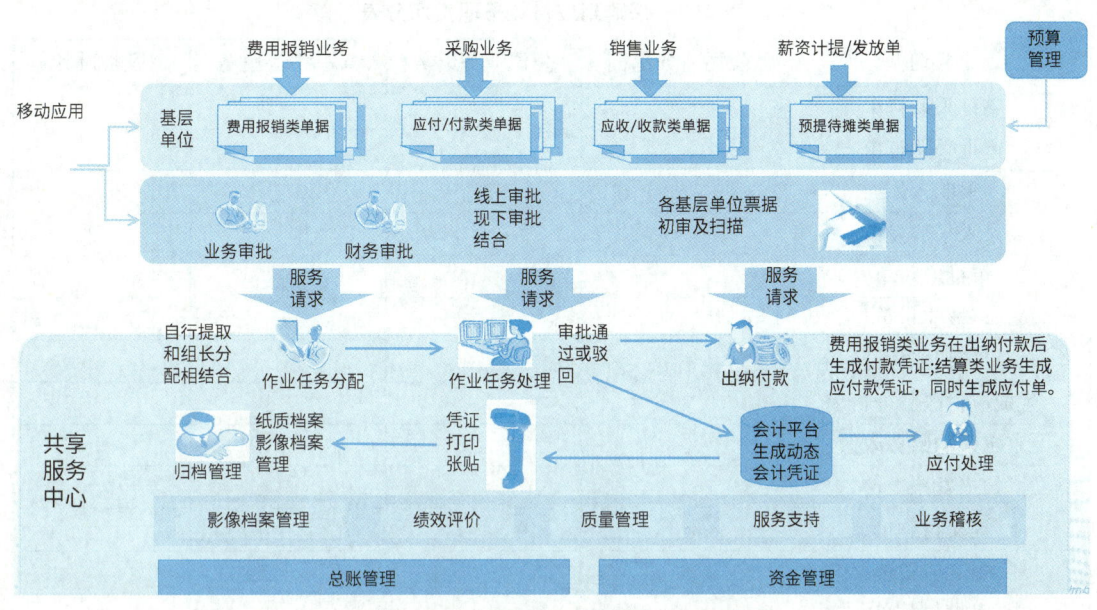

图 2-12 财务共享服务中心工作模式

系设置,业务单位发起的请求,可以由对应的共享服务中心快速响应。

3. 影像管理系统

影像管理是财务共享服务的关键技术之一。所有纸质原始单据存放在业务单位处,财务共享服务中心人员可查看原始单据影像。影像管理系统解决了原始单据流转问题、原始凭证调阅问题、离岸处理问题、业务处理的分工和效率问题。影像管理系统进行扫描设备的管理,统一分辨率设置及扫描规范;进行影像缓存及分时上传管理。影像管理主要有两种常见方案,一是专业影像系统集成,二是利用手机等拍照扫描配合附件管理。

二、财务共享服务中心流程规划案例实操

本节以鸿途集团为例,对其进行财务共享服务中心流程规划。

1. 鸿途集团财务共享流程优化路径设计

根据鸿途集团的业务范围、营收规模等,规划鸿途财务共享服务的流程优化路径,并在沙盘盘面上的"流程规划区＞①流程优化路径"区域内用彩笔标注出流程优化路径。同时,确定鸿途集团首选的财务共享流程优化业务,写在沙盘盘面上"流程规划区＞①流程优化路径＞首选业务"区域。

2. 鸿途集团共享后业务职责切分

(1) 沙盘推演,鸿途集团拟将采购到应付业务、销售到应收业务、费用报销业务、固定资产业务、总账报表业务纳入财务共享服务范围内。根据鸿途集团现状流程图,对上述每个流程步骤(动作)进行业务职责切分、归属到合适的责任部门。

(2) 切分结果填报,将鸿途集团采购到应付业务、销售到应收业务、费用报销业务、固定资产业务、总账报表业务的业务职责切分结果,分别在表 2-7 至表 2-11 的相应职责切分表中进行勾选标注。

表 2-7　采购到应付业务职责切分表

业务动作	公司业务部门	公司业务财务	共享中心财务	战略财务
签订采购订单				
审批采购订单				
采购入库				
录入采购发票				
审批应付单				
审核应付单				
审核记账凭证				
生成应付账龄分析表				
审定采购财务政策				
扫描发票上传				
提交付款单				
提交应付单				
审批付款单				
审核付款单				
支付应付款				

表 2-8　销售到应收业务职责切分表

业务动作	公司业务部门	公司业务财务	共享中心财务	战略财务
录入销售订单				
审批销售订单				
销售发货出库				
录入销售发票				
扫描发票上传				
提交应收单				
审核应收单				
审核记账凭证				
生成应收账龄分析表				
录入收款单				
扫描银行回单并上传				
审核收款单				
确认收款结算				

表 2-9　费用报销业务职责切分表

业务动作	公司业务部门	公司业务财务	共享中心财务	战略财务
制定费用政策与制度				
填制报销单				

(续表)

业务动作	公司业务部门	公司业务财务	共享中心财务	战略财务
业务审批				
本地初审报销凭证				
审核报销凭证				
报销支付				
审核记账凭证				
报表				
分析				

表 2-10　固定资产业务职责切分表

业务动作	公司业务部门	公司业务财务	共享中心财务	战略财务
审核政策合规性				
初步审核申请单				
资产相关账务处理申请				
资产相关账务处理				
资产折旧入账				
制定固定资产管理政策				

表 2-11　总账报表业务职责切分表

业务动作	公司业务部门	公司业务财务	共享中心财务	战略财务
预提需求审核				
预提需求申请				
月结关账				
会计政策				
月结申请				
财务制度				

（3）以费用报销业务为例，分别将财务共享服务中心成立前和成立后的流程动作卡片依次摆放到沙盘盘面上"流程规划区＞②业务职责切分"区域的相应部门象限中。

任务 5　基于用友 NC Cloud 的财务共享服务中心初始配置

任务情景

利用鸿途集团案例资料，创建"01 鸿途集团财务共享服务中心"，其业务单元为鸿途集团水泥有限公司及其下属公司，共 16 家公司，服务范围为"采购管理""销售管理"以外的所有业务服务。鸿途集团财务共享服务中心作业组服务内容及业务单据如表2-12所示,鸿途集团财务共享中心作业组和服务岗位及其负责人如表2-13所示。

表2-12 鸿途集团财务共享服务中心作业组服务内容及业务单据

作业组名称	作业组职责及单据类型
01 应付组	处理应付付款类业务,单据为应付单、付款单、主付款结算单
02 应收组	处理应收款类业务,单据为应收单、收款单、主收款结算单
03 费用组	处理费用报销类业务,单据为主报销单
04 档案综合组	处理收付款合同类业务,单据为供应商申请单、收款合同、付款合同
05 资产组	处理资产类业务,单据为资产变动、新增资产审批单

说明:①不需要复核环节;②提取方式为处理完毕后提取,每次提取任务量为"1"。

表2-13 鸿途集团财务共享中心作业组和服务岗位及其负责人

作业组	服务岗位	岗位负责人
共享中心作业组	作业效率管理岗	李 玉
应付组	应付初审岗	张春艳
应收组	应收审核岗	王 希
费用组	费用初审岗	龚紫琪
档案综合组	档案综合岗	丁 军
资产组	资产核算岗	刘 飞

操作步骤

通过以下步骤对用友NC Cloud(简称NCC)财务共享服务中心进行初始配置。

1. 财务共享服务中心创建及委托关系设置

创建财务共享服务中心,指定企业的某个组织作为共享服务中心。系统管理员登录NC Cloud平台,依次点击 共享中心委托关系 、 创建共享中心 、 新增 ,录入信息: 编码01 ,名称 鸿途集团财务共享服务中心 ,业务单元选择 1003 鸿途财务共享服务中心 。再依次点击 确定 、 保存 ,创建共享中心的界面如图2-13所示。

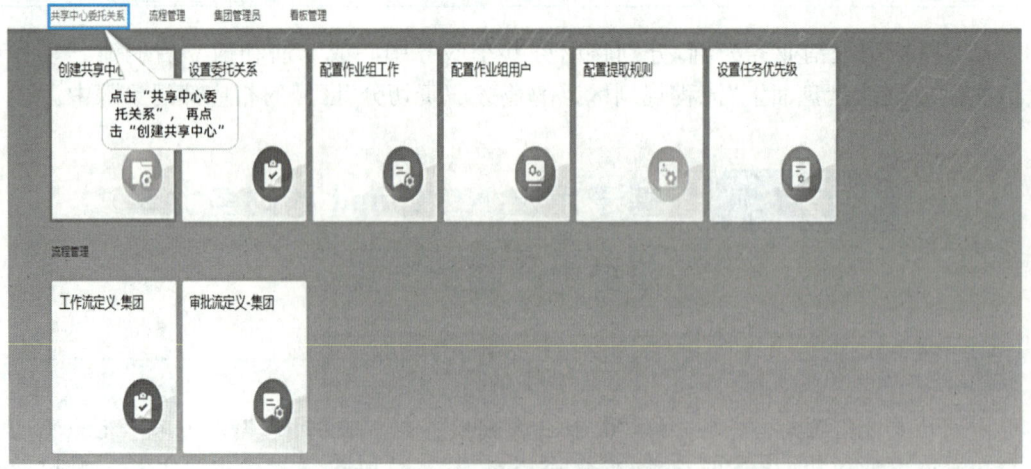

图2-13 创建共享中心的界面

设置委托关系,将具体业务单元(即财务共享服务中心服务对象)的具体业务(即财务共享服务中心服务内容)委托给财务共享服务中心。点击 设置委托关系 ,选择创建的共享中心 鸿途集团财务共享服务中心 ,再点击 新增 ,选择业务单元 2001 鸿途集团水泥有限公司 ,勾选 包含下级 ,再点击 确定 。服务范围选择 费用管理 、 应付管理 、 现金管理 、 总账 、 资产管理 、 应收管理 、 固定资产 、 工单 、 收付款合同 、 基础档案 ,注意不能选择"销售管理"和"采购管理"。委托关系设置的界面如图 2-14 所示。

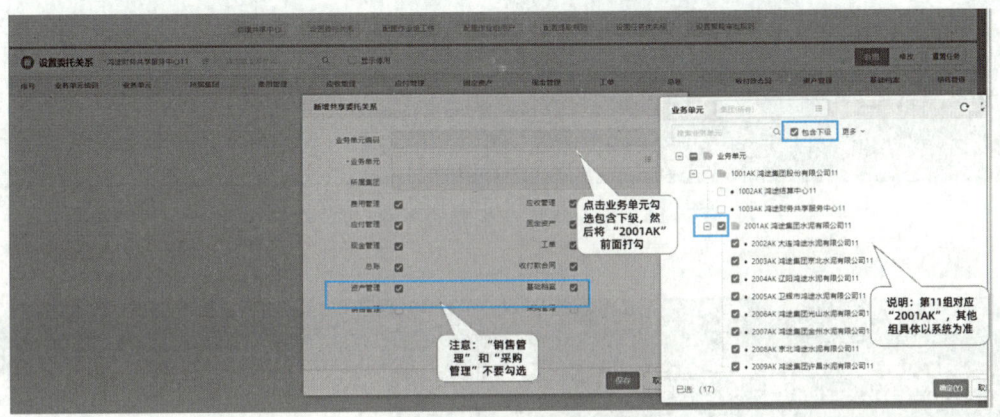

图 2-14 委托关系设置的界面

2. 作业组工作配置

作业组是财务共享服务中心的一种组织设置,不同的服务内容或业务可以由不同的作业组来完成。配置作业组工作,就是设置共享中心的作业组并给各作业组分配工作范围或服务内容。选择共享中心 鸿途集团财务共享服务中心 ,依次点击 工作组 、 新增 ,录入编码 01 ,名称 应付组 ,点击 保存新增 。按要求依次录入 02 应收组至 05 资产组 并点击 保存新增 ,关闭退出。

作业组职责设置,以应付组为例,依次点击 应付组 、 新增 ,规则名称 应付审核 ,共享环节选择 共享审核 ,单据类型选择 应付单 、 付款单 、 主付款结算单 ,点击 确定 。交易类型、单位范围等 选择默认 即可,点击 保存 。

参照应付组设置,根据资料依次增加 应收组 、 费用组 、 档案综合组 、 资产组 的职责,包括规则名称、共享环节和单据类型,其他选择默认。

作业组工作配置的界面如图 2-15 至图 2-19 所示。

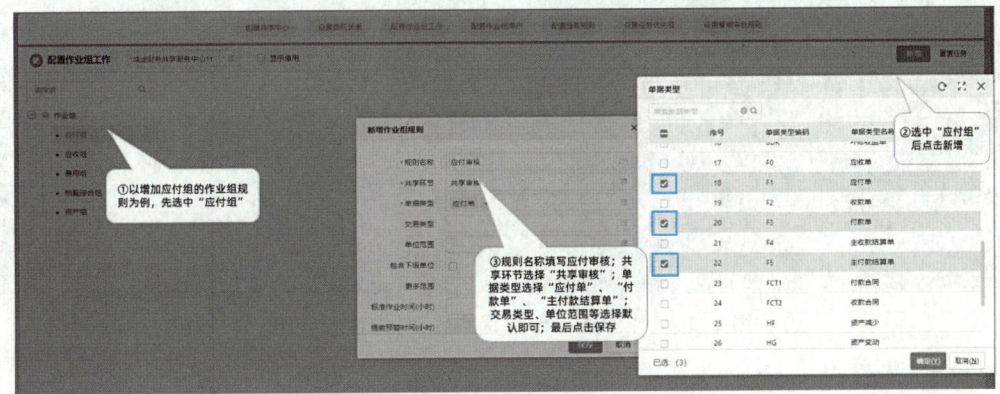

图 2-15 作业组工作配置的界面(应付组)

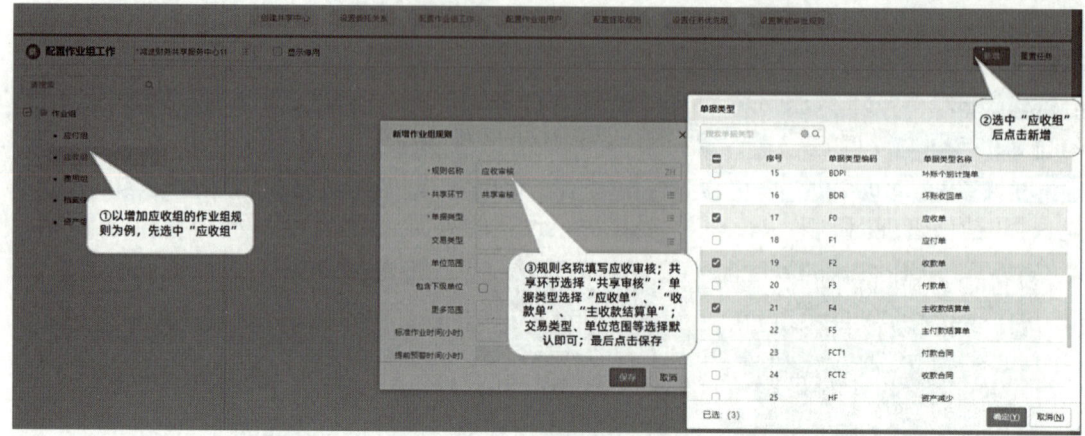

图 2-16 作业组工作配置的界面(应收组)

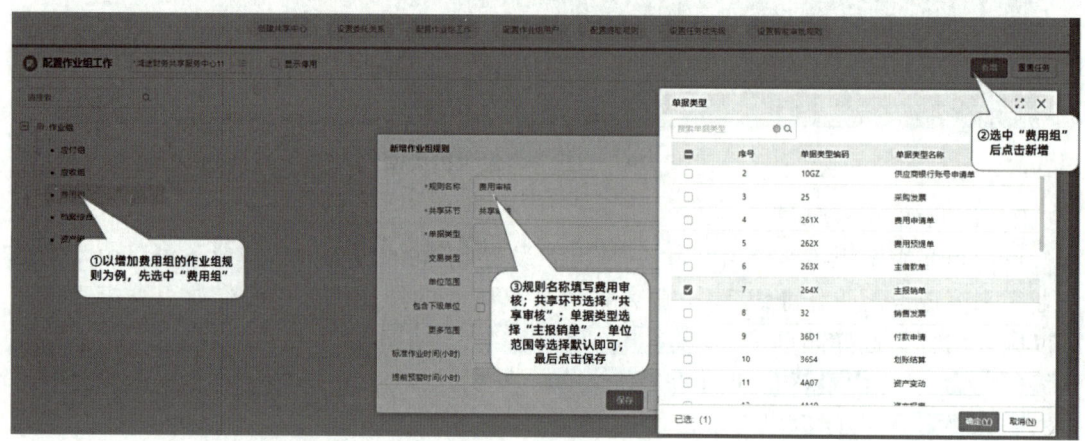

图 2-17 作业组工作配置的界面(费用组)

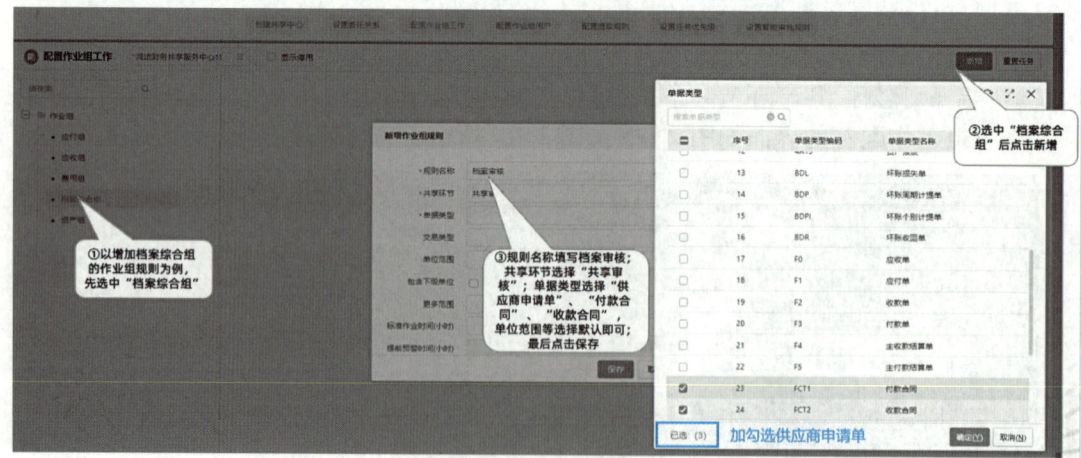

图 2-18 作业组工作配置的界面(档案综合组)

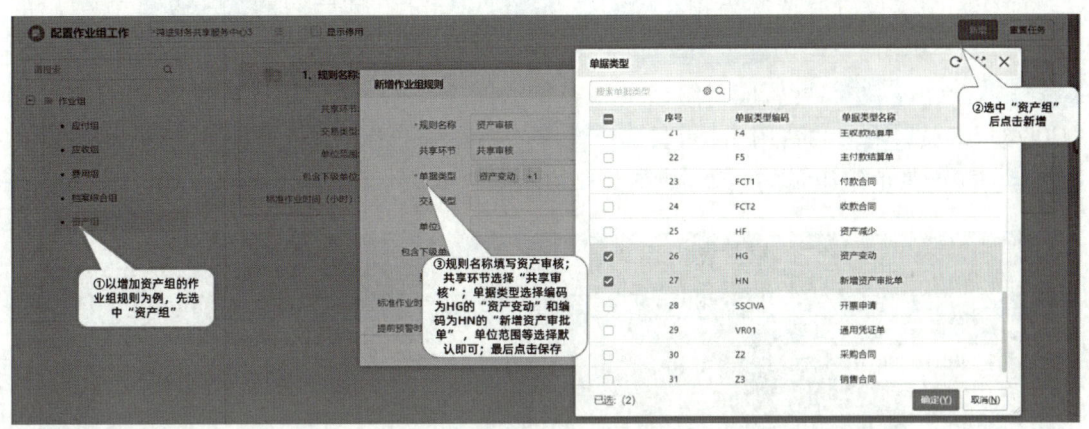

图 2-19　作业组工作配置的界面(资产组)

> **注意事项**
>
> "资产组"中的"资产变动"选择编码是"HG"的"资产变动",只增加"共享审核"环节,视情况增加"共享复核"。

3. 作业组用户配置

配置每个作业组由哪些作业人员构成,另外,每个作业组还可以设置多名作业组长。依次点击 配置工作组用户、共享中心为 鸿途集团财务共享服务中心、应付组、+组长,增加组长;点击"用户"后面的 搜索框,在弹出的"业务单元+集团"中勾选 包含下级,将根节点前面的框进行勾选,搜索 李玉,选中 李玉,点击 确定。将李玉依次设置为 应收组、费用组、档案综合组、资产组 组长。配置财务共享中心组长李玉,如图 2-20 所示。

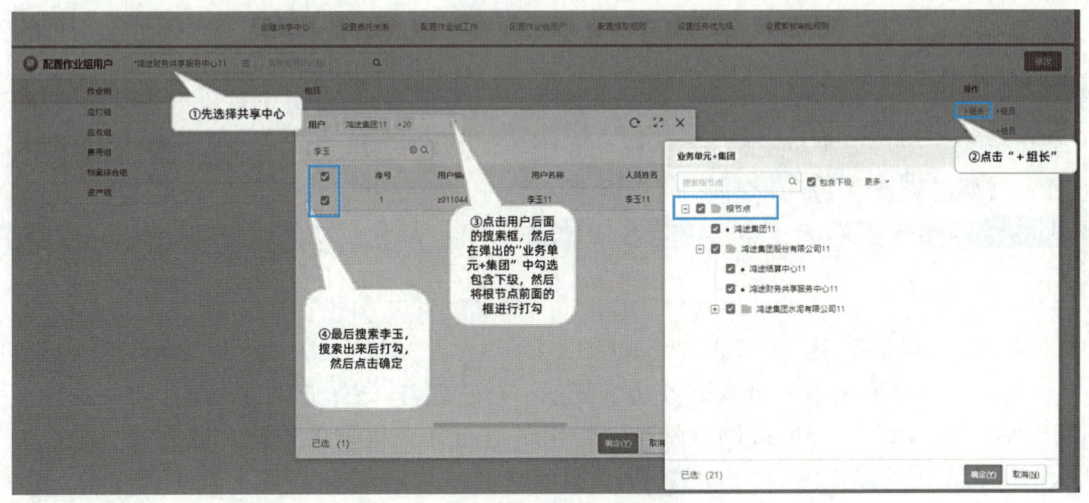

图 2-20　配置财务共享中心组长李玉

工作组组员设置。依次点击 应付组 、 +组员 、"用户"后面的 搜索框 ，在弹出的"业务单元+集团"中勾选 包含下级 ，将根节点前面的框进行勾选，搜索 张春艳 ，选中 张春艳 ，点击 确定 ，配置应付组组员张春艳如图 2-21 所示。用同样的步骤依次设置"应收组"组员 王希 ，"费用组"组员 龚紫琪 ，"档案综合组"组员 丁军 ，"资产组"组员 刘飞 。配置其他组组员的结果，如图 2-22 所示。

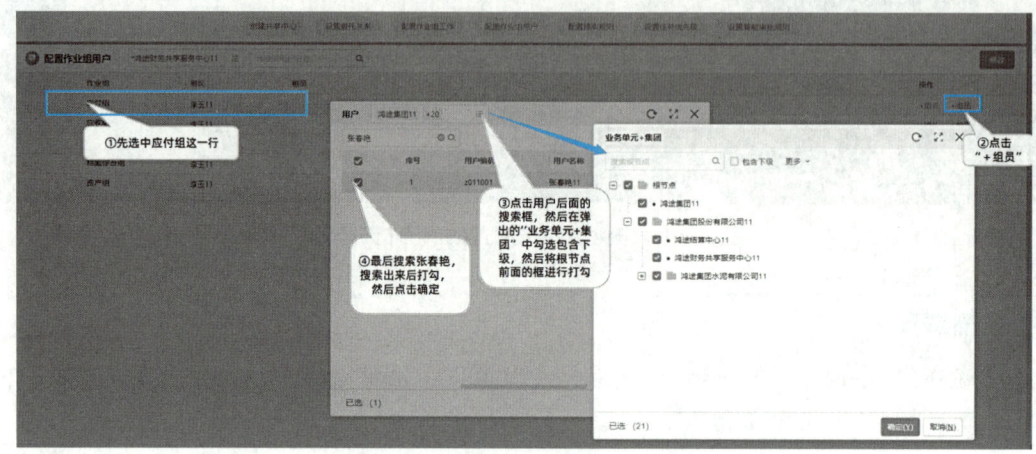

图 2-21　配置应付组组员张春艳

图 2-22　配置其他组组员

> **注意事项**
>
> 　　如果组长、组员加错了，则选中有问题行，点击 修改 ，单击有问题的组长或组员即可选择下方的已选框，检查已选里面待删除的组长或组员，依次点击 删除 、 保存 即可。例如，"资产组"组员误加了"郑云琪"，选中"资产组"所在行，点击 修改 ，单击 郑云琪 ，检查无误，依次点击 删除 、 保存 即可。非小组组员删除界面如图 2-23 所示。

4. 提取规则配置

　　每当有共享服务业务进入财务共享服务中心处理时，该作业将进入某个唯一的作业组待处理作业清单。提取规则就是作业组组员进行任务提取的规则。选择共享中心为 鸿途集团财务共享服务中心 ，点击 新增 ，在原来共享中心名称基础上加上 提取规则 。例如，编码是 02 ，名称是 鸿途集团财务共享服务中心02提取规则 。提取方式选择 处理完毕后提取 ，"每次提取数量"是 1 ，其他的"在手任务阈值""管理层级""任务提取

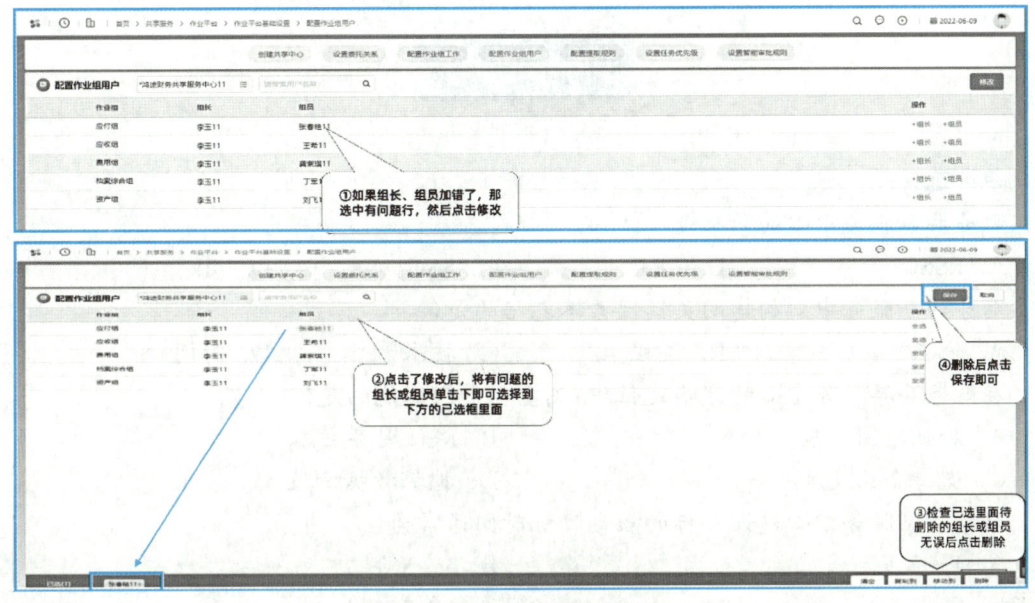

图 2-23 非小组成员删除界面

规则"明细 默认即可，检查无误后点击 保存 。提取规则配置界面如图 2-24 所示。

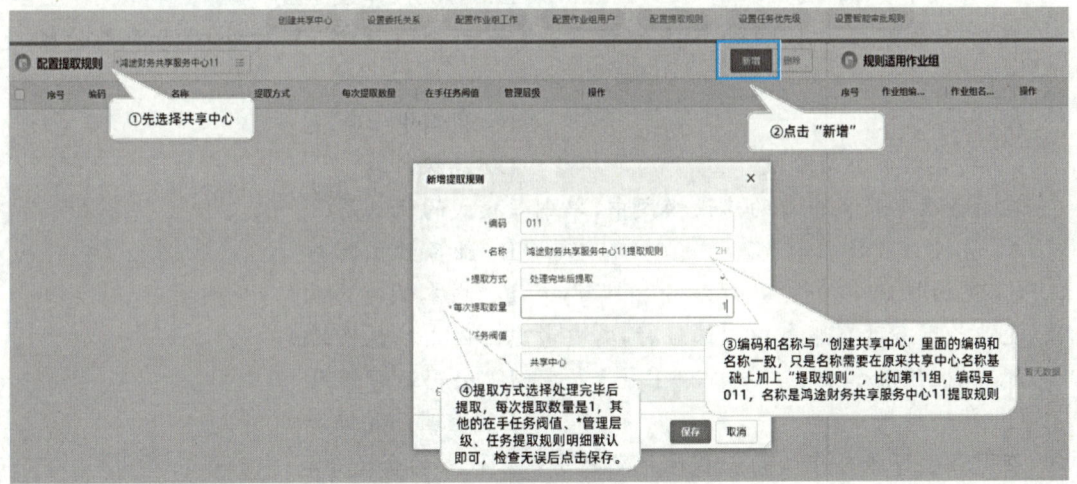

图 2-24 提取规则配置界面

● 注意事项

设置任务优先级、设置智能审批规则无需配置；提取规则的方式有 3 种，分别是"不限制提取""处理完毕后提取""阈值限制"。"不限制提取"即作业人员可以无限次地提取任务；"处理完毕后提取"即作业人员必须把当前任务处理完后才能提取下一次任务；"阈值限制"即作业人员当前在手任务数量不大于阈值的时候，可再次提取。

同步练习

一、单项选择题

1. 财务共享服务中心的简称是（　　）。
   A. FSSC　　　　　B. ERP　　　　　C. SSC　　　　　D. IT
2. 财务共享服务中心构建的关键因素不包括的是（　　）。
   A. 地点　　　　　B. 流程　　　　　C. 技术　　　　　D. 时间
3. 在财务共享服务中心的战略定位中，侧重于管理职能的是（　　）。
   A. 加强集团管控　　　　　　　　B. 降低财务成本
   C. 支持企业发展　　　　　　　　D. 挖掘数据价值
4. 财务共享服务中心建设目标的短期目标时间通常为（　　）。
   A. 1～2 年　　　　　　　　　　B. 3～5 年
   C. 6～10 年　　　　　　　　　 D. 10 年以上
5. 在财务共享服务中心的推进路径中，先试点后推广的优点不包括的是（　　）。
   A. 易于控制风险　　　　　　　　B. 试点期变动较小
   C. 有益于变革推进　　　　　　　D. 一次性建设完成
6. 在财务共享服务中心的职能定位中，隶属于集团总部，不对外提供服务的阶段是（　　）。
   A. 初级阶段　　　　　　　　　　B. 利润中心阶段
   C. 财务服务公司阶段　　　　　　D. 高级阶段
7. 在财务共享服务中心的建设模式中，单中心模式的优点是（　　）。
   A. 管控力度强　　　　　　　　　B. 业务独立性高
   C. 灵活性好　　　　　　　　　　D. 成本低
8. 企业为财务共享服务中心选址时，需要考虑的因素不包括的是（　　）。
   A. 地区经济水平　　　　　　　　B. 公司运营模式
   C. 薪酬待遇　　　　　　　　　　D. 地理位置偏好
9. 在财务共享服务中心的流程优化路径中，"4"代表的含义是（　　）。
   A. 全业务、全组织实施共享　　　B. 单一业务、全组织实施共享
   C. 全业务、单一组织实施共享　　D. 单一业务、单一组织实施共享
10. 在财务共享服务中心的信息系统技术规划中，属于关键技术之一的是（　　）。
    A. 影像管理　　　　　　　　　　B. 数据分析
    C. 财务管理　　　　　　　　　　D. 人力资源管理

二、多项选择题

1. 影响财务共享服务体系建设成功与否的因素包括（　　）。
   A. 地点　　　　　B. 流程　　　　　C. 技术　　　　　D. 服务关系管理
2. 沙盘模拟中的财务共享服务中心规划包含哪几个区域（　　）。

A. 战略规划区 　　　　　　　　　　B. 流程规划区
   C. 组织规划区 　　　　　　　　　　D. 数据分析区
3. 财务共享服务中心的战略定位选择应基于哪些方面（　　）。
   A. 加强集团管控 　　　　　　　　　B. 降低财务成本
   C. 支持企业发展 　　　　　　　　　D. 挖掘数据价值
4. 财务共享服务中心的建设目标应与哪些方面保持一致（　　）。
   A. 公司财务管理战略目标 　　　　　B. 公司IT信息化建设战略规划
   C. 公司市场战略目标 　　　　　　　D. 公司人力资源规划
5. 财务共享服务中心的推进路径选择包括（　　）。
   A. 先试点后推广 　　　　　　　　　B. 一次性建设
   C. 分阶段实施 　　　　　　　　　　D. 逐步优化
6. 财务共享服务中心的组织职能定位经历的阶段包括（　　）。
   A. 隶属于集团总部 　　　　　　　　B. 利润中心
   C. 财务服务公司 　　　　　　　　　D. 数据中心
7. 财务共享服务中心的建设模式通常包括（　　）。
   A. 单中心模式 　　　　　　　　　　B. 多中心模式
   C. 联邦模式 　　　　　　　　　　　D. 分散模式
8. 纳入财务共享服务中心的业务筛选原则包括（　　）。
   A. 从集中管控的维度 　　　　　　　B. 从减少财务工作的维度
   C. 从成本效益原则的维度 　　　　　D. 从市场拓展的维度
9. 财务共享服务中心的流程优化路径设计主要考虑的因素包括（　　）。
   A. 对现有业务、组织和人员的影响 　B. 人力资源和技能的就绪度
   C. 财务共享的实施周期 　　　　　　D. 项目推进难度
10. 财务共享服务中心依托的信息技术主要包括（　　）。
    A. 影像管理系统 　　　　　　　　　B. 共享服务作业平台
    C. 财务管理系统 　　　　　　　　　D. 人力资源管理系统

三、判断题

1. 财务共享服务中心是将不同国家、地点的实体的会计业务拿到一个共享服务中心来记账和报告。（　　）
2. 财务共享服务中心的构建不受企业经营环境和战略目标的影响。（　　）
3. 财务共享服务中心的战略定位选择应基于企业自身的企业战略。（　　）
4. 财务共享服务中心的建设目标应与公司财务管理战略目标保持一致，但不必与公司IT信息化建设战略规划保持一致。（　　）
5. 财务共享服务中心的推进路径选择中，先试点后推广的方式对试点机构的选择没有特殊要求。（　　）
6. 财务共享服务中心作为独立运营的法人公司时，只服务于集团内部，不对外承接业务。（　　）
7. 在财务共享服务中心的建设模式中，单中心模式的缺点是业务独立性较弱。（　　）
8. 财务共享服务中心的选址规划不需要考虑地区经济水平和公司运营模式。（　　）

9. 在财务共享服务中心的流程优化路径中,"1"代表单一业务、单一组织实施共享。
   (   )
10. 在财务共享服务中心的信息系统技术规划中,影像管理系统不是关键技术之一。
    (   )

四、拓展训练题
1. 请简述财务共享服务中心战略规划的主要内容包括哪些?
2. 在进行财务共享服务中心选址时,企业应考虑哪些主要因素?

模块 3 费用共享业务处理

学习目标

知识目标
1. 掌握费用共享业务的基本概念
2. 熟悉费用共享业务的应用场景
3. 理解费用共享业务的共性流程

技能目标
1. 能够绘制共享前和共享后费用共享的业务流程图
2. 能够在财务共享信息系统中完成费用共享发票信息登记工作
3. 能够在财务共享信息系统中完成费用共享流程业务单据的审核工作并生成记账凭证
4. 能够初步在财务共享信息系统中配置共享后的费用流程
5. 能够在财务共享服务平台中完成企业费用共享的其他业务

素养目标
1. 培养学生热爱财务会计工作、忠于职守的敬业精神
2. 培养学生严肃认真、严谨细致的工作作风
3. 培养学生熟悉企业费用管理制度、严格实施会计监督的职业操守

学习重点
1. 企业费用共享的基本概念和管理模式
2. 在财务共享服务平台中完成企业费用共享业务工作

学习难点
1. 能够利用 VISIO 绘制费用共享流程,并标注不同流程生成的凭证
2. 掌握费用结算流程在共享服务中心成立前和成立后的区别

思维导图

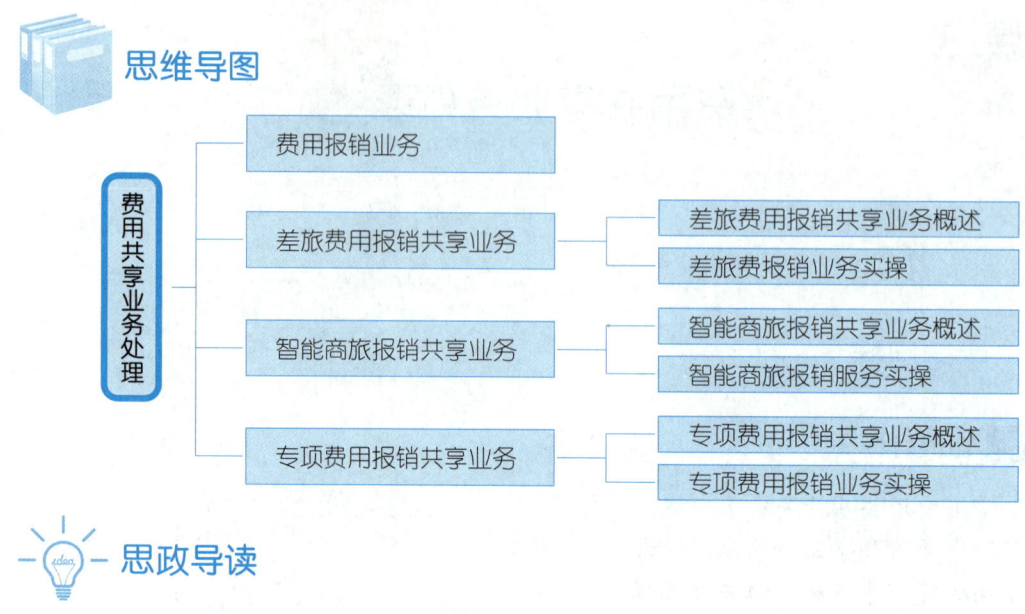

思政导读

诚信为本,强化会计职业道德操守

习近平总书记在党的二十大报告中指出"弘扬诚信文化,健全诚信建设长效机制",强调了诚信建设在国家发展、社会治理中的关键地位。

党的二十届三中全会审议通过的《中共中央关于进一步全面深化改革、推进中国式现代化的决定》指出"健全社会信用体系和监管制度",强调了构建社会信用体系的重要性。2024年新修订的《中华人民共和国会计法》第四十七条规定:"因违反本法规定受到处罚的,按照国家有关规定记入信用记录。违反本法规定,同时违反其他法律规定的,由有关部门在各自职权范围内依法进行处罚。"这明确指出了违规行为将被纳入信用记录,形成了会计诚信建设的完整法治框架。

2023年1月,财政部印发《会计人员职业道德规范》(财会〔2023〕1号),将会计人员职业道德规范明确为"一、坚持诚信,守法奉公""二、坚持准则,守责敬业""三、坚持学习,守正创新",为会计职业道德建设提供行动指南。

立足会计工作实践,费用共享业务处理需深度践行"诚信为本"理念,强化会计人员职业道德操守,以实际行动呼应国家诚信建设与行业道德规范要求。

任务1 费用报销业务

一、费用报销概述

费用报销主要指部门日常费用的报销,部门日常费用主要包括员工费用,如差旅费、业务招待费、日常费用、福利费等;办公费用,如会务费、会议培训费、咨询费等。

在费用报销过程中,报销人员提交业务主管审批时,业务主管主要审核业务的合理性。提交财务人员审批时,财务人员主要审核费用的真实性、合法性以及是否符合费用制度的规定。

二、费用报销类型

费用报销的主要类型包括员工直接报销、员工借款报销、跨组织报销、先申请再报销等几个类型。

不同类型的费用报销,其内容也不相同。员工直接报销是指业务发生时,员工先行垫资;业务发生后,员工报销。员工借款报销是指业务发生前,员工借款;业务发生时,员工付款;业务发生后,员工报账冲销借款,若有多余借款则归还。跨组织报销是指报销人员单位与费用承担单位为不同主体情况下的报销;先申请再报销是指企业为达到费用事前控制的目的,要求职工在某些业务报销之前需先申请,经批准后才能办理。

三、费用报销与费用预算

费用预算是企业财务管理的核心组成部分,主要用于规划和控制各类支出,确保资源的合理配置,并提升资金使用效率,企业集团应当建立合理的费用预算管理体系。企业集团费用预算管理体系如图3-1所示。

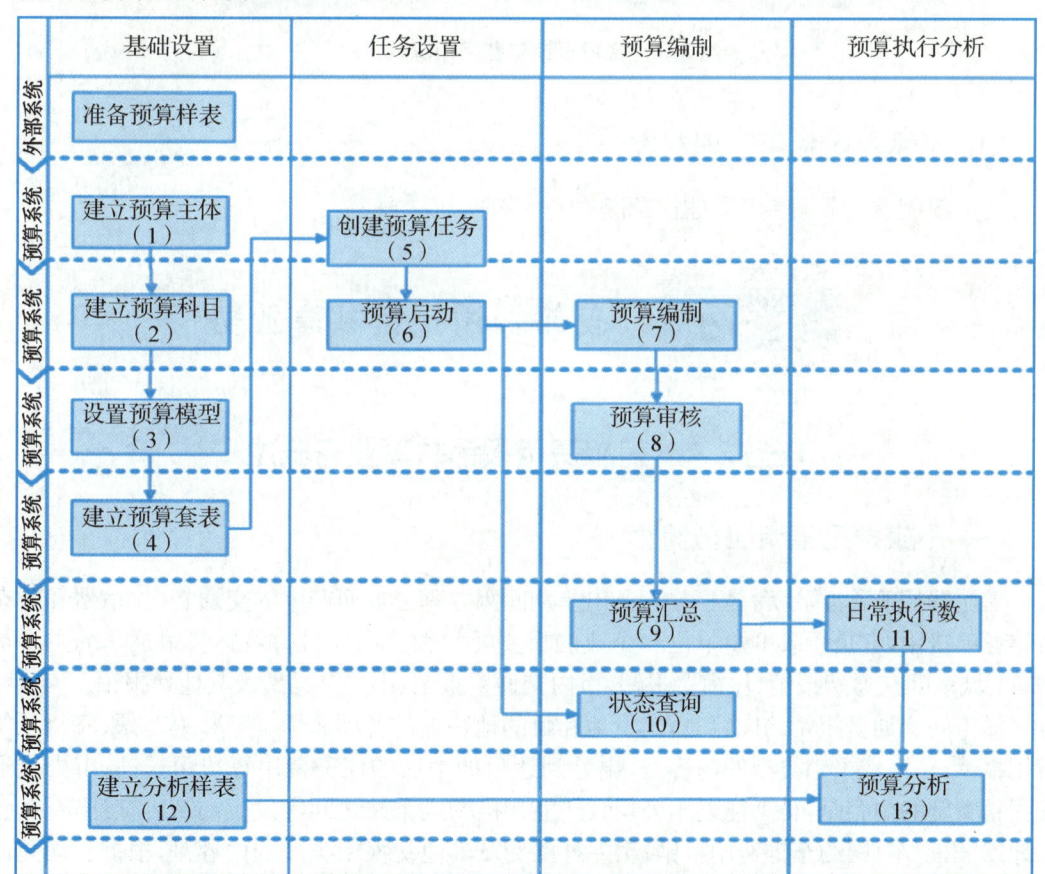

图3-1 企业集团费用预算管理体系

费用报销与费用预算相关联,费用报销要受到费用预算控制。费用控制体系是一个全闭环系统,依次经过预算编制、费用申请、费用控制、费用审批、财务确认、费用分析程序。根据费用管理制度要求,系统在费用支出申请、审批、支付的各个环节提供预算数据和实际数据对比,并提供多种控制维度和控制方法,灵活实现费用管控和降本增效的效果。费用报销与费用预算的关联如图3-2所示。

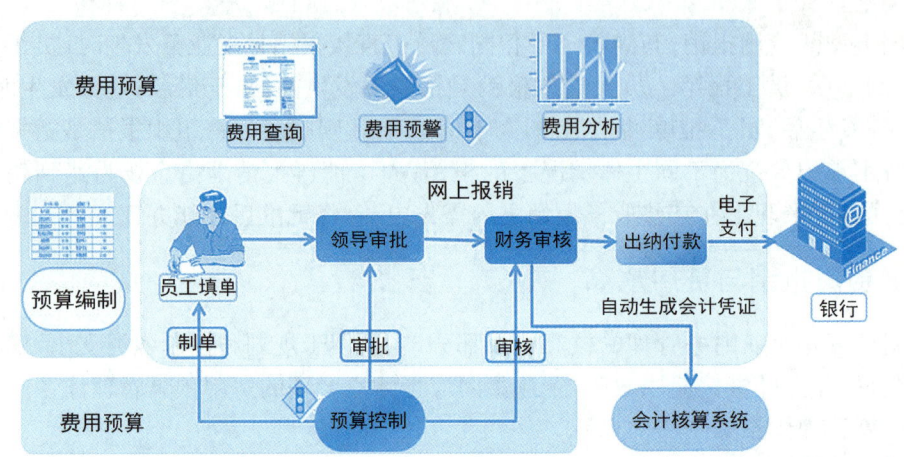

图 3-2 费用报销与费用预算的关联

二维码 3-1
鸿途集团费用管理制度

四、鸿途集团费用管理制度

鸿途集团费用管理制度扫描二维码3-1获取。

任务 2　差旅费用报销共享业务

任务 2.1　差旅费用报销共享业务概述

一、差旅费用报销业务简介

差旅费用简称差旅费,是相关人员出差期间因办理公务而产生的交通费、住宿费和公杂费等各项费用,它是行政事业单位和企业的重要经常性支出项目。差旅费用报销的主要类型有:城市间交通费报销、住宿费报销、市内交通费报销、出差补助费及其他费报销。

城市间交通费报销的内容是,出发地和目的地往返的各项车票、船票、火车票、飞机票等费用报销;住宿费报销类型的内容是,出差到达目的地后的住宿费用等费用报销;市内交通费报销类型的内容是,员工往返于公司、(住宅)、机场或车站之间等发生的市内交通费用,包括地铁、出租车、网约车等费用报销;出差补助费及其他费报销类型的内容是,根据公司差旅制度报销的差旅伙食费及其补助,一般按照每人每天的标准等计算费用,进行报销。

二、差旅费报销共享前业务流程分析

(一) 差旅费报销现状问题

差旅费报销现状主要存在以下五方面问题：

(1) 税务风险问题，主要指差旅费用报销中的税务风险，这是财务工作者最为头疼的问题，比如差旅费报销单内容填写不齐全，所附的车票、餐饮票、住宿发票与出差地不一致，发票体现的人员与派出的人员人数不吻合等票据不规范引发的税务风险。

(2) 凭证数量问题，主要指报销凭证繁多，审核流程复杂，效率低下。

(3) 管理控制问题，主要指管控不到位，出现假票的现象较为频繁，超预算现象时有发生。

(4) 审批环节问题，主要指审批环节多，财务要求多，返单修改耽误时间。

(5) 报销流程问题，主要指各分子公司流程不统一，各自为政，报销流程长，到账慢，员工不满。

上述这五方面问题严重影响了企业差旅费用管理的整体水平。

(二) 差旅费报销共享前业务流程现状

差旅费报销共享前业务流程如图3-3所示。

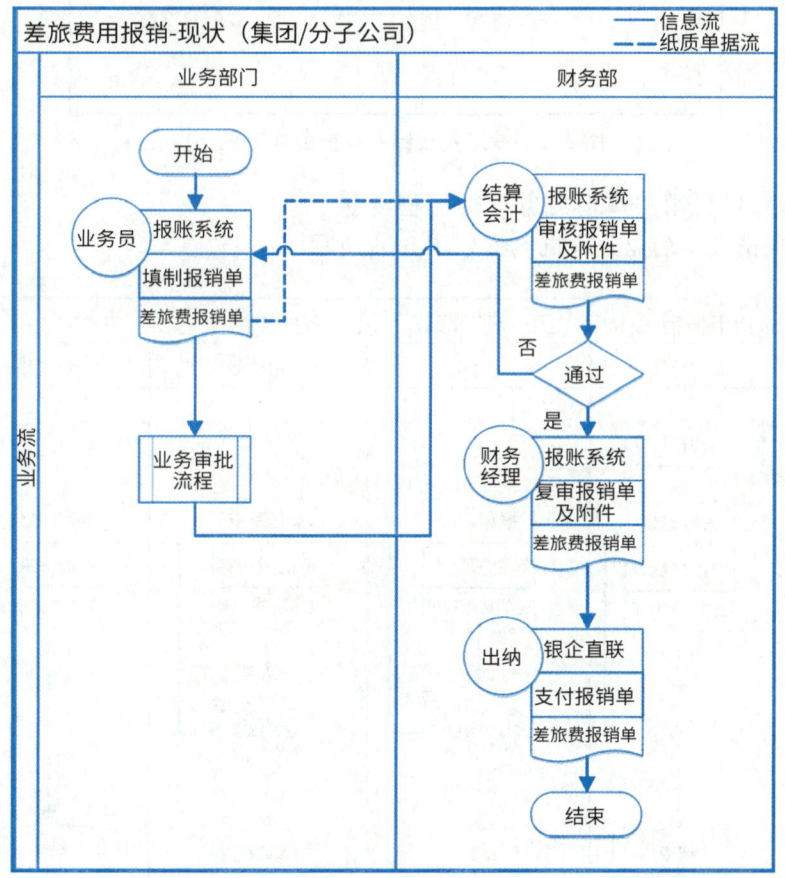

图3-3　差旅费报销共享前业务流程(a)

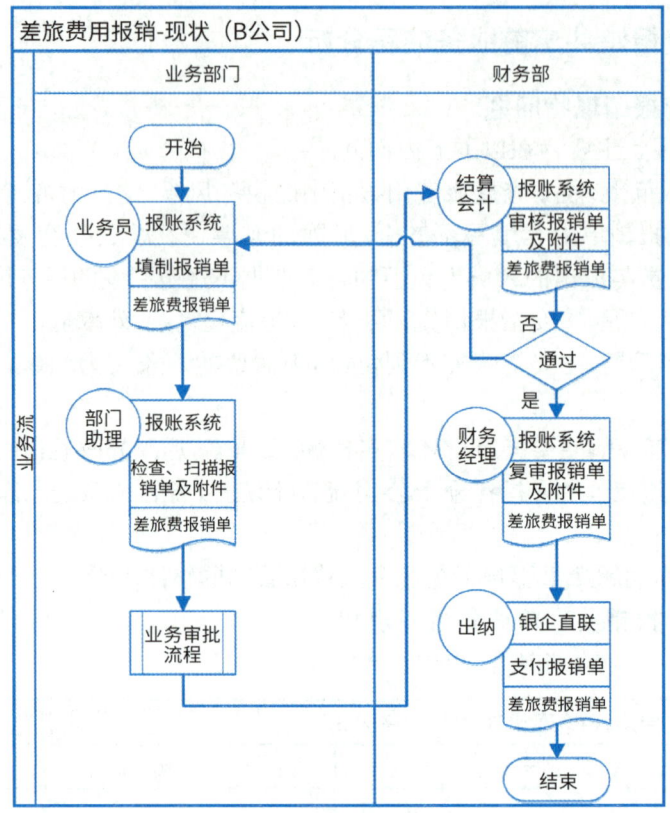

图 3-3 差旅费报销共享前业务流程(b)

(三)差旅费报销共享前业务审批流程现状

差旅费报销共享前业务审批流程如图 3-4 所示。

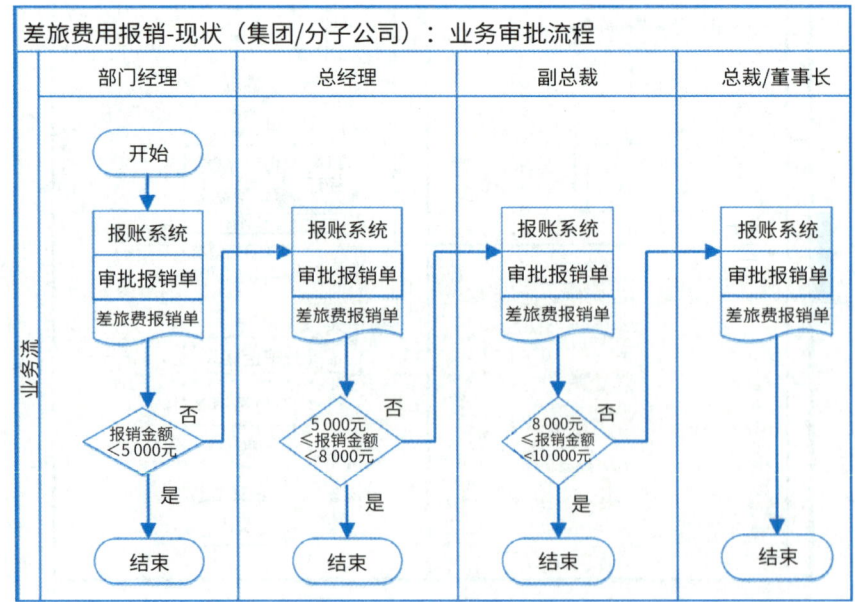

图 3-4 差旅费报销共享前业务审批流程(a)

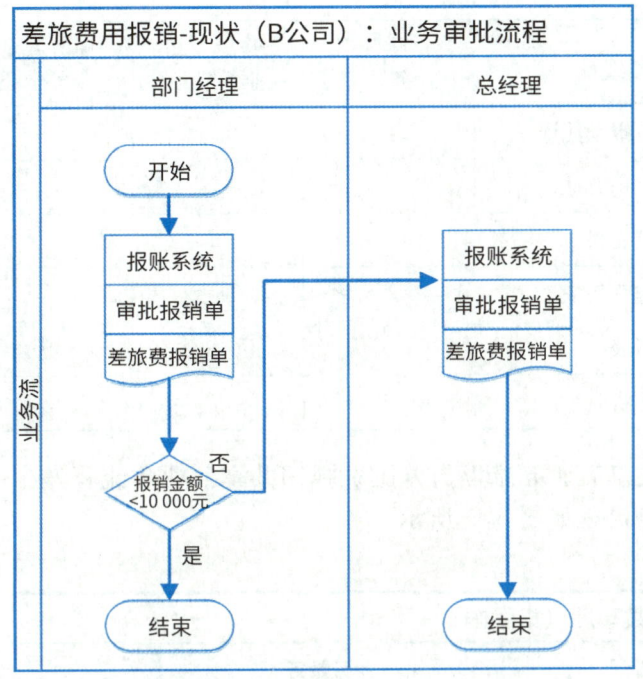

图 3-4　差旅费报销共享前业务审批流程(b)

三、差旅费报销共享后业务流程

(一) 差旅费报销共享后目标

差旅费报销实现共享后的预期目标应该包括但不限于以下四个方面：
(1) 报销标准化，是指全集团费用报销统一标准，即制度流程化、流程标准化。
(2) 核算自动化，是指会计核算工作自动完成且符合标准。
(3) 业务同步化，是指业务的信息流、实物流、价值流同步进行。
(4) 管理转型化，是指创新集团财务管理模式，促进管理转型。

(二) 差旅费报销共享后流程

差旅费报销共享后，集团公司将差旅费报销的业务流程进行重组，不同人员的业务动作不同，通过共享模式实现端到端的协作体系。差旅费报销共享后业务流程重组——端到端流程职能分工如表 3-1 所示。

表 3-1　差旅费报销共享后业务流程重组——端到端流程职能分工

序号	业务动作	分/子公司业务部门	分/子公司业务财务	财务共享服务中心	集团战略财务
1	制定费用政策与制度				√
2	填制报销单上传扫描件	√			
3	业务审批	√			

(续表)

序号	业务动作	分/子公司业务部门	分/子公司业务财务	财务共享服务中心	集团战略财务
4	本地初审报销凭证		√		
5	审核报销凭证			√	
6	报销支付			√	
7	审核记账凭证			√	
8	报表			√	
9	分析		√		

差旅费报销共享后业务流程与差旅费报销共享前业务流程发生了较大变化，差旅费报销共享后业务流程如图3-5所示。

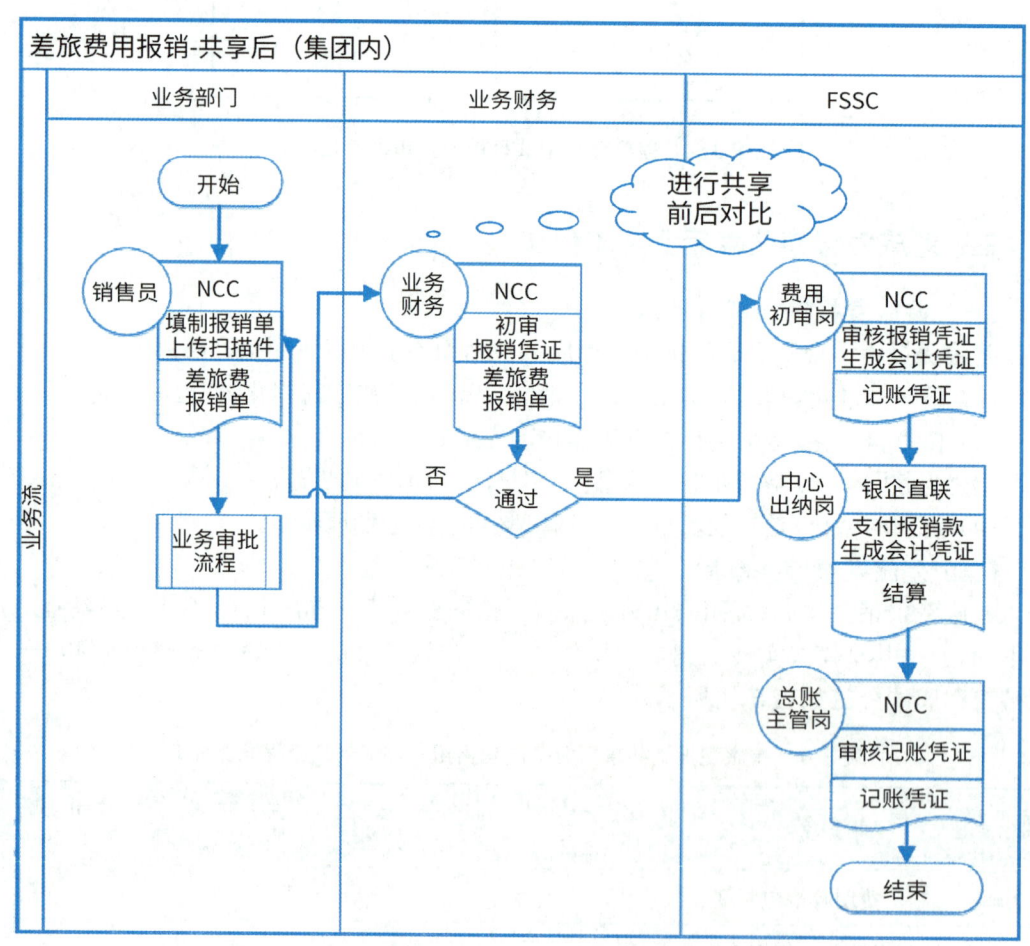

图3-5　差旅费报销共享后业务流程(a)

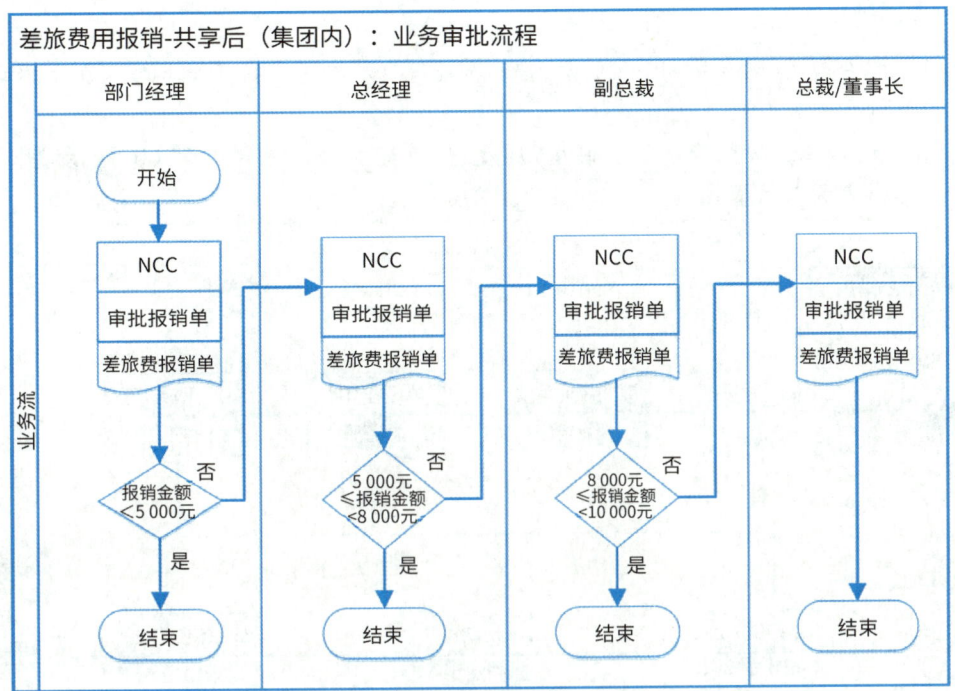

图 3-5 差旅费报销共享后业务流程(b)

任务 2.2 差旅费报销业务实操

任务情景

鸿途集团水泥有限公司销售服务办公室的销售员李军 2023 年 3 月 8 日至 9 日,从郑州出差到北京,出差费用明细表如表 3-2 所示。事前已报备,出差回来后,于 3 月 10 日报销差旅费。员工报销的"结算方式"为网银,"单位银行账号"选账号编码较大的账号(支出户)。

表 3-2 出差费用明细表

去程火车票 G1564 (不含税额:283.49 元;税额 25.51 元;税率 9%)	309 元
返程火车票 G505 (不含税额:283.49 元;税额 25.51 元;税率 9%)	309 元
目的地交通	36 + 42 = 78 元
北京住宿费 北京铂涛酒店,增值税专用发票 (不含税率:259.43 元;税额 15.57 元;税率 6%)	275 × 1 = 275 元

相关原始凭证扫描二维码 3-2 获取。

二维码 3-2
原始凭证
示例

要求:在 NCC 系统中完成差旅报销普通任务。

> **注意事项**
>
> （1）原始凭证（火车票、出租车票、住宿发票等）是本课程的教辅资源，在上课时以物理单证的形式发放给学生。
>
> （2）根据《鸿途集团费用管理制度》规定，出差期间每人差旅补贴60元/天，补贴天数按实际出差天数计算。

操作步骤

差旅费用报销流程如图3-6所示。

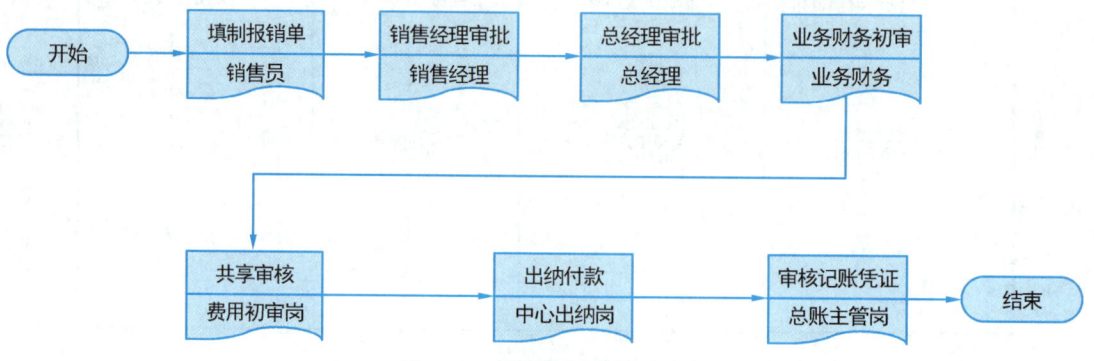

图3-6 差旅费用报销流程

备注：本流程图为标准全流程框架，实际应用时企业应根据实际业务需求选择性实施流程模块，规划设计中没有涉及的流程可忽略相应环节。下文同。

1. 填制报销单

学生按照角色上岗，然后点击 进入系统 按钮跳转进NCC系统，修改右上角的 业务日期 为2023年3月10日，从NCC操作桌面打开 差旅费报销单 ，根据任务背景要求填制差旅费报销单，填制完成差旅费报销单并检查无误后点击 保存 ，保存后点击 影像扫描 按钮进入新道影像系统，进入影像管理系统之后如果需要用高拍仪进行扫描则点击 扫描 按钮，将对应的纸质原始单据用高拍仪进行扫描，如果通过本地上传则点击 导入 按钮，将对应的原始单据影像上传到影像系统，影像扫描完成后依次点击 保存 、提交 按钮，影像扫描完成后返回差旅费报销单填报界面点击 提交 按钮。

具体操作过程扫描二维码3-3查看操作步骤。

二维码3-3 填制报销单具体操作步骤

2. 销售经理审批

学生按照角色上岗，然后点击 进入系统 按钮跳转进NCC系统，修改右上角的 业务日期 为2023年3月10日，从NCC操作桌面点击 审批中心 、未处理 ，根据任务背景要求检查差旅费报销单填报和上传的影像是否有误，检查无误则 审批通过 ，否则 驳回 到制单人。

具体操作过程扫描二维码3-4查看操作步骤。

二维码3-4 销售经理审批具体操作步骤

3. 业务财务初审

学生按照角色上岗，然后点击 进入系统 按钮跳转进NCC系统，修改右上角的

[业务日期]为 2023 年 3 月 10 日,从 NCC 操作桌面点击[审批中心]、[未处理],根据任务场景要求检查差旅费报销单填报和上传的影像是否有误,检查无误则[审批通过],否则[驳回]到制单人。

具体操作过程扫描二维码 3-5 查看操作步骤。

二维码 3-5
业务财务初审具体操作步骤

4. 共享审核

学生按照角色上岗,然后点击[进入系统]按钮跳转进 NCC 系统,修改右上角的[业务日期]为 2023 年 3 月 10 日,从 NCC 操作桌面点击[我的作业]、[待提取],根据任务背景要求检查差旅费报销单填报和上传的影像是否正确,检查无误则[审核通过],否则[驳回]到制单人。

具体操作过程扫描二维码 3-6 查看操作步骤。

二维码 3-6
共享审核具体操作步骤

5. 出纳付款

学生按照角色上岗,然后点击[进入系统]按钮跳转进 NCC 系统,修改右上角的[业务日期]为 2023 年 3 月 10 日,从 NCC 操作桌面点击[结算],在[搜索框]输入查询条件:财务组织选择[鸿途集团水泥有限公司],查询日期区间为[2023-03-01～2023-03-31],在待结算页面中点击[业务单据编号]进入结算详细信息界面,检查无误后点击[支付]、[网上转账]进行结算。

具体操作过程扫描二维码 3-7 查看操作步骤。

二维码 3-7
出纳付款具体操作步骤

6. 差旅普通任务(审核记账凭证)

学生按照角色上岗,然后点击[进入系统]按钮跳转进 NCC 系统,修改右上角的[业务日期]为 2023 年 3 月 10 日,从 NCC 操作桌面点击[凭证审核],在[搜索框]输入查询条件:财务组织选择[鸿途集团水泥有限公司],查询日期区间为[2023-03-01～2023-03-31],审核状态为[待审核],检查凭证,检查无误后点击[审核]。

具体操作过程扫描二维码 3-8 查看操作步骤。

二维码 3-8
差旅普通任务具体操作步骤

差旅报销预警任务和员工信用管理任务的操作与差旅报销普通任务相似,这里不再赘述。

任务 3 智能商旅报销共享业务

任务 3.1 智能商旅报销共享业务概述

一、智能商旅服务的简介

智能商旅服务又称智能商旅管理,是指由第三方智能化服务平台为众多企业因公差旅和出行活动提供服务。第三方智能化服务平台又称智能商旅服务公司(intelligent business travel service company,IBTSC)。智能商旅服务,让出行更高效,让服务更便捷,同时又能更好地控制企业运营管理中的商旅成本,是企业商旅及报账服务的新趋势。

二、智能商旅服务的项目平台及功能

智能商旅服务项目很多，不同的项目因匹配不同的平台而具有不同的功能，具体情况如下：

（1）智能商旅平台，其功能主要包括差旅申请、差旅行程查询预定（机票、酒店等）、申请及超规审批、在线支付等。

（2）差旅报销平台，其功能主要包括行程记录、发票 OCR 查验、差旅标准判别、商旅报账自动推送集团财务共享平台等。

（3）智能商旅报账平台，其功能主要包括面向企业全员应用的企业差旅报销数据采集终端。为企业员工提供端到端的一站式互联网服务，打通从申请、审批、交易、报账、支付、核算所有环节，实现数据不落地、全线上应用、全程管控等目标。

三、智能商旅服务支持模式

（一）智能商旅服务模式

随着云计算、大数据、移动互联网和人工智能等技术的应用，社会化商业形成的连接协同共享模式、数字企业形成的数据驱动模式、平台型企业形成的共享经济模式、交易平台化形成的金融泛在化模式等商业创新模式产生了，企业商旅垫付资金的管理方式也随之发生了改变，即员工垫资向企业垫资转化、企业垫资向服务商垫资转化，由此产生了多种智能商旅服务模式：

（1）"个人预订+报销"模式，是指个人事前预订，事后报销的方式。

（2）差旅管理公司（travel management companies，TMC）线下模式，是指单一 TMC、电话预订、统一结算的方式。

（3）TMC 线上模式，是指单一 TMC、TMC App 预订、统一结算的方式。

（4）自建商旅平台模式，是指自建、外购第三方平台，整合多方资源，与内部系统打通，实现全流程商旅管理与服务的方式。

（二）智能商旅平台对企业报账的支持模式

（1）员工垫付、员工报销模式，是指智能商旅平台为企业员工提供统一预定入口，实现合规透明，简化员工报销的方式。

（2）员工垫付、企业开票模式，是指智能商旅平台为企业员工提供统一预定入口，实现合规透明，员工免贴票的方式。

（3）企业垫付、企业月结模式，是指智能商旅平台可以根据企业需求，实现员工消费免垫付、免收票、免报销的新的方式。

四、智能商旅服务对企业不同层级员工的影响

智能商旅服务对企业及员工、部门经理、财务人员、高级管理层等都产生较大影响，颠覆了传统报账模式，为企业创造了价值。智能商旅服务对企业不同层级员工的影响如表 3-3 所示。

表 3-3 智能商旅服务对企业不同层级员工的影响

层级	采用前	采用后
企业	1. 企业差旅费用居高不下,费用管控力度弱 2. 企业的差旅报销制度不能很好落实 3. 企业的报销流程繁琐,员工满意度低	移动互联网时代的智能商旅及报账服务连接社会化服务资源,企业可以自行设置差旅规则,对差旅申请、审批、预订、支付和报销等差旅全流程进行自动化管理
员工	1. 报销差旅费用时,每次都要填写厚厚一沓的报销单据 2. 完成一次费用报销,需要拿着单据逐个找领导审批,审批领导经常出差或在会议中,造成报销时间长 3. 个人垫付资金,报销不及时	1. 员工管理个人商务旅行,随时随地进行出差申请、商旅及出行预订、差旅费用报销等全线上应用,提高工作效率 2. 员工免除垫付资金,不需要贴票报销,商旅报账方便快捷,提高员工满意度
部门经理	1. 不能及时了解费用预算执行情况及剩余额度 2. 审核财务费用时,不能及时获得合法数据或相关材料支持	1. 及时审批员工差旅申请,实时掌握费用预算达成情况 2. 提升管理水平,提高部门管理满意度,实现管理升级
财务人员	1. 员工单据填写不规范 2. 报销审核工作占用大量时间,票据审核困难 3. 无法掌控各项目、各部门以及异地分公司的费用发生情况 4. 企业财务制度难以落实,员工出差商旅预订五花八门,缺少费用报销制度的监管	1. 简化财务核算,极大提升财务效率 2. 有效管理员工差旅行为和差旅费用 3. 帮助企业优化差旅管理规范和流程,将差旅管理规范化、信息化,提高企业的专业形象 4. 提高差旅透明度和合规性,更好地进行预算规划、费用管控
企业高级管理层	1. 不清楚公司的费用支出是否合理,是否带来相匹配的效益 2. 费用管理中肯定有疏漏现象,费用居高不下,成本难以降低 3. 不能按照企业内部管理的要求获取准确的费用分析数据	1. 能有效地了解员工差旅行为、企业费用支出情况 2. 为企业优化差旅制度、预算规划、员工行为管理、费用控制等提供决策依据

五、智能商旅服务的特征

智能商旅服务具有管控智能化等特征,包括但不限于以下 4 个:

(1) 应用全员化,该特征表明员工参与智能商旅,为企业创造更高价值,智能商旅服务为员工提供智能简易的应用,提高员工满意度。

(2) 接入多端化,该特征表明智能商旅服务支持手机、Pad、PC 等移动设备随时随地接入。

(3) 管控智能化,该特征表明通过 OCR 自动获取报账信息,发票自动验伪查重,通过规则引擎智能管控。

(4) 链接社会化,该特征表明企业内部与各类交易平台连接协同共享,商旅服务便利、可控,以便获取和积累大量交易数据,提高数据准确性与实时性,为数据分析带来价值。

六、智能商旅服务建设方向及核心要素

(一) 智能商旅服务建设方向

智能商旅服务建设方向是打通企业商旅报账全流程。为了实现费用可视可控,企业

要打通商旅报账全流程,全流程包括但不限于以下七个方面:
(1) 差旅申请。其建设方向是多端接入、预算控制前置、审批效率提升。
(2) 行程预定。其建设方向是差旅标准嵌入、服务预定过程、管控行程预定过程、自动甄别价格最低供应商。
(3) 自动报账。其建设方向是自动传回消费记录并读取发票信息作为报账依据,还能自动识别发票真伪。
(4) 对账开票。其建设方向是线上实时对账,月末集中开票。
(5) 付款结算。其建设方向是日常供应商垫付,月末统一结算,员工免垫付。
(6) 核算。其建设方向是多维度核算,自动生成凭证。
(7) 报告。其建设方向是生成月/季/年度报告,提供内部管理分析依据。

(二) 智能商旅服务建设核心要素

智能商旅服务建设主要包括以下四个核心要素:
(1) 预订流程要素。该要素建设要求简单便捷。
(2) 费用结算要素。该要素建设主要是费用差异化、结算周期建设。
(3) 系统对接要素。该要素建设主要是系统对接集成建设。
(4) 信息保密要素。该要素建设主要是公司人员组织信息建设。

七、智能商旅服务的目标

我国已经成为世界第一"出差大国",商旅成本已成为企业运营管理中仅次于人力成本的第二大可控成本,智能商旅服务具有智能、高效、便捷、社会化商业整合等优点,能有效地控制企业运营管理中的商旅成本。智能商旅服务建设主要有以下四个方面目标:
(1) 财务服务转型。在移动互联网时代,财务手工报账模式将被自动智能化报账所替代,大型企业财务人员职能将从财务审核转变为服务创新。
(2) 社会化商业整合。企业与服务商连接融合,为员工提供更丰富的商旅资源,互联互通的商旅平台让员工享受更便捷的机票预订,出行服务。
(3) 智能化报账服务。企业通过移动互联网技术,实现云端商旅预订,费用自动报账。全线上的智能化报账实现 B2B 的结算方式,免除员工垫付。
(4) 大数据分析洞察。企业获得员工商旅数据,实时有效地了解员工商旅出行、费用支出等情况,通过数据分析提出企业商旅管理建议,提升企业商旅管理水平,实现商旅费用节省的目标。

八、智能商旅报销共享前业务流程

(一) 智能商旅报销现状问题

智能商旅报销现状问题与差旅费报销现状问题类似,主要存在五个方面:税务风险问题、凭证数量问题、管理控制问题、审批环节问题、报销流程问题,这里不再赘述。

(二) 智能商旅报销共享前业务流程

智能商旅报销共享前业务流程如图 3-7 所示。

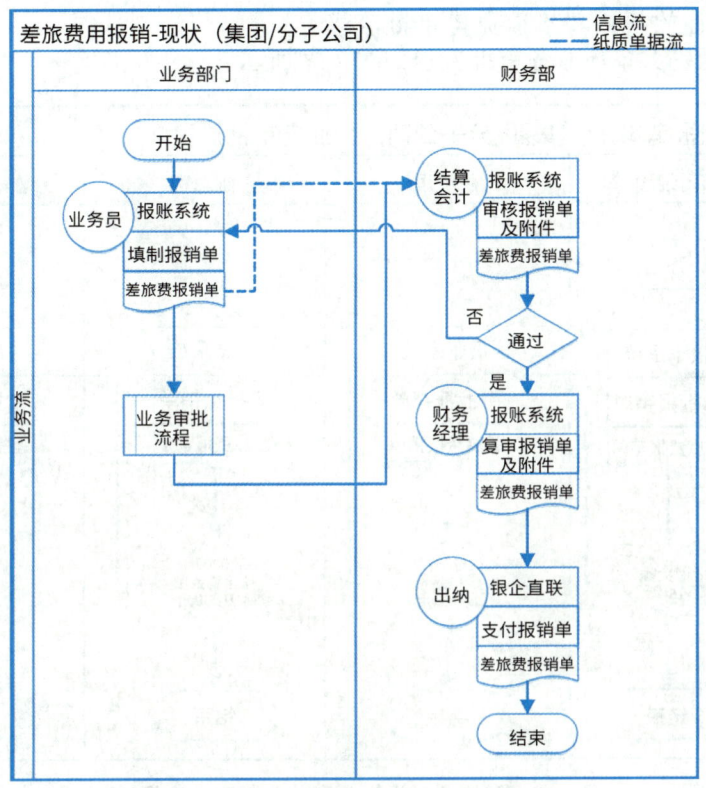

图 3-7　智能商旅报销共享前业务流程(a)

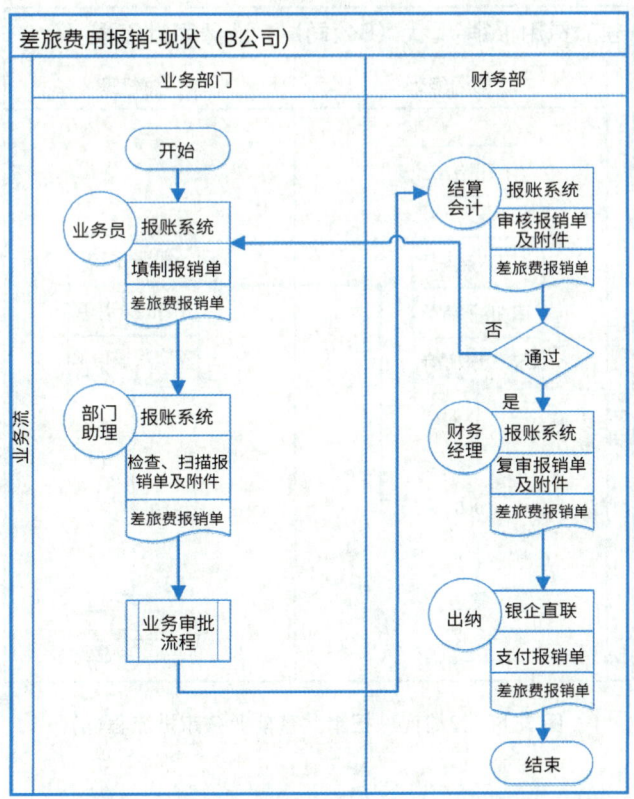

图 3-7　智能商旅报销共享前业务流程(b)

(三)智能商旅报销共享前业务审批流程

智能商旅报销共享前业务审批流程如图 3-8 所示。

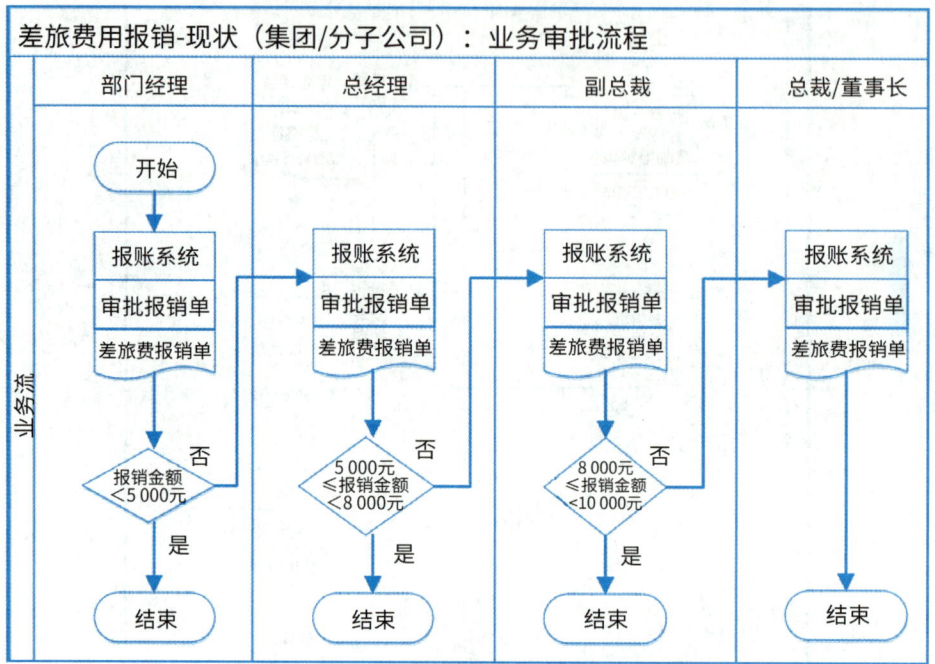

图 3-8　智能商旅报销共享前业务审批流程(a)

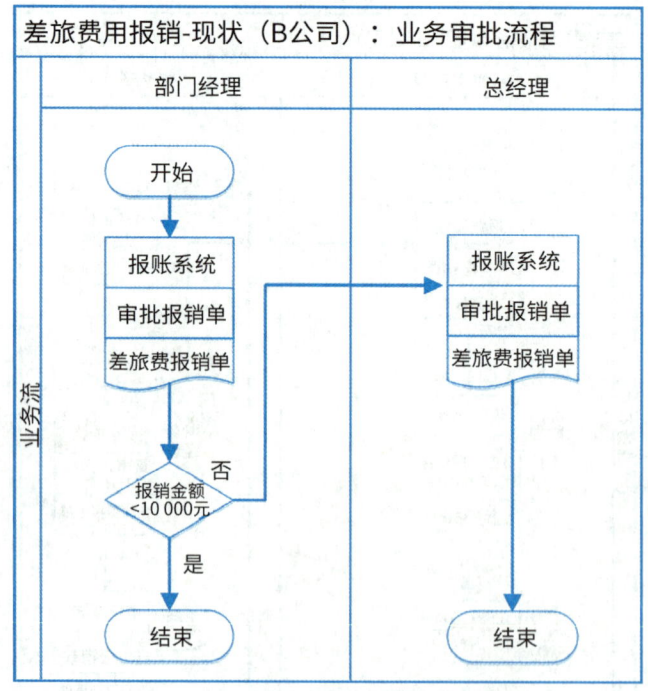

图 3-8　智能商旅报销共享前业务审批流程(b)

九、智能商旅报销共享后业务流程

(一)智能商旅报销共享后目标

实现智能商旅报销共享后的预期目标很多,主要包括以下五个方面:

(1)提升员工体验感。该目标是指通过智能商旅接入、发票采集识别、移动端填报和进度查看,提升员工体验感和报销方便性。

(2)提升财务处理效率。该目标是指通过发票自动验伪查重、智能认证、集中线上支付、自动凭证和费控执行,减轻低效重复性工作量,提升财务处理效率。

(3)提供决策支持服务。该目标是指通过预算执行分析、费用结构分析、员工信用分析,为管理层提供费用管理决策支持。

(4)费用透明化。该目标是指通过费用类型划分、费用明细管理和智能商旅服务接入,增加费用支出的透明度。

(5)费用可控性。该目标是指通过费用预算控制、费用标准执行和事前事项审批的执行,实现费用支出的可预见性,严控超标超预算支出。

(二)智能商旅报销共享后流程

智能商旅报销共享后,集团公司将商旅报销的业务流程进行重组,不同人员的业务动作不同,用共享模式实现端到端的协作体系。智能商旅报销共享后业务流程重组——端到端流程职能分工与差旅费报销共享后业务流程重组——端到端流程职能分工类似,见表3-1所示。

智能商旅报销共享后业务流程与智能商旅报销共享前业务流程发生了较大变化,智能商旅报销共享后业务流程如图3-9所示。

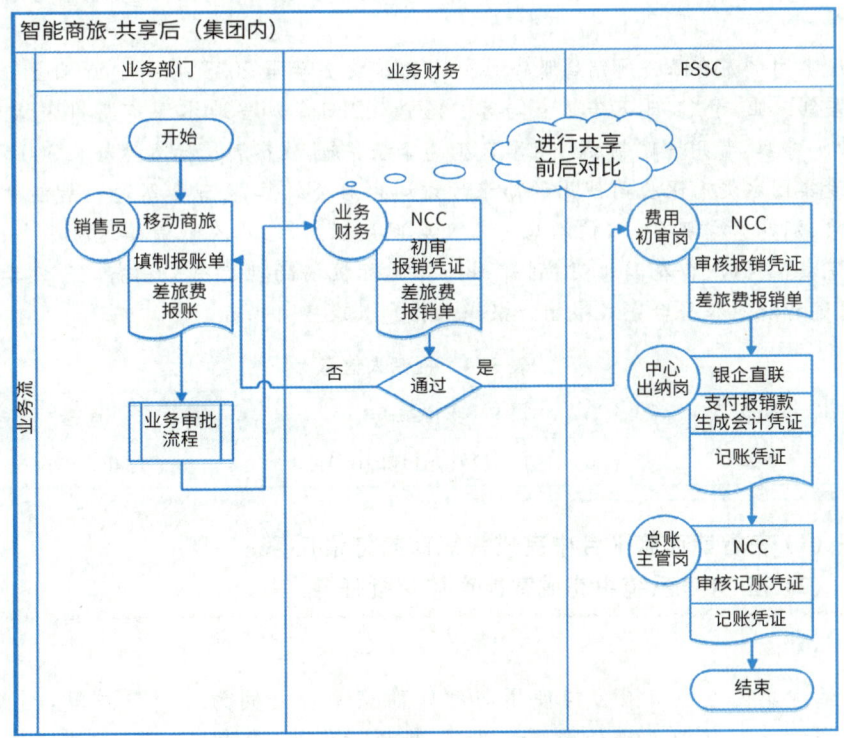

图3-9 智能商旅报销共享后业务流程(a)

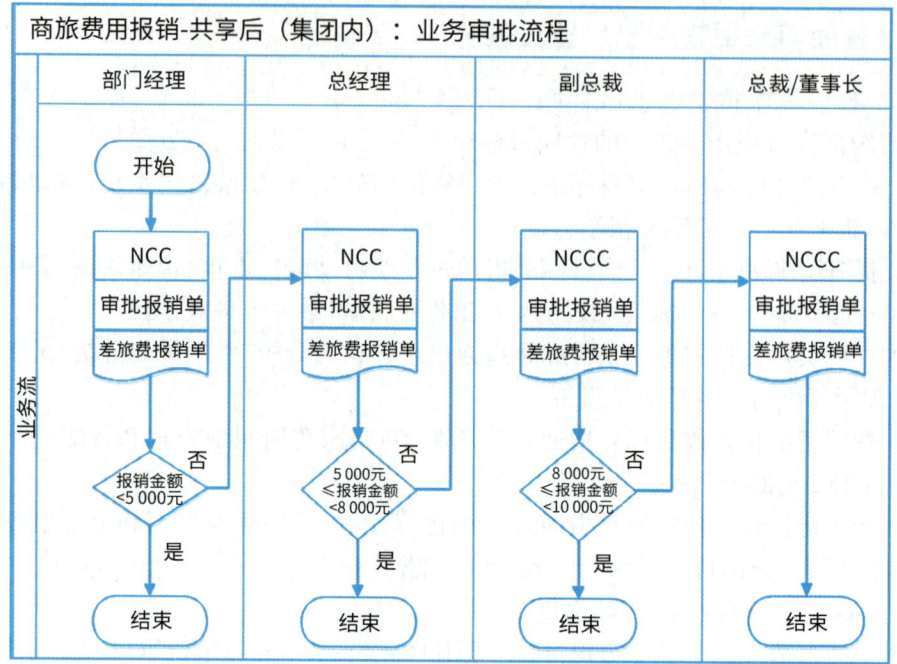

图 3-9 智能商旅报销共享后业务流程(b)

任务 3.2 智能商旅报销服务实操

> **任务情景**
>
> 鸿途集团水泥有限公司销售服务办公室的销售员李军 2023 年 3 月 11 日至 12 日,从郑州出差到三亚,于 11 日下午 1 点与客户洽谈,12 日参加当地水泥市场推介活动,活动 5 点结束。根据《费用管理制度》,李军只能选择经济舱,住宿酒店标准为每人 300 元/日。
>
> 鸿途集团水泥有限公司使用的商旅预订均为对公结算,9 日李军通过智能商旅平台完成机票、酒店预订服务,入住酒店为三亚凤凰岛酒店,酒店有免费接送机服务;同时通过滴滴完成住所(联合花园北门)到郑州新郑国际机场的往返交通出行,13 日李军出差结束,通过智能商旅平台完成报销。报销人信息如表 3-4 所示。
>
> 表 3-4 报销人信息
>
> | 姓名 | 身份证号 | 电话 |
> |---|---|---|
> | 李军 | 15042919811201092X | 13401987665 |

要求:(1) 在智能商旅平台中完成智能商旅订票任务。
 (2) 在 NCC 系统中完成智能商旅审批任务。

> **注意事项**
>
> (1) 鸿途集团水泥有限公司使用与智能商旅平台之间为公对公结算,因此员工通过智能商旅平台报销时无需外部原始凭证(机票行程单、滴滴打车票、住宿费发票等)。

(2) 根据《鸿途集团费用管理制度》规定，出差期间每人差旅补贴 60 元/天，补贴天数按实际出差天数计算。

(3) 智能商旅订票平台中的机票金额可能随时变动，具体票价以自己搜索出的票价为准。

操作步骤

(一) 智能商旅订票任务实操

学生按照角色上岗，然后点击 进入系统 按钮跳转进智能商旅平台，根据任务背景要求通过商旅平台完成机票、酒店预定和滴滴打车服务，并在智能商旅平台选择对应的票据完成差旅费报销单填制。

具体操作过程扫描二维码 3-9 查看操作步骤。

(二) 智能商旅审批任务实操

智能商旅服务模式下差旅费用报销流程如图 3-10 所示。

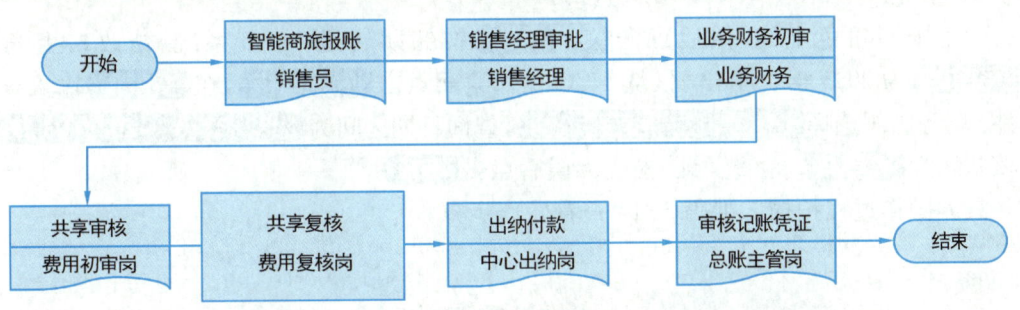

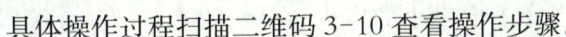

图 3-10　智能商旅服务模式下差旅费用报销流程

1. 销售经理审批

学生按照角色上岗，然后点击 进入系统 按钮跳转进 NCC 系统，修改右上角的 业务日期 为 2023 年 3 月 13 日，从 NCC 操作桌面点击 审批中心 、 未处理 ，根据任务背景要求检查差旅费报销单填报是否有误，检查无误则 审批通过 ，否则 驳回 到制单人。

具体操作过程扫描二维码 3-10 查看操作步骤。

注意事项

因为智能商旅订票费用是企业代付，所以报销人的报销金额只有出差补助金额。

2. 业务财务初审

学生按照角色上岗，然后点击 进入系统 按钮跳转进 NCC 系统，修改右上角的 业务日期 为 2023 年 3 月 13 日，从 NCC 操作桌面点击 审批中心 、 未处理 ，根据任务背景要求检查差旅费报销单填报和上传的影像是否有误，检查无误则 审批通过 ，否则 驳回 到制单人。

具体操作过程扫描二维码 3-11 查看操作步骤。

3. 共享审核

学生按照角色上岗,然后点击 进入系统 按钮跳转进 NCC 系统,修改右上角的 业务日期 为 2023 年 3 月 13 日,从 NCC 操作桌面点击 我的作业 、 待提取 ,根据任务背景要求检查差旅费报销单填报和上传的影像是否正确,检查无误则 审核通过 ,否则 驳回 到制单人。

具体操作过程扫描二维码 3-12 查看操作步骤。

二维码 3-12 共享审核具体操作步骤

4. 出纳付款

学生按照角色上岗,然后点击 进入系统 按钮跳转进 NCC 系统,修改右上角的 业务日期 为 2023 年 3 月 13 日,从 NCC 操作桌面点击 结算 ,在 搜索框 输入查询条件:财务组织选择 鸿途集团水泥有限公司 ,查询日期区间为 2023-03-01~2023-03-31 ,在 待结算 页面中点击 业务单据编号 进入结算详细信息界面,检查无误后点击 支付 - 网上转账 进行结算。

具体操作过程扫描二维码 3-13 查看操作步骤。

二维码 3-13 出纳付款具体操作步骤

5. 智能商旅任务(审核记账凭证)

学生按照角色上岗,然后点击 进入系统 按钮跳转进 NCC 系统,修改右上角的 业务日期 为 2023 年 3 月 13 日,从 NCC 操作桌面点击 凭证审核 ,在 搜索框 输入查询条件:财务组织选择 鸿途集团水泥有限公司 ,查询日期区间为 2023-03-01~2023-03-31 ,审核状态为 待审核 ,检查凭证,检查无误后点击 审核 。

具体操作过程扫描二维码 3-14 查看操作步骤。

二维码 3-14 智能商旅任务具体操作步骤

任务 4　专项费用报销共享业务

任务 4.1　专项费用报销共享业务概述

一、专项费用报销业务简介

专项费用报销的主要内容包括因工作需要发生的广告、宣传、印刷、咨询、会议、培训等费用。

专项费用报销的类型与前面费用报销的类型基本相同,这里不再赘述。但需要强调,对于先申请再报销的业务类型,企业年初做了全面预算,在具体业务发生时,员工需每次申请明细的费用额度。企业全面预算或费用预算中未包括的费用,需要另行申请。

二、专项费用管理

专项费用发生前需进行申请和审批,专项费用属于集团强控项目,原则上归集团统筹管理,按照"谁受益谁承担"的原则承担费用。企业在建设财务共享服务中心的同时实现银企直连,所有付款均在财务管理信息系统中直接支付,简化审批过程,审批最多到业务单元(子公司)总经理处。专项费用实行预算单项控制,报销时必须对应正确的预算项目,例如,鸿途集团在《费用管理制度》中规定,超过 1 万元(含)的市场活动、培训等所有的费用必须事前进行专项预算审批,各部门经营支出审批权限也不相同。鸿途集团各部门经营支出审批权限如表 3-5 所示。

表 3-5 鸿途集团各部门经营支出审批权限

业务审批人	财务审批人	交通费/通信费	招待费	差旅费	其他支出/借款
部门经理	分管财务会计-财务经理	0.04 万元(不含)以下	0.1 万元(不含)以下	0.5 万元(不含)以下	1 万元(不含)以下
总经理		0.04 万~0.06 万元(不含)	0.1 万~0.2 万元(不含)	0.5 万~0.8 万元(不含)	1 万~3 万元(不含)
副总裁		0.06 万~0.1 万元(不含)	0.2 万~0.3 万元(不含)	0.8 万~1 万元(不含)	3 万~5 万元(不含)
公司总裁/董事长		≥0.1 万元	≥0.3 万元	≥1 万元	≥5 万元

三、专项费用报销共享前业务流程

(一)专项费用报销现状问题

专项费用报销现状主要存在以下三个问题,这些问题严重影响了企业专项费用管理的整体水平。

(1)专项费用实行的是预算单项控制,报销时必须对应正确的预算项目。

(2)相对于员工费用报销来说,专项费用报销的金额较大,供应商管理未纳入集团统一管理,服务或产品质量、供应商信息准确性等较难控制。

(3)专项费用有时候存在多个组织分摊情况,分摊的比例、审核流程都比较复杂。

(二)专项费用报销共享前业务流程现状

专项费用报销共享前业务流程如图 3-11 所示。

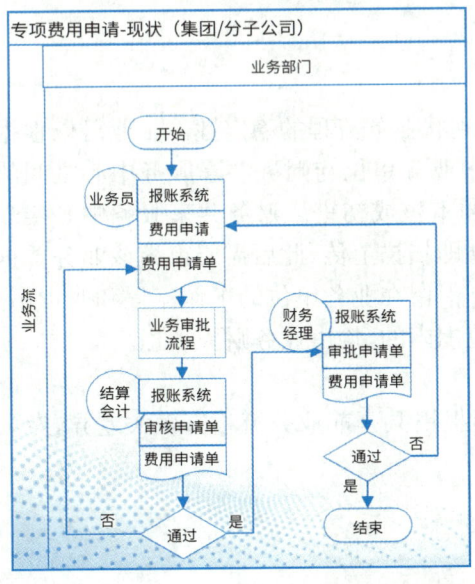
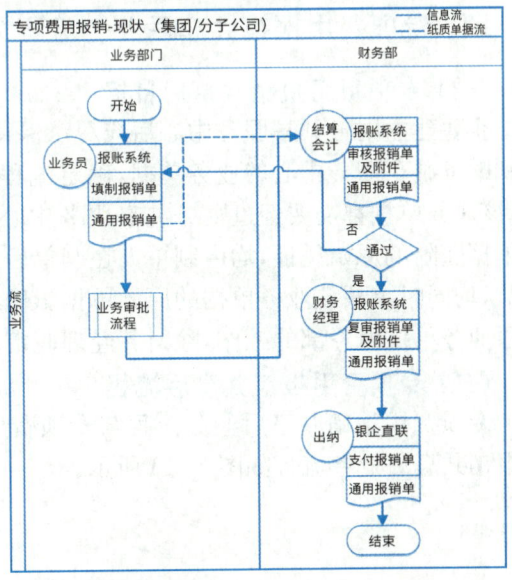

图 3-11 专项费用报销共享前业务流程

(三) 专项费用报销共享前业务审批流程现状

专项费用报销共享前业务审批流程如图3-12所示。

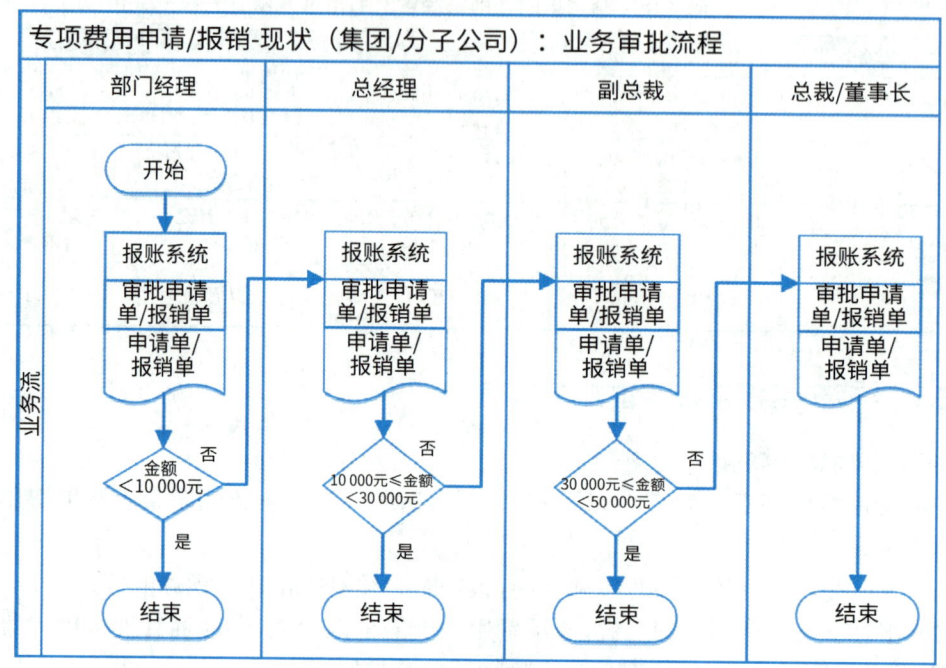

图3-12 专项费用报销共享前业务审批流程

四、专项费用报销共享后业务流程分析

(一) 专项费用报销共享后目标

企业建立财务共享服务中心后应尽量保持现状业务流程的稳定性。企业可以根据传递到财务共享服务中心的业务单据,确定流程中业务单位与财务共享服务中心之间的边界,该业务单据都需要经过财务共享服务中心的审核或初审。财务共享服务中心接收业务单据随附的原始凭证,均由制单人在制单后立即扫描上传,此后需要审核该业务单据的环节,均同时审核该业务单据的原始单据影像。保留在业务单位的工作流程和职责不变,但原业务单位财务部的工作,除财务经理职责范围内的,均由业务财务承担。

(二) 专项费用报销共享后流程

专项费用报销共享后业务流程与专项费用报销共享前业务流程有较大差异,专项费用报销共享后业务流程如图3-13所示。

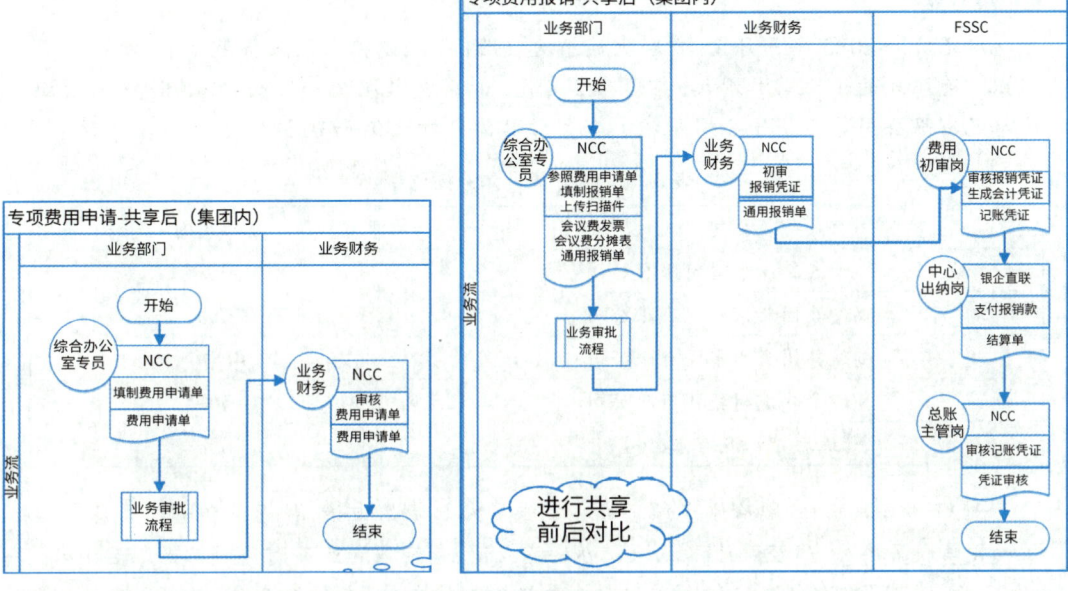

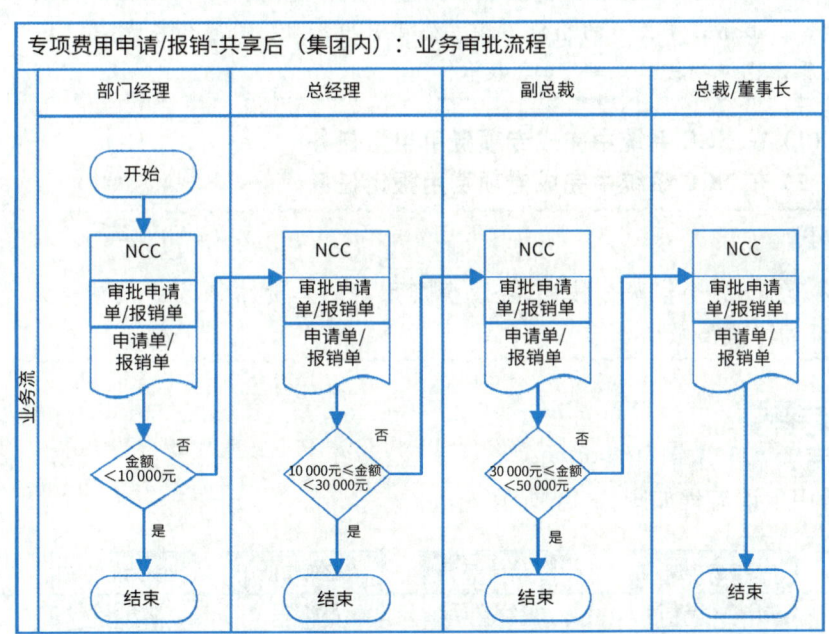

图 3-13 专项费用报销共享后业务流程

任务4.2 专项费用报销业务实操

任务情景

水泥协会2023年3月15日在大连举办2023年水泥技术及装备展览会,鸿途水泥组织大连属地的子公司参加,会务费为2万元,由鸿途水泥统一支付,但具体由大连鸿途水泥有限公司等5家子公司承担。会务费具体分摊比例如表3-6所示。

表3-6 会务费具体分摊比例

公司	分摊比例
大连鸿途水泥有限公司	30%
鸿途集团北京水泥有限公司	15%
鸿途集团金州水泥有限公司	46%
大连金海建材集团有限公司	3%
海城市水泥有限公司	6%

2023年3月5日,鸿途水泥综合办公室专员发起费用申请,费用承担部门是各家单位的销售服务办公室,经鸿途水泥综合办公室经理、总经理和业务财务审批通过后生效。

3月16日,鸿途水泥综合办公室专员发起会务费支付,支付给会展承办方白云国际会议中心。由上述五家公司的销售服务办公室承担各家公司的会务费。

相关原始凭证扫描二维码3-15获取。

二维码3-15 原始凭证

要求:(1) 在NCC系统中完成专项费用申请任务。
(2) 在NCC系统中完成专项费用报销任务。

注意事项

外部原始凭证(会议费分摊表、会议费发票等),作为本课程的教辅资源,在上课时以物理单证的形式发放给学生。

操作步骤

(一)专项费用申请任务实操

专项费用申请流程如图3-14所示。

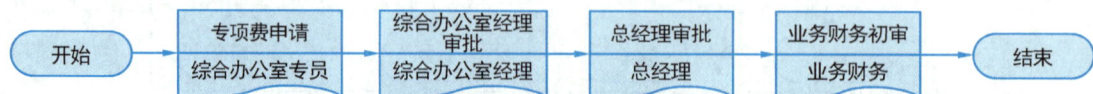

图3-14 专项费用申请流程

二维码3-16 填制费用申请单具体操作步骤

1. 填制费用申请单(专项费申请)

学生按照角色上岗,然后点击 进入系统 按钮跳转进NCC系统,修改右上角的 业务日期 为2023年3月5日,从NCC操作桌面打开 费用申请单 ,根据任务背景要求填制费用申请单,填制完成并检查无误后依次点击 保存 、 提交 按钮。

具体操作过程扫描二维码 3-16 查看操作步骤。

2. 综合办公室经理审批

学生按照角色上岗,然后点击 进入系统 按钮跳转进 NCC 系统,修改右上角的 业务日期 为 2023 年 3 月 5 日,从 NCC 操作桌面点击 审批中心 、 未处理 ,根据任务背景要求检查费用申请单填写是否有误,检查无误则 审批通过 ,否则 驳回 到制单人。

具体操作过程扫描二维码 3-17 查看操作步骤。

二维码 3-17 综合办公室经理审批具体操作步骤

3. 总经理审批

学生按照角色上岗,然后点击 进入系统 按钮跳转进 NCC 系统,修改右上角的 业务日期 为 2023 年 3 月 5 日,从 NCC 操作桌面点击 审批中心 、 未处理 ,根据任务背景要求检查费用申请单填写是否有误,检查无误则 审批通过 ,否则 驳回 到制单人。

具体操作过程扫描二维码 3-18 查看操作步骤。

二维码 3-18 总经理审批具体操作步骤

4. 业务财务初审

学生按照角色上岗,然后点击 进入系统 按钮跳转进 NCC 系统,修改右上角的 业务日期 为 2023 年 3 月 5 日,从 NCC 操作桌面点击 审批中心 、 未处理 ,根据任务背景要求检查费用申请单填写是否有误,检查无误则 审批通过 ,否则 驳回 到制单人。

具体操作过程扫描二维码 3-19 查看操作步骤。

二维码 3-19 业务财务初审具体操作步骤

(二)专项费用报销任务实操

专项费用报销流程如图 3-15 所示。

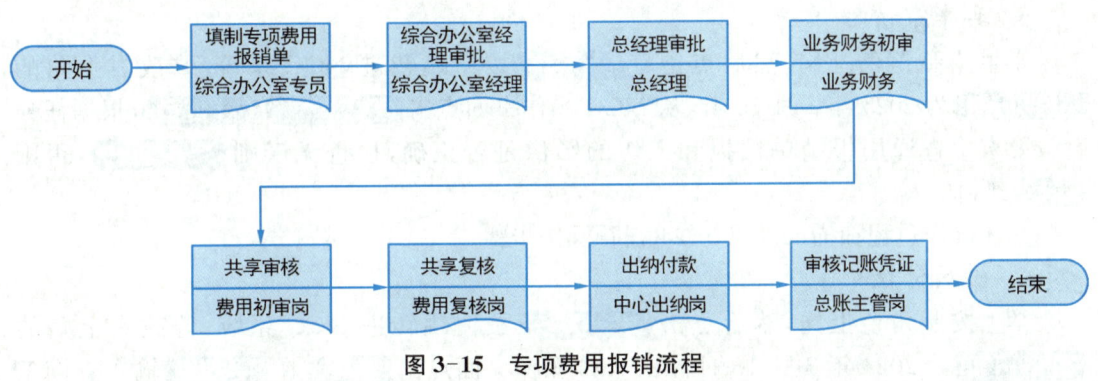

图 3-15 专项费用报销流程

1. 填制专项费报销单

学生按照角色上岗,然后点击 进入系统 按钮跳转进 NCC 系统,修改右上角的 业务日期 为 2023 年 3 月 16 日,从 NCC 操作桌面打开 通用报销单 ,根据任务背景要求参照对应的费用申请单生成通用报销单,并补录 单位银行账号 、 结算方式 、 收款对象 、 供应商 、 客商银行账户 等字段,填制完成并检查无误后点击 保存 ,保存后点击 影像扫描 按钮进入新道影像系统,进入影像管理系统之后,如果要用高拍仪进行扫描则点击 扫描 按钮,将对应的纸质原始单据用高拍仪进行扫描,如果通过本地上传则点击 导入 按钮,将对应的原始单据影像上传到影像系统,影像扫描完成后依次点击 保存 、 提交 按钮,影像扫描完成后返回通用报销单填报界面点击 提交 按钮。

二维码 3-20 填制专项费报销单具体操作步骤

具体操作过程扫描二维码 3-20 查看操作步骤。

2. 综合办公室经理审批

二维码 3-21
综合办公室
经理审批具
体操作步骤

学生按照角色上岗，然后点击 进入系统 按钮跳转进 NCC 系统，修改右上角的 业务日期 为 2023 年 3 月 16 日，从 NCC 操作桌面点击 审批中心 、未处理 ，根据任务背景要求检查通用报销单填报和上传的影像是否有误，检查无误则 审批通过 ，否则 驳回 到制单人。

具体操作过程扫描二维码 3-21 查看操作步骤。

3. 总经理审批

二维码 3-22
总经理审
批具体操
作步骤

学生按照角色上岗，然后点击 进入系统 按钮跳转进 NCC 系统，修改右上角的 业务日期 为 2023 年 3 月 16 日，从 NCC 操作桌面点击 审批中心 、未处理 ，根据任务背景要求检查通用报销单填报和上传的影像是否有误，检查无误则 审批通过 ，否则 驳回 到制单人。

具体操作过程扫描二维码 3-22 查看操作步骤。

4. 业务财务初审

二维码 3-23
业务财务
初审具体
操作步骤

学生按照角色上岗，然后点击 进入系统 按钮跳转进 NCC 系统，修改右上角的 业务日期 为 2023 年 3 月 16 日，从 NCC 操作桌面点击 审批中心 、未处理 ，根据任务背景要求检查通用报销单填报和上传的影像是否有误，检查无误则 审批通过 ，否则 驳回 到制单人。

具体操作过程扫描二维码 3-23 查看操作步骤。

5. 共享审核

二维码 3-24
共享审计具
体操作步骤

学生按照角色上岗，然后点击 进入系统 按钮跳转进 NCC 系统，修改右上角的 业务日期 为 2023 年 3 月 16 日，从 NCC 操作桌面点击 我的作业 、待提取 ，根据任务背景要求检查通用报销单填报和上传的影像是否正确，检查无误则 审核通过 ，否则 驳回 到制单人。

具体操作过程扫描二维码 3-24 查看操作步骤。

6. 出纳付款

二维码 3-25
出纳付款具
体操作步骤

学生按照角色上岗，然后点击 进入系统 按钮跳转进 NCC 系统，修改右上角的 业务日期 为 2023 年 3 月 16 日，从 NCC 操作桌面点击 结算 ，在 搜索框 输入查询条件；查询日期区间为 2023-03-01～2023-03-31 ，在 待结算 页面中点击 业务单据编号 进入结算详细信息界面，检查无误后点击 支付 、网上转账 进行结算。

具体操作过程扫描二维码 3-25 查看操作步骤。

7. 专项费报销任务（审核记账凭证）

二维码 3-26
专项费报销
任务具体操
作步骤

学生按照角色上岗，然后点击 进入系统 按钮跳转进 NCC 系统，修改右上角的 业务日期 为 2023 年 3 月 16 日，从 NCC 操作桌面点击 凭证审核 ，在 搜索框 输入查询条件；财务组织选择 鸿途集团水泥有限公司 ，查询日期区间为 2023-03-01～2023-03-31 ，审核状态为 待审核 ，检查凭证，检查无误后点击 审核 。

具体操作过程扫描二维码 3-26 查看操作步骤。

同步练习

一、单项选择题

1. 在费用报销的内容中,员工主要报销费用不包括的是( )。
   A. 差旅费　　　　B. 公务费　　　　C. 日常费用　　　　D. 福利费
2. 费用报销类型不包括的是( )。
   A. 员工直接报销类型　　　　　　　　B. 员工借款报销类型
   C. 跨组织报销类型　　　　　　　　　D. 先报销再申请类型
3. 企业报账的支持模式不包括的是( )。
   A. 员工垫付员工报销模式　　　　　　B. 员工垫付企业开票模式
   C. 企业垫付企业月结模式　　　　　　D. 企业垫付企业年结模式
4. 智能商旅服务的特征不包括的是( )。
   A. 应用全员化　　　　　　　　　　　B. 接入单一化
   C. 管控智能化　　　　　　　　　　　D. 链接社会化
5. 下列选项中,适用于管理程度较浅,且其目标是提高财务报销工作效率、员工满意度的是( )。
   A. 强化费用管理　　　　　　　　　　B. 实现费用共享服务
   C. 降低差旅标准　　　　　　　　　　D. 优化报销过程
6. 下列选项中,仅适用于集团管控力度大、专业化的大型集团企业,且其目标是提高集团整体运行效率与服务水平,降低集团整体运营成本的是( )。
   A. 优化报销过程　　　　　　　　　　B. 实现费用共享服务
   C. 强化费用管理　　　　　　　　　　D. 降低差旅标准
7. 进行差旅费报销业务时,在财务共享服务平台中完成业务财务初审工作,应选择的岗位角色是( )。
   A. 业务财务　　　　B. 销售经理　　　　C. 总经理　　　　D. 出纳
8. 进行差旅费报销业务时,在财务共享服务平台中完成填制报销单并上传扫描件工作,应选择的岗位角色是( )。
   A. 总经理　　　　B. 出纳　　　　C. 业务财务　　　　D. 销售员
9. 进行商旅服务业务处理流程顺序正确的是( )。
   A. ①②③④⑤⑥　　　　　　　　　　B. ①②③⑤④⑥
   C. ①③②⑤④⑥　　　　　　　　　　D. ①③②④⑤⑥
   ① 填制报销单,上传扫描件
   ② 业务财务初审
   ③ 业务部门审批
   ④ 支付报销款,自动生成记账凭证
   ⑤ 共享中心费用审核,自动生成记账凭证

⑥ 审核记账凭证
10. 下列选项中,代表一种将纸质文档中的文字转换为可编辑文本的技术,简称 OCR 的是(　　)。
   A. 最佳成本识别　　　　　　　　B. 光学字符识别
   C. 目标覆盖路径　　　　　　　　D. 最优成本还原

二、多项选择题

1. 费用报销与员工信用管理的具体内容包括(　　)。
   A. 企业管理制度　　　　　　　　B. 员工信用体系
   C. 员工费用报销　　　　　　　　D. 共享中心审核
   E. 激励奖惩办法
2. 员工信用评分管理具体内容包括(　　)。
   A. 业务合规性　　　　　　　　　B. 原始单据合规性
   C. 报账及时性　　　　　　　　　D. 报账合规性
   E. 以上均不是
3. 智能商旅服务的模式包括(　　)。
   A. 个人预订+报销模式　　　　　B. TMC 线下模式
   C. TMC 线上模式　　　　　　　　D. 自建商旅平台模式
   E. 以上均是
4. 智能商旅服务的核心要素包括(　　)。
   A. 预订流程要素　　　　　　　　B. 费用结算要素
   C. 系统对接要素　　　　　　　　D. 信息保密要素
   E. 以上均是
5. 差旅费报销现状问题包括(　　)。
   A. 税务风险问题　　　　　　　　B. 凭证数量问题
   C. 管理控制问题　　　　　　　　D. 审批环节问题
   E. 报销流程问题
6. 费用报销的主要场景包括(　　)。
   A. 先报销再申请　　　　　　　　B. 员工直接报销
   C. 员工借款报销　　　　　　　　D. 跨组织报销
   E. 先申请再报销
7. 依据报销的相关制度,费用报销的内部控制重点包括(　　)。
   A. 报销标准　　　　　　　　　　B. 业务规则
   C. 权限　　　　　　　　　　　　D. 制度说明
   E. 审批流程
8. 实现财务共享前集团公司费用报销的主要问题包括(　　)。
   A. 同一业务不同人员、不同时间,可能出现处理方式的不一致
   B. 各公司报销标准不统一,各自为政
   C. 整个业务审批与财务处理信息共享性差
   D. 手工处理核算量大,差错频出,耗用大量精力,核算质量有待提升

E. 核算由人工进行处理，自动化程度低，核算标准化有待加强
9. 企业在使用智能商旅服务前经常出现的问题包括（　　）。
   A. 员工随时随地进行出差申请、商旅及出行预订、差旅费用报销等全线上应用
   B. 员工免除垫付资金，不需要贴票报销、商旅报账方便快捷，提高员工满意度
   C. 企业差旅费用居高不下，费用管控力度弱
   D. 企业的报销流程繁琐，员工满意度低
   E. 报销差旅费用时，每次都要填写厚厚一沓的报销单据
10. 智能商旅服务使用后，可以为差旅费报销带来的优点包括（　　）。
   A. 报销审核工作占用大量时间，票据审核困难
   B. 简化财务核算，极大提升财务效率
   C. 有效管理员工差旅行为和差旅费用
   D. 帮助企业优化差旅管理规范和流程，将差旅管理规范化、信息化，提高企业的专业形象
   E. 提高差旅透明度和合规性，更好地进行预算规划、费用管控

三、判断题

1. 新道DBE财务共享服务中心实践教学平台资金结算岗是财务共享中心的职位。（　　）
2. 新道DBE财务共享服务中心实践教学平台鸿途集团教学案例里，共享后流程所涉及的业务中，费用共享、应付共享、应收共享业务需要进行复审。（　　）
3. 专项费用发生前需进行申请审批。（　　）
4. 费用申请单可填写多个费用承担单位和费用承担部门，占用多个组织/部门的预算。（　　）
5. 新道DBE财务共享服务中心实践教学平台实训中，企业鸿途集团可以选择多共享中心模式。（　　）
6. 费用报销不受到费用预算控制。（　　）
7. 智能商旅服务建设方向中，付款结算的建设方向是日常供应商垫付、年末统一结算，员工免垫付。（　　）
8. 商旅报销现状问题中的税务风险问题主要指报销凭证繁多。（　　）
9. 商旅报销预期目标很多，其中，提升财务处理效率目标是指通过费用预算控制、费用标准执行和事前事项审批的执行，实现费用支出的可预见性，严控超标超预算支出。（　　）
10. 共享后专项费用报销目标明确，专项费用不属于集团强控项目，原则上是集团统筹管理，按照"谁受益谁承担"的原则承担费用。（　　）

四、拓展训练题

1. 快速阅读《费用管理制度》的框架，列出《费用管理制度》中与差旅费用报销相关的条款，形成PPT并上传教学平台。
2. 绘制鸿途集团差旅费报销现状流程图和共享后差旅费用报销流程图，分小组分析差旅业务场景的现状，根据实施财务共享，设计费用共享服务，完成共享后设计，通过小组汇报差旅报销业务共享方案。

模块 4　采购与应付共享业务处理

 **学习目标**

知识目标

1. 掌握采购的基本概念
2. 熟悉采购到付款业务的一般概念和典型流程
3. 理解生产制造业的不同采购场景

技能目标

1. 能在财务共享信息系统中完成采购发票信息登记工作
2. 能在财务共享信息系统中完成采购到付款流程中业务单据的审核工作并生成记账凭证
3. 能够绘制出企业实施财务共享模式后的采购到付款业务流程图
4. 能够初步在财务共享信息系统中配置共享后的采购到付款流程

素养目标

1. 培养学生热爱会计工作、忠于职守的敬业精神
2. 培养学生严肃认真、严谨细致的工作作风
3. 培养学生熟悉企业采购管理制度、严格实施会计监督的职业操守

学习重点

1. 掌握案例企业物资采购的基本概念和管理模式
2. 掌握备品备件和原燃料物资采购应付挂账流程和付款结算流程

学习难点

1. 能够利用 VISIO 绘制采购挂账流程、付款结算流程,并标注不同流程生成的凭证分录
2. 掌握采购应付挂账、付款结算流程在共享服务中心成立前和成立后的区别

模块 4　采购与应付共享业务处理 | 75

思维导图

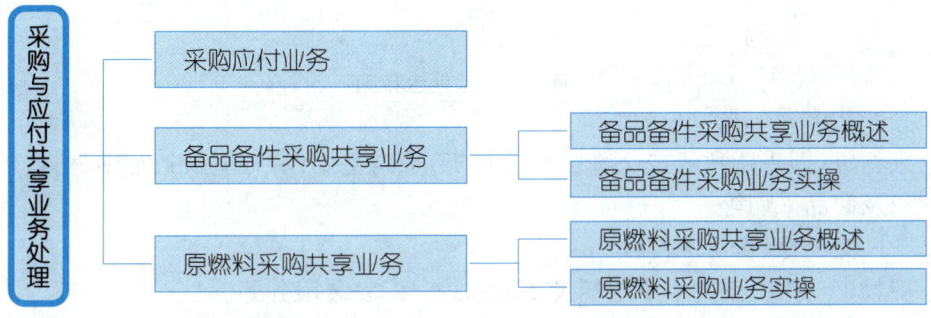

思政导读

进一步加强财会监督工作,更好发挥财会监督职能作用

2023 年 2 月,中共中央办公厅、国务院办公厅印发的《关于进一步加强财会监督工作的意见》(以下简称《意见》)指出,"财会监督是依法依规对国家机关、企事业单位、其他组织和个人的财政、财务、会计活动实施的监督。近年来,财会监督作为党和国家监督体系的重要组成部分,在推进全面从严治党、维护中央政令畅通、规范财经秩序、促进经济社会健康发展等方面发挥了重要作用,同时也存在监督体系尚待完善、工作机制有待理顺、法治建设亟待健全、监督能力有待提升、一些领域财经纪律亟需整治等问题"。《意见》强调了财会监督的重要作用,同时指出财会监督目前存在的问题。结合采购应付共享业务实践,各单位、企业应该将会计监督贯穿到业务全流程,以保障业务处理的真实性和完整性,为采购管理提供更有效的服务支撑。

任务 1　采购应付业务

一、采购应付业务简介

(一) 基本概念

采购应付是指购买物资(或者接受劳务)及支付款项等相关活动。采购应付概念包括两个方面内容,一是采购的标的为物资(或者接受劳务),二是采购要支付与采购标的物相对应的款项。

(二) 典型业务流程

企业采购应付业务以企业采购需求为出发点,对供应商进行询价比价后,发起采购流程。采购流程图如图 4-1 所示。

(三) 采购应付业务分类

根据采购物资对象,可将采购应付业务分成但不限于以下三类。

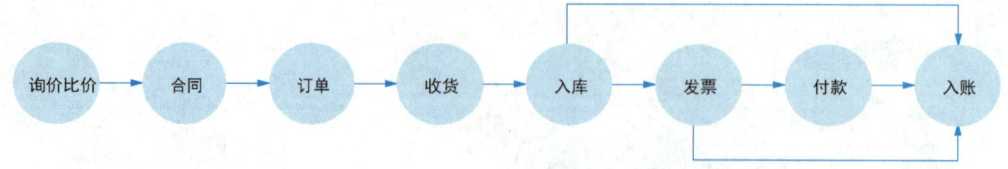

图 4-1　采购流程图

1. 大宗物资采购

大宗物资（即采购数量或金额很大的物资）采购主要包括原材料、辅助材料、包装物、水电气以及商品采购等。

2. 一般物资（劳务）采购

一般物资（劳务）采购主要包括设备、备品备件、安装服务等。

3. 小额零星物资采购

小额零星物资采购主要包括周转材料、办公用品等。

二、案例企业采购应付业务的介绍

（一）采购物资分类

结合鸿途集团企业的业务特点，将物资进行分类。物资分类表如表 4-1 所示。

表 4-1　物资分类表

物料分类	物料	类型
A 类物资	原煤、熟料（只针对粉磨站）、石膏、粉煤灰、其他混合材、水泥助磨剂、水泥包装等	大宗物资采购
B 类物资	汽油、柴油、电气材料、轴承螺栓、篷布、橡胶制品、油脂化工、建筑五金等	大宗物资采购
C 类物资	低值易耗品、劳动保护用品、办公用品等	小额零星物资采购
D 类物资	大型、通用设备的备品备件等	一般物资采购

（二）采购管理模式

集团结合整个企业的采购物资特点和生产业务的要求，对物资采购采用集团统管采购与子公司自采相结合的管理模式。采购管理模式如表 4-2 所示。

表 4-2　采购管理模式

采购管理范围	类型
集团统管采购	A 类物资、B 类物资——大宗物资采购
子公司自采	C 类物资——小额零星物资采购
	D 类物资——一般物资采购

1. 集团统管采购管理业务概述

一般来说，重要的物资及大宗物资，往往纳入集团统管采购的范围，如 A 类物资、B 类物资。具体有以下几点注意事项：

（1）统管物资中的原煤采购管理，由集团确定入围的年度供应商，供应商保证供货价格不高于市场平均价。公司每次采购原煤，均需在年度供应商名单内，经过询价、比价后才能进行采购。

（2）其他统管物资的采购管理由集团统一进行采购招标，确定物资供应商并统一签订集团采购合同。公司参照采购合同，直接下单采购。

（3）由于集团采购合同没有使用 NCC 系统进行控制与管理，而是采用手工操作，因此不能对合同条款、合同执行、合同监控等各方面进行有效管理与控制。

（4）原燃料结算流程是根据供应商应付账款余额，由采购部门核定本月付款金额，供应商开具收据后，公司领导签批付款。采购付款周期较长，在一定程度上影响了供应商供货积极性，增加了采购成本。采购付款周期长的原因是历史形成的，任何采购付款都需要有采购发票、合同、到货验收单，三者缺一不可。

2. 子公司自采的采购管理业务概述

小额零星物资或一般物资纳入子公司自主采购的范围，如 C 类物资、D 类物资。具体有以下几点注意事项：

（1）对于自采业务的采购管理，子公司执行"供应商管理制度"，在招标的过程中对供应商的资质进行审查，审核标准参照准入规则和管理办法。对供应商的考核指标一般包括：价格、质量、信誉度、售后服务、交货能力。

（2）总部与子公司之间无法实现采购数据、供应商、采购价格的共享。采购一般都设经济批量，采购数量的控制比较严格，需依据采购计划采购；然而采购计划的跟踪，只关注库存数量，不关注采购计划执行后是否使用；采购计划分配到多个部门，流程繁琐，效率不高；采购过程通过比质比价、优质优价的原则。

（3）备品备件结算购进物资需经过使用部门派人质检后才能验收入库，仓库管理员核对型号、数量后完成入库。供应商开具增值税专用发票，按采购部领导签批意见入账，会计核对采购发票和入库单后处理付款。

3. 采购到应付及付款管控点

采购到应付及付款管控点示意图如图 4-2 所示。

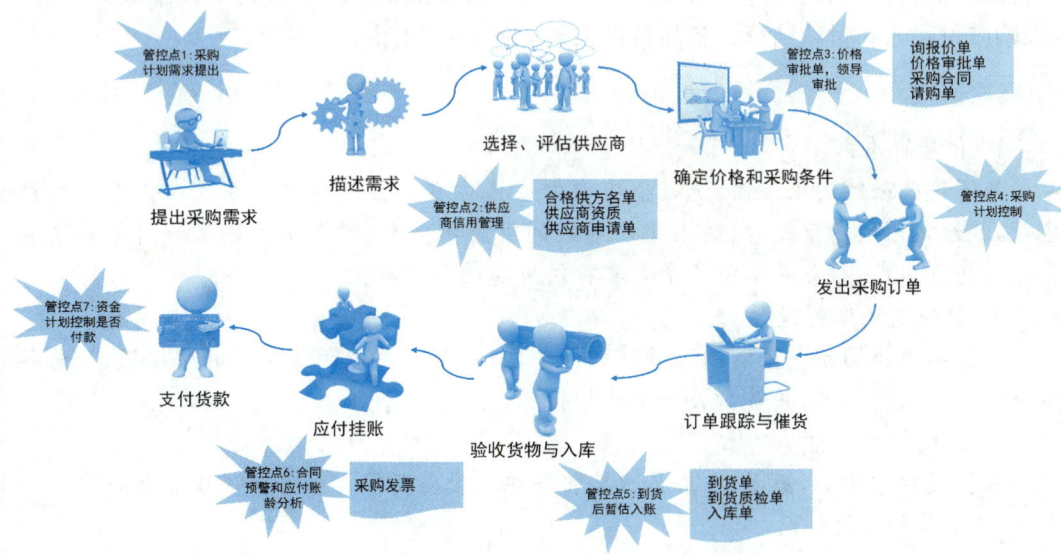

图 4-2　采购到应付及付款管控点示意图

任务 2　　备品备件采购共享业务

任务 2.1　备品备件采购共享业务概述

一、备品备件采购业务简介

（一）备品备件采购业务内容

备品备件通常指的是在生产、维修、维护过程中，为了确保设备或系统的正常运行，预先准备的备用部件或材料。这些部件或材料包括以下几类：

（1）标准备件，是指那些在设备或系统中经常需要更换的部件，如轴承、密封件、皮带等。

（2）关键备件，是指那些对设备或系统运行至关重要的部件，如电动机、卷扬机等。

（3）易损件，是指那些在正常使用过程中容易损坏或磨损的部件，需要定期更换。

（4）消耗品，是指那些在使用过程中会逐渐消耗的材料，如润滑油、冷却液、密封圈等。

备品备件的管理和使用对于保证生产效率、减少停机时间、控制维修成本等方面都非常重要。企业通常会根据设备的使用频率、故障率、维修周期等因素，制定相应的备品备件管理策略。

（二）备品备件采购业务场景

鸿途集团建立共享服务中心后，对备品备件的采购采用集中采购、分散收货、集中结算的管理模式。集团加强对供应商的准入管理，由各子公司提出供应商准入申请，共享服务中心对供应商做合格审批，然后结合各成员单位提出的采购需求，对供应商集中招投标，各成员机构分别和供应商签订订货协议，完成货物验收及入库，集团共享服务中心进行采购应付建账和付款结算。备品备件采购业务流程如图 4-3 所示。

> **注意事项**
>
> 1. 供应商准入
>
> 集团统管采购的供应商，统一供应商的遴选标准。各成员机构寻找或推荐备选供应商，经过集团同意审批后，纳入集团层级的供应商档案、供全集团共享。财务共享服务中心建立后，由财务共享服务中心实施供应商准入的审批。
>
> 2. 供应商集中招投标
>
> 为了确保集团集中采购的可靠性和经济性，集团往往会定期或不定期收集、汇总各成员机构的采购需求，并进行公开采购招投标。
>
> 3. 采购协议审批
>
> 当招投标结束后，集团、各成员机构将与中标供应商签订合作协议或者合同。
>
> 4. 采购到货及付款
>
> 集团、各成员机构与中标供应商签订合作协议或者合同后，采用分散收货模式，即

汇总采购订单上标明多家不同子公司的采购数量和收货仓库地点,货物到达指定地点后,各子公司进行收货、检验入库、应付立账,然后子公司根据合同付款条件发起付款申请,集团共享服务中心完成采购应付审批、支付结算和入账流程。

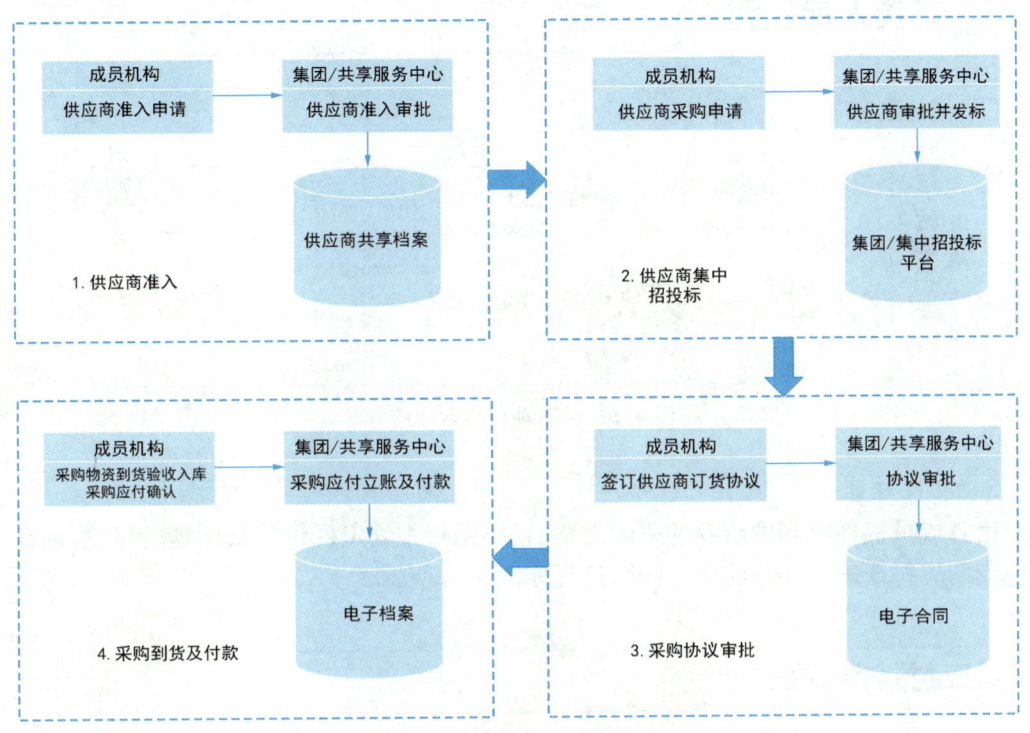

图 4-3　备品备件采购业务流程

二、备品备件采购共享前业务流程分析

在鸿途集团成立财务共享服务中心前,备品备件采购需要经过以下 4 个步骤。

1. 采购订货

备品备件的采购由各成员机构的供应处直接向供应商下达订单、启动采购流程。共享前采购订货流程如图 4-4 所示。

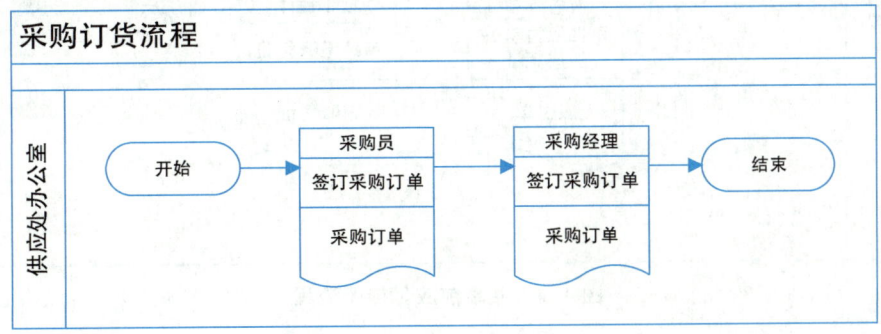

图 4-4　共享前采购订货流程

2. 订货入库

收到供应商发来的采购货物后,各成员机构进行验货、质检并登记入库。共享前订货入库流程如图 4-5 所示。

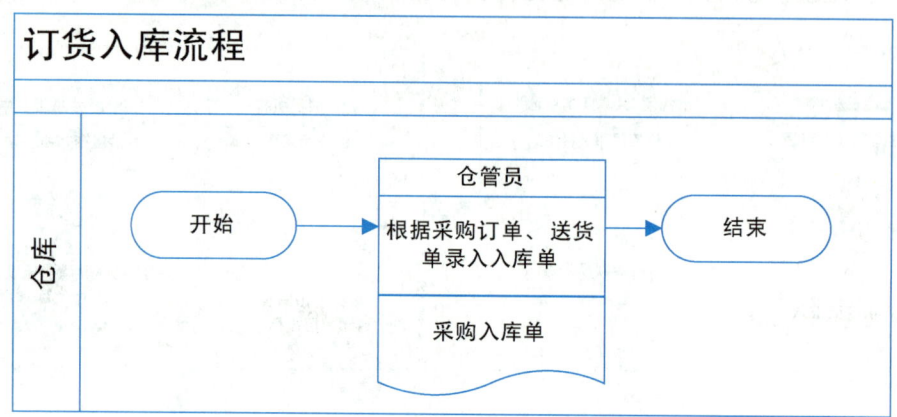

图 4-5　共享前订货入库流程

3. 应付挂账

由各成员机构收到供应商的采购发票后,根据双方约定的付款条件延后付款,确认对供应商的应付账款。共享前应付挂账流程如图 4-6 所示。

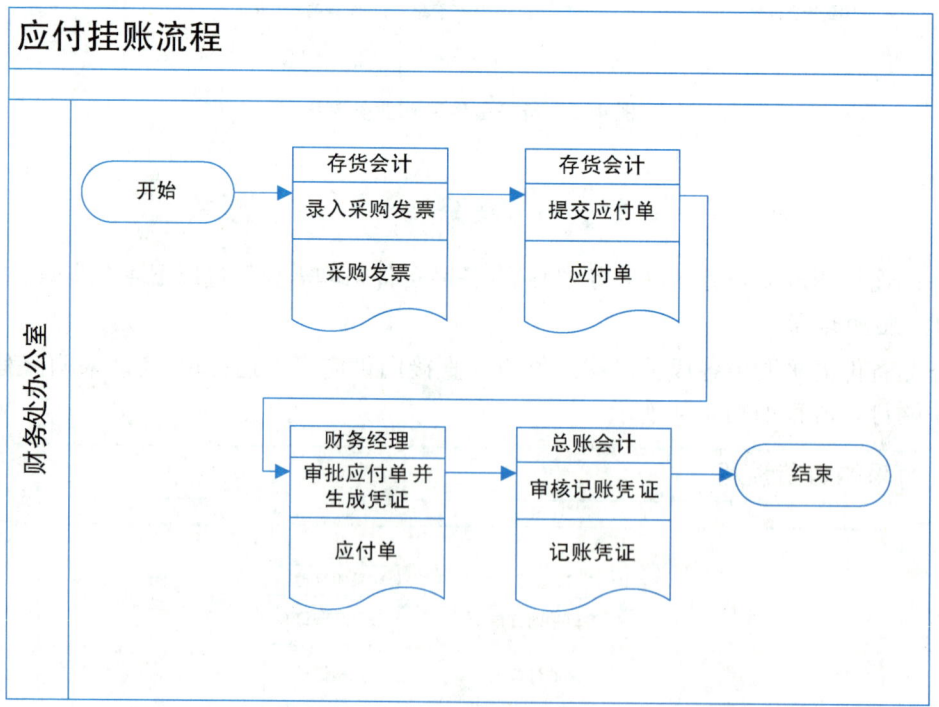

图 4-6　共享前应付挂账流程

4. 应付付款

达到对供应商付款条件后,由各成员机构发起支付流程、冲销应付账款。共享前应付付款流程如图 4-7 所示。

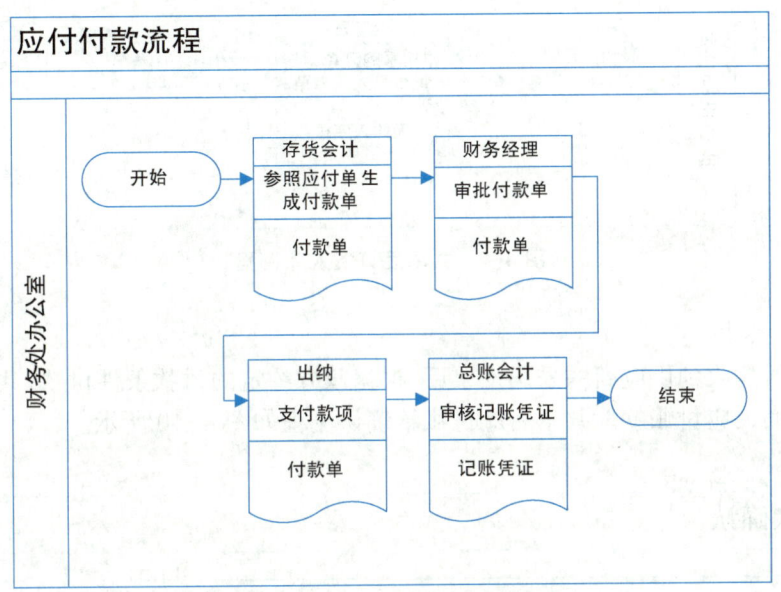

图 4-7　共享前应付付款流程

三、备品备件采购共享后业务流程分析

在鸿途集团成立财务共享服务中心后,备品备件采购需要经过以下 4 个步骤。

1. 采购订货

备品备件的采购由各成员机构供应处直接向供应商下达订单、启动采购流程。共享后采购订货流程如图 4-8 所示。

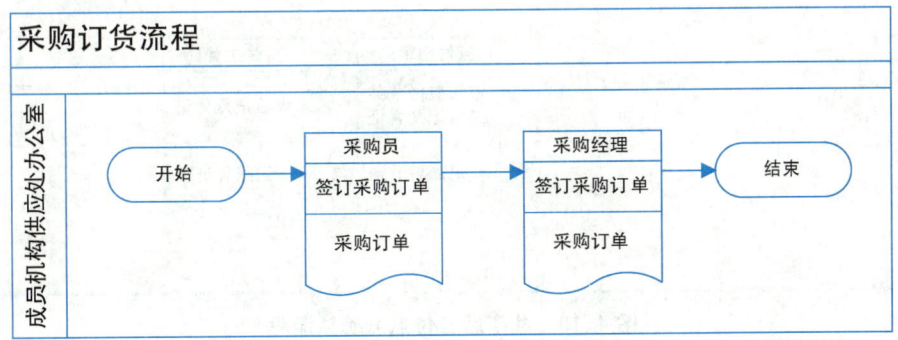

图 4-8　共享后采购订货流程

2. 订货入库

收到供应商发来的采购货物后,由各成员机构进行验货、质检并登记入库,共享后订货入库流程如图 4-9 所示。

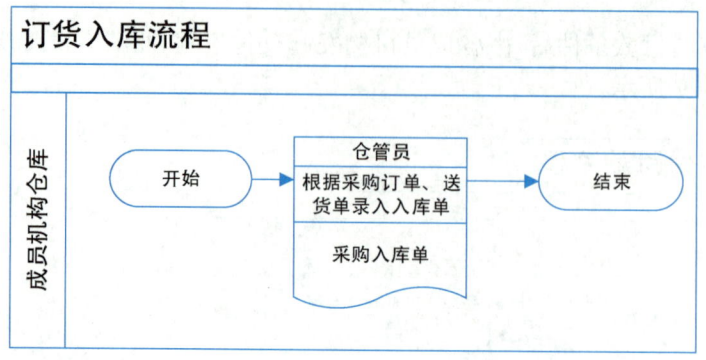

图 4-9　共享后订货入库流程

3. 应付账款

各成员机构收到供应商的采购发票后,根据双方约定的付款条件付款,共享服务中心确认对供应商的应付账款。共享后应付账款确认流程如图 4-10 所示。

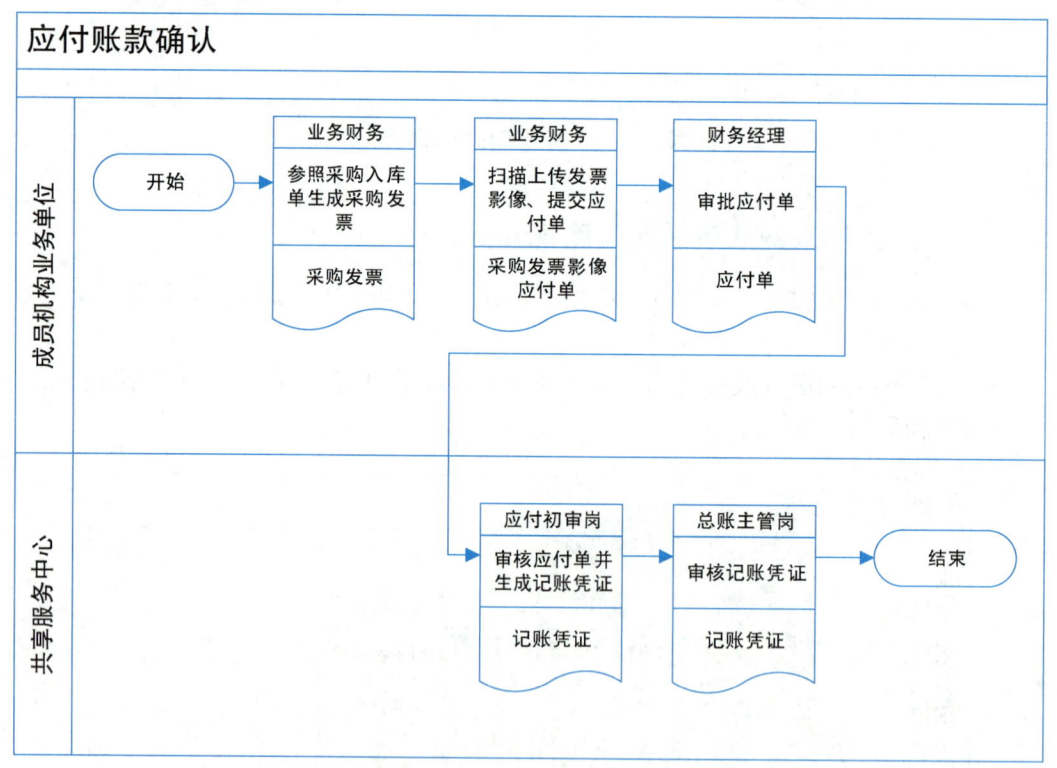

图 4-10　共享后应付账款确认流程

4. 应付付款

达到对供应商付款条件后,由各子公司发起支付流程,共享服务中心冲销应付账款并支付结算。共享后应付付款流程如图 4-11 所示。

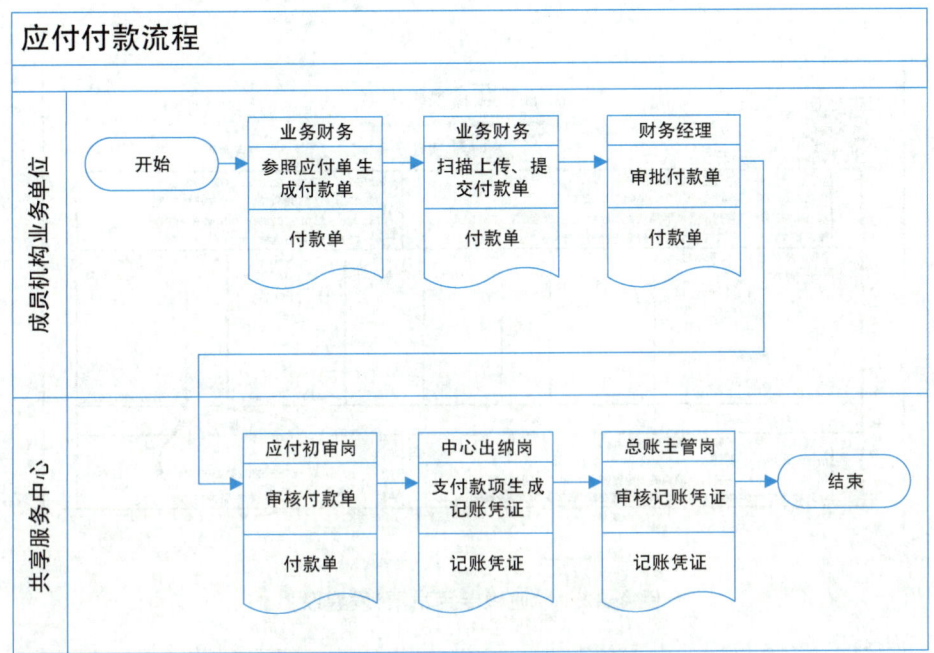

图 4-11　共享后应付付款流程

任务 2.2　备品备件采购业务实操

任务情景

鸿途水泥采用单共享中心模式,该集团公司所有收付款均以网银(银企直连)方式完成。为了让共享服务中心审核有据,所有进入共享服务中心的业务单据,必须随附原始单据的影像。走共享服务中心作业组的业务单据,用影像上传的方法随附影像;不走作业组的业务单据,用拍照后添加至附件的方法随附影像。

(1) 2023 年 3 月 1 日,鸿途集团水泥有限公司提出物资采购需求。物资采购需求信息如表 4-3 所示。

表 4-3　物资采购需求信息

物料名称	需求数量	单价(含 13%税)	供应商
公制深沟球轴承	100 个	1 130 元	东莞市大朗昌顺五金加工厂

(2) 2023 年 3 月 10 日,"公制深沟球轴承"到货并经验收入库,采购发票随货到达。2023 年 3 月 15 日,公司完成该笔款项支付。增值税专用发票如图 4-12、图 4-13 所示。

销货单位:东莞市大朗昌顺五金加工厂

纳税人识别号:645679792819382084

地址、电话:东莞市大朗镇美景中路 65 号　0769-22620821

开户行及账号:中国工商银行东莞大朗支行　345509021300934560

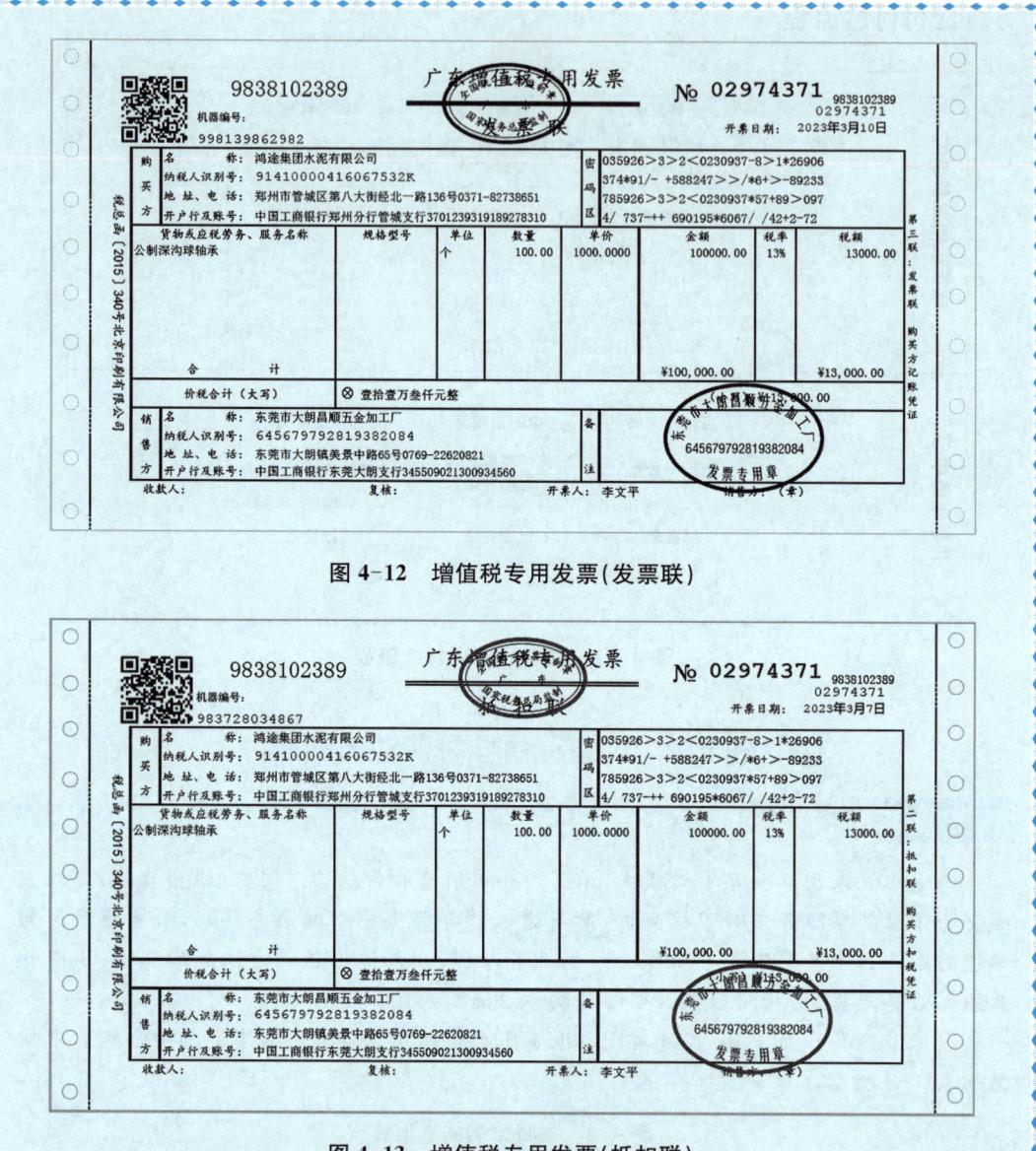

图 4-12 增值税专用发票(发票联)

图 4-13 增值税专用发票(抵扣联)

要求：(1) 在 NCC 系统中完成备品备件采购挂账任务。
(2) 在 NCC 系统中完成备品备件采购付款任务。

> **注意事项**
>
> （1）外部原始凭证送货单及采购发票，作为本课程的教辅资源，教师在上课时将其以物理单证的形式发放给学生。
> （2）领导审批的时候需要将日期切换到 2023 年 3 月份。
> （3）付款回单若要作为原始凭证存档，教学平台将提供银行回单查询并打印功能。

操作步骤

（一）备品备件采购挂账任务实操

备品备件采购挂账业务流程如图 4-14 所示。

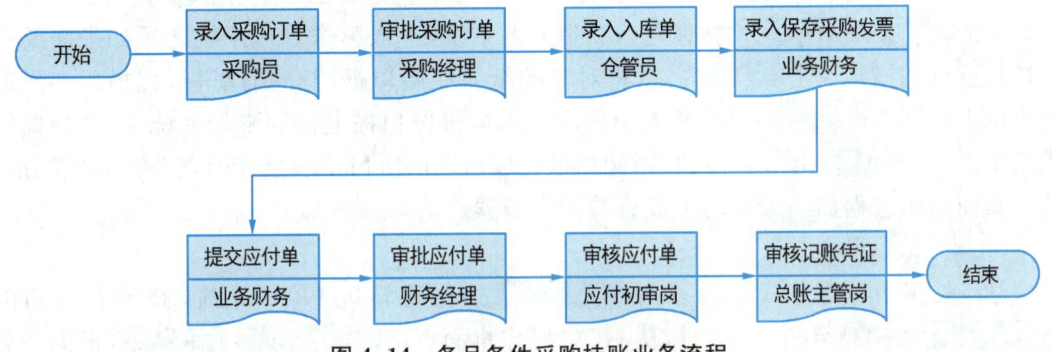

图 4-14　备品备件采购挂账业务流程

1. 录入采购订单

学生按照角色上岗，然后点击 进入系统 按钮跳转进 NCC 系统，修改右上角的 业务日期 为 2023 年 3 月 1 日，从 NCC 操作桌面打开 采购订单维护 ，根据任务背景要求填制采购订单，采购订单填制完成并检查无误后点击 保存 、 提交 。

具体操作过程扫描二维码 4-1 查看操作步骤。

二维码 4-1 录入采购订单具体操作步骤

2. 审批采购订单

学生按照角色上岗，然后点击 进入系统 按钮跳转进 NCC 系统，修改右上角的 业务日期 为 2023 年 3 月 1 日，从 NCC 操作桌面点击 审批中心 、 未处理 ，根据任务背景要求检查采购订单填报是否有误，检查无误则 审批通过 ，否则 驳回 到制单人。

具体操作过程扫描二维码 4-2 查看操作步骤。

二维码 4-2 审批采购订单具体操作步骤

3. 录入入库单

学生按照角色上岗，然后点击 进入系统 按钮跳转进 NCC 系统，修改右上角的 业务日期 为 2023 年 3 月 10 日，从 NCC 操作桌面打开 采购入库 ，然后点击 新增 、 采购业务入库 ，输入查询条件搜索出对应的采购订单，然后勾选对应的 采购订单 之后点击右下角的 生成入库单 ，根据任务背景要求补录 仓库字段信息 ，点击 自动取数 ，自动填写实收数量和入库日期，采购入库单填制完成并检查无误后点击 保存 ，然后点击 签字 。

具体操作过程扫描二维码 4-3 查看操作步骤。

二维码 4-3 录入入库单具体操作步骤

4. 录入（保存）采购发票

学生按照角色上岗，然后点击 进入系统 按钮跳转进 NCC 系统，修改右上角的 业务日期 为 2023 年 3 月 10 日，从 NCC 操作桌面打开 采购发票维护 ，然后点击 新增 、 采购发票 ，输入查询条件搜索出对应的采购入库单，然后勾选对应的 采购入库单 之后点击右下角的 生成发票 ，根据任务背景要求检查采购发票，检查无误后点击 保存提交 。

具体操作过程扫描二维码 4-4 查看操作步骤。

二维码 4-4 录入采购发票具体操作步骤

5. 提交应付单

学生按照角色上岗,然后点击 进入系统 按钮跳转进 NCC 系统,修改右上角的 业务日期 为 2023 年 3 月 10 日,从 NCC 操作桌面打开 我的报账 、待提交 ,然后找到对应的待提交应付单,根据任务背景要求检查应付单,检查无误后点击 保存 ,然后点击右上角的 更多 、影像扫描 按钮进入新道影像系统,进入影像管理系统之后如果需要用高拍仪进行扫描则点击 扫描 按钮,将对应的纸质原始单据用高拍仪进行扫描。如果通过本地上传则点击 导入 按钮,将对应的原始单据影像扫描上传到影像系统,影像扫描完成后依次点击 保存 、提交 按钮,影像扫描完成后返回应付单填报界面点击 提交 按钮。

二维码 4-5
提交应付单
具体操作
步骤

具体操作过程扫描二维码 4-5 查看操作步骤。

6. 审批应付单

学生按照角色上岗,然后点击 进入系统 按钮跳转进 NCC 系统,修改右上角的 业务日期 为 2023 年 3 月 10 日,从 NCC 操作桌面点击 审批中心 、未处理 ,根据任务背景要求检查应付单填报是否有误,检查无误则 审批通过 ,否则 驳回 到制单人。

二维码 4-6
审批应付单
具体操作
步骤

具体操作过程扫描二维码 4-6 查看操作步骤。

7. 审核应付单

学生按照角色上岗,然后点击 进入系统 按钮跳转进 NCC 系统,修改右上角的 业务日期 为 2023 年 3 月 10 日,从 NCC 操作桌面点击 我的作业 、待提取 ,根据任务背景要求检查应付单填报和上传的影像是否正确,检查无误则 审核通过 ,否则 驳回 到制单人。

二维码 4-7
审核应付单
具体操作
步骤

具体操作过程扫描二维码 4-7 查看操作步骤。

8. 备品备件挂账(审核记账凭证)

学生按照角色上岗,然后点击 进入系统 按钮跳转进 NCC 系统,修改右上角的 业务日期 为 2023 年 3 月 10 日,从 NCC 操作桌面点击 凭证审核 ,在 搜索框 输入查询条件:财务组织选择 鸿途集团水泥有限公司 ,查询日期区间为 2023-03-01~2023-03-31 ,审核状态为 待审核 ,检查凭证,检查无误后点击 审核 。

二维码 4-8
备品备件
挂账具体
操作步骤

具体操作过程扫描二维码 4-8 查看操作步骤。

(二)备品备件采购付款任务实操

备品备件采购付款业务流程如图 4-15 所示。

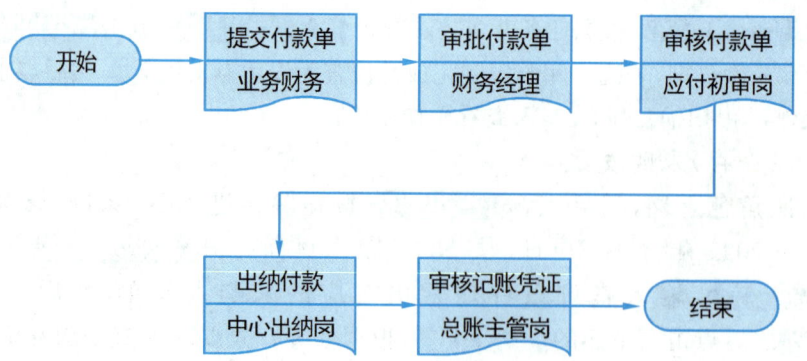

图 4-15　备品备件采购付款业务流程

1. 提交付款单

学生按照角色上岗，然后点击 进入系统 按钮跳转进 NCC 系统，修改右上角的 业务日期 为 2023 年 3 月 15 日，从 NCC 操作桌面打开 付款单管理 ，然后点击 新增 、 应付单 ，输入查询条件搜索出对应的应付单，然后勾选对应的 应付单 之后点击右下角的 生成下游单据 ，根据任务背景要求补录 结算方式 、 付款银行账户字段信息 ，付款单填制完成并检查无误后点击 保存 ，然后点击 提交 。

具体操作过程扫描二维码 4-9 查看操作步骤。

二维码 4-9 提交付款单具体操作步骤

2. 审批付款单

学生按照角色上岗，然后点击 进入系统 按钮跳转进 NCC 系统，修改右上角的 业务日期 为 2023 年 3 月 15 日，从 NCC 操作桌面点击 审批中心 、 未处理 ，根据任务背景要求检查付款单填报是否有误，检查无误则 审批通过 ，否则 驳回 到制单人。

具体操作过程扫描二维码 4-10 查看操作步骤。

二维码 4-10 审批付款单具体操作步骤

3. 审核付款单

学生按照角色上岗，然后点击 进入系统 按钮跳转进 NCC 系统，修改右上角的 业务日期 为 2023 年 3 月 15 日，从 NCC 操作桌面点击 我的作业 、 待提取 ，根据任务背景要求检查付款单填报是否正确，检查无误则 审核通过 ，否则 驳回 到制单人。

具体操作过程扫描二维码 4-11 查看操作步骤。

二维码 4-11 审核付款单具体操作步骤

4. 出纳付款

学生按照角色上岗，然后点击 进入系统 按钮跳转进 NCC 系统，修改右上角的 业务日期 为 2023 年 3 月 15 日，从 NCC 操作桌面点击 结算 ，在 搜索框 输入查询条件：财务组织选择 鸿途集团水泥有限公司 ，查询日期区间为 2023-03-01～2023-03-31 ，在 待结算 页面中点击 业务单据编号 进入结算详细信息界面，检查无误后点击 支付 、 网上转账 进行结算。

具体操作过程扫描二维码 4-12 查看操作步骤。

二维码 4-12 出纳付款具体操作步骤

5. 备品备件付款（审核记账凭证）

学生按照角色上岗，然后点击 进入系统 按钮跳转进 NCC 系统，修改右上角的 业务日期 为 2023 年 3 月 15 日，从 NCC 操作桌面点击 凭证审核 ，在 搜索框 输入查询条件：财务组织选择 鸿途集团水泥有限公司 ，查询日期区间为 2023-03-01～2023-03-31 ，审核状态为 待审核 ，检查凭证，检查无误后点击 审核 。

具体操作过程扫描二维码 4-13 查看操作步骤。

二维码 4-13 备品备件付款具体操作步骤

> **拓展思考**
>
> 1. 备品备件除了分散采购分散收货集中结算模式外，结合财务共享服务中心的建立，你觉得还可以采用哪种模式？它们的区别是什么？
>
> 2. 在案例中，货物和发票是同时到达，如果货物先到，发票隔月才到，采购应付挂账和付款结算的流程应该是什么？是否会影响凭证的生成，为什么？

3. 在采购发票参照生成采购入库单生成时,"提交"采购发票后,会自动传到应付管理系统中,生成应付单;同时,采购发票和采购入库单会自动结算。这里采购发票和采购入库单自动结算的含义是什么?

任务 3　原燃料采购共享业务

任务 3.1　原燃料采购共享业务概述

一、原燃料采购业务简介

(一)原燃料采购业务内容

原燃料通常是指在工业生产过程中作为初始投入的、用于产生能量或作为原材料进行加工制造的物质。具体来说,原燃料通常包括以下几类:

(1) 煤炭,如动力煤(原煤)、焦煤等,广泛用于发电、钢铁生产、水泥生产等领域。例如,在水泥生产中,原煤燃烧提供足够的热能,有助于辅助生料中的碳酸钙分解为氧化钙和二氧化碳,这是水泥生产中的关键化学反应之一。原煤燃烧提供的充足热量能够保证这一反应的顺利进行。

(2) 石油,包括原油及其衍生品,如汽油、柴油、煤油等,是交通运输、化工等行业的重要能源和原料。像汽车、飞机等交通工具的运行就依赖于石油燃料。

(3) 天然气,一种清洁的能源,常用于供暖、发电和工业生产。

(4) 矿石,例如,铁矿石是钢铁生产的主要原材料,铜矿石用于提炼铜等金属。

(二)原燃料采购业务场景

鸿途集团建立财务共享服务中心后,对原燃料的采购采用集中采购、分散收货、集中结算的管理模式。集团加强对供应商的准入管理,由各子公司提出供应商准入申请,共享服务中心对供应商做合格审批,然后结合各成员单位提出的采购需求,对供应商提供的价格进行询价比价,确定最终成交供应商。各成员机构分别和供应商签订订货协议,完成货物验收及入库,集团共享服务中心进行采购应付建账和付款结算。原燃料采购业务流程如图 4-16 所示。

> **注意事项**
>
> 1. 供应商准入
>
> 集团统管采购的供应商,统一供应商的遴选标准。各成员机构寻找或推荐备选供应商,经过集团同意审批后,纳入集团层级的供应商档案、供全集团共享。共享服务中心建立后,由共享服务中心实施供应商准入的审批。
>
> 2. 供应商询价比价
>
> 为了确保集团集中采购的可靠性和经济性,各成员机构在找煤网上发布采购信息,集团对供应商进行询价、比价,最后确定原煤供应商。

3. 采购协议审批

确定原燃料供应商后,集团、各成员机构将与供应商签订合作协议或者合同。

4. 采购到货及付款

集团与供应商签订合作协议或者合同后,采用分散收货模式,即汇总采购订单上标明多家不同子公司的采购数量和收货仓库地点,货物到达指定地点后,各子公司进行收货、检验入库、应付立账,然后子公司根据合同付款条件发起付款申请,集团共享服务中心完成采购应付审批、支付结算和入账流程。

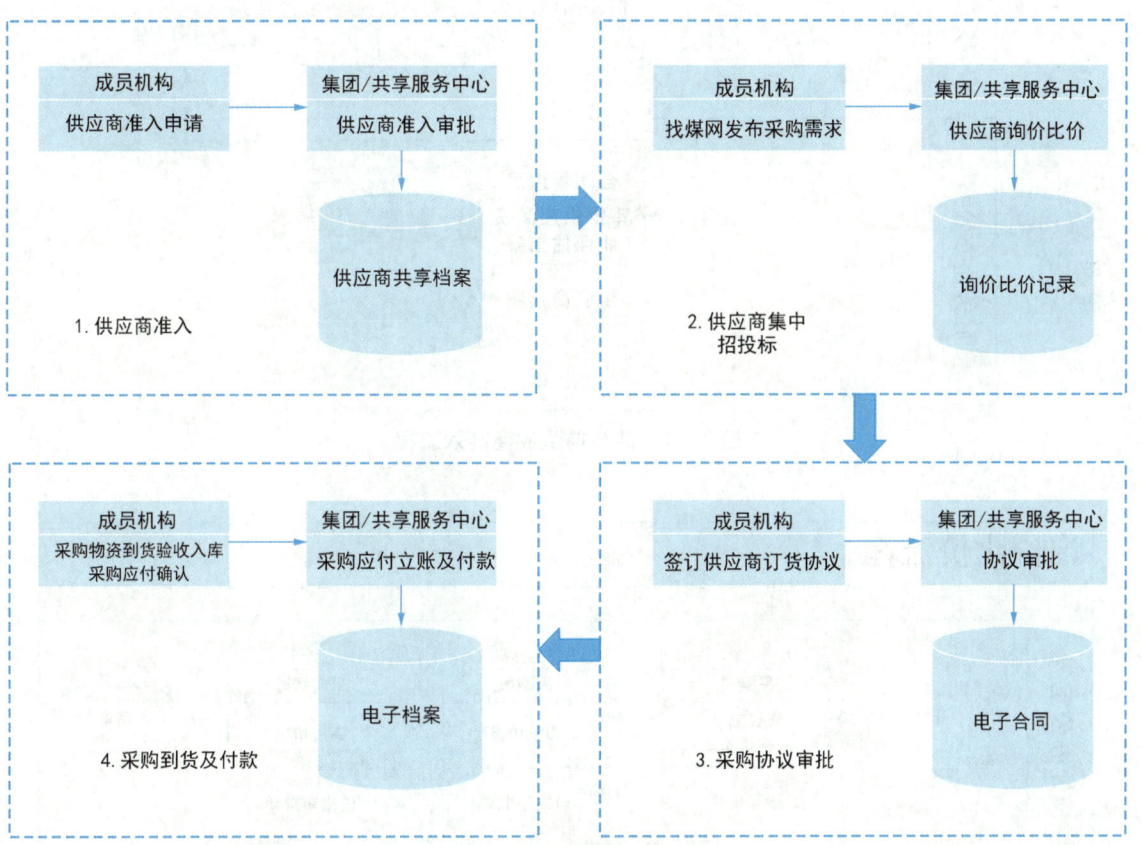

图 4-16 原燃料采购业务流程

二、原燃料采购共享前业务流程分析

在鸿途集团成立财务共享服务中心前,原燃料采购需要经过以下 6 个步骤。

1. 供应商准入

对于要发生采购交易的新供应商需要审批。共享前供应商准入流程如图 4-17 所示。

2. 询价比价

对已经准入的、可用的多家供应商进行询价、比价后,最终确定进行交易的供应商。共享前询价比价流程如图 4-18 所示。

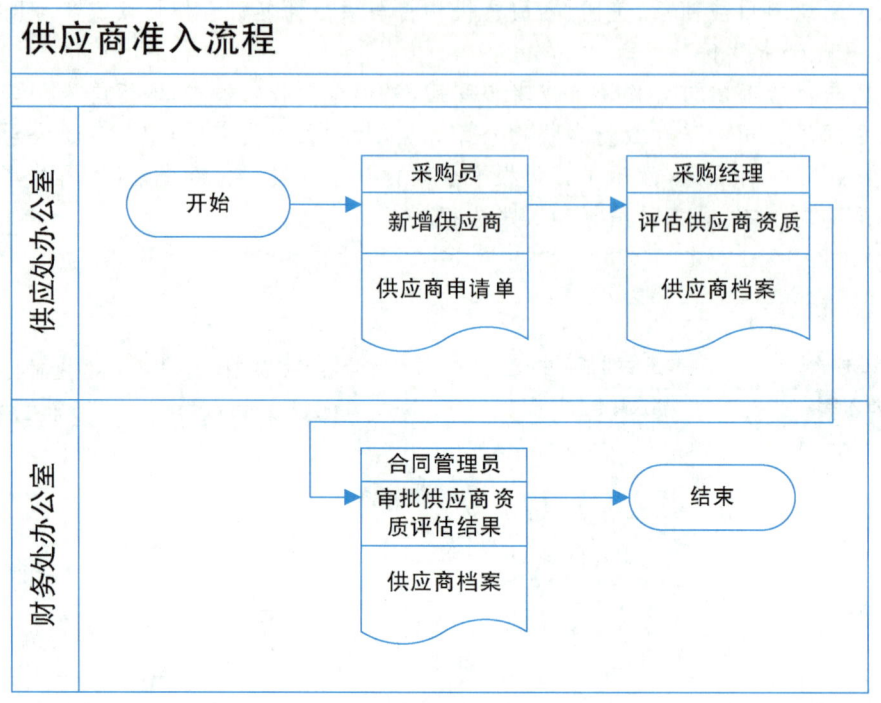

图 4-17　共享前供应商准入流程

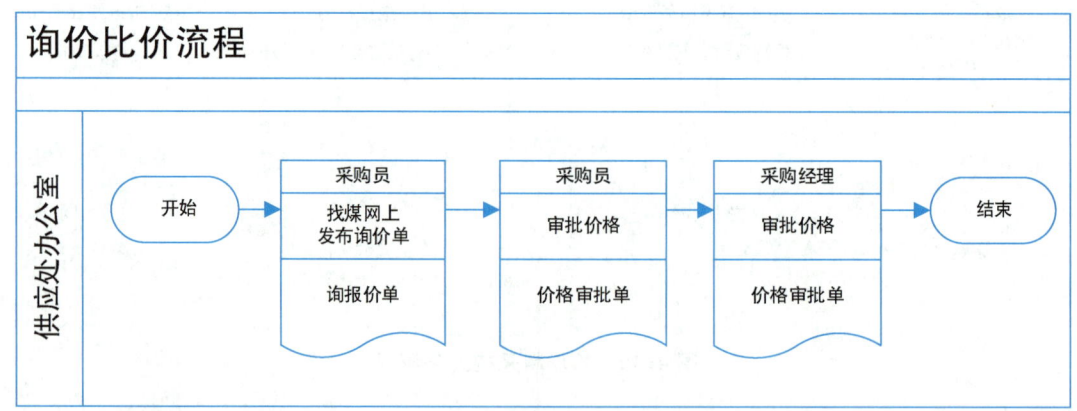

图 4-18　共享前询价比价流程

3. 采购合同签订

对于原燃料这样的大宗原材料,鸿途集团及各成员机构与供应商按年度签订合同,按需向供应商下达采购订单。共享前采购合同签订流程如图 4-19 所示。

4. 采购到货入库

鸿途集团及各成员机构向供应商下达采购订单且收到采购货物后,进行验货、质检并登记入库。共享前采购到货入库流程如图 4-20 所示。

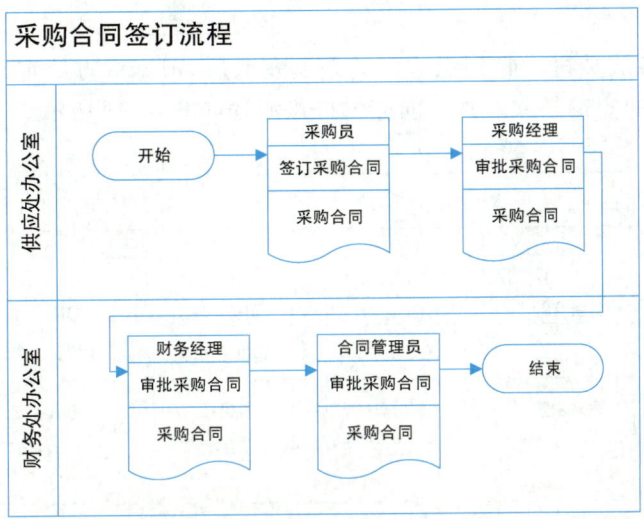

图 4-19 共享前采购合同签订流程

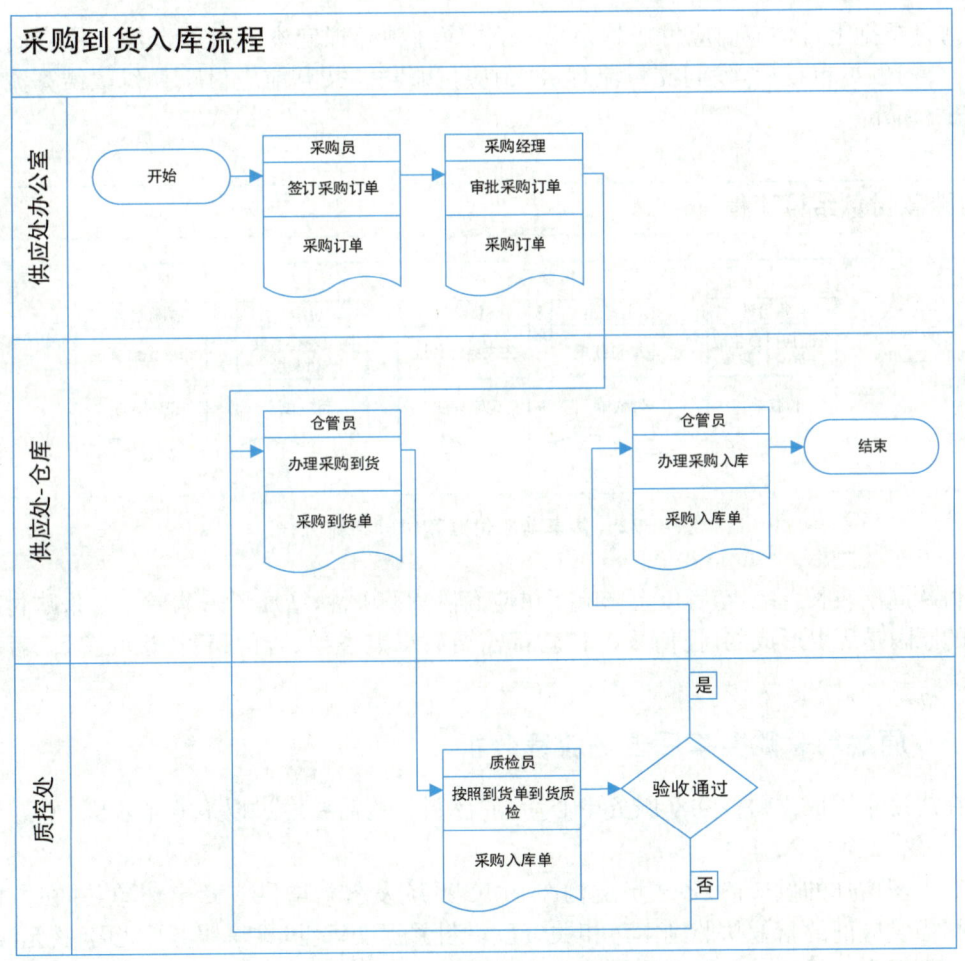

图 4-20 共享前采购到货入库流程

5. 应付挂账

鸿途集团及各成员机构收到供应商的采购发票后,根据双方约定的付款条件延后付款,确认对供应商的应付账款。共享前应付挂账流程如图 4-21 所示。

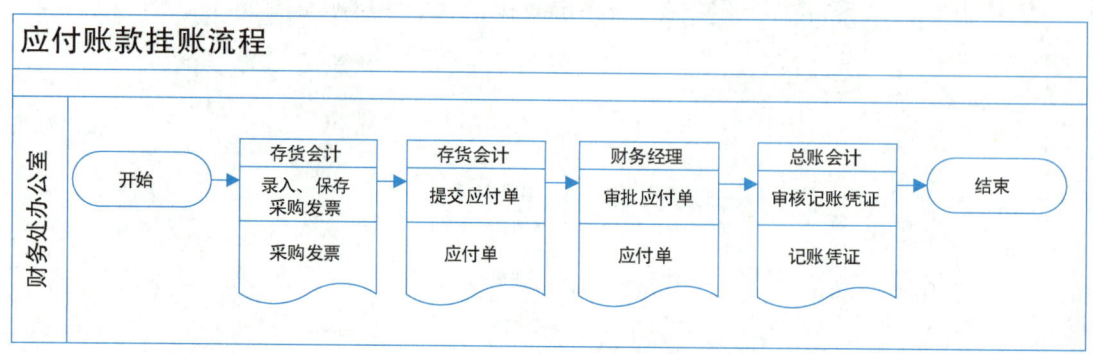

图 4-21 共享前应付挂账流程

6. 应付账款付款结算

每月根据上月供应商应付账款余额,由供应处领导拟定本月付款金额。供应商开具收据,公司领导审批后,发起支付流程、冲销应付账款。共享前应付账款付款结算流程如图 4-22 所示。

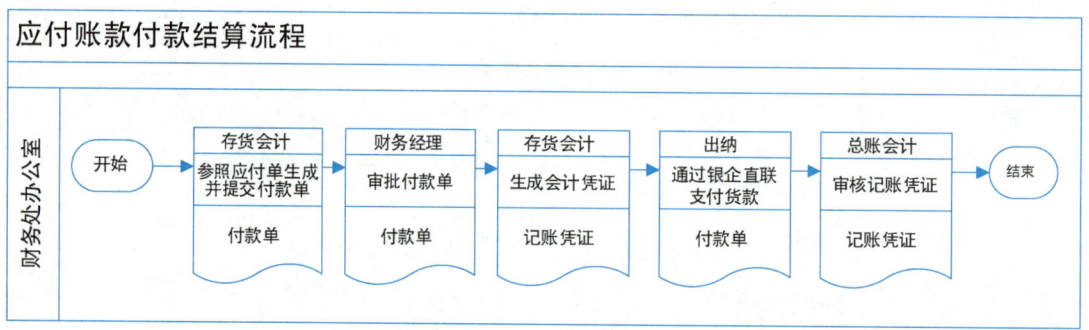

图 4-22 共享前应付账款付款结算流程

付款周期较长,在一定程度上影响了供应商供货积极性,增加了采购成本。采购付款周期长的原因是历史形成的,任何采购付款都需要有采购发票、合同、到货检验单,三者缺一不可。

三、原燃料采购共享后业务流程分析

在鸿途集团成立财务共享服务中心后,原燃料采购需要经过以下 6 个步骤。

1. 供应商准入

对于新增加的供应商,各成员机构在 NCC 系统发起新增供应商申请单,并在影像系统中扫描供应商的营业执照副本等相关资质材料并提交审批,共享服务中心审核无误后,确定为集团合法供应商。共享后供应商准入流程如图 4-23 所示。

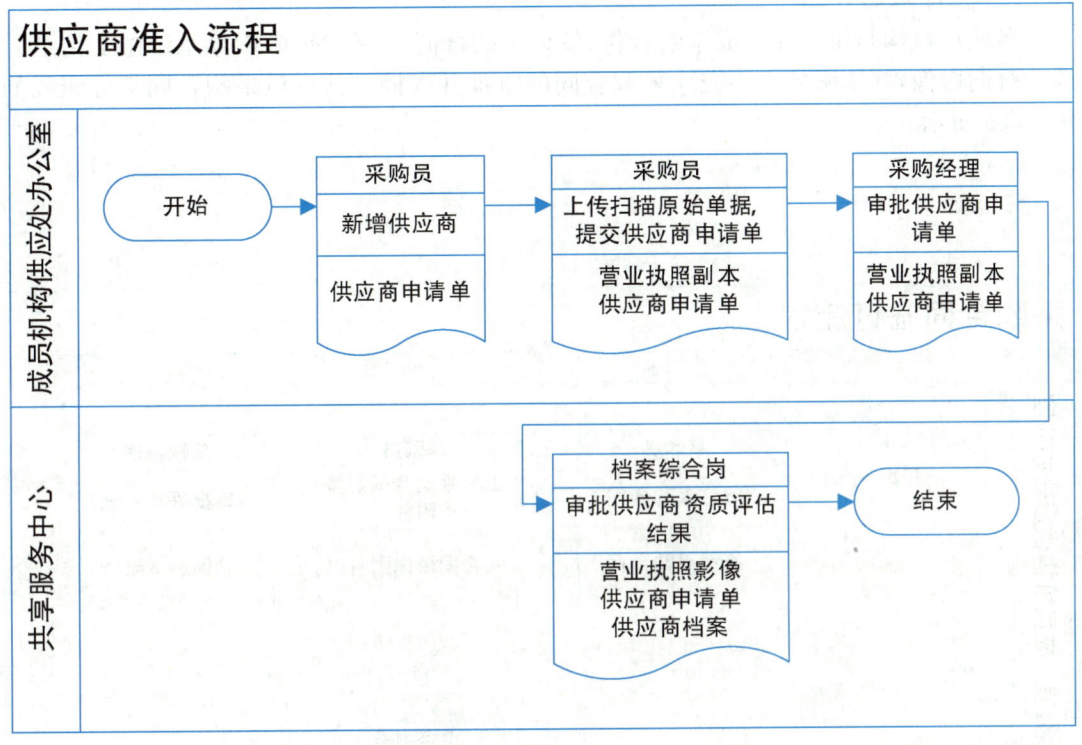

图 4-23 共享后供应商准入流程

2. 询价比价

各成员机构结合采购需求，在找煤网上发布询价单，结合各供应商提供的报价，在 NCC 系统中提交询价单，并经采购经理审核后，生成价格审批单。共享后询价比价流程如图 4-24 所示。

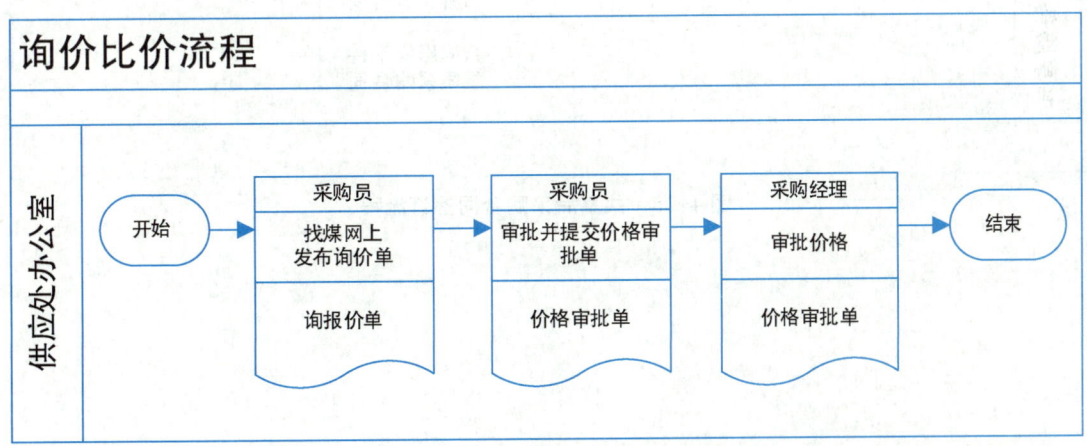

图 4-24 共享后询价比价流程

3. 签订采购合同

各成员机构与供应商达成采购合作,签订采购合同,并在 NCC 影像系统中上传纸质采购合同影像,共享服务中心完成采购合同的审批并存档。共享后采购合同签订流程如图 4-25 所示。

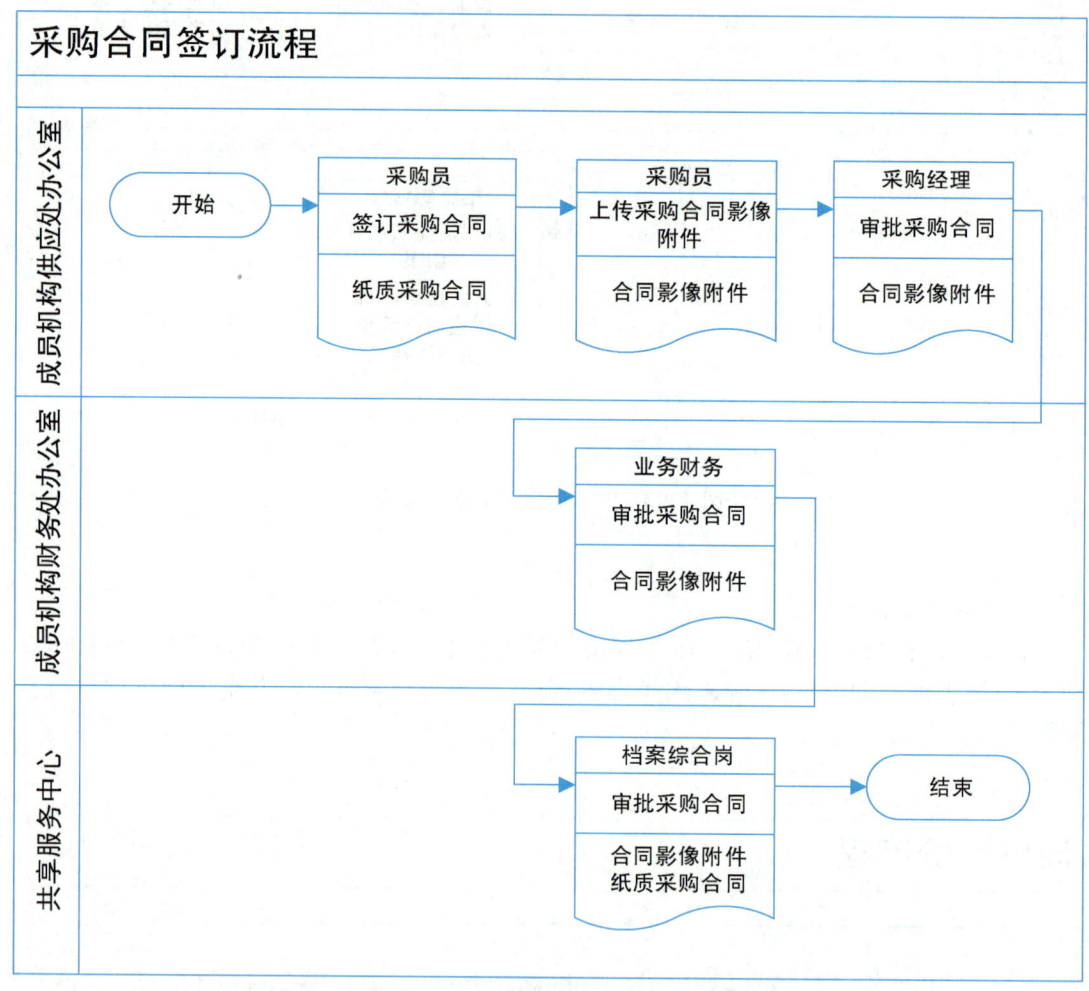

图 4-25　共享后采购合同签订流程

4. 采购到货入库

各成员机构参照采购合同生成采购订单,原煤到货后,进行质量检查,合格后办理入库手续。共享后采购到货入库流程如图 4-26 所示。

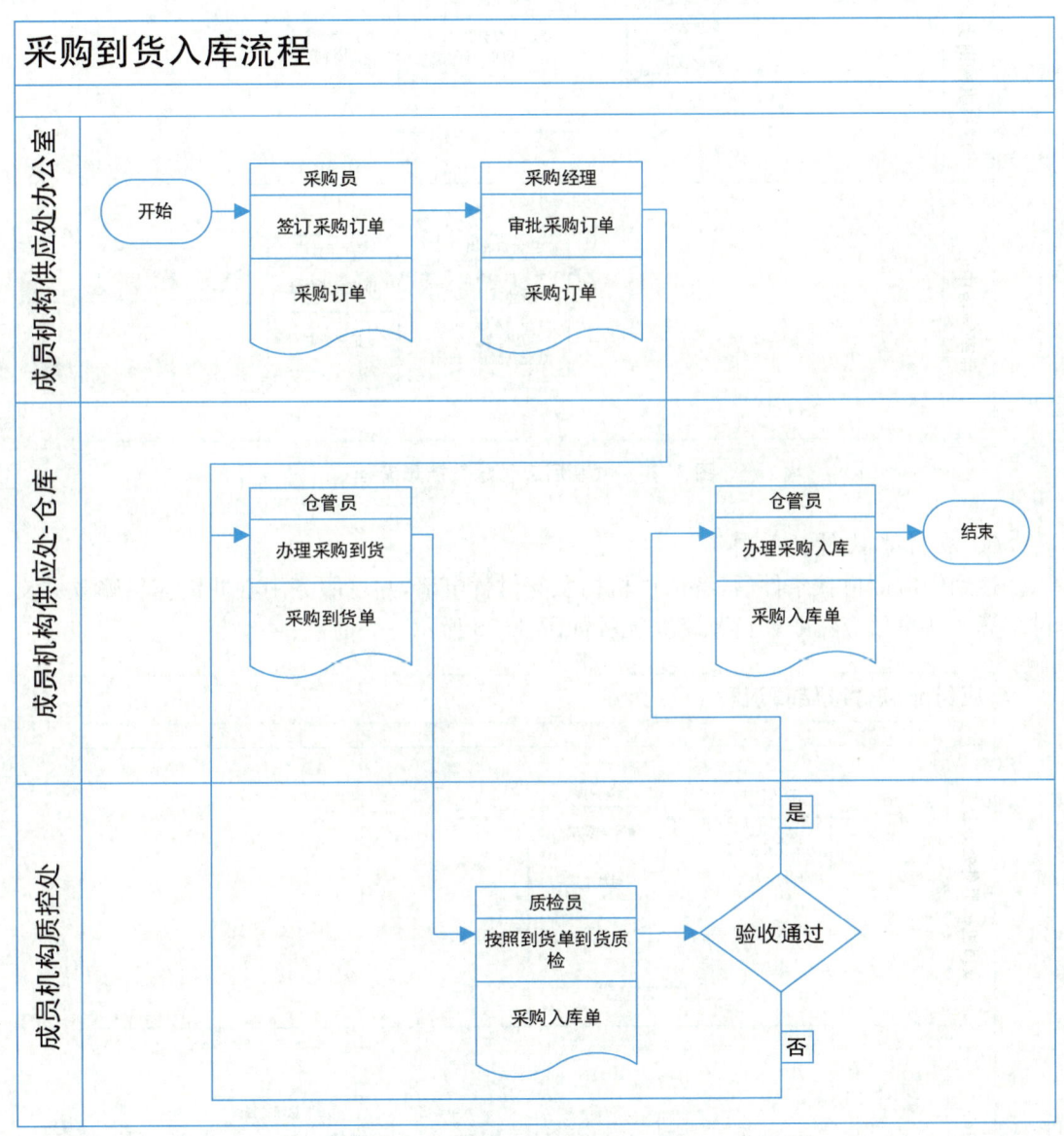

图 4-26 共享后采购到货入库流程

5. 应付挂账

各成员机构收到采购发票后,在 NCC 影像系统中上传原始发票单据信息,共享服务中心确认应付账款。共享后应付账款挂账流程如图 4-27 所示。

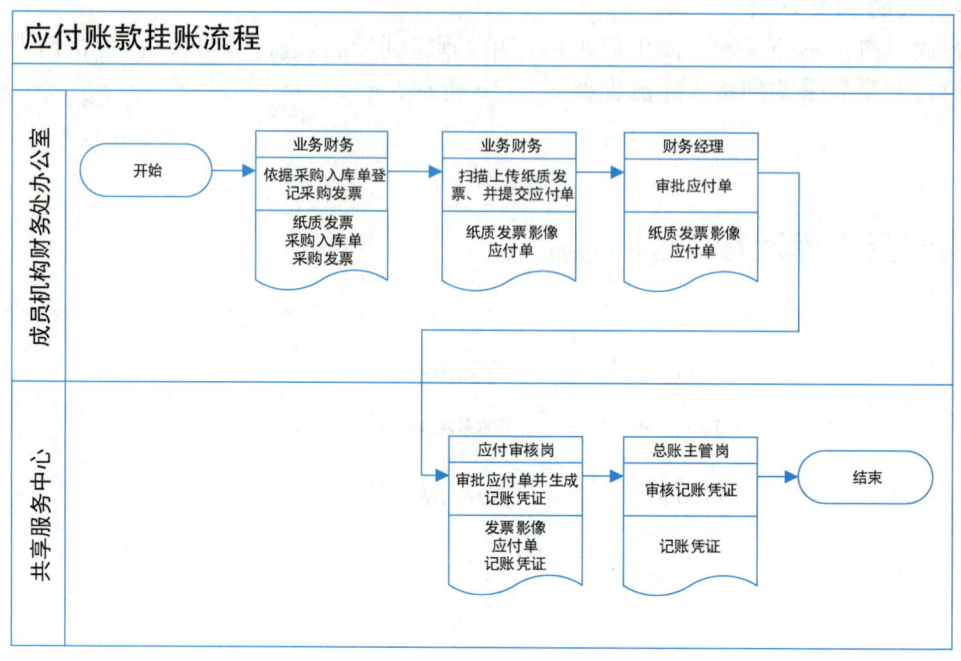

图 4-27　共享后应付账款挂账流程

6. 应付账款付款结算

达到供应商付款条件后，各成员机构发起付款申请，共享服务中心冲销应付账款并支付结算。共享后应付账款付款结算流程如图 4-28 所示。

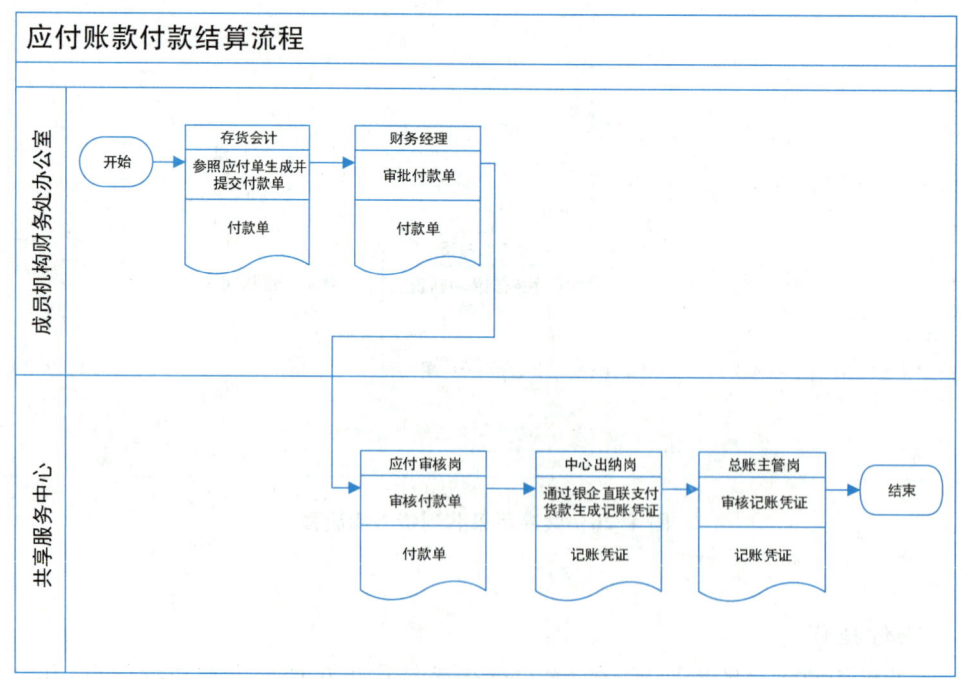

图 4-28　共享后应付账款付款结算流程

任务 3.2　原燃料采购业务实操

> **任务情景**

鸿途水泥采用单共享中心模式,该集团公司所有收付款均以网银(银企直连)方式完成。为了让财务共享服务中心审核有依据,所有进入共享服务中心的业务单据,必须随附原始单据的影像。走财务共享服务中心作业组的业务单据,用影像上传的方法随附影像;不走作业组的业务单据,用拍照后添加至附件的方法随附影像。

1. 供应商准入

2023年3月3日,鸿途水泥根据业务需要,申请新增一家石膏供应商,名称是郑州瑞龙有限公司(联系人:刘捷,职位:销售代表,手机联系方式:18255674432),相关人员将供应商的营业执照副本(复印件)提交审批。公司经过审定,决定将此供应商纳入公司正式供应商名录(供应商准入目的组织为集团,供应商编码为G300550),有效期截至2023年3月31日。

2. 询价比价

2023年3月5日,公司进行下半年原煤价格评估,下半年计划采购量6 000吨,并在找煤网上进行询价,由3家供应商发来价格信息。3家供应商发来价格信息如表4-4所示。

表4-4　3家供应商发来价格信息

供应商	含税单价(元/吨)
陕西黑龙沟矿业有限责任公司	553.70
中煤集团有限公司	565.00
神华乌海能源有限公司	621.50

最后经过综合评估,将下半年的原煤价格确定为565元/吨(含税单价,税率13%),并由中煤集团有限公司负责供应,且签订原煤供应合同。

3. 签订采购合同

2023年3月10日鸿途集团水泥有限公司与中煤集团有限公司签署"原煤采购合同(合同编码:PC20230100)",原煤采购合同如图4-29所示。

4. 采购到货入库

(1) 2023年3月15日鸿途集团水泥有限公司提出物资采购需求,物资采购需求信息如表4-5所示。

表4-5　物资采购需求信息

项目名称	需求数量(吨)	含税单价(元/吨)	价税合计(元)	税率	税额(元)	供应商
原煤	1 000	565.00	565 000.00	13%	65 000	中煤集团有限公司

(2) 2023年3月21日"原煤"过磅,到货并检验入库,发票随货同到。中煤集团有限公司送货单如图4-30所示,增值税专用发票如图4-31、图4-32所示。

原煤采购合同

合同编码：PC20230100

甲方：鸿途集团水泥有限公司
地址：郑州市管城区第八大街经北一路136号
开户银行：中国工商银行郑州分行管城支行
银行账号：3701239319189278310

乙方：中煤集团有限公司
地址：北京市东二环路390号
开户银行：中国工商银行北京东城分行
银行账号：600024032487845234

为了保护甲乙双方的合法权益，甲乙双方根据《中华人民共和国民法典》的有关规定，经友好协商，一致同意签订本合同。本合同自双方签字盖章之日起、至2023年12月31日止有效。

一、采购合同明细

乙方为甲方提供原煤，供应鸿途集团水泥有限公司的原煤价格为500元/吨（不含增值税），月供应数量为1000吨左右，实际数量依据每月甲方所提交的采购订单。

二、付款时间与付款方式

发票随货，并于当月底完成当月订单的总款项结算。

三、交货地址及到货日期

乙方在发出采购订单后的10日内，将货物送至：郑州市管城区第八大街经北一路136号 鸿途集团水泥有限公司原燃料库房。

四、运输方式与运输费

合同金额已包含运费，买方不再额外支付运费。运输方式由卖方安排，卖方务必确保按合同的"到货日期"将货物运抵鸿途集团水泥有限公司库房；如延迟交货，每日按该笔货物金额的2%收取。

甲方：鸿途集团水泥有限公司
授权代表：范海亮
（盖章）
日期：2023年3月10日

乙方：中煤集团有限公司
授权代表：王宝
（盖章）
日期：2023年3月10日

图4-29 原煤采购合同

中煤集团有限公司 送货单

出货日：2023.3.18
客　户：鸿途集团水泥有限公司
地　址：郑州市管城区第八大街经北一路136号
电　话：0371-82738651
联络人：范海亮

品名	规格	数量	单价	金额	发票号码	备注
原煤	吨	1000	565	565000	78332165	
				0		
				0		
				0		
				0		
				0		
				0		
				0		

附注：如有问题请于收货三日内，电洽业务单位

单位主管	业务人员
姜伟东	吴方
送货员	签收人
卫伟	罗成

图4-30 中煤集团有限公司送货单

销货单位：中煤集团有限公司
纳税人识别号：110120000386215539

地址、电话：北京市二环路390号　010-88235688
开户行及账号：中国工商银行北京东城分行600024032487845234

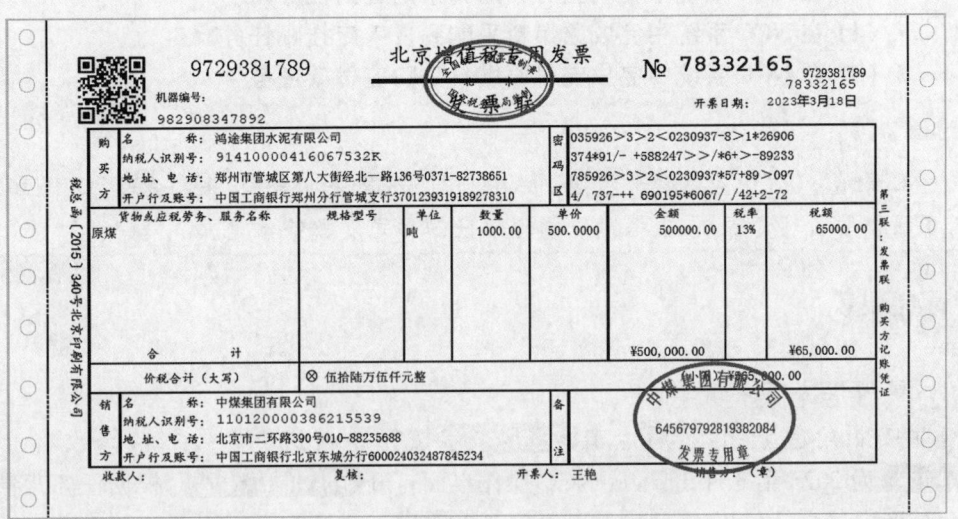

图4-31　增值税专用发票(发票联)

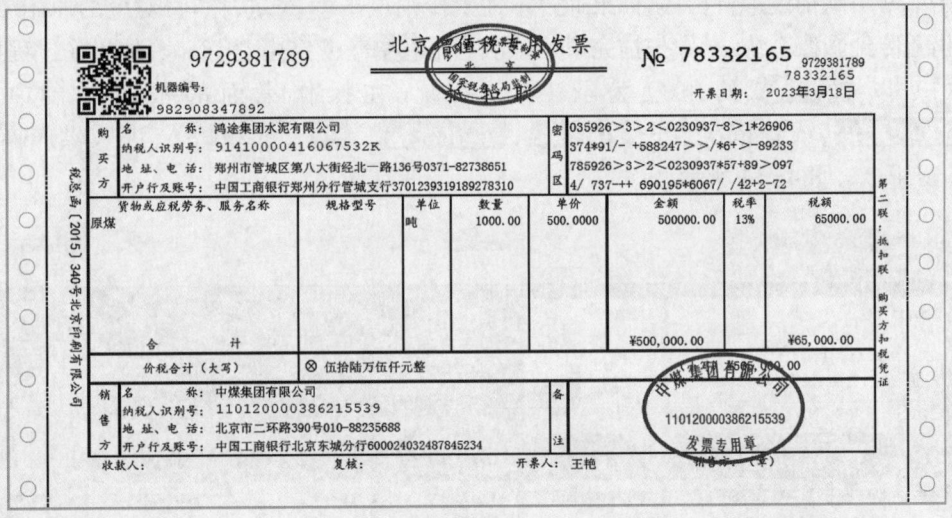

图4-32　增值税专用发票(抵扣联)

5. 应付挂账

2023年3月29日，公司确认应付账款。

6. 应付账款付款结算

2023年3月31日，公司完成付款。应付账款付款结算表如表4-6所示。

表4-6　应付账款付款结算表

供应商名称	付款金额(元)	收款账户
中煤集团有限公司	565 000.00	中国工商银行股份有限公司东城支行

要求：(1) 在 NCC 系统中完成原燃料供应商准入任务。
(2) 在 NCC 系统中完成原燃料采购询价比价任务。
(3) 在 NCC 系统中完成签订原燃料采购合同任务。
(4) 在 NCC 系统中完成原燃料采购到货入库挂账任务。
(5) 在 NCC 系统中完成支付原燃料采购应付款任务。

> **注意事项**
>
> 外部原始凭证（供应商营业执照副本复印件、纸质采购合同、采购发票、送货单等），作为本课程的教辅资源，在上课时以物理单证的形式发放给学生。

操作步骤

（一）原燃料供应商准入任务实操

1. 新增供应商申请单

学生按照角色上岗，然后点击 进入系统 按钮跳转进 NCC 系统，修改右上角的 业务日期 为 2023 年 3 月 3 日，从 NCC 操作桌面打开 供应商申请单 ，根据任务背景要求填制供应商申请单，填制完成并检查无误后点击 保存 ，点击 影像扫描 按钮进入新道影像系统，进入影像管理系统之后，如果需要用高拍仪进行扫描则点击 扫描 按钮，将对应的纸质原始单据用高拍仪进行扫描，如果通过本地上传则点击 导入 按钮，将对应的原始单据影像扫描上传到影像系统，影像扫描完成后依次点击 保存 、 提交 按钮。具体操作过程如下：

（1）以 采购员 的角色登录 NCC 系统，在操作桌面的报账平台中选择 供应商申请单 ，或者依次点击 四叶草 、 基础数据 、 供应商申请单 ，进入供应商申请单，如图 4-33、图 4-34 所示。

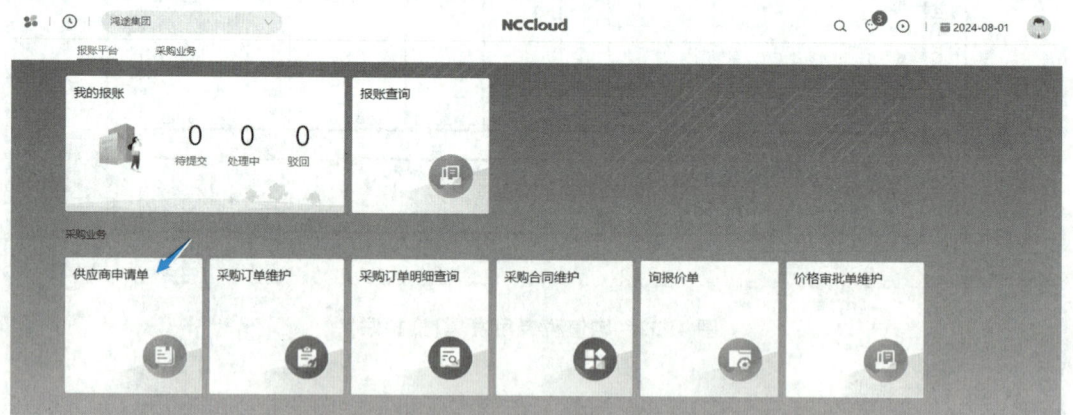

图 4-33 进入供应商申请单（操作桌面进入）

（2）参照任务情景内容，修改业务日期为"2023-3-3"，修改业务日期，如图 4-35 所示。

（3）单击 新增 ，申请组织选择 鸿途集团水泥有限公司 ，目的组织选择 集团 ，输入供应商编码 、 名称 等信息，供应商基本分类选择 外部供应商 ，然后点击 保存 。新增并录入供应商申请单，如图 4-36、图 4-37 所示。

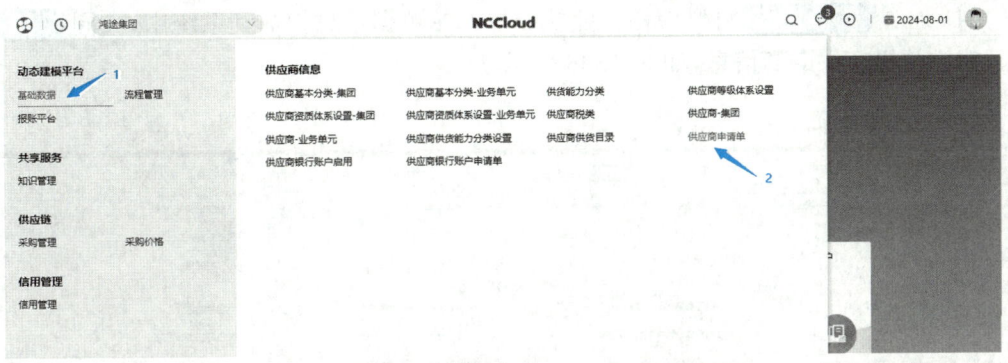

图 4-34　进入供应商申请单("四叶草"进入)

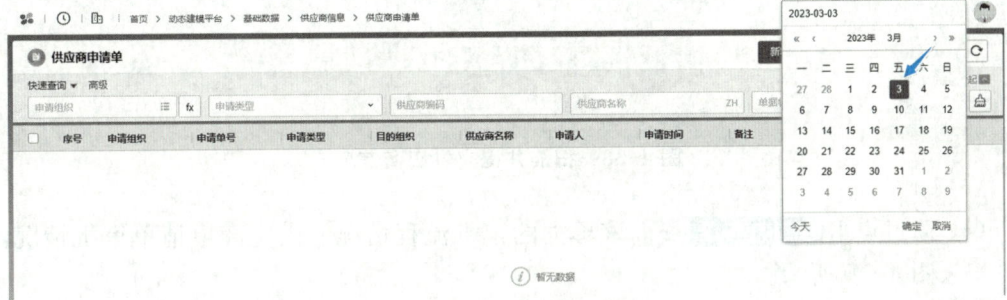

图 4-35　修改业务日期

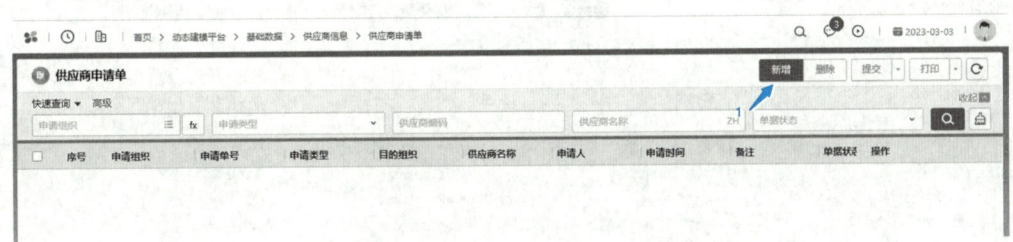

图 4-36　新增并录入供应商申请单(新增)

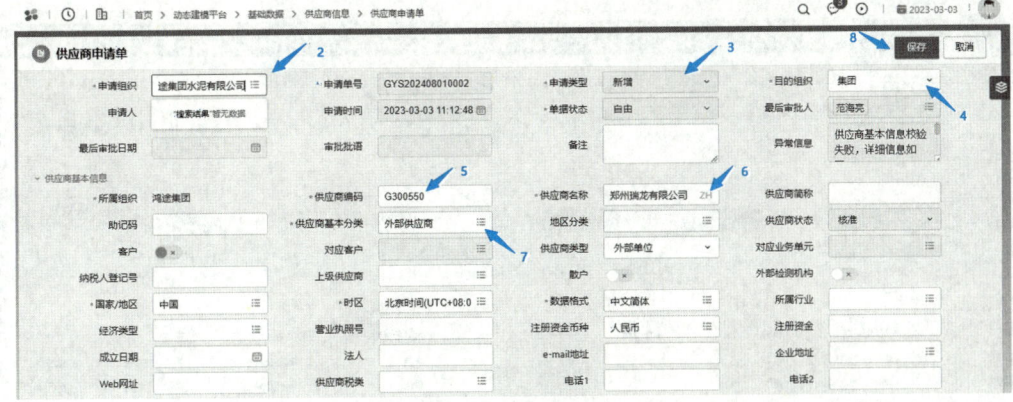

图 4-37　新增并录入供应商申请单(录入)

（4）通过 影像扫描 将供应商营业执照等原始单据信息扫描到系统中，一同 提交 审批。扫描并提交供应商信息，如图 4-38 所示。

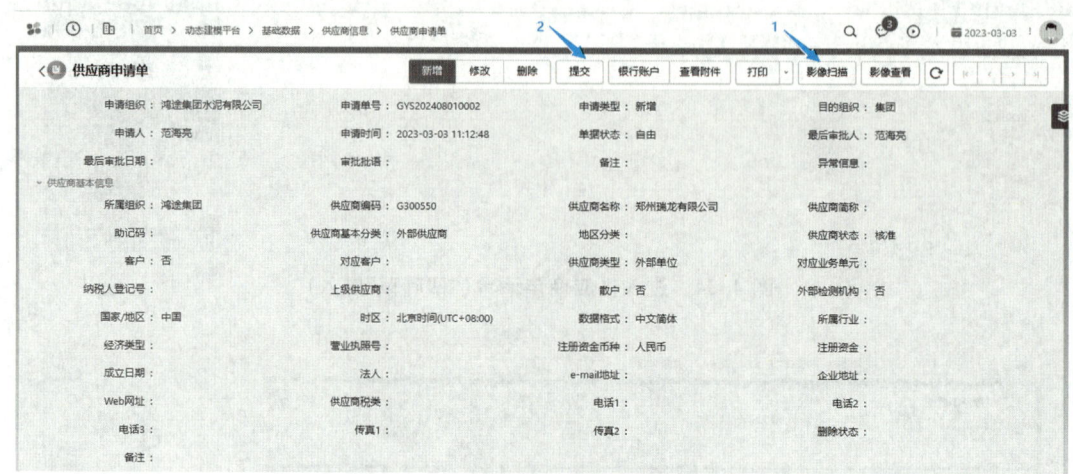

图 4-38　扫描并提交供应商信息

（5）通过点击 审批详情 查询该单据的审批流程情况。供应商申请单审批情况，如图 4-39、图 4-40 所示。

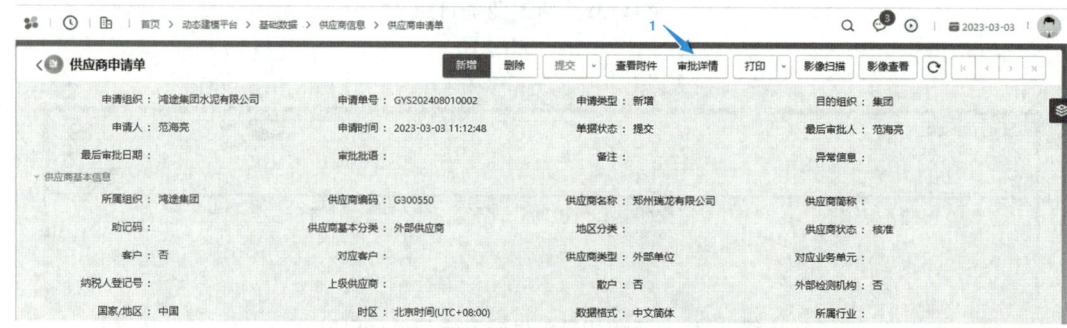

图 4-39　供应商申请单审批情况（查询）

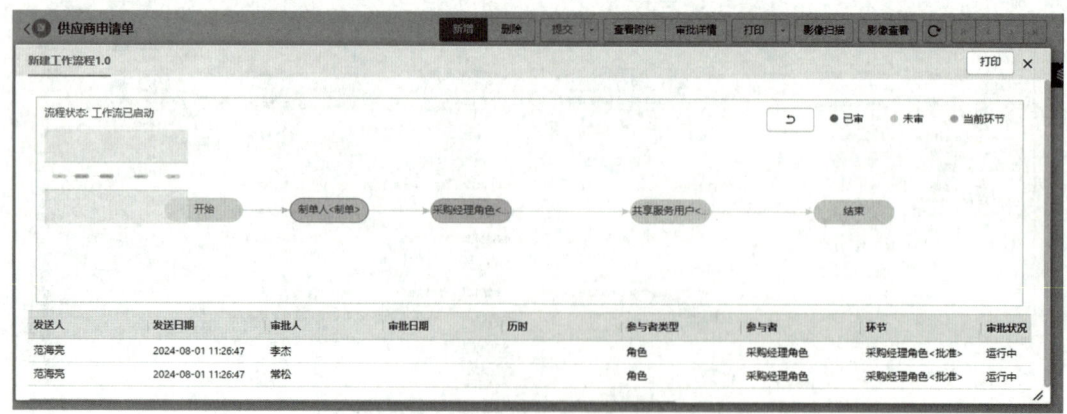

图 4-40　供应商申请单审批情况（详情）

2. 审批供应商申请单

学生按照角色上岗,然后点击 进入系统 按钮跳转进 NCC 系统,修改右上角的 业务日期 为 2023 年 3 月 3 日,从 NCC 操作桌面点击 审批中心 、 未处理 ,根据任务背景要求检查供应商申请单填报是否有误,检查无误则 审批通过 ,否则 驳回 到制单人。具体操作过程如下。

(1) 以 采购经理 的角色登录 NCC 系统,在操作桌面的审批管理中选择 审批中心 、 未处理 ,或者依次点击 四叶草 、 流程管理 、 审批中心 ,进入待审批供应商申请单,如图 4-41、图 4-42 所示。

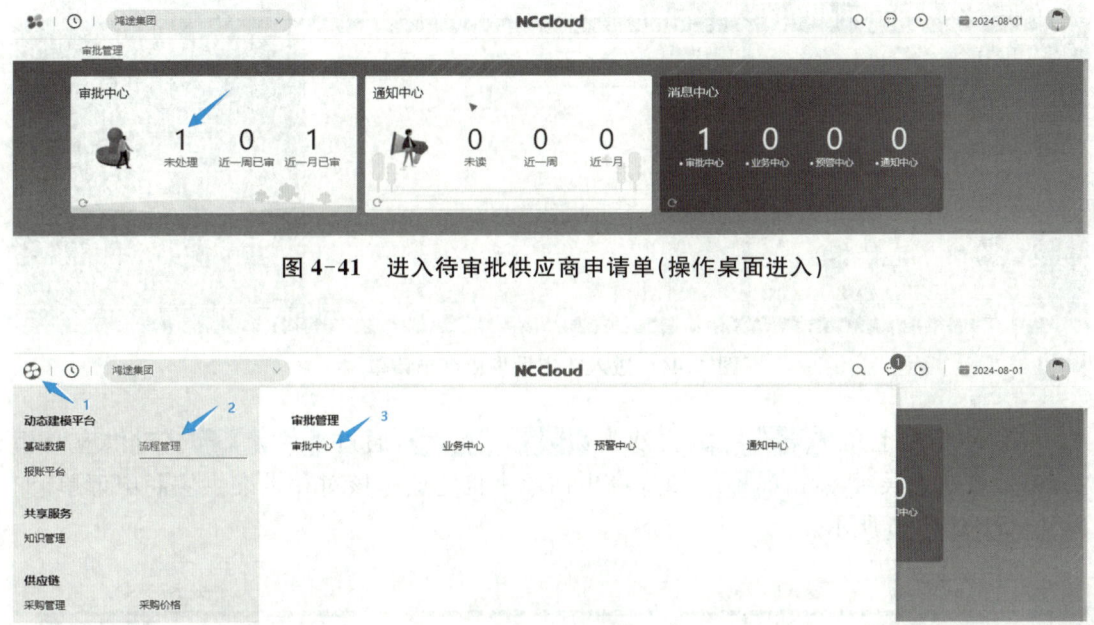

图 4-41 进入待审批供应商申请单(操作桌面进入)

图 4-42 进入待审批供应商申请单("四叶草"进入)

(2) 查询到供应商申请单后,在 单据详情 中核对单据信息,无误后,点击 采购经理角色〈批准〉 ,完成该供应商申请单的审批。这时,系统会自动将该供应商申请单传递到共享服务中心,由中心作业组成员完成该单据的审批动作。供应商申请单采购经理审批,如图 4-43 所示。

图 4-43 供应商申请单采购经理审批

3. 供应商档案归档

学生按照角色上岗，然后点击 进入系统 按钮跳转进 NCC 系统，修改右上角的 业务日期 为 2023 年 3 月 3 日，从 NCC 操作桌面点击 我的作业 、 待提取 ，根据任务背景要求检查供应商申请单和影像是否正确，检查无误则 审核通过 ，否则 驳回 到制单人。具体操作过程如下：

（1）以 档案综合岗 的角色登录 NCC 系统中，在操作桌面的作业平台中选择 我的作业 、 待提取 ，进入待审批供应商申请单，如图 4-44 所示。

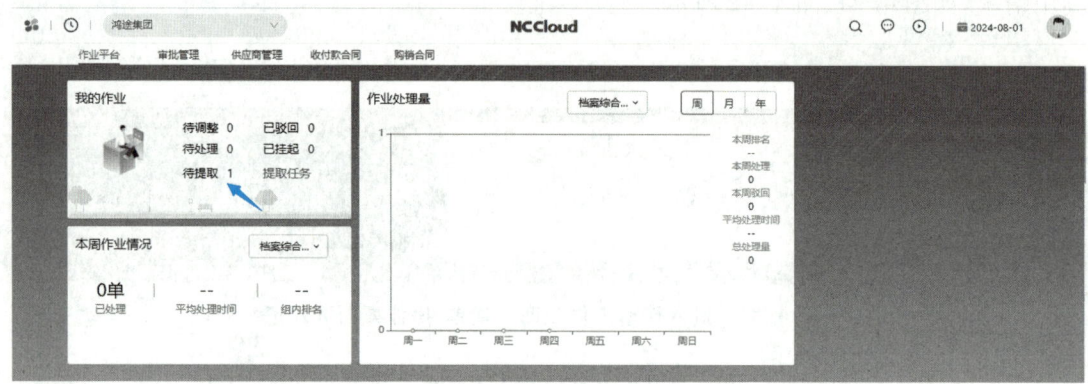

图 4-44　进入待审批供应商申请单

（2）点击右上角 任务提取 ，再双击 供应商申请单 ，通过 影像查看 核对供应商相关信息，核对无误后，点击 批准 ，供应商申请单审批完成。核对并批准供应商申请单，如图 4-45、图 4-46 所示。

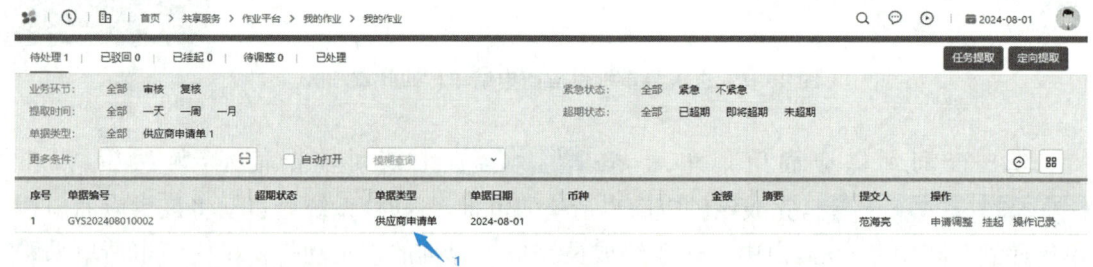

图 4-45　核对并批准供应商申请单（核对）

（二）原燃料采购询价比价任务实操

1. 填写询报价单

学生按照角色上岗，然后点击 进入系统 按钮跳转进 NCC 系统，修改右上角的 业务日期 为 2023 年 3 月 5 日，从 NCC 操作桌面打开 询报价单 ，根据任务背景要求填制询报价单，填制完成并检查无误后点击 保存 。具体操作过程如下。

（1）以 采购员 角色登录 NCC 系统，在操作桌面的报账平台中选择 询报价单 ，或者依次点击 四叶草 、 采购价格 、 询报价单 ，进入询报价单，如图 4-47、图 4-48 所示。

模块 4　采购与应付共享业务处理 | 105

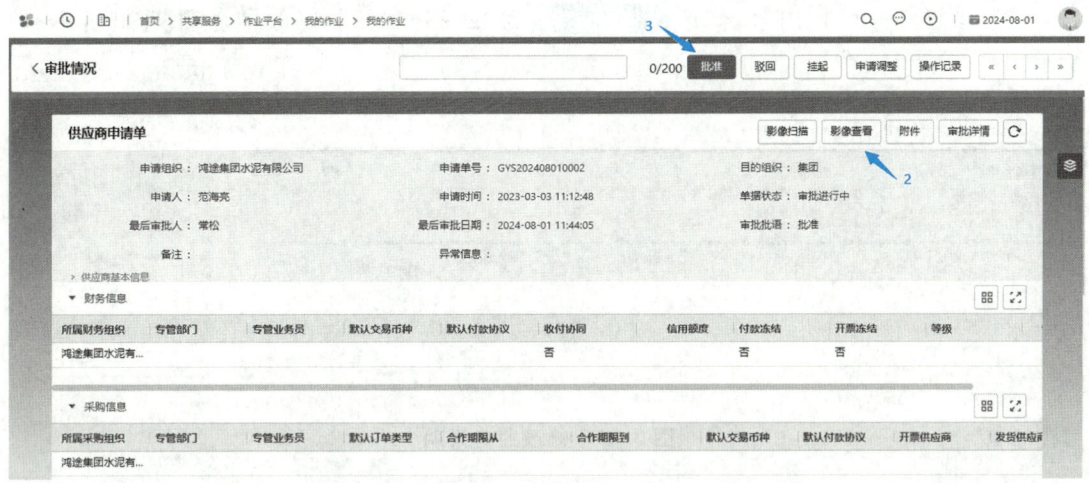

图 4-46　核对并批准供应商申请单(批准)

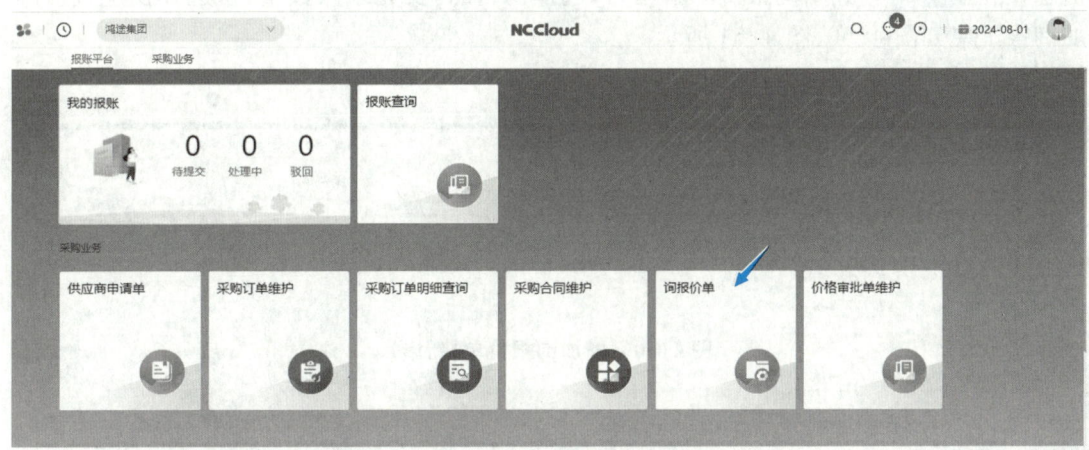

图 4-47　进入询报价单(操作桌面进入)

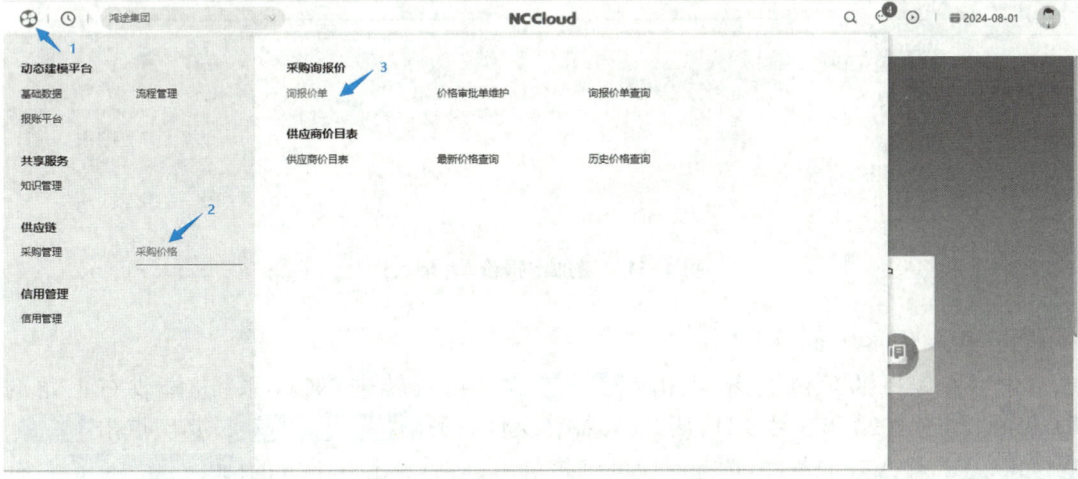

图 4-48　进入询报价单("四叶草"进入)

（2）参照任务情景内容，修改 业务日期 为"2023-3-5"，修改业务日期如图4-49所示。

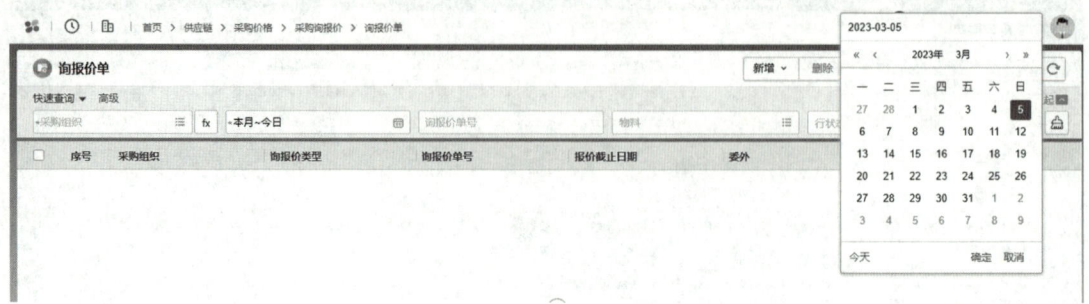

图4-49 修改业务日期

（3）新增询报价单，点击 新增 、 自制 ，参照任务情景内容，录入3家供应商的价格信息，然后 保存 。其中询报价单新增时，选择物料后，要先录入数量，再选择供应商。增加询报价单如图4-50、图4-51所示。

图4-50 增加询报价单（新增）

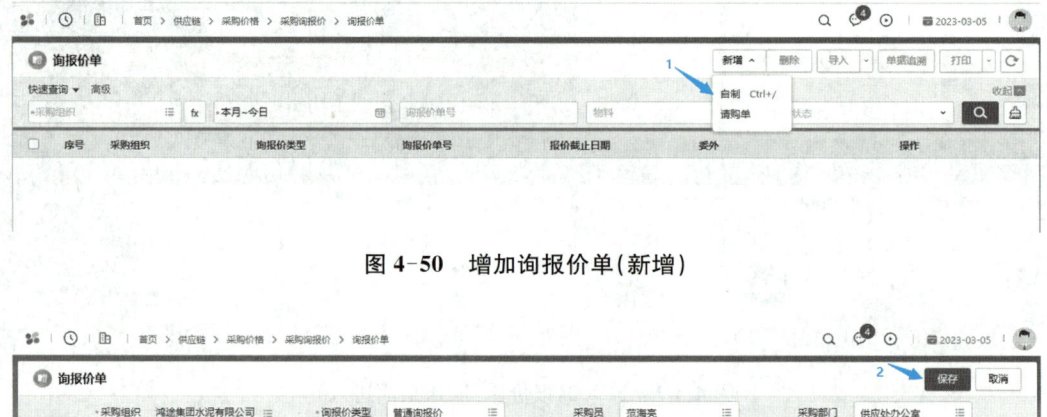

图4-51 增加询报价单（录入）

2. 录入价格审批单

学生首先按照角色上岗，点击 进入系统 按钮跳转进NCC系统，修改右上角的 业务日期 为2023年3月5日，从NCC操作桌面打开 价格审批单维护 ；其次点击 新增 、 询报价单 ，输入查询条件，选择对应的询报价单；最后点击右下方的 生成价格审批单 ，补录并修改订货和订货数量字段信息，填制完成并检查无误后点击 保存提交 。具体操作过程如下。

(1) 以 采购员 角色的身份，在操作桌面的报账平台中选择价格审批单维护，或者依次点击 四叶草 、 采购价格 、 价格审批单维护 ，进入价格审批单，如图4-52、图4-53所示。

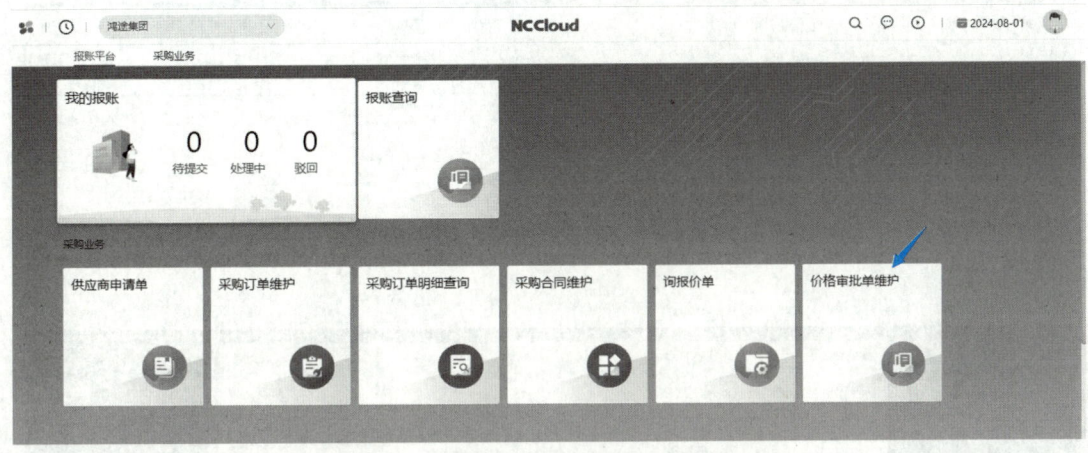

图 4-52 进入价格审批单（操作桌面进入）

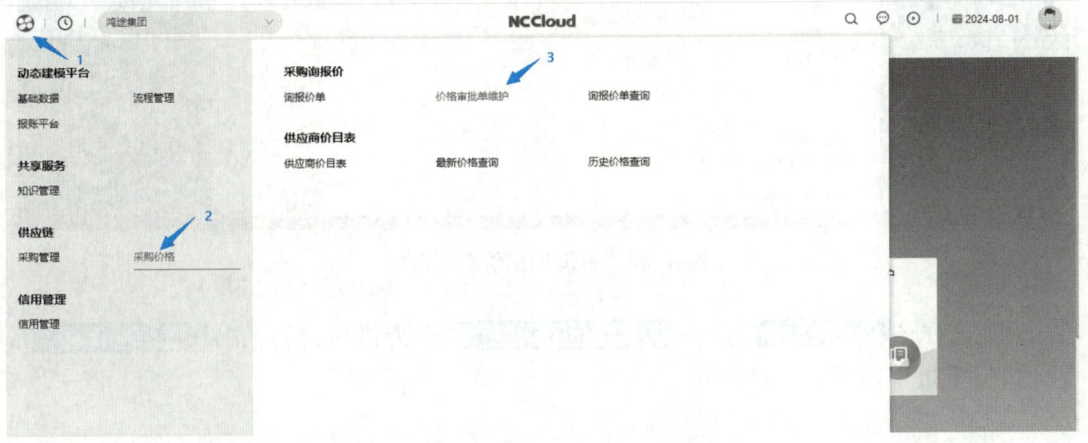

图 4-53 进入价格审批单（"四叶草"进入）

(2) 修改 业务日期 为"2023-3-5"，如图4-54所示。

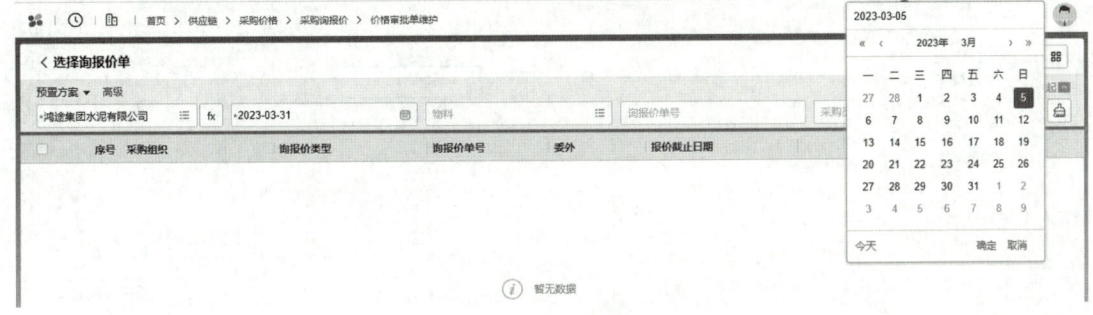

图 4-54 修改业务日期

（3）选择 新增、询报价单，在 高级 中，筛选 采购组织、询价日期，查询 出询报价单，如图 4-55、图 4-56 所示。

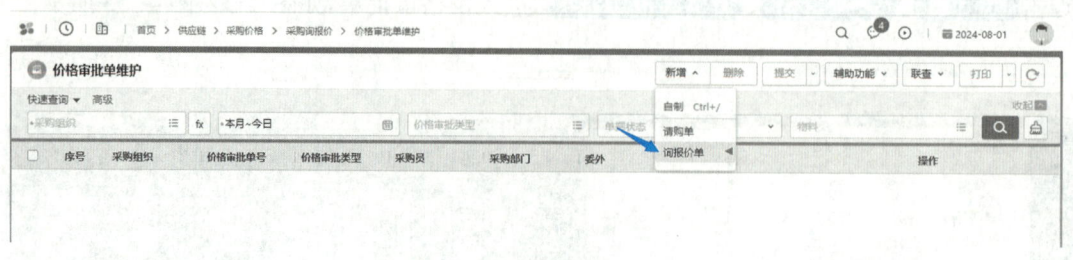

图 4-55　查询询报价单（进入）

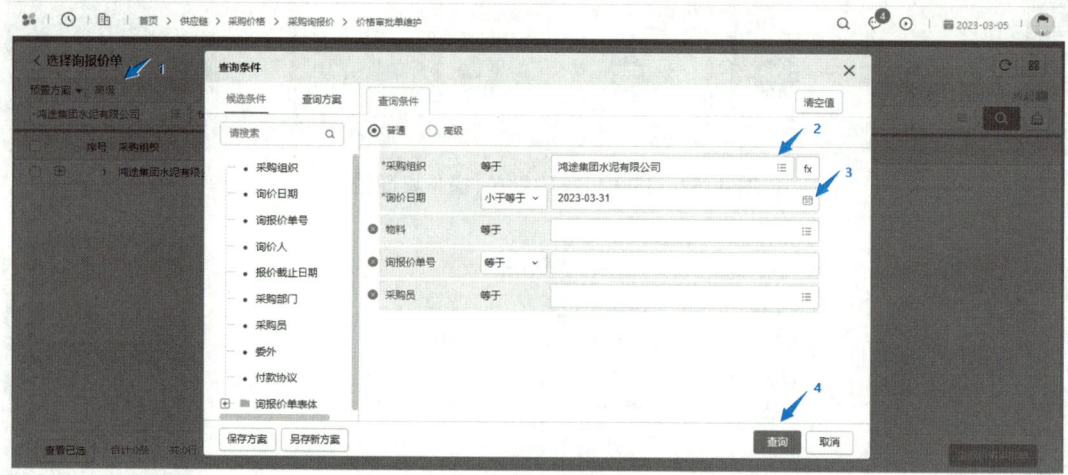

图 4-56　查询询报价单（筛选）

（4）选择该 询报价单，选择 中煤集团有限公司 作为供应商，点击 生成价格审批单，生成价格审批单，如图 4-57 所示。

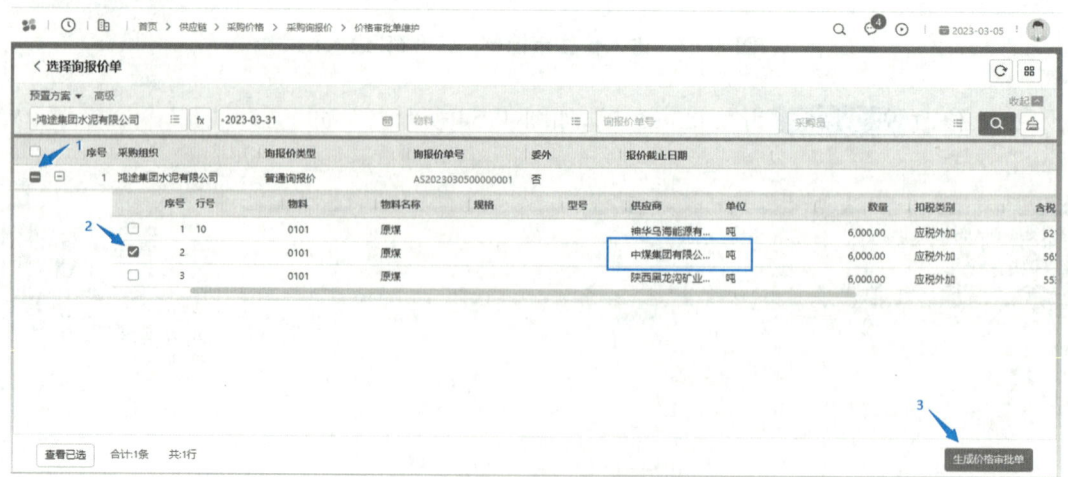

图 4-57　生成价格审批单

（5）点击 展开 ，编辑价格审批单，选择 订货 ，录入 订货数量 "1 000"，点击 → 退出，然后 保存提交 价格审批单，编制价格审批单，如图 4-58、图 4-59 所示。

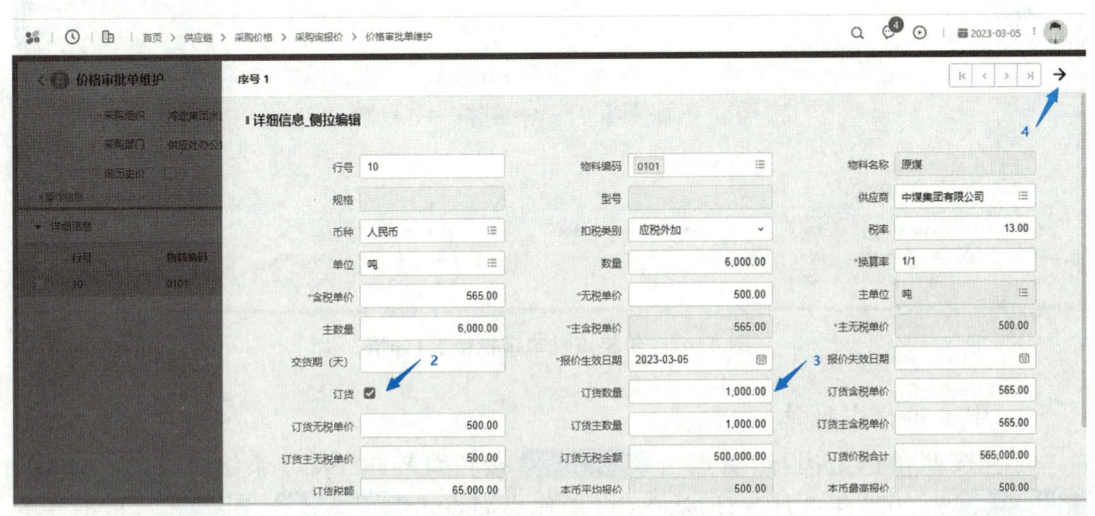

图 4-58　编制价格审批单（填制）

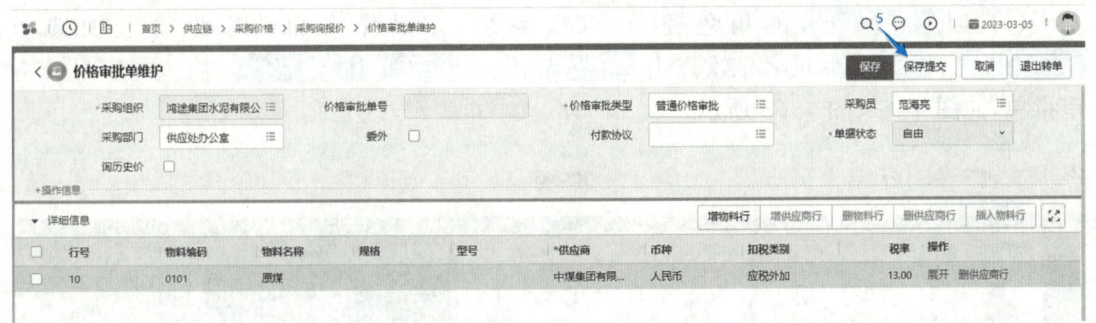

图 4-59　编制价格审批单（提交）

（6）通过 联查 、 审批详情 ，查询价格审批单审批情况，如图 4-60、图 4-61 所示。

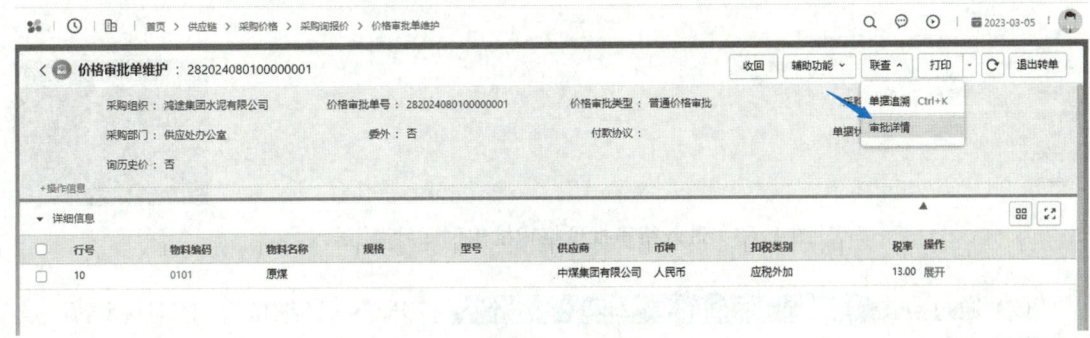

图 4-60　价格审批单审批情况（查询）

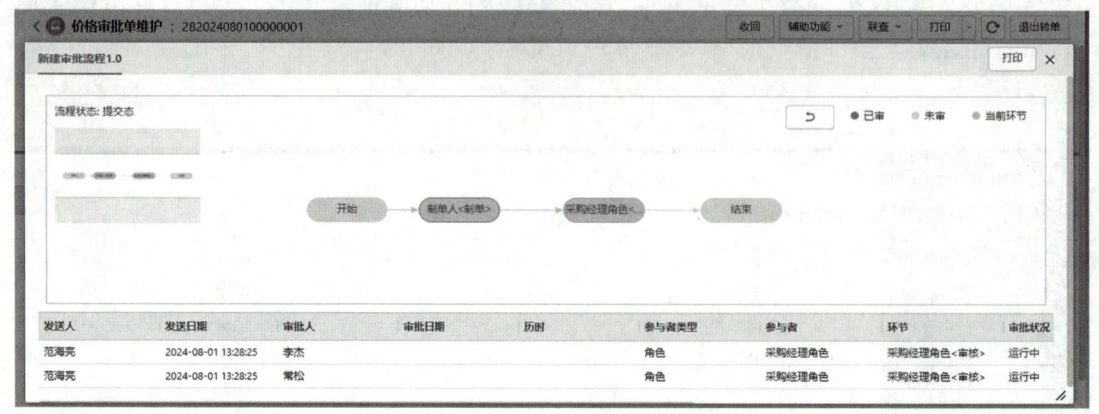

图 4-61　价格审批单审批情况（详情）

3. 审批价格审批单

学生按照角色上岗，然后点击 进入系统 按钮跳转进 NCC 系统，修改右上角的 业务日期 为 2023 年 3 月 5 日，从 NCC 操作桌面点击 审批中心 、未处理 ，根据任务背景要求检查价格审批表填报是否有误，检查无误则 审批通过 ，否则 驳回 到制单人。具体操作如下。

（1）以 采购经理 的角色登录 NCC 系统，在操作桌面的审批管理中选择 审批中心 、未处理 ，或者依次点击 四叶草 、流程管理 、审批中心 ，进入待审批价格审批单，如图 4-62、图 4-63 所示。

图 4-62　进入待审批价格审批单（操作桌面进入）

图 4-63　进入待审批价格审批单（"四叶草"进入）

（2）通过点击 范海亮提交的价格审批单，请审批！ 打开单据详细信息，核对无误后，点击 批准 ，核对并批准价格审批单，如图 4-64、图 4-65 所示。

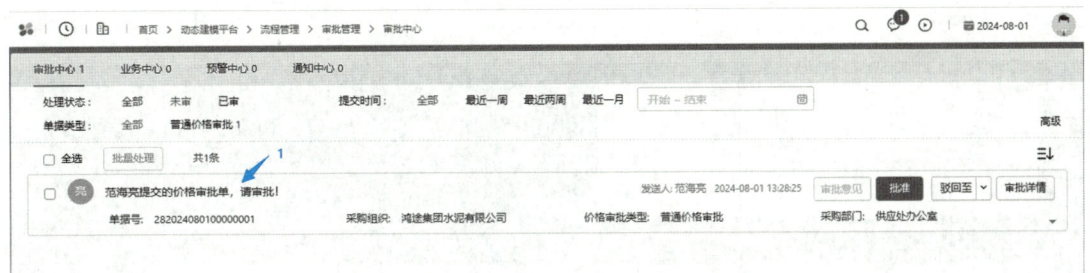

图 4-64 核对并批准价格审批单(核对)

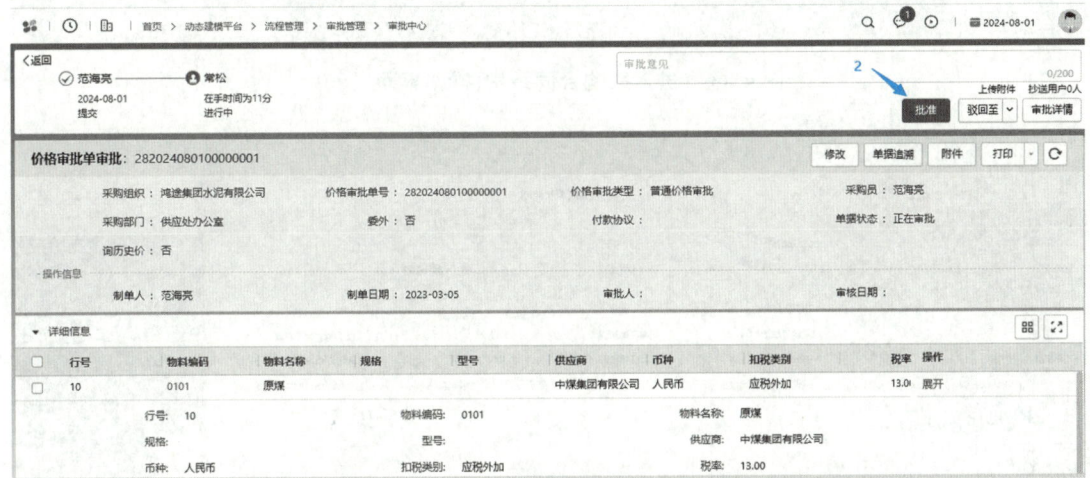

图 4-65 核对并批准价格审批单(批准)

(三)签订原燃料采购合同任务实操

1. 录入采购合同

学生按照角色上岗,然后点击 进入系统 按钮跳转进 NCC 系统,修改右上角的 业务日期 为 2023 年 3 月 10 日,从 NCC 操作桌面打开 采购合同维护 ,然后点击 新增 、 价格审批单 ,输入查询条件,选择对应的价格审批单,然后点击右下方的 生成采购合同 ,检查并录入采购合同相关信息,检查无误后点击 保存 ,保存后点击 影像扫描 按钮进入新道影像系统,进入影像管理系统之后如果需要用高拍仪进行扫描则点击 扫描 按钮,将对应的纸质原始单据用高拍仪进行扫描,如果通过本地上传则点击 导入 按钮,将对应的原始单据影像扫描上传到影像系统,影像扫描完成后依次点击 保存 、 提交 按钮。具体操作过程如下。

(1)以 采购员 的角色登录 NCC 系统,在操作桌面的报账平台中选择 采购合同维护 ,或者依次点击 四叶草 、 采购管理 、 采购合同维护 ,进入采购合同维护,如图 4-66、图 4-67 所示。

(2)修改 业务日期 为"2023-3-10",如图 4-68 所示。

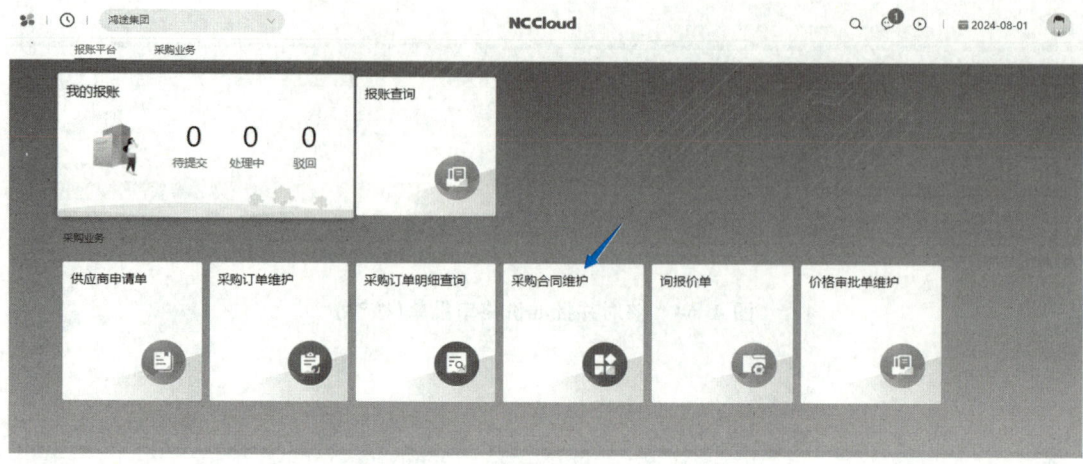

图 4-66　进入采购合同维护(操作桌面进入)

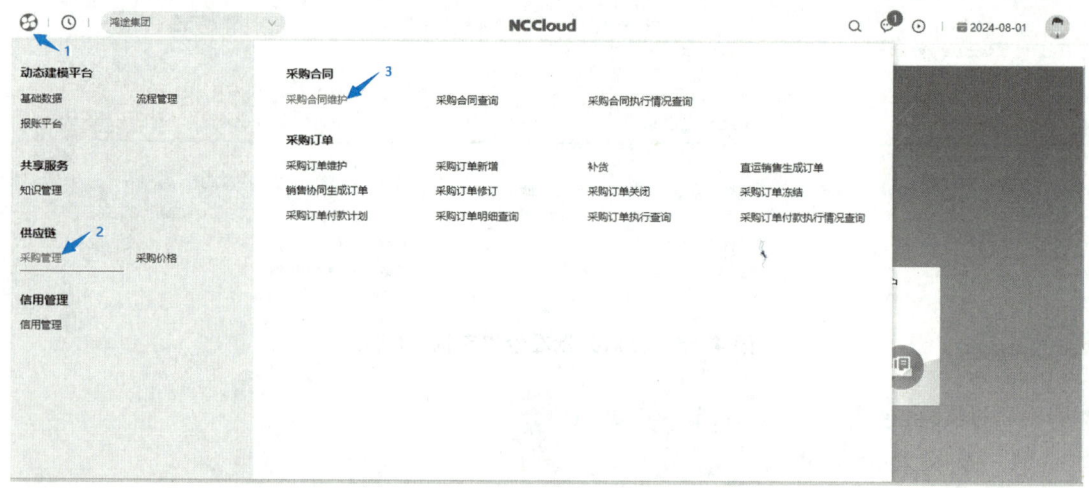

图 4-67　进入采购合同维护("四叶草"进入)

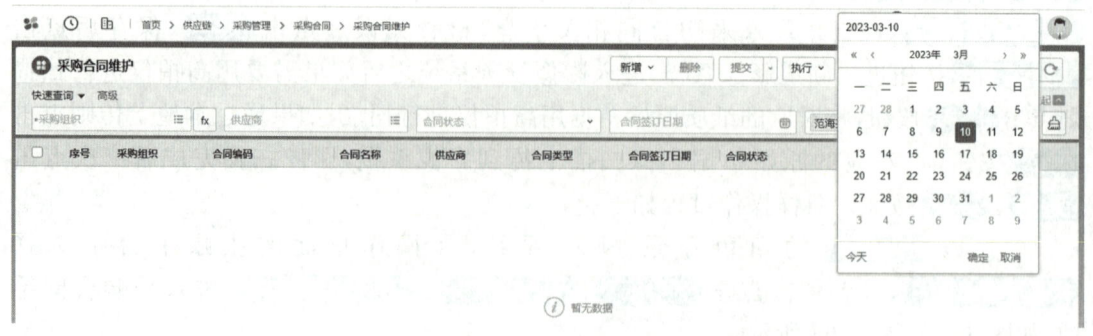

图 4-68　修改业务日期

（3）选择 新增 、 价格审批单 ，在 高级 中，筛选 采购组织 ， 查询 出价格审批单，查询价格审批单，如图 4-69 所示。

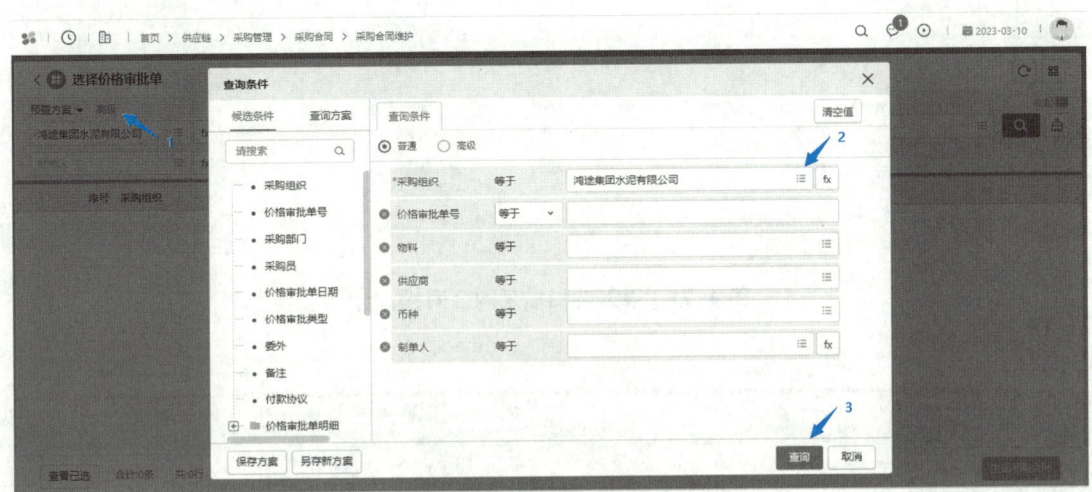

图 4-69　查询价格审批单

（4）选择 价格审批单 ，然后点击 生成采购合同 ，如图 4-70 所示。

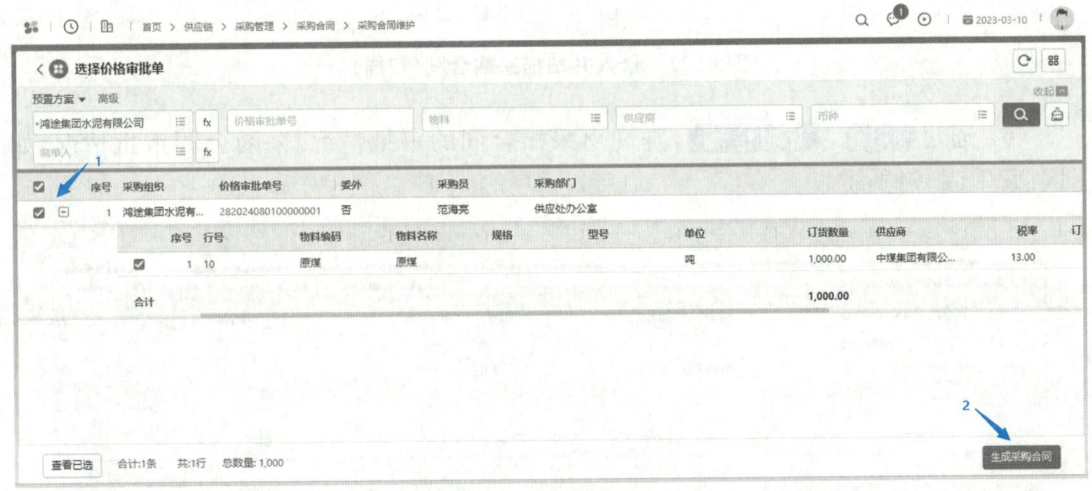

图 4-70　生成采购合同

（5）参照任务情景内容，录入 采购合同 ，并 保存 ，通过 影像扫描 系统扫描纸质采购合同至影像系统中，然后 提交 采购合同。录入并扫描采购合同，如图 4-71、图 4-72 所示。

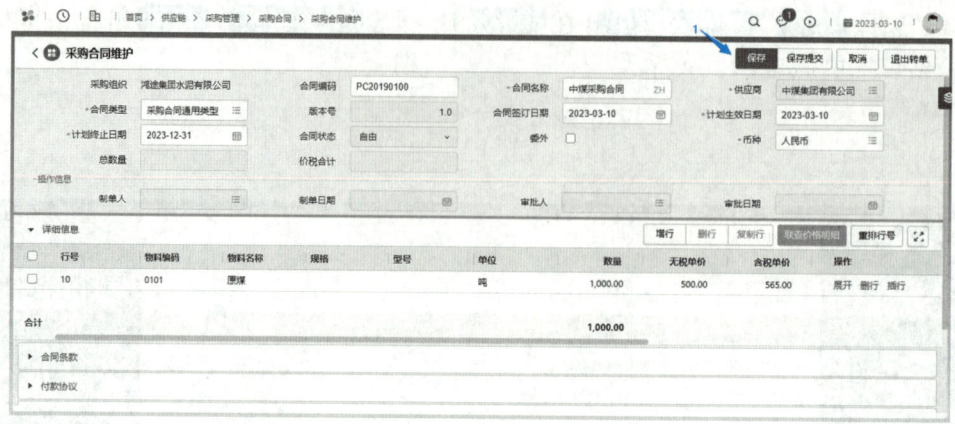

图 4-71　录入并扫描采购合同(录入)

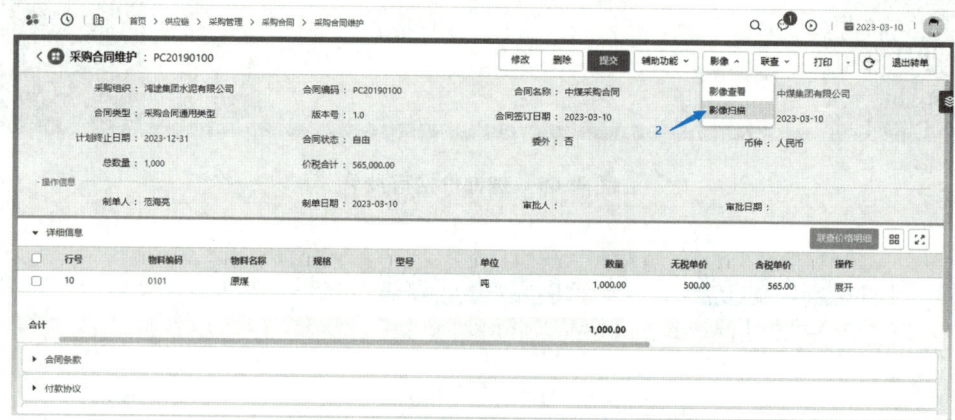

图 4-72　录入并扫描采购合同(扫描)

(6) 通过 联查、审批详情，查询出采购合同的审批情况，采购合同审批情况，如图 4-73、图 4-74 所示。

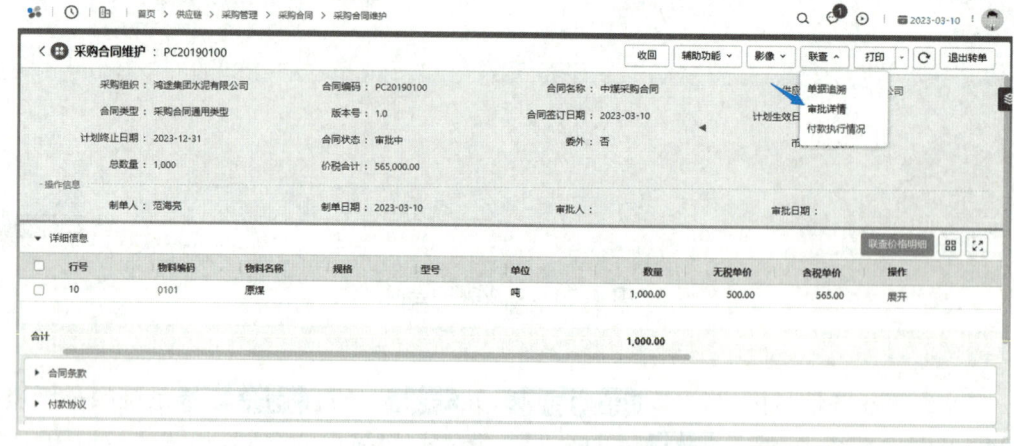

图 4-73　采购合同审批情况(查询)

模块 4　采购与应付共享业务处理

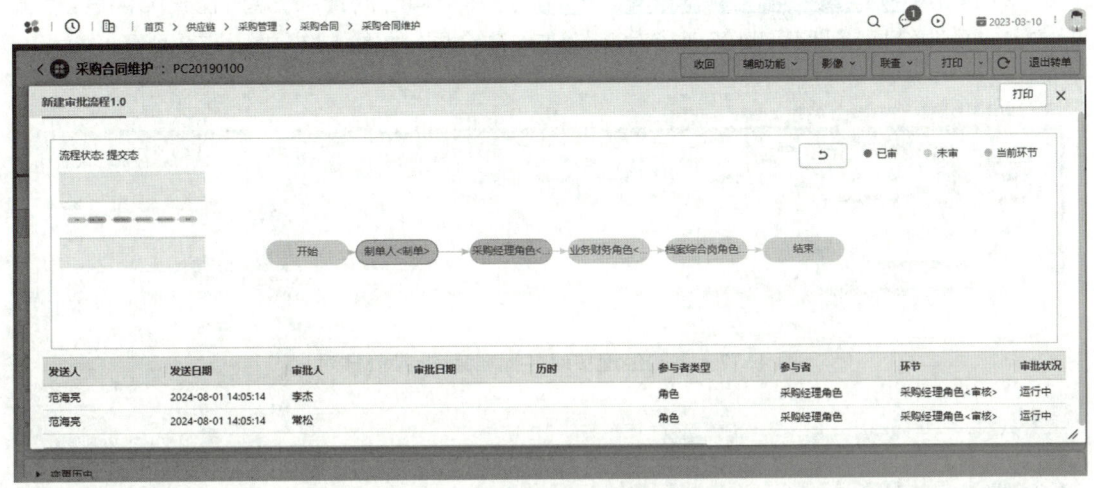

图 4-74　采购合同审批情况（详情）

2. 采购经理审批采购合同

学生按照角色上岗，然后点击 进入系统 按钮跳转进 NCC 系统，修改右上角的 业务日期 为 2023 年 3 月 10 日，从 NCC 操作桌面点击 审批中心 、 未处理 ，根据任务背景要求检查采购合同填报是否有误，检查无误则 审批通过 ，否则 驳回 到制单人。具体操作过程如下。

（1）以 采购经理 的角色登录 NCC 系统，在操作桌面的审批管理中选择 审批中心 、 未处理 ，或者依次点击 四叶草 、 流程管理 、 审批中心 ，进入待审批采购合同，如图 4-75、图 4-76 所示。

图 4-75　进入待审批采购合同（操作桌面进入）

图 4-76　进入待审批采购合同（"四叶草"进入）

（2）单击 范海亮提交的采购合同，请审批 ，打开采购合同详细信息，检查无误后，点击批准完成采购合同审批，采购经理核对并批准采购合同，如图4-77、图4-78所示。

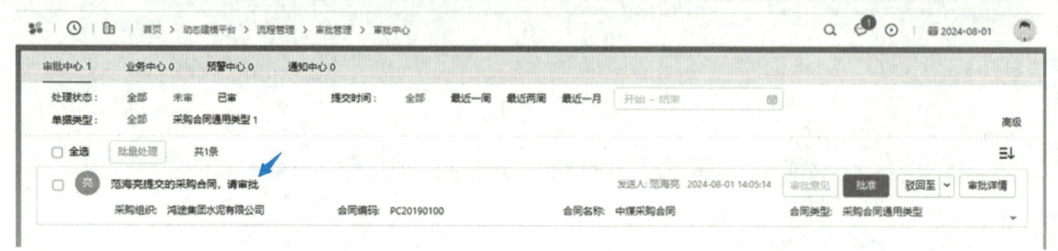

图4-77　采购经理核对并批准采购合同（核对）

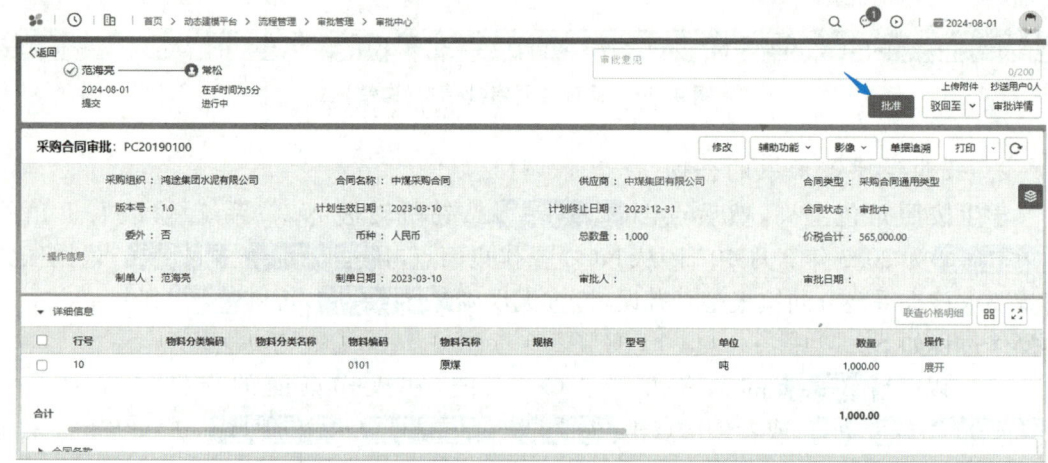

图4-78　采购经理核对并批准采购合同（批准）

3. 业务财务审批采购合同

学生按照角色上岗，然后点击 进入系统 按钮跳转进NCC系统，修改右上角的 业务日期 为2023年3月10日，从NCC操作桌面点击 审批中心 、 未处理 ，根据任务背景要求检查采购合同填报是否有误，检查无误则 审批通过 ，否则 驳回 到制单人。具体操作过程如下：

（1）以 业务财务 的角色登录NCC系统，在操作桌面的审批管理中选择 审批中心 、 未处理 ，或者依次点击 四叶草 、 流程管理 、 审批中心 ，进入待审批采购合同，如图4-79、图4-80所示。

图4-79　进入待审批采购合同（操作桌面进入）

图 4-80　进入待审批采购合同("四叶草"进入)

（2）点击 常松提交的采购合同，请审批 ，打开采购合同，检查信息无误后，点击 批准 完成采购合同审批，业务财务核对并批准采购合同，如图 4-81、图 4-82 所示。

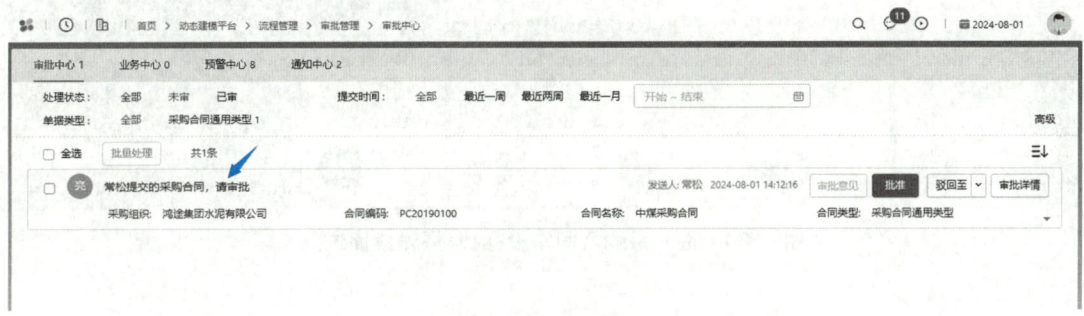

图 4-81　业务财务核对并批准采购合同（核对）

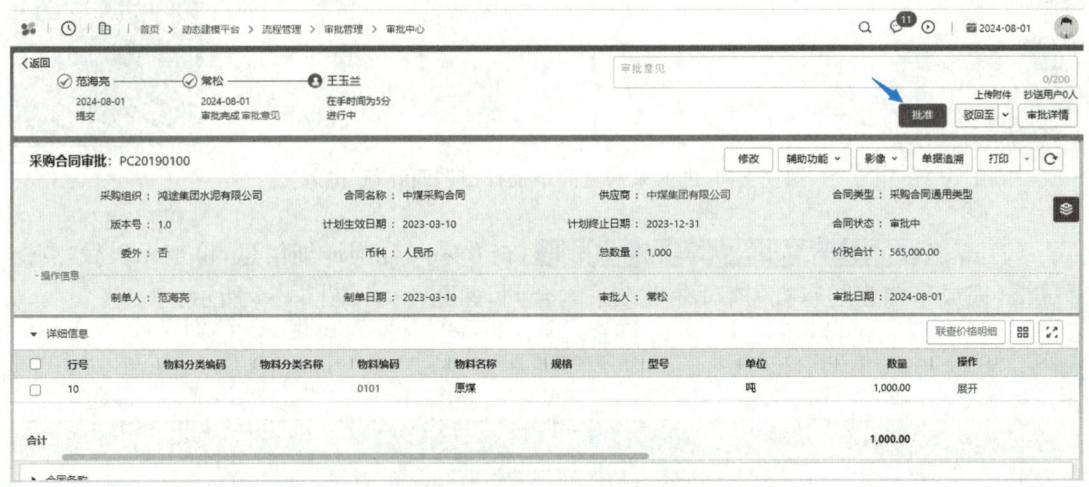

图 4-82　业务财务核对并批准采购合同（批准）

4. 审核采购合同

学生先按照角色上岗，然后点击 进入系统 按钮跳转进 NCC 系统，修改右上角的 业务日期 为 2023 年 3 月 10 日，从 NCC 操作桌面点击 我的作业 、待提取 ，根据任务背景要求检查采购合同填报和上传的影像是否正确，检查无误则 审核通过 ，否则 驳回到制单人。从 NCC 操作桌面点击 采购合同维护 ，根据查询条件查询出当前合同，点击打开合同页面，点击 生效 。具体操作过程如下。

（1）以 档案综合岗 的角色登录 NCC 系统，在操作桌面的 审批管理 中选择 审批中心 、未处理 ，或者依次点击 四叶草 、流程管理 、审批中心 ，进入采购合同审批存档，如图 4-83、图 4-84 所示。

图 4-83　进入采购合同审批存档（操作桌面进入）

图 4-84　进入采购合同审批存档（"四叶草"进入）

（2）点击 王玉兰提交的采购合同，请审批 ，查看采购合同详细信息，检查无误后，点击 批准 ，完成采购合同审批，核对并批准采购合同，如图 4-85、图 4-86 所示。

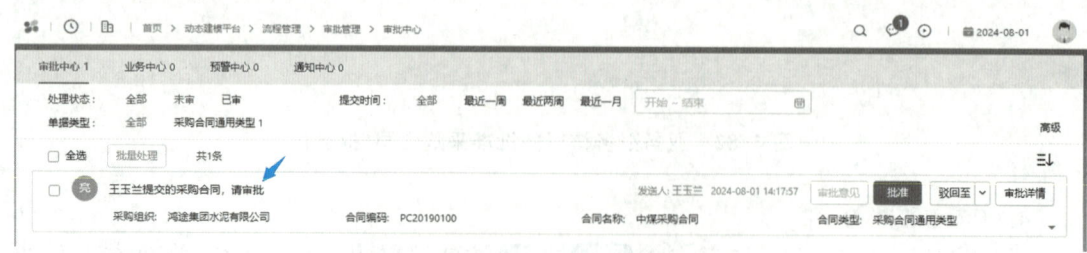

图 4-85　核对并批准采购合同（核对）

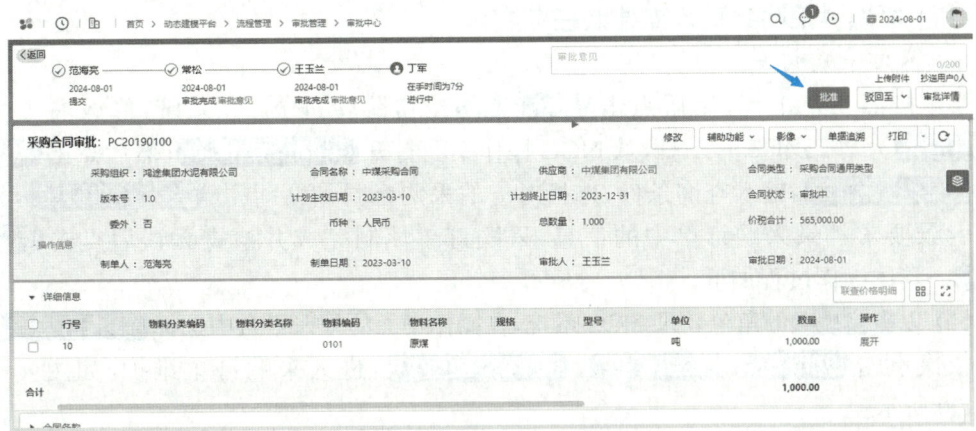

图 4-86 核对并批准采购合同(批准)

(3) 在操作桌面的购销合同中选择 采购合同维护 ，在 高级 中，筛选 采购组织 、制单日期 ，查询出已审核的采购合同，然后点击 生效 ，如图 4-87、图 4-88 所示。

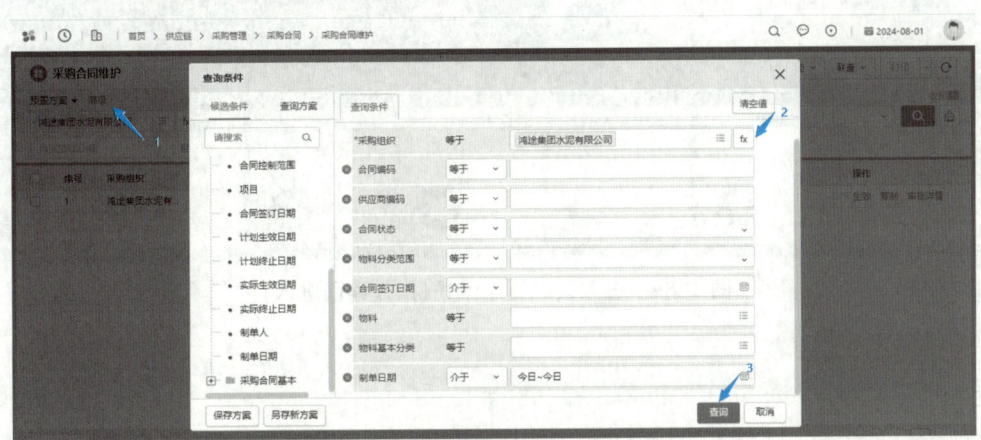

图 4-87 查询并生效采购合同(查询)

图 4-88 查询并生效采购合同(生效)

(四)原燃料采购到货入库挂账任务实操

1. 签订采购订单

学生按照角色上岗,然后点击 进入系统 按钮跳转进 NCC 系统,修改右上角的 业务日期 为 2023 年 3 月 1 日,从 NCC 操作桌面打开 采购订单维护 ,然后点击 新增 、 采购合同生成订单 ,输入查询条件,选择对应的采购合同,然后点击 生成采购订单 ,根据任务背景要求补录采购订单中的信息,采购订单填制完成并检查无误后点击 保存 、 提交 。具体操作过程如下。

(1)以 采购员 的角色登录 NCC 系统,在操作桌面的报账平台中选择 采购订单维护 ,或者依次点击 四叶草 、 采购管理 、 采购订单维护 ,进入采购订单维护,如图 4-89、图 4-90 所示。

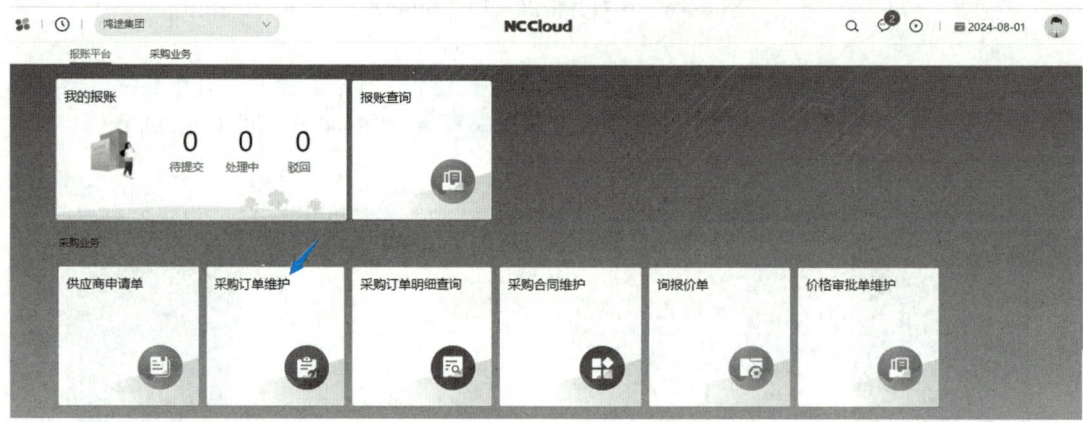

图 4-89 进入采购订单维护(操作桌面进入)

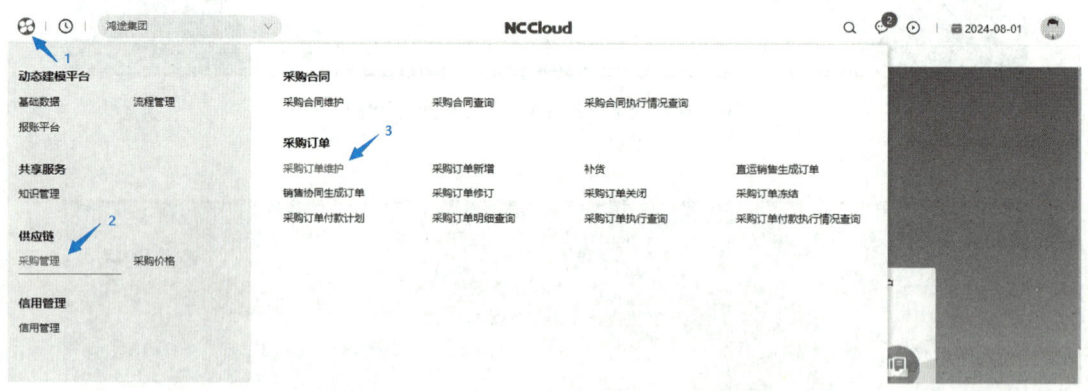

图 4-90 进入采购订单维护("四叶草"进入)

(2)参照任务情景内容,修改 业务日期 为"2023-3-15",修改业务日期,如图 4-91 所示。

(3)选择 新增 、 采购合同生成订单 ,在 高级 中,筛选 采购组织 、 实际生效日期 、 查询 出采购合同,如图 4-92、图 4-93 所示。

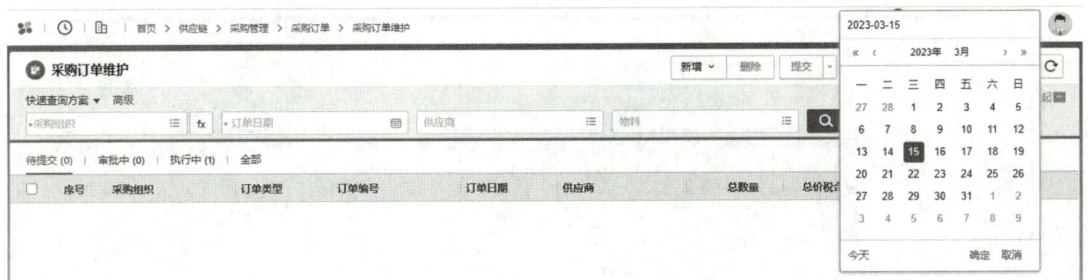

图 4-91 修改业务日期

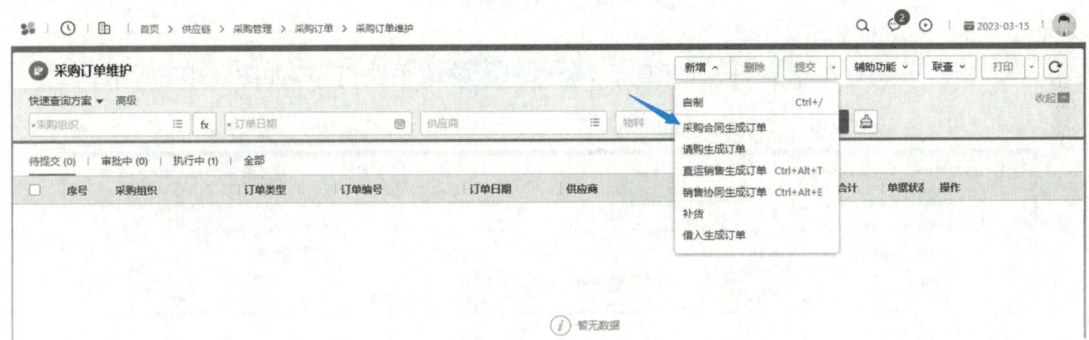

图 4-92 查询采购合同（进入）

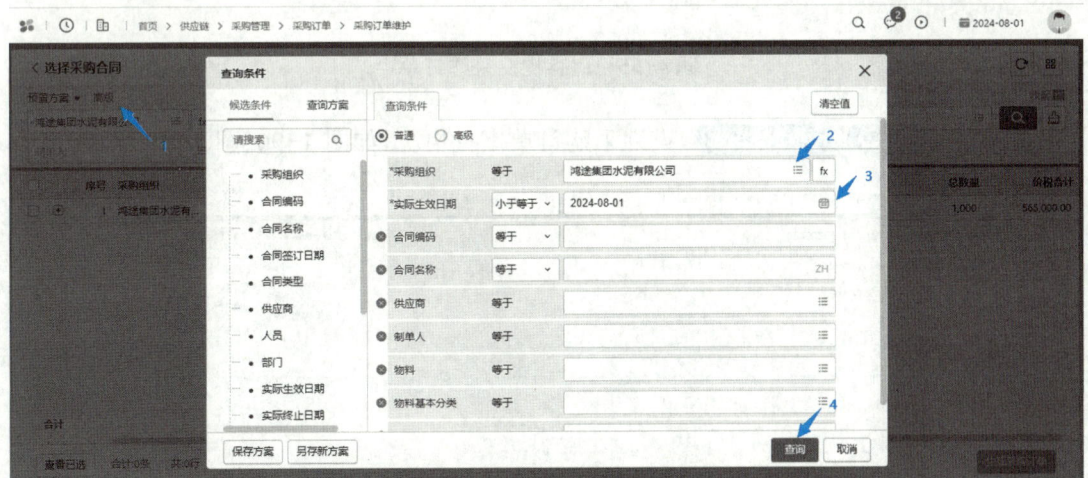

图 4-93 查询采购合同（筛选）

(4) 勾选 该采购合同,点击 生成采购订单 ,如图 4-94 所示。

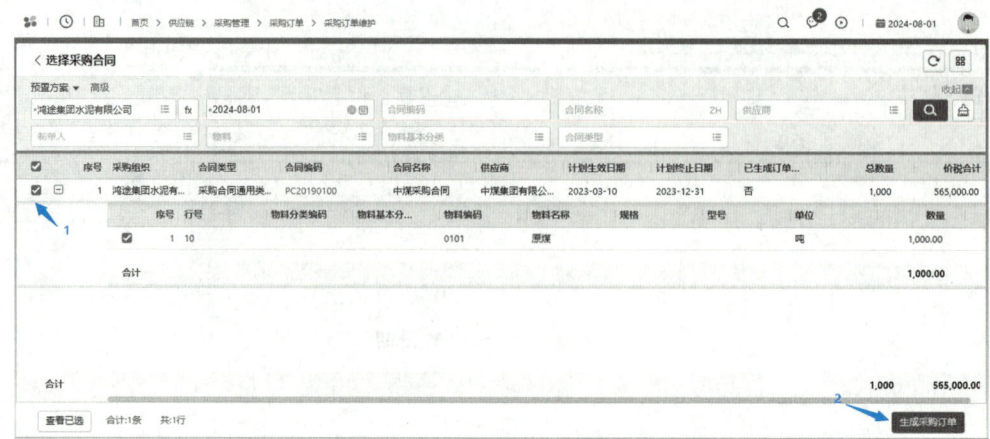

图 4-94　生成采购订单

(5) 核对采购订单信息,检查无误后, 保存提交 该采购订单,如图 4-95 所示。

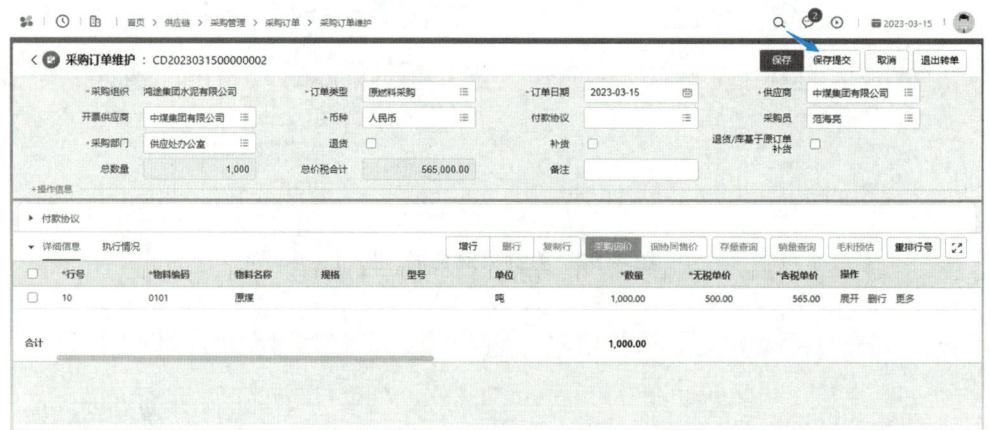

图 4-95　保存提交采购订单

(6) 通过 联查 、 审批详情 ,查询采购订单审批情况,如图 4-96、图 4-97 所示。

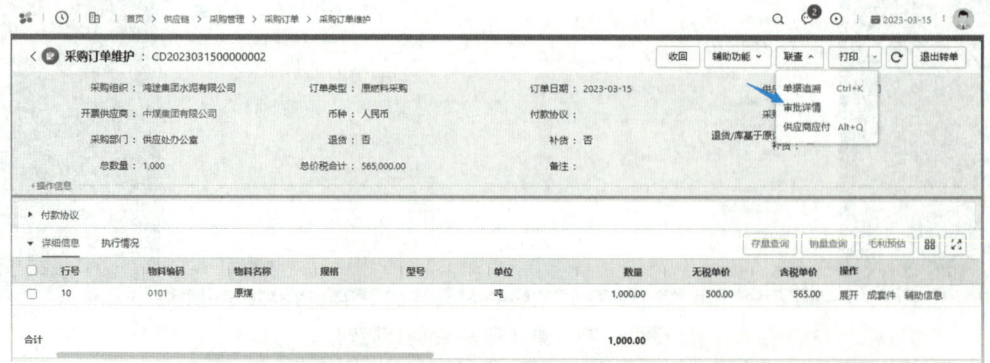

图 4-96　采购订单审批情况(查询)

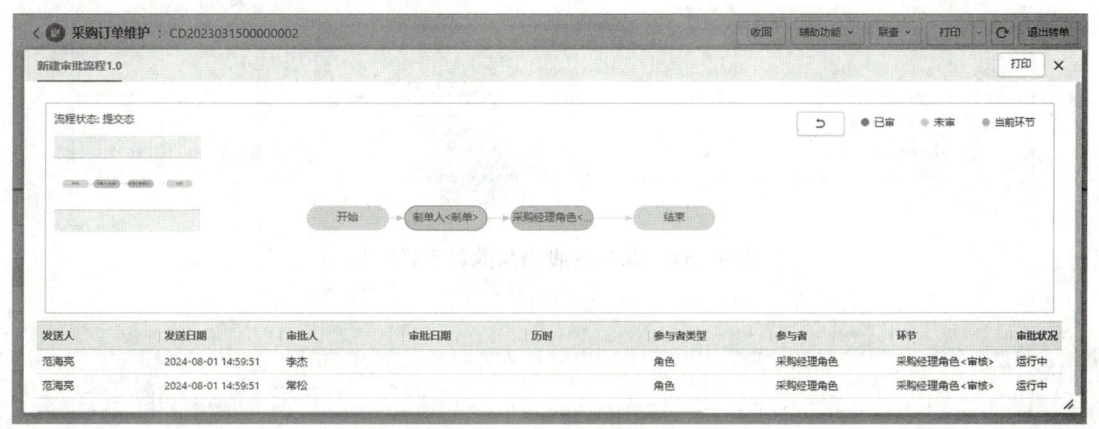

图 4-97 采购订单审批情况(详情)

2. 审批采购订单

学生按照角色上岗，然后点击 进入系统 按钮跳转进 NCC 系统，修改右上角的 业务日期 为 2023 年 3 月 15 日，从 NCC 操作桌面点击 审批中心 、未处理 ，根据任务背景要求检查采购订单填报是否有误，检查无误则 审批通过 ，否则 驳回 到制单人。具体操作过程如下。

（1）以 采购经理 的角色登录 NCC 系统，在操作桌面的审批管理中选择 审批中心 、未处理 ，或者依次点击 四叶草 、流程管理 、审批中心 ，进入待审批采购订单，如图 4-98、图 4-99 所示。

图 4-98 进入待审批采购订单(操作桌面进入)

图 4-99 进入待审批采购订单("四叶草"进入)

（2）点击 范海亮提交采购订单待审批! ，检查单据详细信息，确认无误后，点击批准，核对并批准采购订单，如图 4-100、图 4-101 所示。

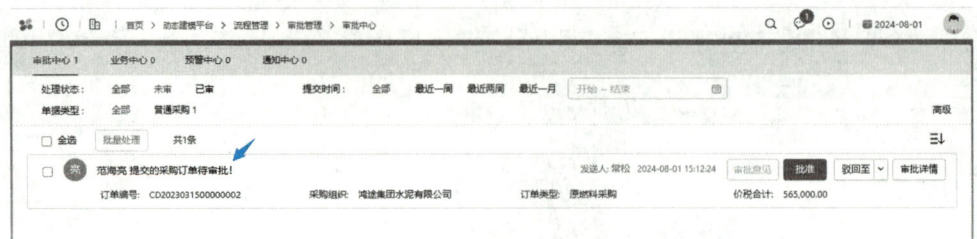

图 4-100　核对并批准采购订单(核对)

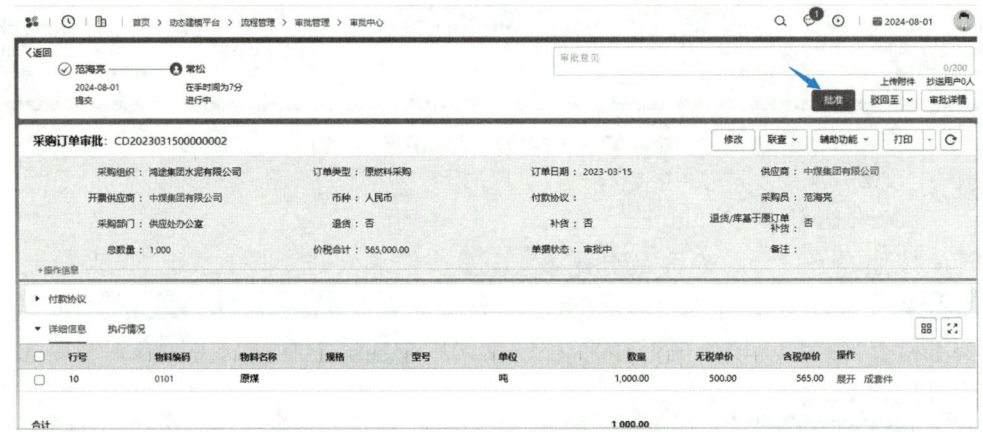

图 4-101　核对并批准采购订单(批准)

3. 办理采购到货

学生按照角色上岗,然后点击 进入系统 按钮跳转进 NCC 系统,修改右上角的 业务日期 为 2023 年 3 月 21 日,从 NCC 操作桌面打开 到货单维护 ,然后点击 收货 ,输入查询条件搜索出对应的采购订单,然后勾选对应的采购订单之后点击右下角的 生成到货单 ,根据任务背景要求补录仓库字段信息,到货单填制完成并检查无误后点击 保存提交 。具体操作过程如下:

(1)以 仓管员 的角色登录 NCC 系统,在操作桌面的业务处理中选择 到货单维护 ,或者依次点击 四叶草 、 采购管理 、 到货单维护 ,进入到货单维护,如图 4-102、

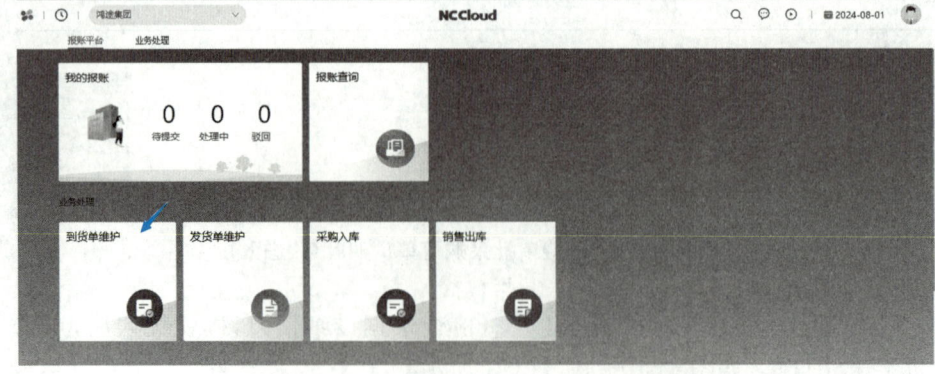

图 4-102　进入到货单维护(操作桌面进入)

图 4-103 所示。

图 4-103 进入到货单维护("四叶草"进入)

（2）参照任务情景内容，修改 业务日期 为"2023-3-21"，修改业务日期，如图 4-104 所示。

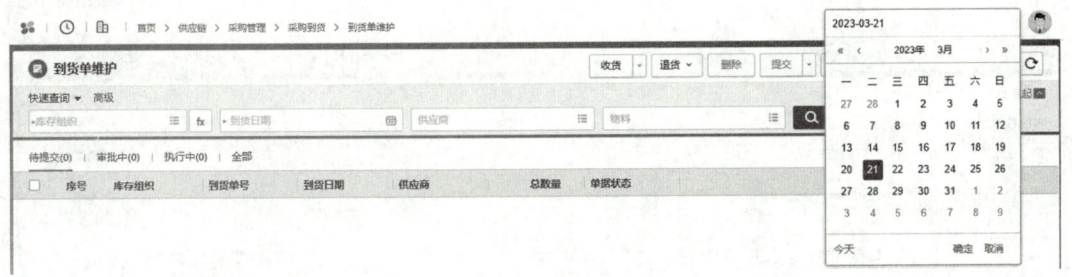

图 4-104 修改业务日期

（3）点击 收货，在 高级 中，筛选 收货库存组织，订单日期，查询 出采购订单，如图 4-105、图 4-106 所示。

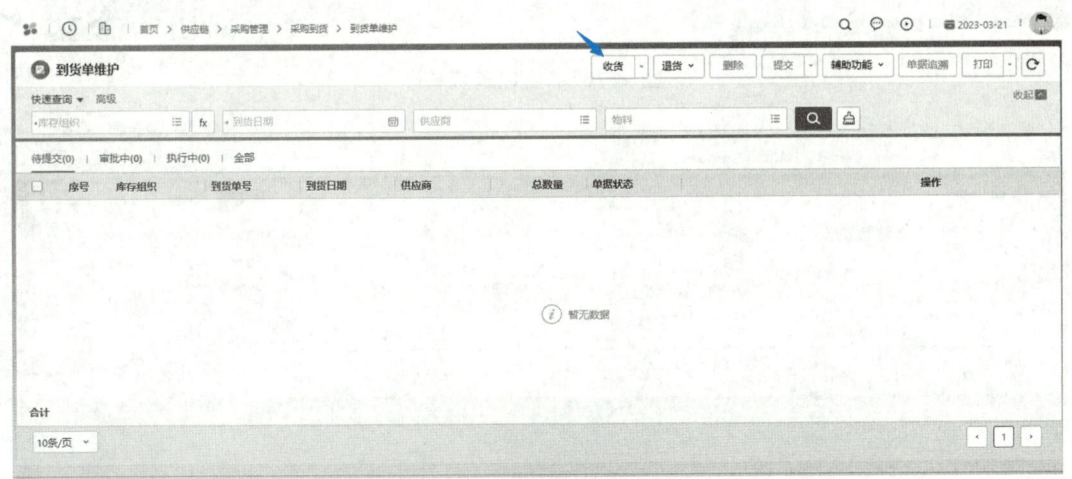

图 4-105 查询采购订单（进入）

（4） 勾选 该采购订单，点击 生成到货单，如图 4-107 所示。
（5）检查到货单信息，确认无误后，点击 保存提交，如图 4-108 所示。

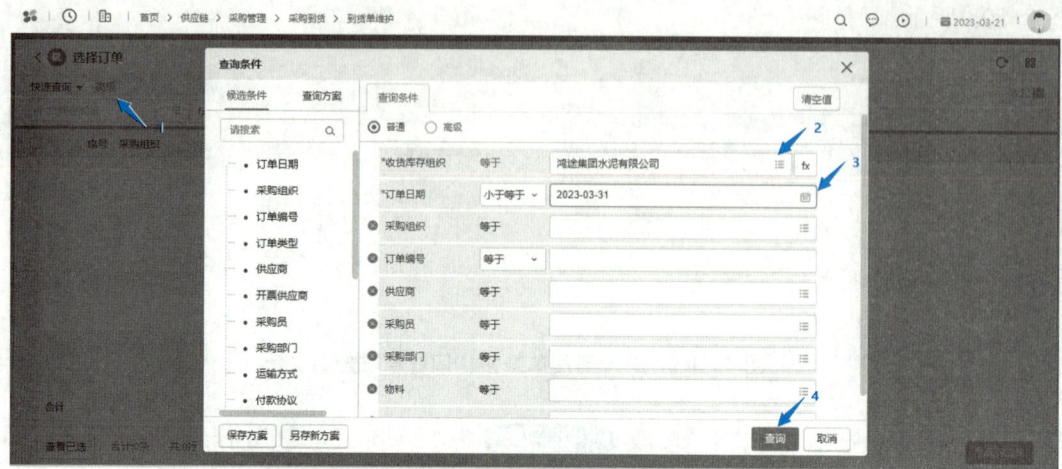

图 4-106 查询采购订单(筛选)

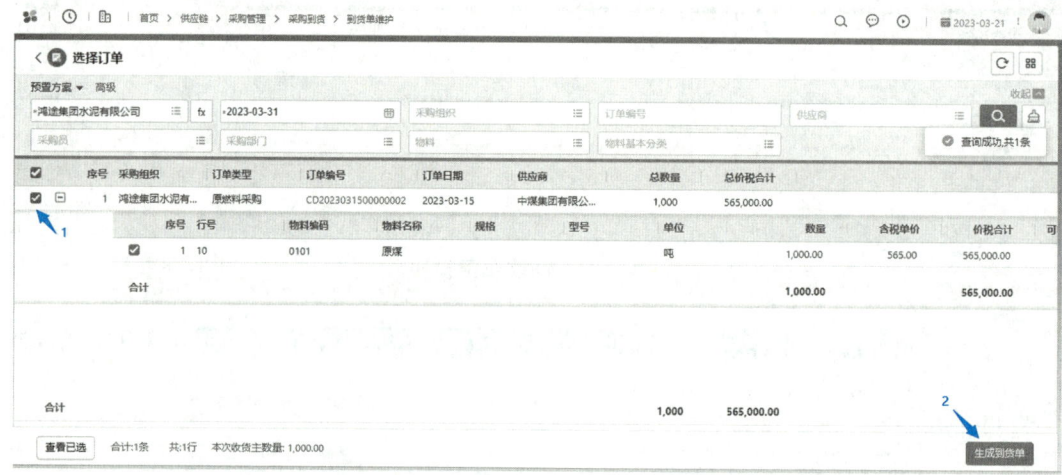

图 4-107 生成到货单

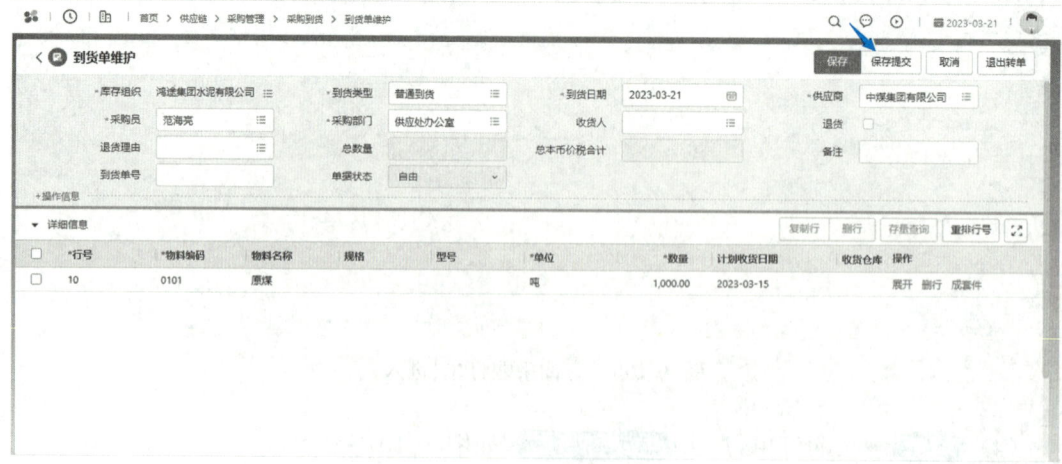

图 4-108 保存提交到货单

4. 到货单检验

学生按照角色上岗,然后点击 进入系统 按钮跳转进 NCC 系统,修改右上角的 业务日期 为 2023 年 3 月 21 日,从 NCC 操作桌面点击 到货单检验 ,输入查询条件,选择对应的到货单,然后点击 检验 。具体操作过程如下。

(1)以 质检员 的角色登录 NCC 系统,在操作桌面的质检中选择 到货单检验 ,或者依次点击 四叶草 、 采购管理 、 到货单检验 ,进入到货单检验,如图 4-109、图 4-110 所示。

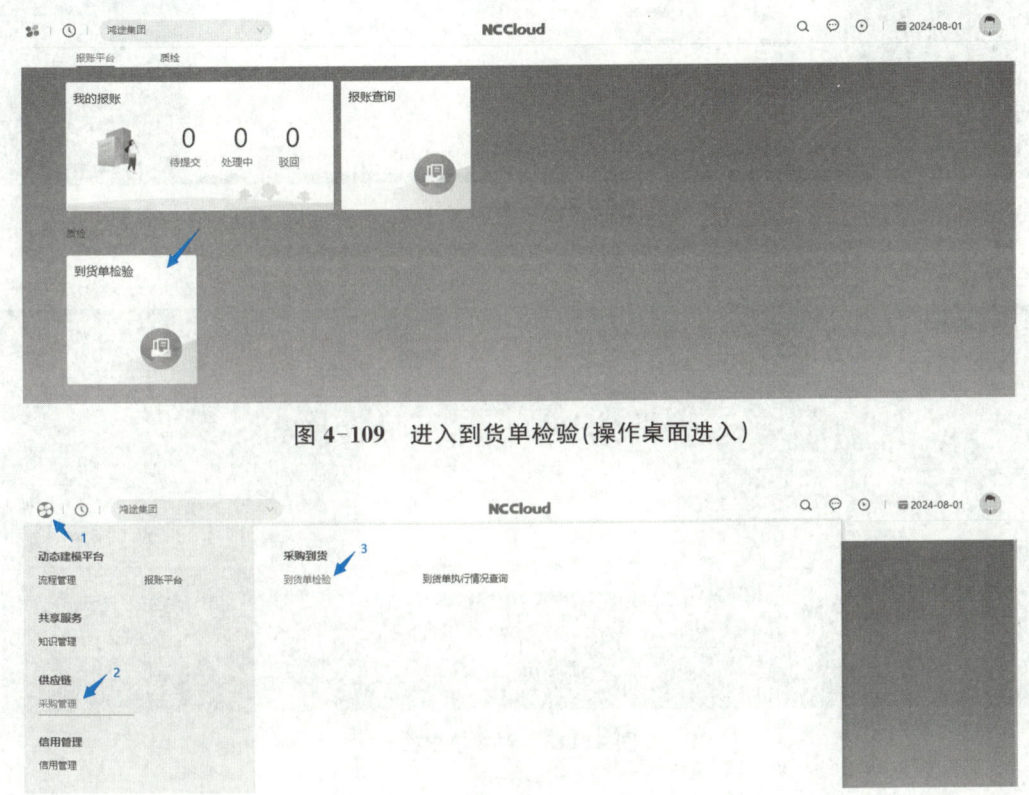

图 4-109 进入到货单检验(操作桌面进入)

图 4-110 进入到货单检验("四叶草"进入)

(2)在 高级 中,筛选 库存组织 和 到货日期 , 查询 出到货单,查询到货单,如图 4-111 所示。

(3) 勾选 到货单,确认信息无误后,点击 检验 ,并 确定 确认报检,到货单报检,如图 4-112 所示。

5. 办理采购入库

学生按照角色上岗,然后点击 进入系统 按钮跳转进 NCC 系统,修改右上角的 业务日期 为 2023 年 3 月 21 日,从 NCC 操作桌面打开 采购入库 ,然后点击 新增 、 采购业务入库 ,输入查询条件搜索出对应的到货单,然后勾选对应的到货单之后点击右下角 生成入库单 ,根据任务背景要求补录仓库字段信息,点击 自动取数 ,自动填写实收数量和入库日期,采购入库单填制完成并检查无误后点击 保存 ,然后点击 签字 。具体操作过程如下。

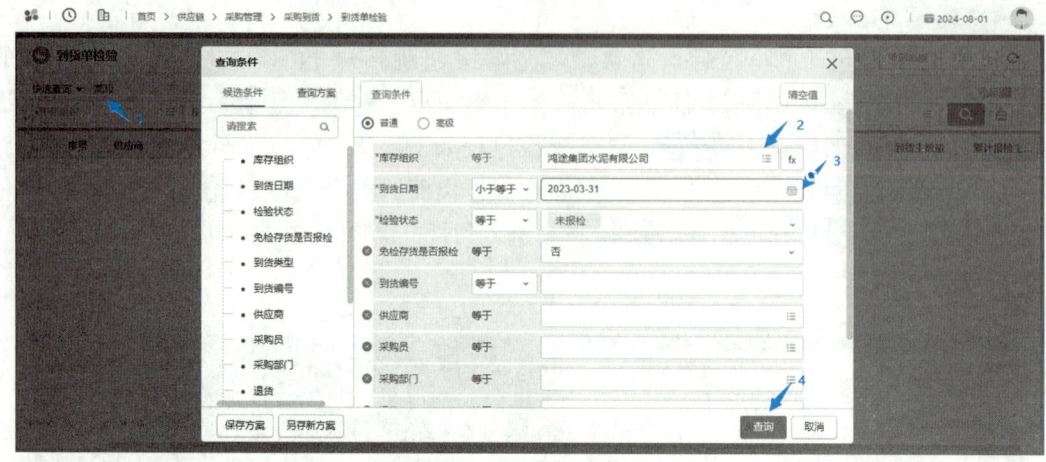

图 4-111　查询到货单

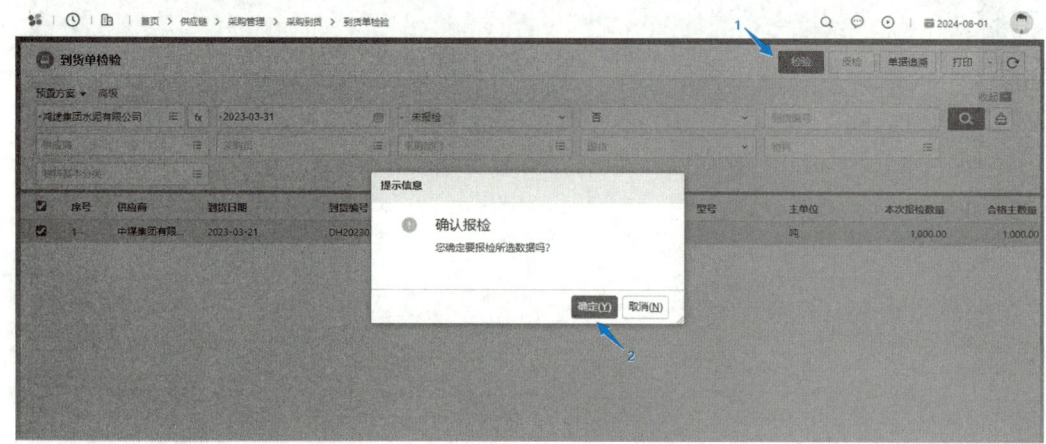

图 4-112　到货单报检

（1）以 仓管员 的角色登录 NCC 系统，在操作桌面的业务处理中选择 采购入库 ，或者依次点击 四叶草 、 库存管理 、 采购入库 ，进入采购入库单，如图 4-113、图 4-114 所示。

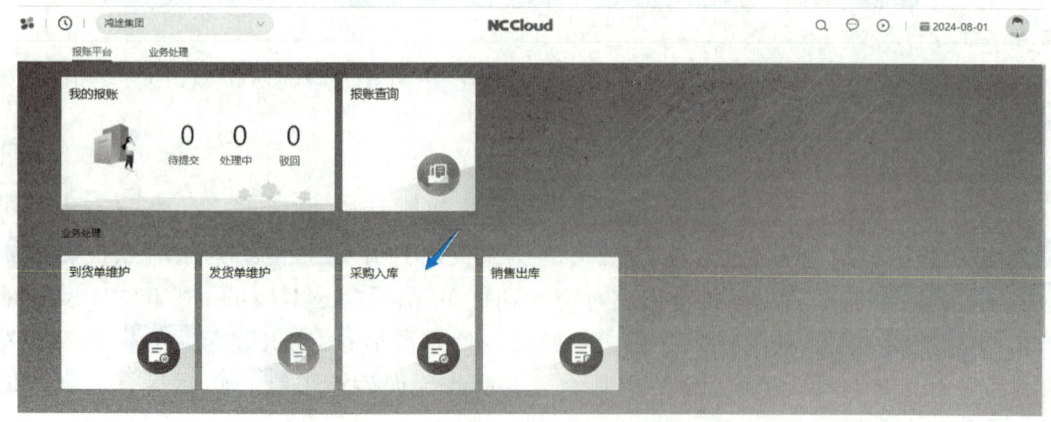

图 4-113　进入采购入库单（操作桌面进入）

模块4　采购与应付共享业务处理 | 129

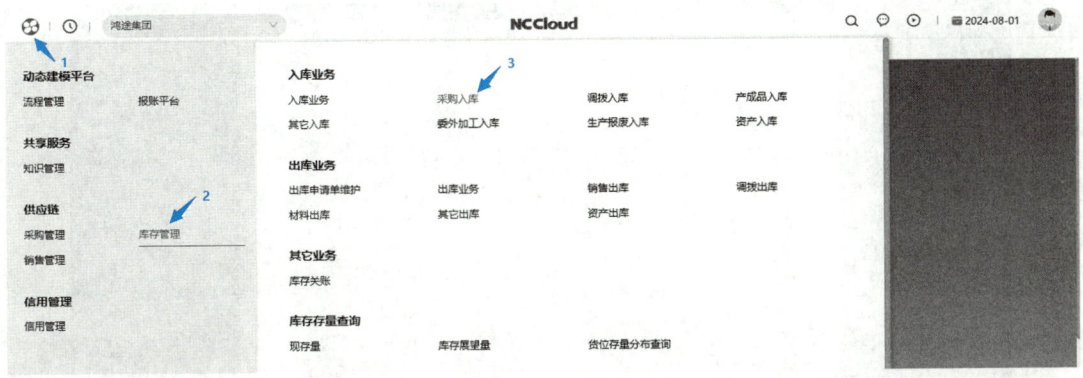

图 4-114　进入采购入库单("四叶草"进入)

（2）参照任务情景内容，修改 业务日期 为"2023-3-21"，如图 4-115 所示。

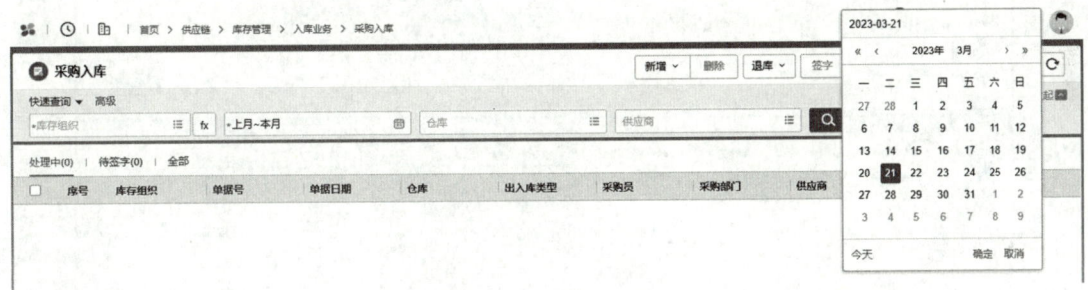

图 4-115　修改业务日期

（3）选择 新增 、 采购业务入库 ，选择 到货单 ，在 高级 中，筛选 库存组织 和 计划收货日期 ， 查询 出已检验通过的到货单，如图 4-116、图 4-117 所示。

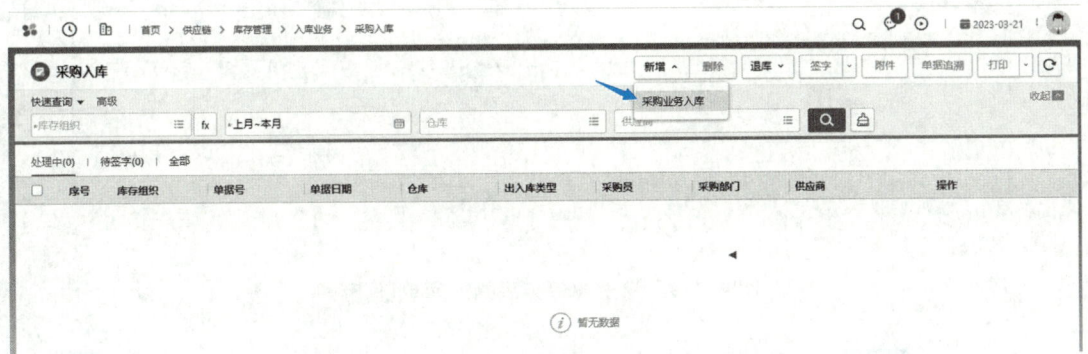

图 4-116　查询已检验通过的到货单(进入)

（4） 勾选 到货单，核对信息无误后，点击 生成入库单 。选择仓库为 原燃料库 ，然后单击 自动取数 ，系统对实收数量自动取数等于应收数量，最后 保存 采购入库单，如图 4-118、图 4-119 所示。

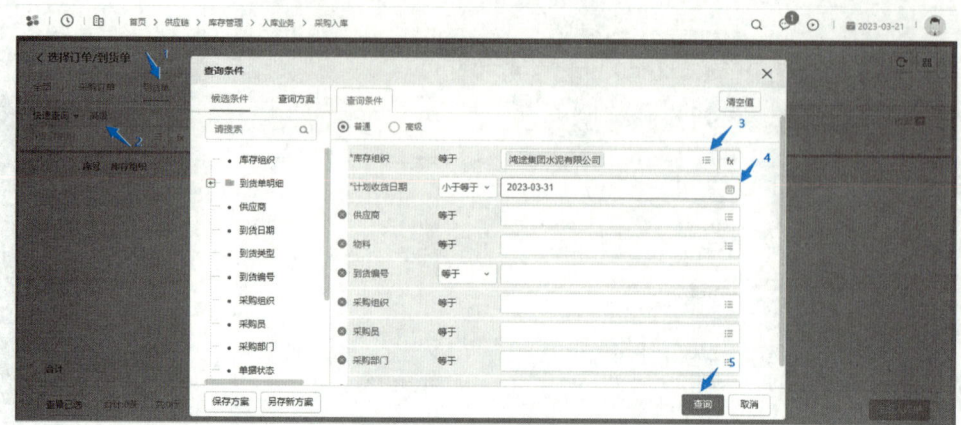

图 4-117 查询已检验通过的到货单(筛选)

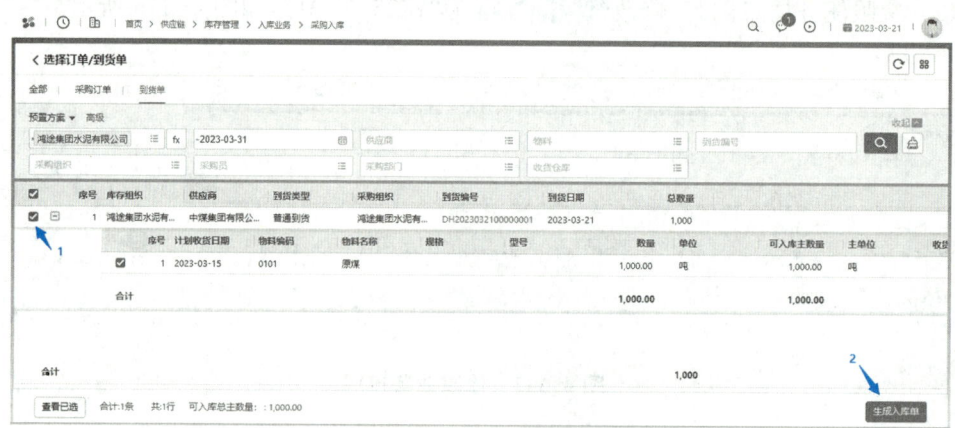

图 4-118 核对并保存采购入库单(核对)

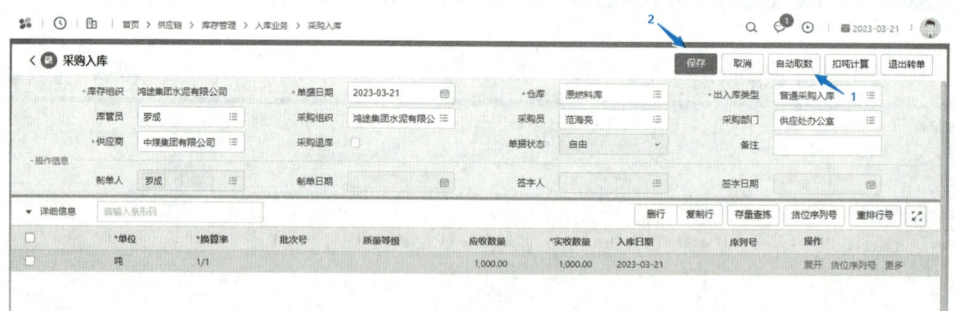

图 4-119 核对并保存采购入库单(保存)

（5）点击 展开 ，查看采购入库信息，核对实收数量与应收数量，然后单击 签字 ，完成采购入库单的签字确认，如图 4-120 所示。

6. 登记发票

学生按照角色上岗，然后点击 进入系统 按钮跳转进 NCC 系统，修改右上角的 业务日期 为 2023 年 3 月 21 日，从 NCC 操作桌面打开 采购发票维护 ，然后点击

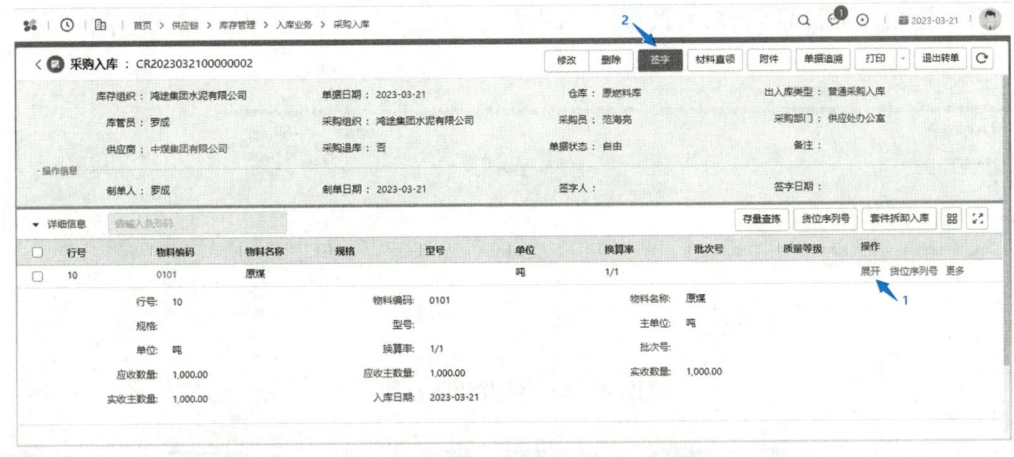

图 4-120 采购入库单的签字确认

新增、采购发票，输入查询条件搜索出对应的采购入库单，然后勾选对应的采购入库单，之后点击右下角的生成发票，根据任务背景要求检查采购发票，检查无误后点击保存提交。具体操作过程如下：

（1）以业务财务的角色登录 NCC 系统，在操作桌面的采购业务中选择采购发票维护，或者依次点击四叶草、采购管理、采购发票维护，进入采购发票，如图 4-121、图 4-122 所示。

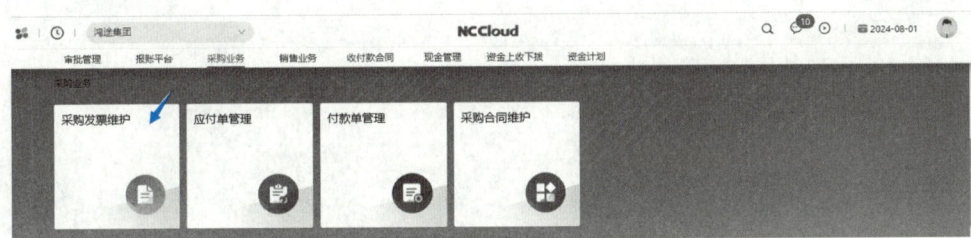

图 4-121 进入采购发票（操作桌面进入）

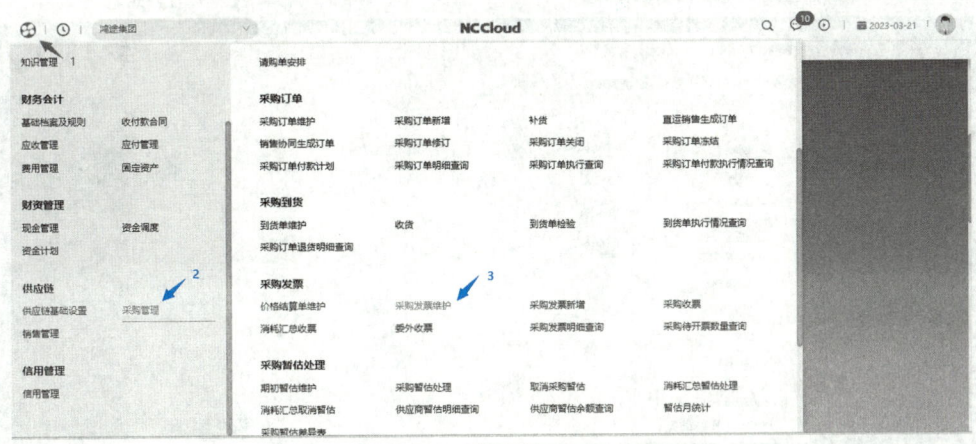

图 4-122 进入采购发票（"四叶草"进入）

（2）参照任务情景内容，修改 业务日期 为"2023-3-21"，如图4-123所示。

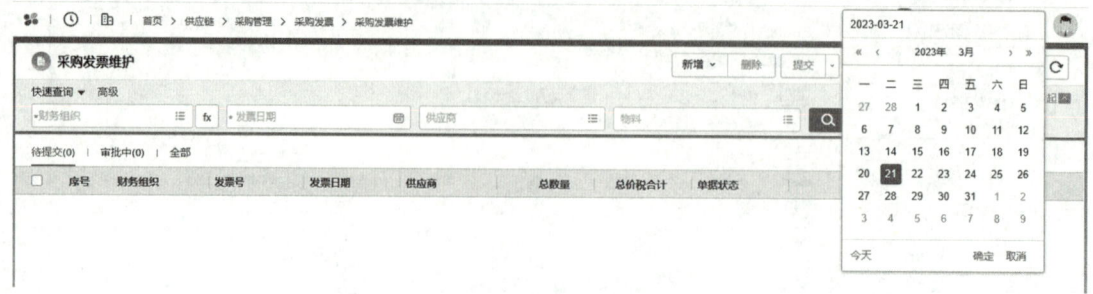

图4-123 修改业务日期

（3）点击右上角 刷新符号 ，选择 新增 、 采购收票 ，点击 采购入库单 ，在 高级 中，筛选 结算财务组织 、 入库日期 、 查询 出采购入库单，如图4-124、图4-125所示。

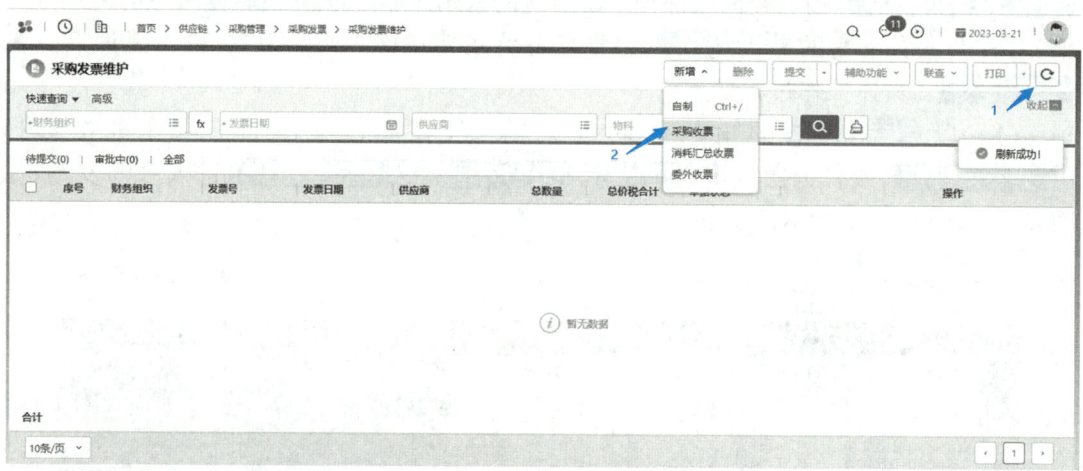

图4-124 查询采购入库单（进入）

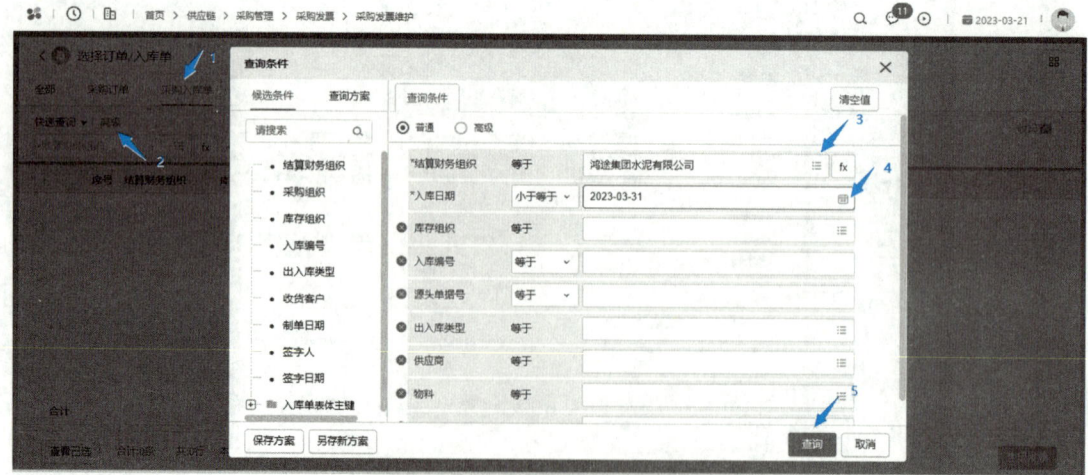

图4-125 查询采购入库单（筛选）

（4）勾选 采购入库单，检查无误后，点击 生成发票 ，如图 4-126 所示。

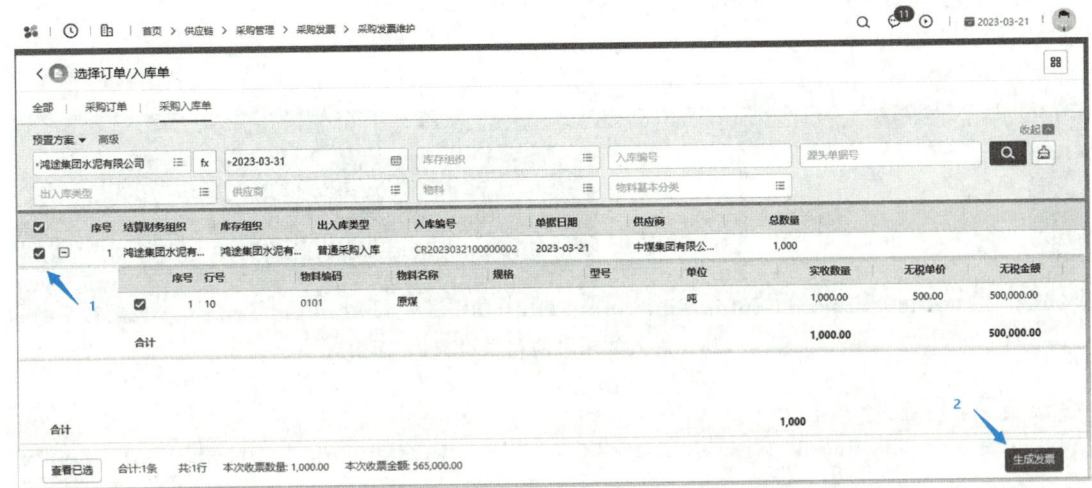

图 4-126　生成发票

（5）检查信息无误后，点击 保存提交 ，生成采购发票。采购发票提交后，会自动传到应付管理系统中，生成应付单，同时，采购发票和采购入库单会自动结算，如图 4-127 所示。

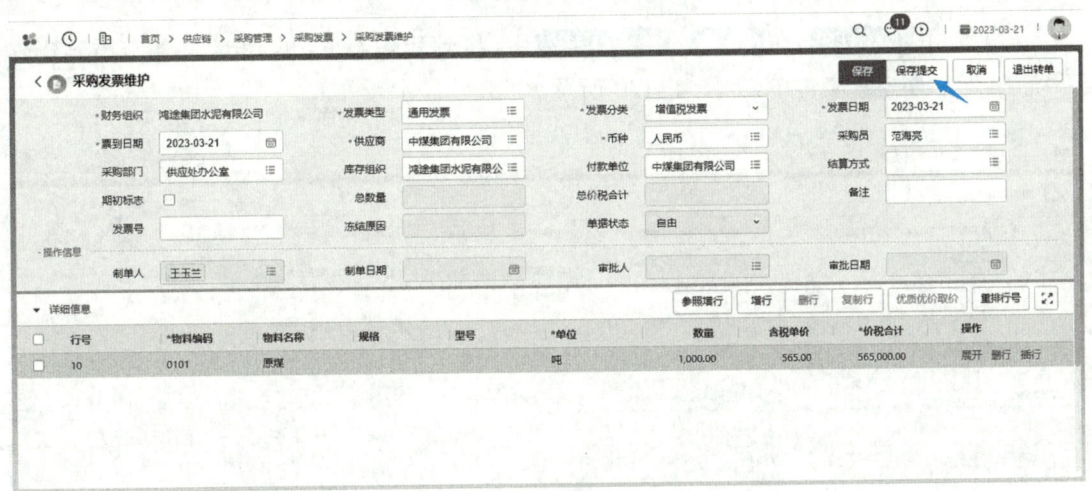

图 4-127　保存提交采购发票

7. 上传影像提交应付单

学生按照角色上岗，然后点击 进入系统 按钮跳转进 NCC 系统，修改右上角的 业务日期 为 2023 年 3 月 29 日，从 NCC 操作桌面打开 我的报账 、待提交 查询出待提交的应付单，打开单据并确认页面单据信息；点击 更多 、影像扫描 ，连接扫描仪后放入单据并 扫描 ，扫描完成后点击 上传 、保存 ，回到单据主页面后点击 保存 、提交 。具体操作过程如下：

（1）以 业务财务 的角色登录 NCC 系统，在操作桌面的报账平台中选择

「我的报账」、「待提交」，或者依次点击「四叶草」、「报账平台」、「报账查询」，进入待审批应付单，如图4-128、图4-129所示。

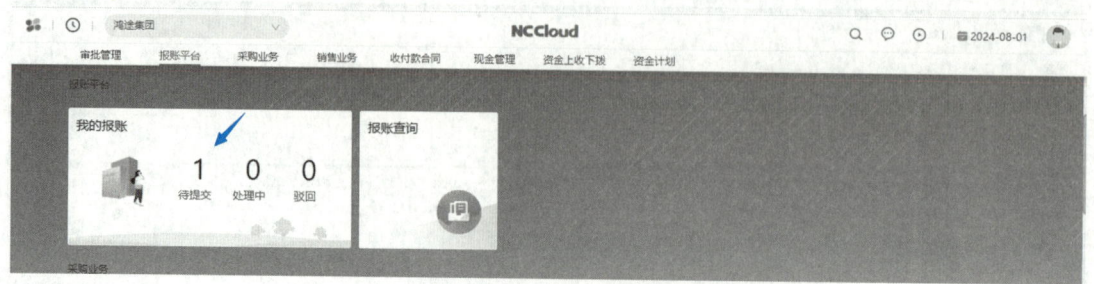

图4-128　进入待审批应付单（操作桌面进入）

图4-129　进入待审批应付单（"四叶草"进入）

（2）双击「应付单」，在「更多」、「影像扫描」中，将到货信息、采购发票信息扫描到影像系统中，然后「提交」应付单，如图4-130所示。

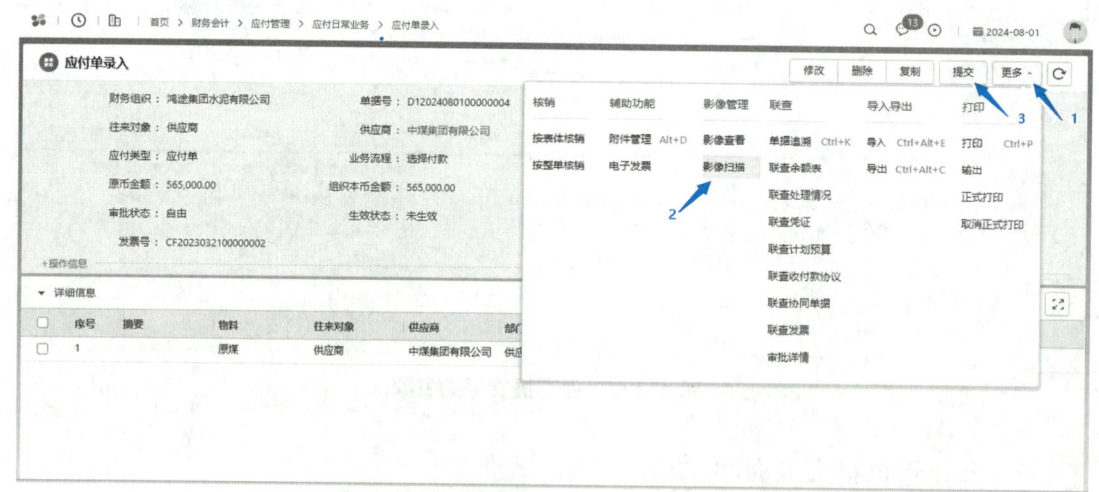

图4-130　扫描并提交应付单相关信息

（3）通过「更多」、「审批详情」，查询应付单审批情况，如图4-131、图4-132所示。

8. 审批应付单

学生按照角色上岗，然后点击「进入系统」按钮跳转进NCC系统，修改右上角的「业务日期」为2023年3月21日，从NCC操作桌面点击「审批中心」、「未处理」，根据任务

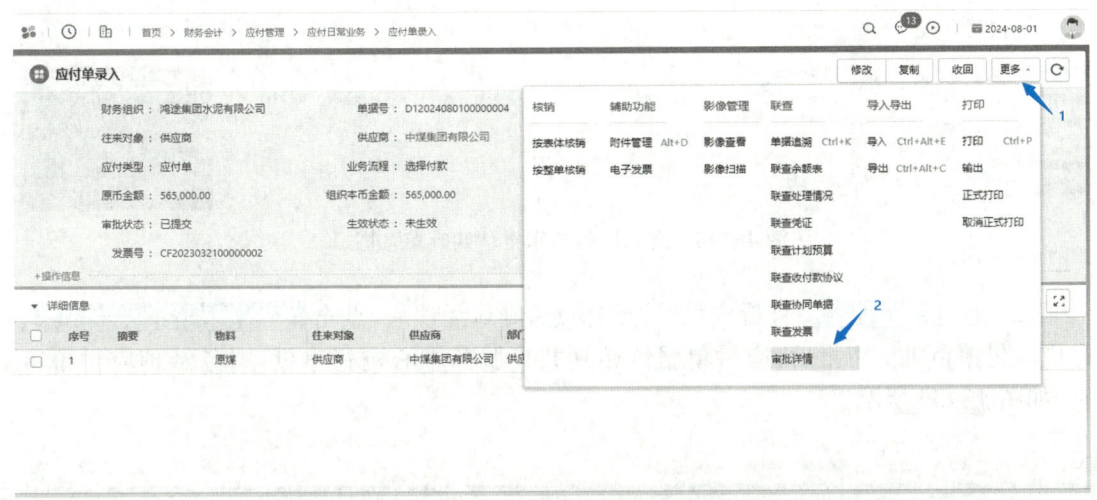

图 4-131　查询应付单审批情况(进入)

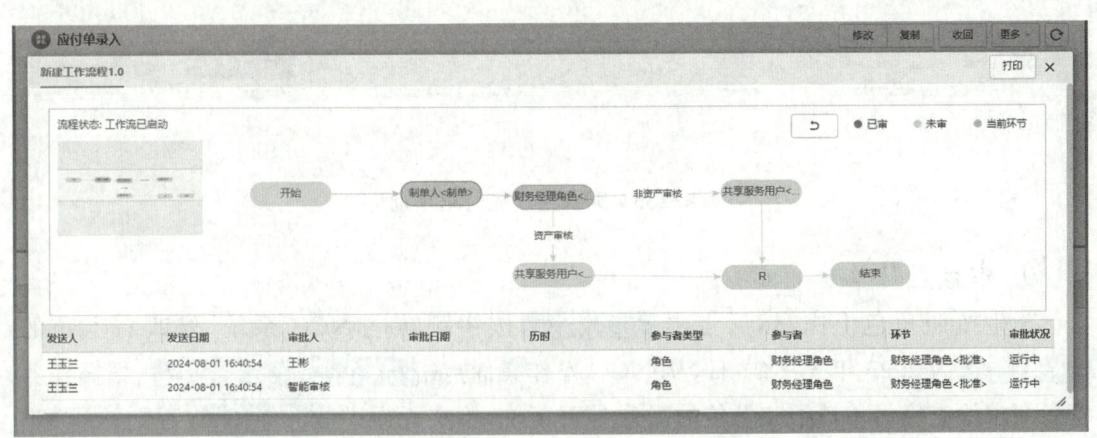

图 4-132　查询应付单审批情况(详情)

背景要求检查应付单填报是否有误,检查无误则 审批通过 ,否则 驳回 到制单人。具体操作过程如下:

(1) 以 财务经理 的角色登录 NCC 系统,在操作桌面的审批管理中选择 审批中心 、未处理 ,或者依次点击 四叶草 、流程管理 、审批中心 ,进入应付单审批,如图 4-133、图 4-134 所示。

图 4-133　进入应付单审批(操作桌面进入)

图 4-134 进入应付单审批("四叶草"进入)

（2）通过 单据详请 查看应付单详细信息,确认无误后,点击 财务经理角色〈批准〉,完成应付单审批。审批后,应付单据传递到共享服务中心进行审批,财务经理应付单审批,如图 4-135 所示。

图 4-135 财务经理应付单审批

9. 审核应付单

学生按照角色上岗,然后点击 进入系统 按钮跳转进 NCC 系统,修改右上角的 业务日期 为 2023 年 3 月 21 日,从 NCC 操作桌面点击 我的作业 、待提取 ,根据任务背景要求检查应付单填报和上传的影像是否正确,检查无误则 审核通过 ,否则 驳回 到制单人。具体操作过程如下：

（1）以 应付初审岗 的角色登录 NCC 系统,在操作桌面的作业平台中选择 我的作业 、待提取 ,进入应付单提取,如图 4-136 所示。

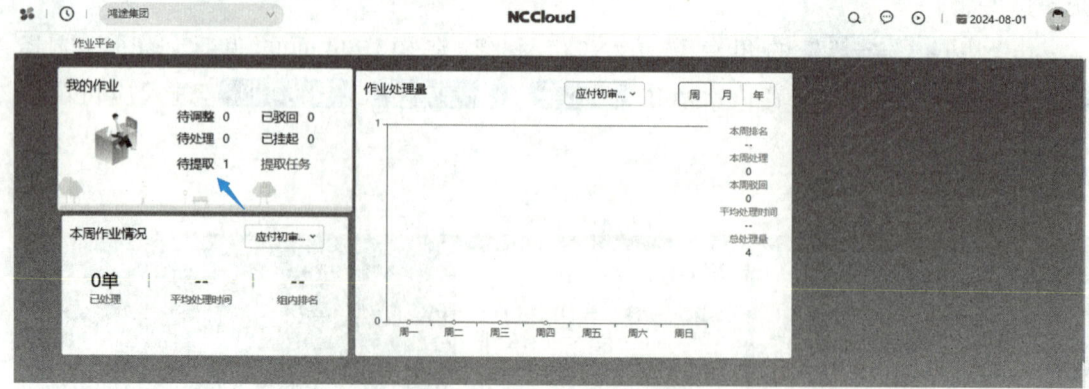

图 4-136 进入应付单提取

(2) 点击 任务提取，提取出应付单，双击 应付单，检查核对应付单无误后，点击 批准，应付单审核完成。至此，单据完成审批流程，并自动生成总账凭证，提取并批准应付单，如图 4-137、图 4-138 所示。

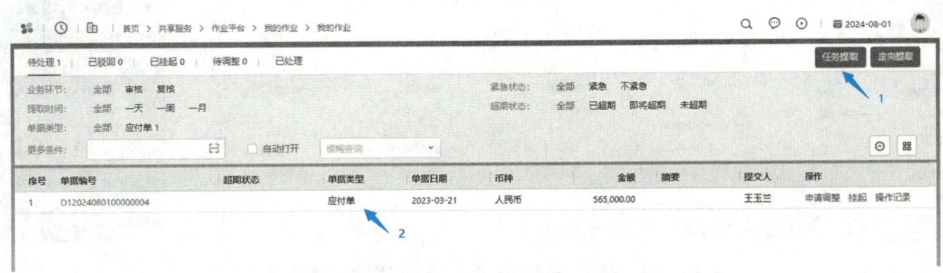

图 4-137 提取并批准应付单(提取)

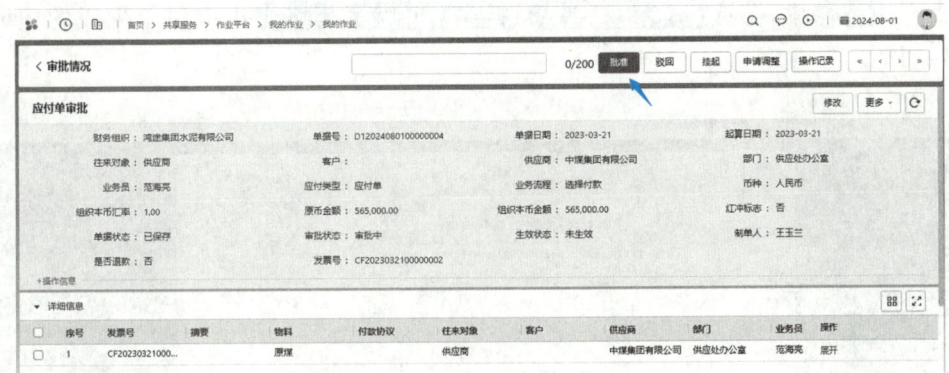

图 4-138 提取并批准应付单(批准)

10. 原燃料采购应付(审核记账凭证)

学生按照角色上岗，然后点击 进入系统 按钮跳转进 NCC 系统，修改右上角的 业务日期 为 2023 年 3 月 29 日，从 NCC 操作桌面点击 凭证审核 在搜索框输入查询条件：财务组织选择 鸿途集团水泥有限公司，查询日期区间为 2023-03-01～2023-03-31，审核状态为 待审核，检查凭证，检查无误后点击 审核。具体操作过程如下：

(1) 以 总账主管岗 的角色登录 NCC 系统，在操作桌面的凭证管理中选择 凭证审核，或者依次点击 四叶草、总账、凭证审核，进入应付单凭证审核，如图 4-139、图 4-140 所示。

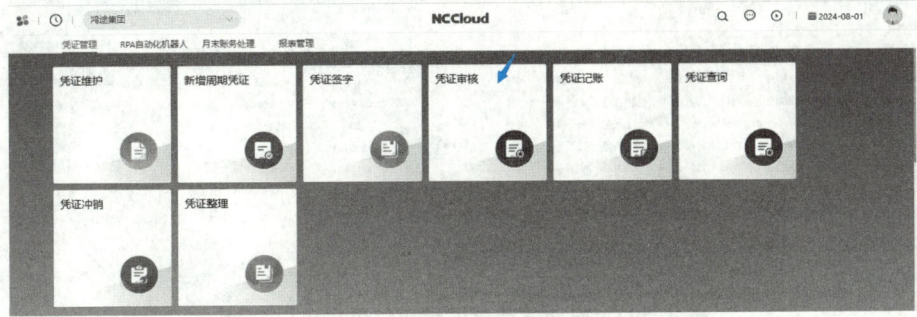

图 4-139 进入应付单凭证审核(操作桌面进入)

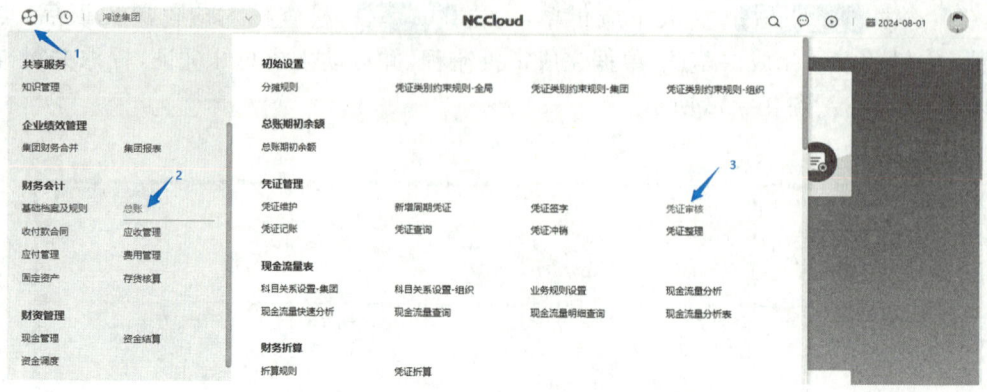

图 4-140 进入应付单凭证审核("四叶草"进入)

（2）在 高级 中，筛选 财务核算账簿 、会计期间后 ，查询 出应付单生成的凭证，如图 4-141 所示。

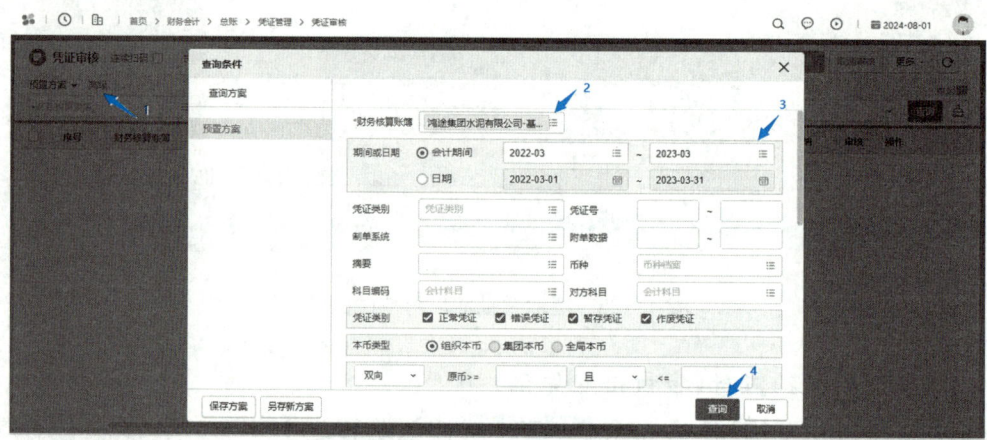

图 4-141 查询应付单生成的凭证

（3）双击 该凭证，核对会计分录无误后，点击 审核 ，完成该凭证的审核操作，如图 4-142、图 4-143 所示。

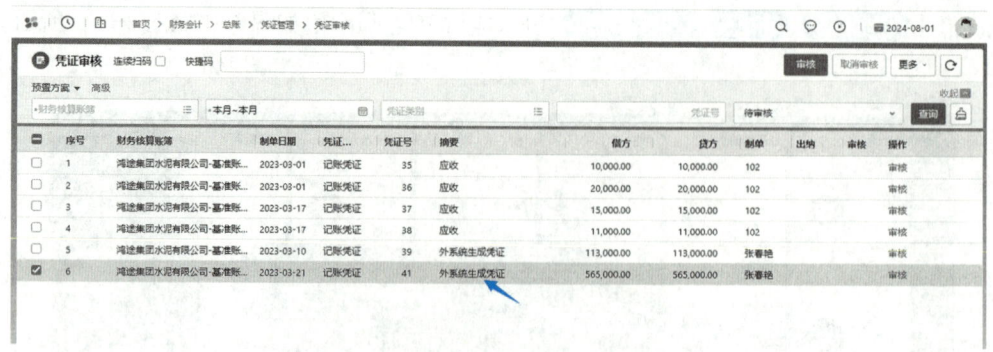

图 4-142 核对并审核通过应付单凭证（核对）

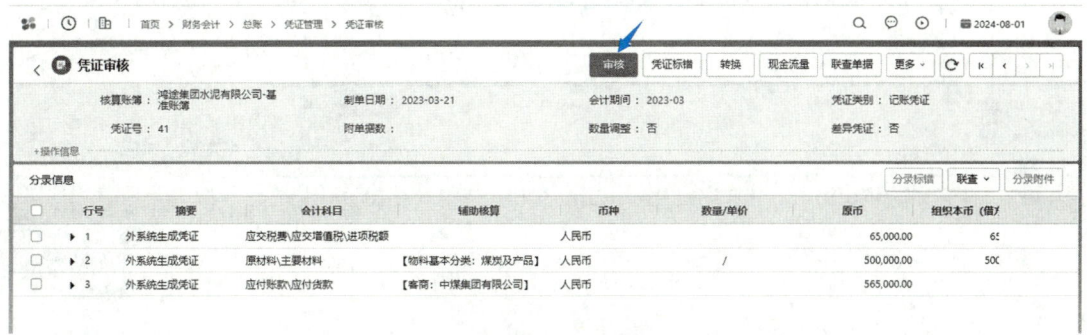

图 4-143　核对并审核通过应付单凭证(审核通过)

(五)支付原燃料采购应付款任务实操

1. 提交付款单

学生按照角色上岗,然后点击 进入系统 按钮跳转进 NCC 系统,修改右上角的 业务日期 为 2023 年 3 月 31 日,从 NCC 操作桌面打开 付款单管理 ,然后点击 新增 、 应付单 ,输入查询条件搜索出对应的应付单,然后 勾选 对应的应付单之后点击右下角的 生成下游单据 ,根据任务背景要求补录结算方式、付款银行账户字段信息,付款单填制完成并检查无误后点击 保存 ,然后点击 提交 。具体操作过程如下:

(1)以 业务财务 的角色登录到 NCC 系统中,在操作桌面的采购业务中选择 付款单管理 ,或者依次点击 四叶草 、 应付管理 、 付款单管理 ,进入付款单管理,如图 4-144、图 4-145 所示。

图 4-144　进入付款单管理(操作桌面进入)

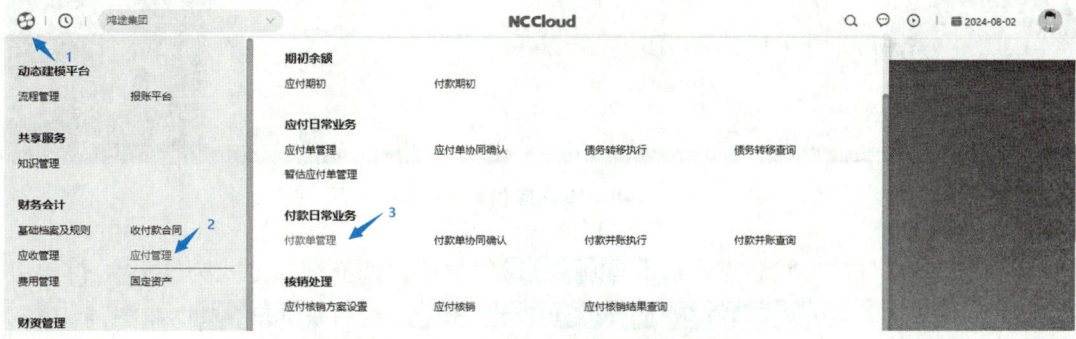

图 4-145　进入付款单管理("四叶草"进入)

（2）参照任务情景内容，将业务 `日期修改` 为"2023-3-31"，如图 4-146 所示。

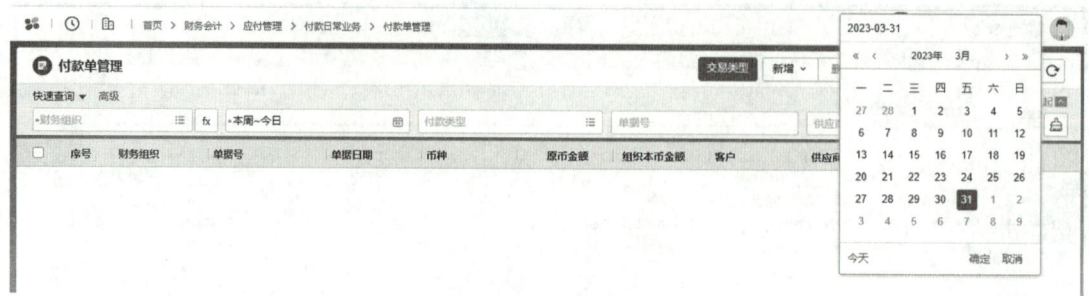

图 4-146　修改业务日期

（3）点击 `新增`、`应付单`，参照应付单生成付款单。在 `高级` 中，筛选 `财务组织`、`单据日期`，`查询` 出应付单，如图 4-147、图 4-148 所示。

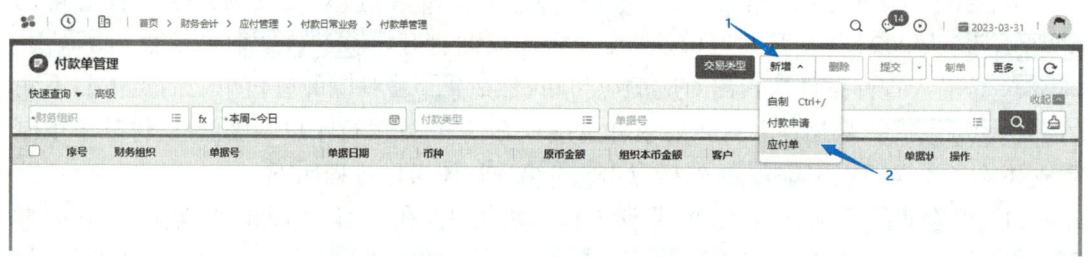

图 4-147　查询应付单（进入）

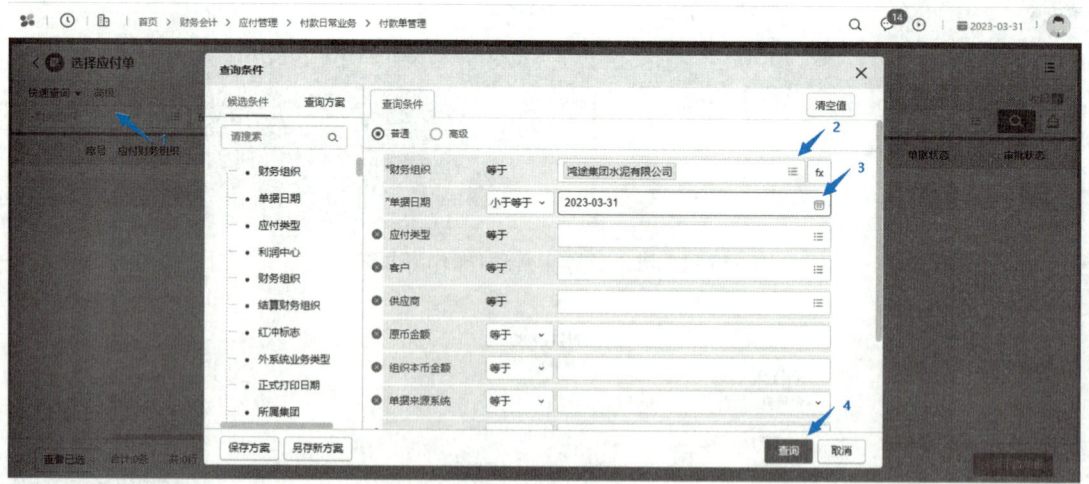

图 4-148　查询应付单（筛选）

（4）`勾选` 应付单，然后点击 `生成下游单据` 付款单。选择结算方式为 `网银`，付款银行账户为 `鸿途集团水泥有限公司 3701239319189278310`，然后 `保存提交`，如图 4-149、图 4-150 所示。

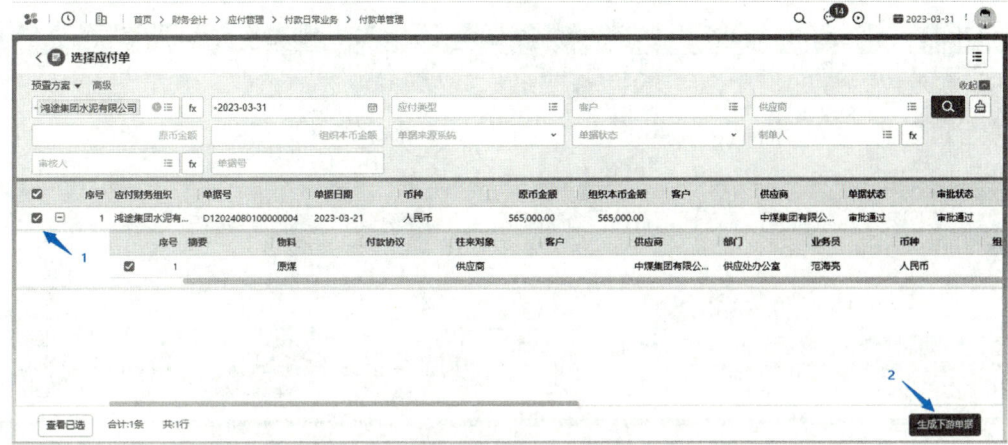

图 4-149　生成并提交付款单（生成）

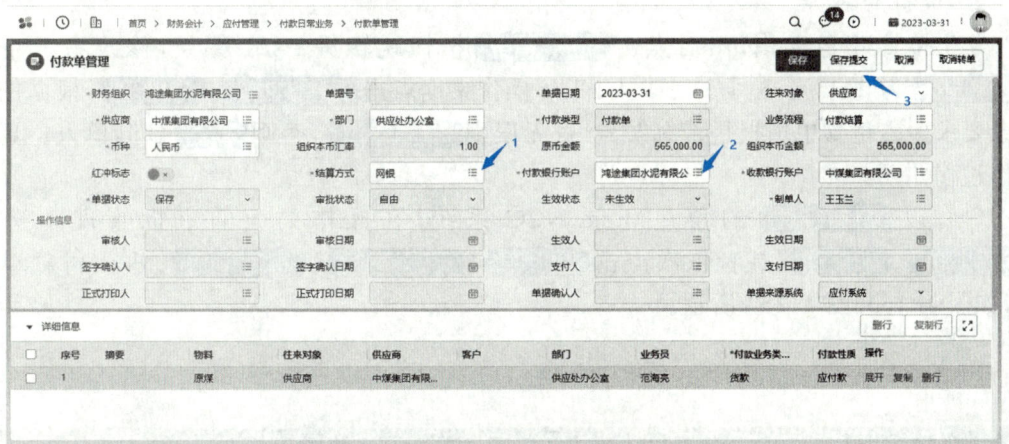

图 4-150　生成并提交付款单（提交）

（5）点击 更多、审批详情，查询单据审批情况，如图 4-151、图 4-152 所示。

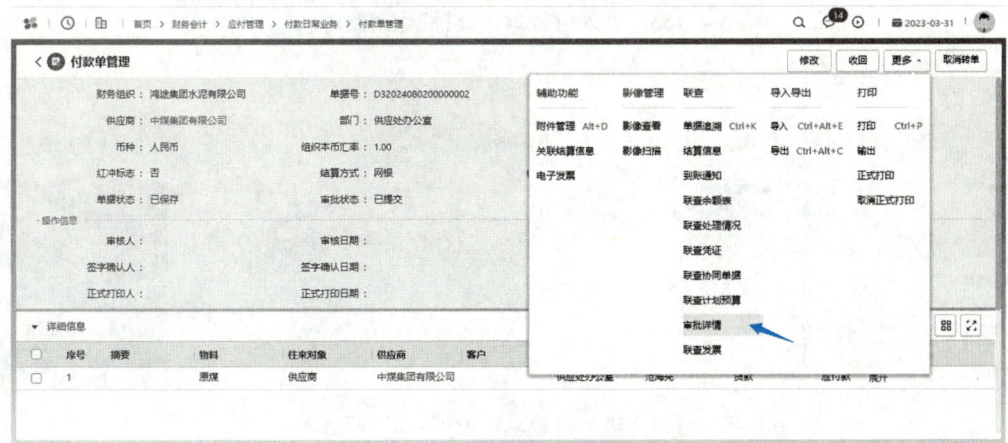

图 4-151　查询单据审批情况（进入）

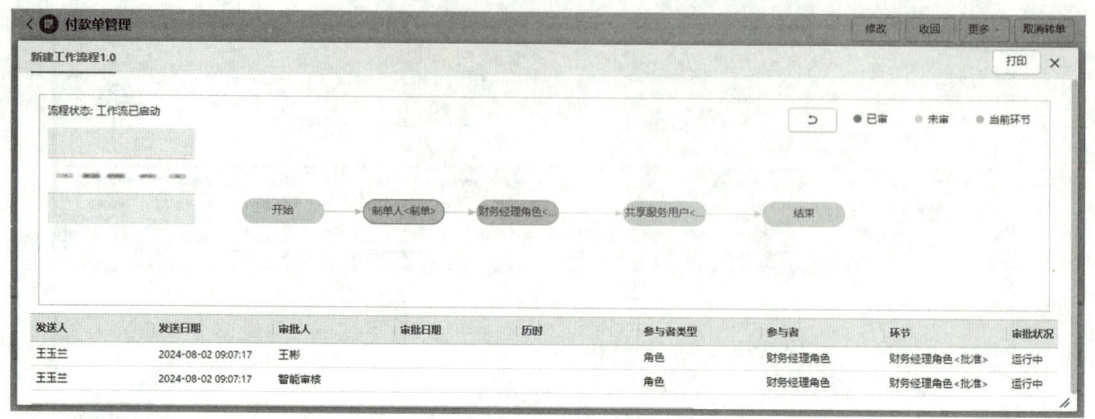

图 4-152 查询单据审批情况(详情)

2. 审批付款单

学生按照角色上岗,然后点击 进入系统 按钮跳转进 NCC 系统,修改右上角的 业务日期 为 2023 年 3 月 31 日,从 NCC 操作桌面点击 审批中心 、 未处理 ,根据任务背景要求检查付款单填报是否有误,检查无误则 审批通过 ,否则 驳回 到制单人。具体操作过程如下:

(1) 以 财务经理 的角色登录 NCC 系统,在操作桌面的审批管理中选择 审批中心 、 未处理 ,或者依次点击 四叶草 、 流程管理 、 审批中心 ,进入付款单审批,如图 4-153、图 4-154 所示。

图 4-153 进入付款单审批(操作桌面进入)

图 4-154 进入付款单审批("四叶草"进入)

(2) 双击 该付款单,检查该付款单信息无误后,点击 财务经理角色〈批准〉 完成付款单审批。审批后,该付款单传递到共享服务中心进行审核操作,如图 4-155、图 4-156 所示。

图 4-155 核对并审批付款单(核对)

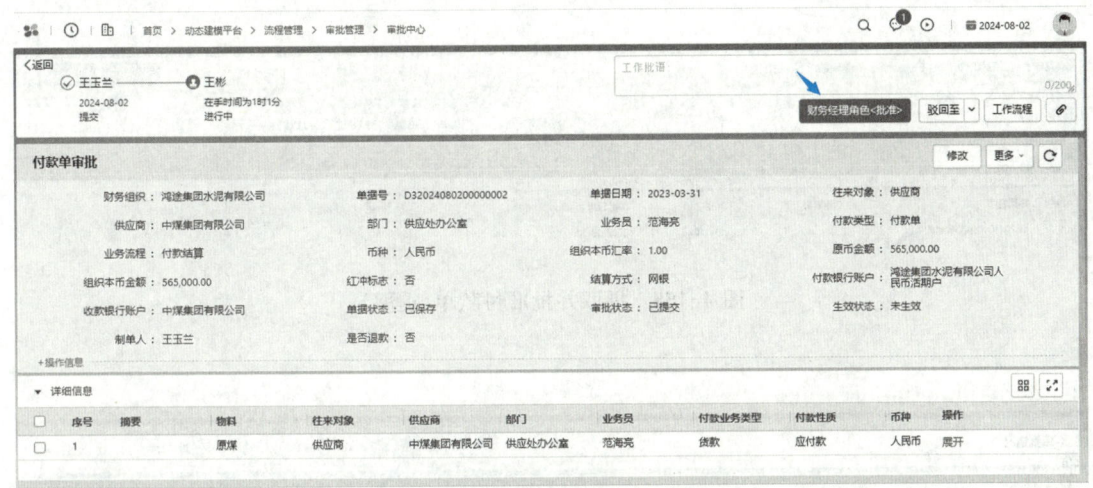

图 4-156 核对并审批付款单(审批)

3. 审核付款单

学生按照角色上岗,然后点击 进入系统 按钮跳转进 NCC 系统,修改右上角的 业务日期 为 2023 年 3 月 31 日,从 NCC 操作桌面点击 我的作业 、 待提取 ,根据任务背景要求检查付款单填报是否正确,检查无误则 审核通过 ,否则 驳回 到制单人。具体操作过程如下:

(1) 以 应付初审岗 角色登录 NCC 系统中,在操作桌面的作业平台中选择 我的作业 、 待提取 ,进入付款单提取,如图 4-157 所示。

(2) 点击 任务提取 ,查询出付款单,然后 双击 付款单,检查付款信息无误后,点击批准,完成付款单审核,如图 4-158、图 4-159 所示。

4. 出纳付款

学生按照角色上岗,然后点击 进入系统 按钮跳转进 NCC 系统,修改右上角的 业务日期 为 2023 年 3 月 31 日,从 NCC 操作桌面点击 结算 ,在 搜索框 输入查询条件:财务组织选择 鸿途集团水泥有限公司 ,查询日期区间为 2023-03-01~2023-03-31 ,

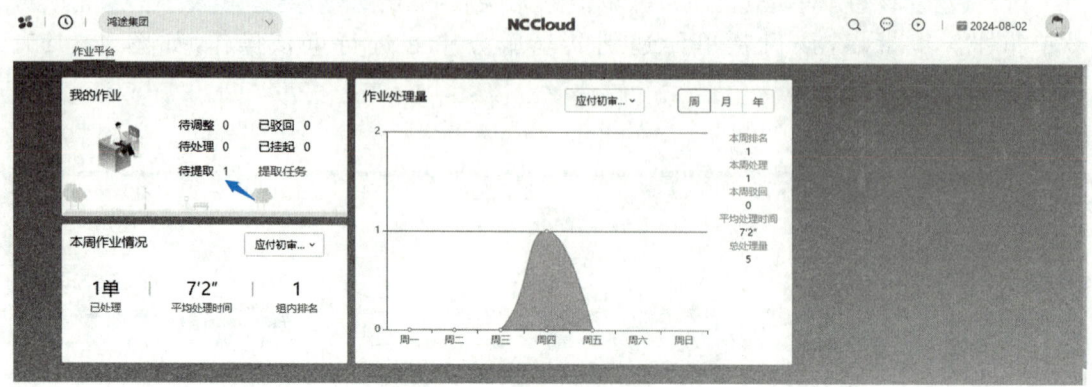

图 4-157 进入付款单提取

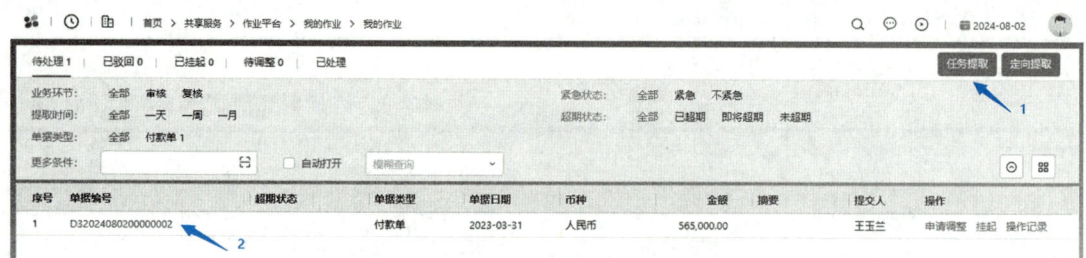

图 4-158 提取并批准付款单(提取)

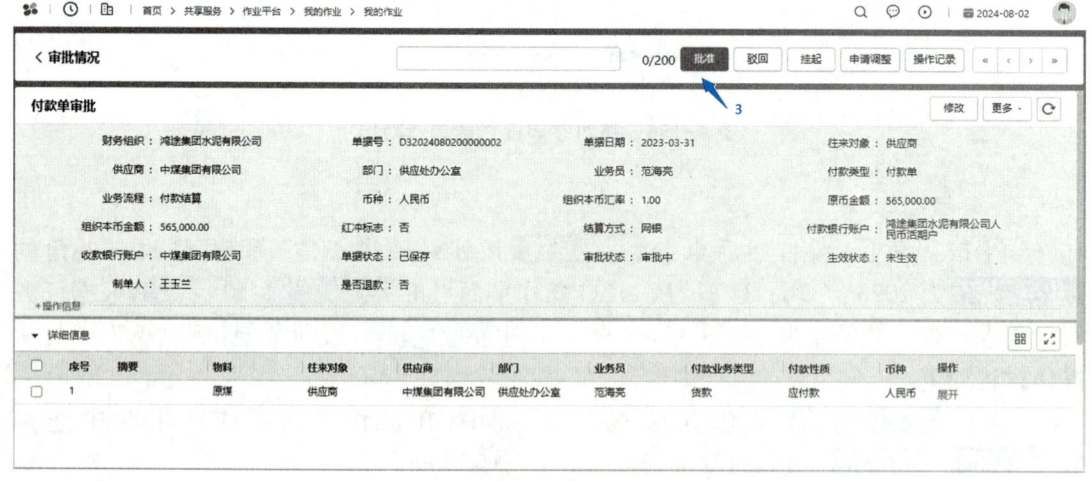

图 4-159 提取并批准付款单(批准)

在"待结算"页面中点击 业务单据编号 进入结算详细信息界面，检查无误后点击 支付 、网上转账 进行结算。具体操作过程如下：

（1）以 中心出纳岗 角色登录 NCC 系统，在操作桌面的结算处理中选择 结算 ，或者依次点击 四叶草 、现金管理 、结算 ，进入付款结算，如图 4-160、图 4-161 所示。

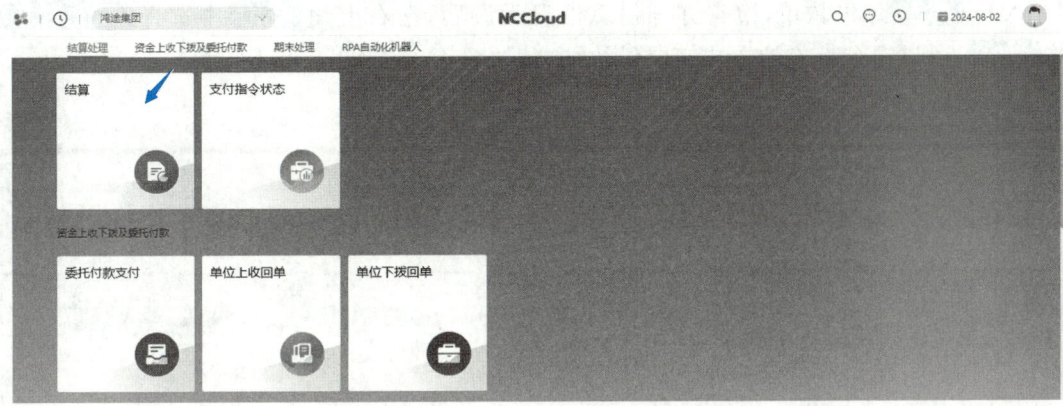

图 4-160 进入付款结算(操作桌面进入)

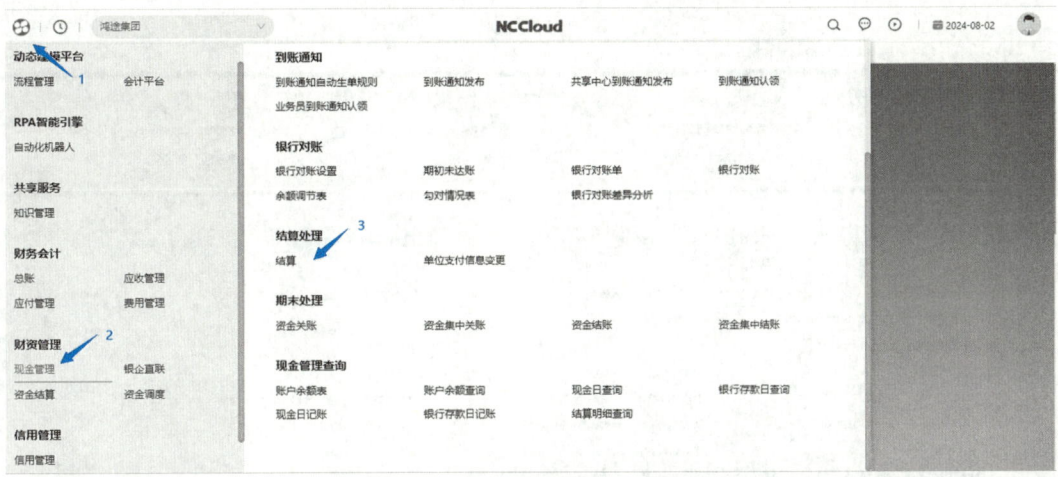

图 4-161 进入付款结算("四叶草"进入)

(2) 在 高级 中，筛选 财务组织 、业务单据日期 ，查询 出该付款单，如图 4-162 所示。

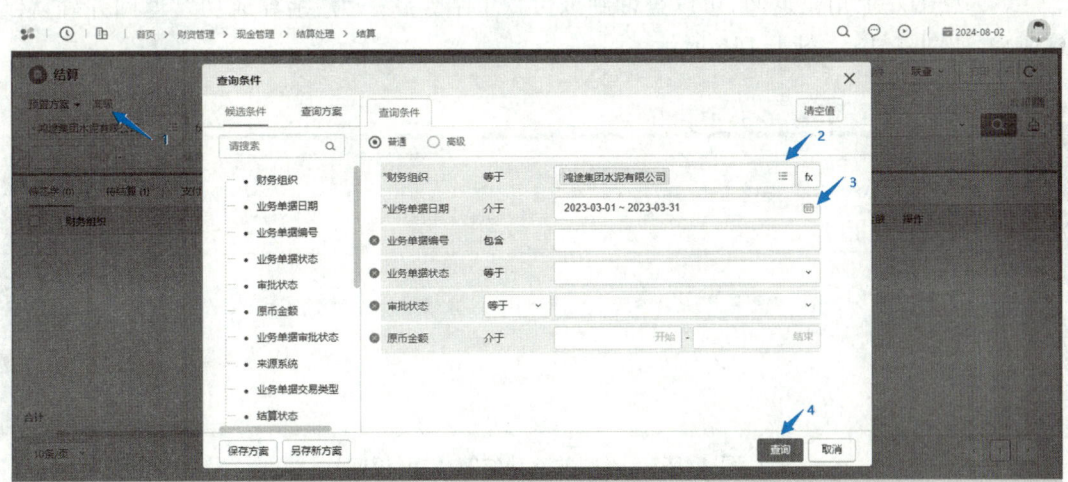

图 4-162 查询付款单

(3) 单击 该付款单,检查详细付款信息无误后,在右上角 支付 中选择 网上转账 并 确定 ,通过银企直连的方式完成付款结算,如图 4-163、图 4-164 所示。

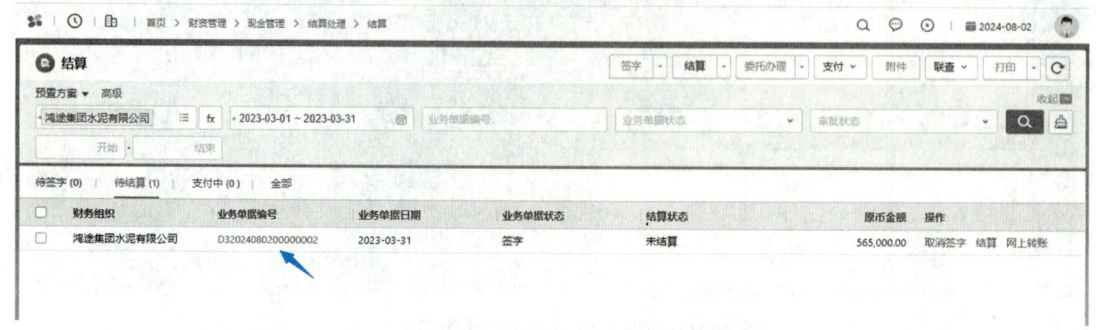

图 4-163　核对并支付付款单(核对)

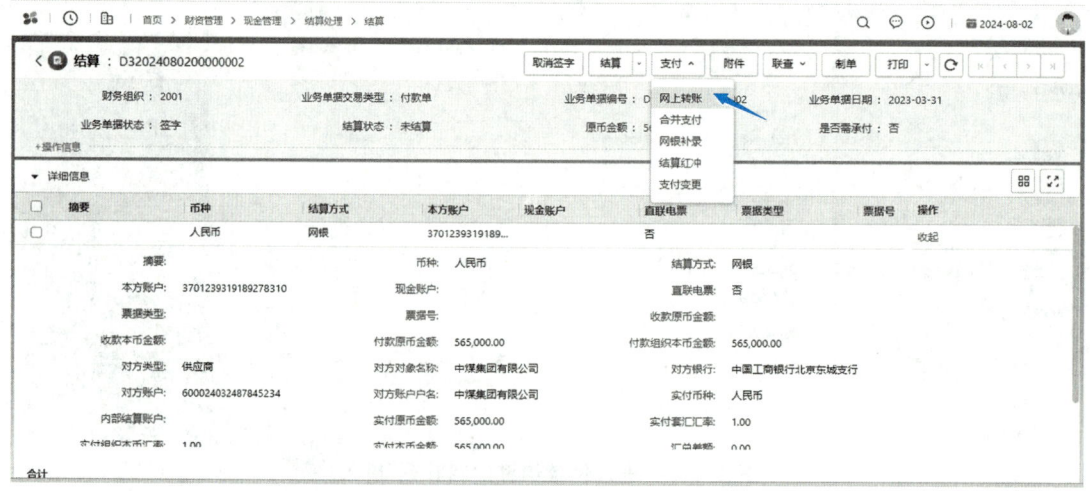

图 4-164　核对并支付付款单(支付)

(4) 点击左上角＜返回,可以查询到该付款单结算状态为"结算成功",返回并确认结算成功,如图 4-165、图 4-166 所示。

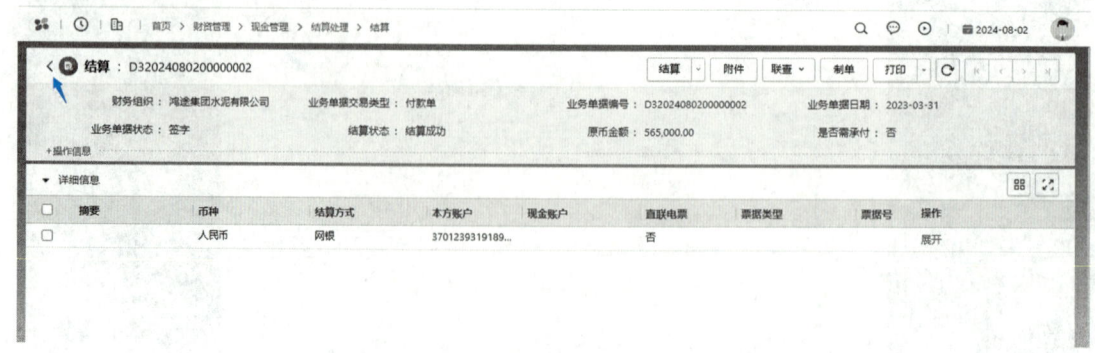

图 4-165　返回并确认结算成功(返回)

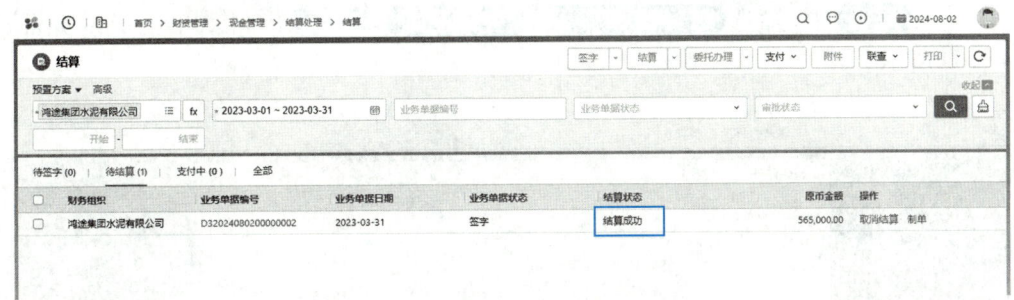

图 4-166　返回并确认结算成功（确认）

5. 原燃料采购付款（审核记账凭证）

学生按照角色上岗，然后点击 进入系统 按钮跳转进 NCC 系统，修改右上角的 业务日期 为 2023 年 3 月 31 日，从 NCC 操作桌面点击 凭证审核 ，在 搜索框 输入查询条件：财务组织选择 鸿途集团水泥有限公司 ，查询日期区间为 2023-03-01～2023-03-31 ，审核状态为 待审核 ，检查凭证，检查无误后点击 审核 。具体操作过程如下：

（1）以 总账主管岗 身份登录 NCC 系统，在操作桌面的凭证管理中选择 凭证审核 ，或者依次点击 四叶草 、总账 、凭证审核 ，进入付款单凭证审核，如图 4-167、图 4-168 所示。

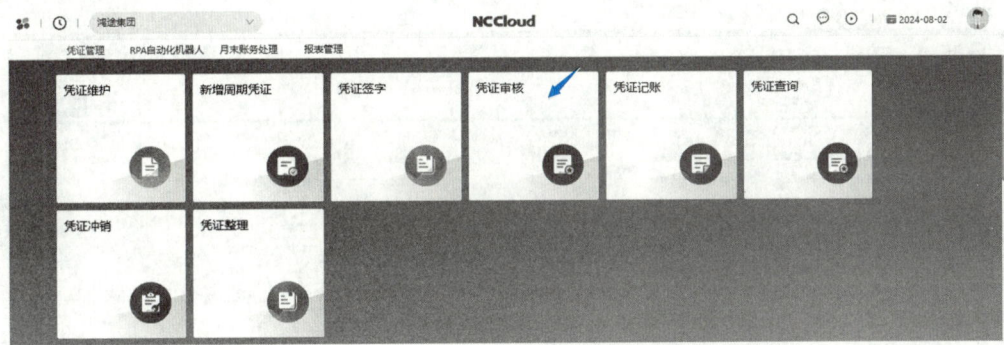

图 4-167　进入付款单凭证审核（操作桌面进入）

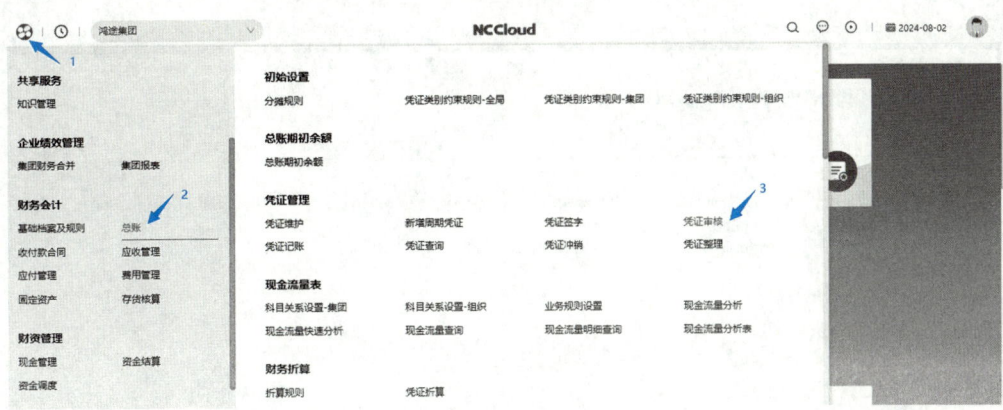

图 4-168　进入付款单凭证审核（"四叶草"进入）

（2）在 高级 中，筛选 财务核算账簿 、 会计期间 , 查询 出付款单生成的凭证，如图4-169所示。

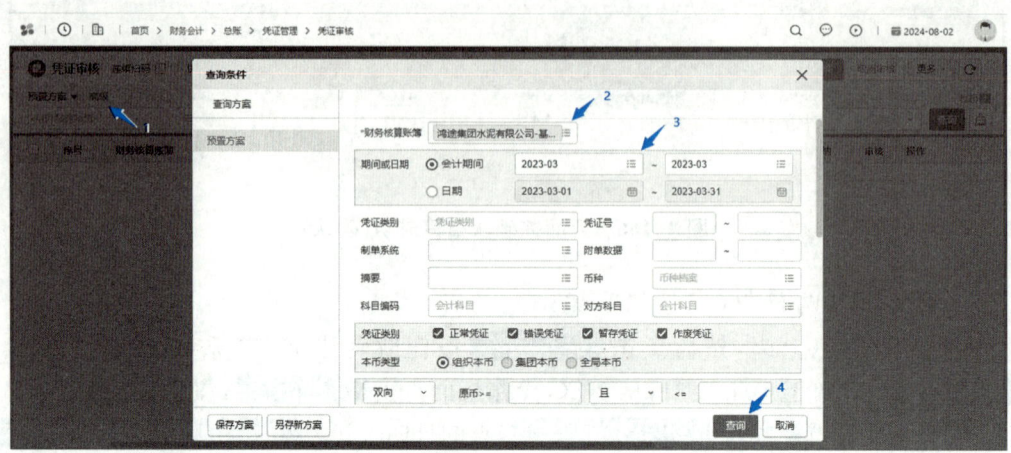

图4-169　查询付款单凭证

（3） 双击 该凭证，核对会计分录无误后，点击 审核 ，完成该凭证的审核操作，如图4-170、图4-171所示。

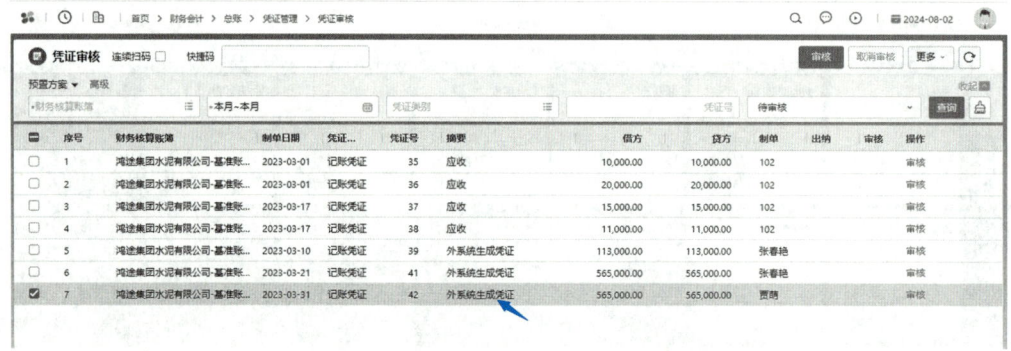

图4-170　核对并审核通过付款单凭证（核对）

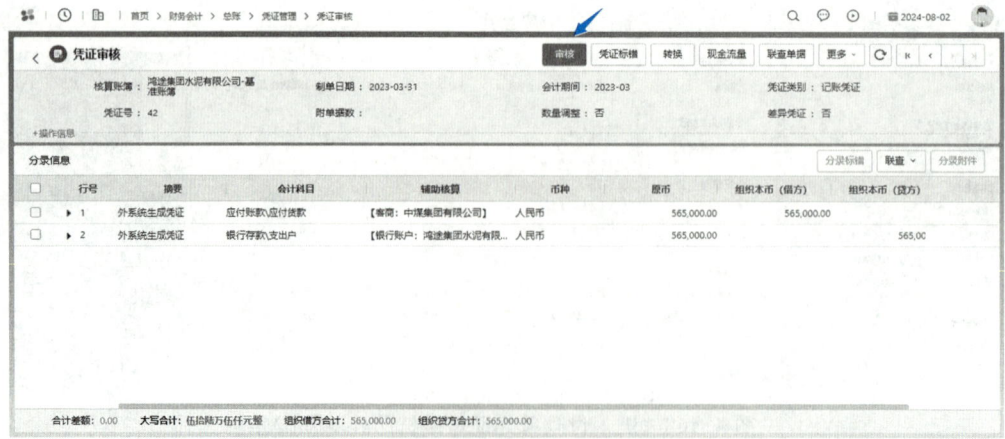

图4-171　核对并审核通过付款单凭证（审核）

● 延展思考

1. 为什么原燃料采购要建立供应商准入制度?
2. 原煤的采购为什么要加入质量检测环节,它的作用是什么?

同步练习

一、单项选择题

1. 在采购应付付款业务中,下列选项中,通常会导致延迟付款的情况是(　　)。
   A. 供应商提供的货物质量合格　　B. 采购合同条款清晰明确
   C. 财务部门内部流程繁琐　　　　D. 供应商提前开具了发票

2. 采购应付账款的入账价值不包括的是(　　)。
   A. 购买货物的价款　　　　　　　B. 增值税进项税额
   C. 商业折扣　　　　　　　　　　D. 采购过程中的运杂费

3. 企业在进行采购应付付款时,若发现供应商多发货,正确的处理方式是(　　)。
   A. 全部接收并付款　　　　　　　B. 只接收合同约定数量,其余退回
   C. 全部接收但暂不付款　　　　　D. 拒绝接收所有货物

4. 下列选项中,不是影响采购应付付款周期的因素是(　　)。
   A. 企业的信用政策　　　　　　　B. 供应商的议价能力
   C. 市场利率的波动　　　　　　　D. 采购订单的数量

5. 在采购应付付款业务中,下列选项中,用于记录付款情况的凭证是(　　)。
   A. 采购订单　　　　　　　　　　B. 入库单
   C. 付款凭证　　　　　　　　　　D. 销售发票

6. 采购应付共享业务的主要目标是(　　)。
   A. 降低采购成本　　　　　　　　B. 提高付款效率
   C. 集中处理采购应付业务　　　　D. 以上都是

7. 在采购应付共享模式下,下列选项中,不是可能带来的优势是(　　)。
   A. 标准化流程　　　　　　　　　B. 增加人工操作
   C. 数据集中管理　　　　　　　　D. 提高合规性

8. 采购应付共享业务中,数据安全主要依赖于(　　)。
   A. 先进的技术系统　　　　　　　B. 严格的访问权限控制
   C. 定期的数据备份　　　　　　　D. 以上都是

9. 下列选项中,可能导致采购应付共享业务出现问题的情况是(　　)。
   A. 各部门之间沟通不畅　　　　　B. 技术系统稳定
   C. 流程清晰明确　　　　　　　　D. 员工培训充分

10. 采购应付共享业务对企业的财务报表影响主要体现在(　　)。
    A. 资产负债表　　　　　　　　　B. 利润表
    C. 现金流量表　　　　　　　　　D. 以上均有

11. 在实施采购应付共享业务时,首先要做的是(　　)。
    A. 搭建技术平台　　　　　　　　B. 优化业务流程
    C. 制订战略规划　　　　　　　　D. 培训员工

12. 采购应付共享业务中的关键绩效指标不包括的是（　　）。
    A. 采购成本降低率　　　　　　　　B. 员工满意度
    C. 市场份额增长　　　　　　　　　D. 付款准确率
13. 下列选项中,不是采购应付共享业务所依赖的信息技术是（　　）。
    A. 大数据分析　　　　　　　　　　B. 人工智能
    C. 传统手工记账　　　　　　　　　D. 云计算
14. 采购应付共享业务能有效降低的风险是（　　）。
    A. 市场风险　　　　　　　　　　　B. 信用风险
    C. 操作风险　　　　　　　　　　　D. 战略风险
15. 在采购应付共享业务中,下列选项中,可确保数据的准确性的是（　　）。
    A. 定期审计　　　　　　　　　　　B. 随机抽查
    C. 员工自我检查　　　　　　　　　D. 以上都是

二、多项选择题

1. 采购应付共享业务可能涉及的流程有（　　）。
    A. 采购订单处理　　　　　　　　　B. 发票校验
    C. 付款审批　　　　　　　　　　　D. 供应商管理
    E. 采购预算编制
2. 采购应付共享业务带来的好处有（　　）。
    A. 提高数据准确性　　　　　　　　B. 降低财务风险
    C. 优化资源配置　　　　　　　　　D. 加强供应商关系
    E. 提升员工满意度
3. 实施采购应付共享业务需要具备的条件有（　　）。
    A. 强大的信息技术支持　　　　　　B. 清晰的业务流程规范
    C. 高素质的专业人员　　　　　　　D. 高层领导的全力支持
    E. 充足的资金投入
4. 采购应付共享业务中的风险包括（　　）。
    A. 数据泄露风险　　　　　　　　　B. 系统故障风险
    C. 流程失控风险　　　　　　　　　D. 法律法规风险
    E. 人员道德风险
5. 会影响采购应付共享业务的效果的因素有（　　）。
    A. 企业规模　　　　　　　　　　　B. 行业特点
    C. 企业文化　　　　　　　　　　　D. 外部市场环境
    E. 内部管理制度

三、判断题

1. 采购应付共享业务能够完全消除人为错误。（　　）
2. 所有企业都适合实施采购应付共享业务模式。（　　）
3. 采购应付共享业务只涉及财务部门的工作。（　　）
4. 采用采购应付共享业务必然会提高企业的采购效率。（　　）
5. 数据的安全在采购应付共享业务中不重要。（　　）

6. 采购应付共享业务不需要与供应商进行沟通协调。　　　　　　（　）
7. 采购应付共享业务会使企业的成本大幅增加。　　　　　　　　（　）
8. 一旦建立采购应付共享业务模式，就无需再进行优化改进。　　（　）
9. 采购应付共享业务对提升企业的内部控制没有帮助。　　　　　（　）
10. 所有的采购应付业务都可以纳入共享服务范围。　　　　　　　（　）

四、实训操作题

1. 使用VISIO工具绘制备品备件采购应付付款整体流程图，流程图需包含组织、角色、单据和动作以及最终凭证分录信息。
2. 使用VISIO工具绘制原燃煤采购应付付款整体流程图，流程图需包含组织、角色、单据和动作以及最终凭证分录信息。

模块 5 销售与应收共享业务处理

 学习目标

知识目标

1. 掌握生产制造企业从产成品销售到收款业务的典型流程
2. 熟悉电子发票的概念
3. 理解从销售到收款业务的概念和各种业务场景

技能目标

1. 能在财务共享信息系统中完成销售发票信息登记工作
2. 能在财务共享信息系统中完成销售到收款流程中业务单据的审核工作并生成记账凭证
3. 能够初步在财务共享信息系统中配置共享后的销售到收款流程

素养目标

1. 培养学生热爱会计工作、忠于职守的敬业精神
2. 培养学生熟悉最新财税法规,严格进行会计核算并实施会计监督的工作作风
3. 培养学生熟悉企业销售业务流程,财务人员主动服务业务的职业操守
4. 培养学生严谨的工作态度、自我学习能力、团队协作能力、岗位竞争意识,引导学生树立绩效导向意识

学习难点

1. 绘制共享模式后销售到收款业务的流程图
2. 产成品销售财务共享系统各环节的流程

学习重点

1. 在财务共享系统中签订销售合同流程的操作
2. 在财务共享系统中销售发货出库流程的操作
3. 在财务共享系统中销售应收收款流程的操作

思维导图

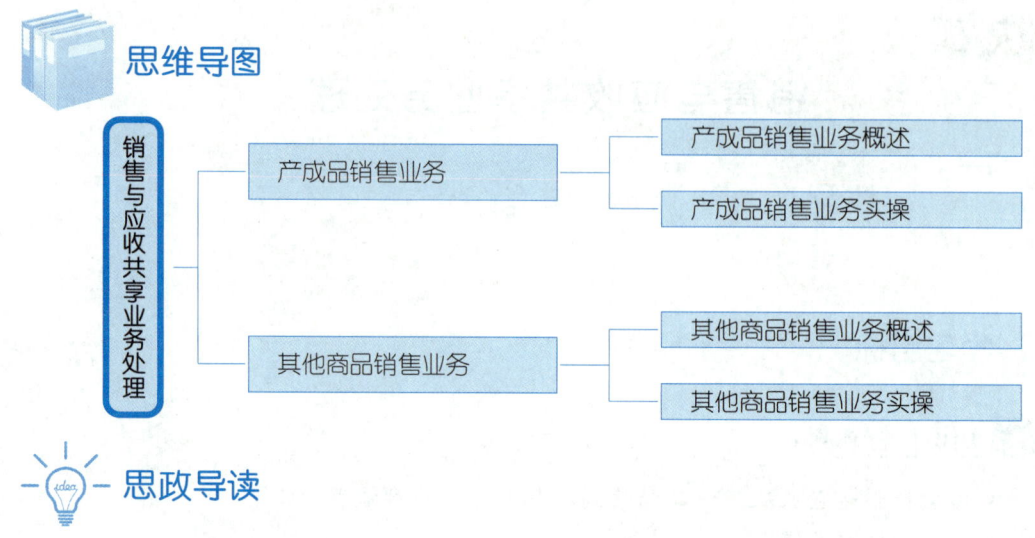

思政导读

响应司法治理要求，技术赋能，增强合规意识

在财务共享服务实务中，销售管理与应收共享业务作为企业运营的重要组成部分，涉及客户信用管理、合同管理、收入确认、应收账款回收等多环节。近年来，新业态、行业性逃税问题突出。2024年3月18日，最高人民法院、最高人民检察院联合发布了《关于办理危害税收征管刑事案件适用法律若干问题的解释》（以下简称《解释》），明确各类危害税收犯罪的定罪量刑标准，自2024年3月20日起施行。《解释》明确新型犯罪手段的法律适用，首次将签订"阴阳合同"作为逃税的手段之一明确列举，为司法机关今后办理此类案件提供了确切的依据。为此，财务人员应增强法治观念与合规意识，加强合同管理的法律风险防范，在销售合同的签订和审核中需关注条款合法性，通过技术赋能，财务共享平台通过合同数字化模板与风险预警系统，将法律合规要求嵌入业务流程。

来源：刘言. 签订"阴阳合同"被明确为逃税手段[N]. 中国青年报，2024-03-19（02版）.

任务 1　产成品销售业务

任务 1.1　产成品销售业务概述

一、产成品销售简介

（一）销售的含义

销售业务指的是组织或个人通过交流、展示等方式促成产品或服务的交易，从而实现利润的过程。销售业务是企业盈利的重要组成部分，它涉及市场营销、沟通技巧、谈判能力以及客户关系管理等。销售业务通常包括以下几个环节：

（1）客户开发环节。客户开发是指寻找潜在客户，并建立与他们的联系，包括市场调研、网络营销、广告宣传等。

（2）销售谈判环节。销售谈判是指与潜在客户进行面对面或线上的沟通，了解他们的需求，并展示如何满足这些需求。

（3）销售提案环节。销售提案是指根据客户的需求，提供定制化的产品或服务方案，并说明其优势和价值。

（4）签订合同环节。签订合同是指与客户达成一致，商定价格、交货期限等条件，并签署正式的销售合同。

（5）订单处理环节。订单处理是指跟进订单的执行，确保产品按时交付，并解决可能出现的问题。

（6）客户关系管理环节。客户关系管理是指与客户保持良好的关系，提供售后服务，提供升级或续费的机会，以建立长期的合作关系。

（二）常见的销售类型

根据企业销售的标的物形态，可以分为有形标的物（产品）销售和无形标的物（劳务或服务）销售。本教材的主案例是生产制造企业鸿途集团的销售业务，标的物是有形的产品（水泥及熟料），因此下文的销售类型划分都限定在产品销售的范畴内。

（1）按产品从生产者到达最终消费者之前是否经过中间环节，分为直销与分销。两类都以销售产品、扩大市场份额和提升品牌影响力为核心目的。直销和分销对比表如表 5-1 所示。

表 5-1　直销和分销对比表

对比维度	直销	分销
定义	企业直接向终端消费者销售产品或服务，无中间环节	企业通过中间商（代理商、经销商、零售商等）将产品间接销售给终端消费者
销售渠道	自有渠道（如官网、自营门店、直销团队、社交媒体等）	第三方渠道（如代理商、经销商、电商平台、连锁零售店等）
控制权	企业对价格、品牌形象、客户服务等有高度控制权	企业对中间商的控制权较低，依赖中间商的销售策略和配合度
客户关系	直接触达客户，便于收集反馈、建立品牌忠诚度	客户关系由中间商管理，企业难以直接获取终端客户数据
典型行业	高单价商品（如奢侈品）、定制化服务（如保险）、D2C（直接面向消费者）品牌	快消品（FMCG）、标准化产品（如电子产品）、需要广泛分销的行业

（2）按销售活动的范围和参与者的身份，分为单组织销售与跨组织销售。单组织销售是指一家组织或企业自身通过其内部销售团队或渠道直接销售产品或服务给最终客户，票货属于同一财务组织。跨组织销售是指销售过程中涉及多个组织或企业之间的合作与交流，通常包括制造商、分销商、代理商等多个参与者。票货不属于同一财务组织。

（3）按销售的时机和目的不同，分为接单销售与销售补货。接单销售是指在收到客户订单后，按照客户的需求和要求向其销售产品或提供服务。在接单销售中，客户通常已经明确表达了购买意愿，并提出了具体的订单，销售人员的主要任务是确认订单、处理付款和交付产品或服务。接单销售侧重于对已有订单的处理和交付。

销售补货是指在销售过程中,根据市场需求和库存情况,主动补充和调整产品的供应量。销售补货着眼于市场需求的动态变化和供应链的优化,以确保产品的供应能够及时跟上市场的需求。如沃尔玛的自动补货系统能使供应商自动跟踪补充各个销售点的货源。

(4)按客户购买产品或服务时支付的时间和方式不同,分为现销和赊销。现销是指客户在购买产品或服务时立即支付相应的款项,可以使用现金、银行卡、电子支付等方式进行付款。在现销中,客户直接支付货款,销售人员提供相应的收据或发票,交付产品或提供服务。

赊销是指客户在购买产品或服务后,延迟一定时间再支付相应的款项,通常是在约定的信用期内进行结算。这种销售方式可以给客户提供一定的灵活性和资金周转的空间,同时也需要销售人员进行风险评估和信用管理,以确保客户按时支付货款。

(三)案例企业销售总体流程

鸿途集团为多元化经营的企业集团,主要的销售应收业务包括以下内容:水泥销售、熟料销售、铸件销售、酒店客房销售、景点门票销售等。其中,水泥销售和熟料销售以赊销为主。

销售总体流程分为5个步骤,包括签订合同或订单、销售发货安排、销售开票登记、出库或发票立账、销售收款等。具体可细分为9个典型销售业务环节,主要包括签订销售合同、销售订货、制订生产计划、发货、销售出库、销售开票、应收记账、应收收款、应收账款核销。鸿途集团总体销售流程如图5-1所示。

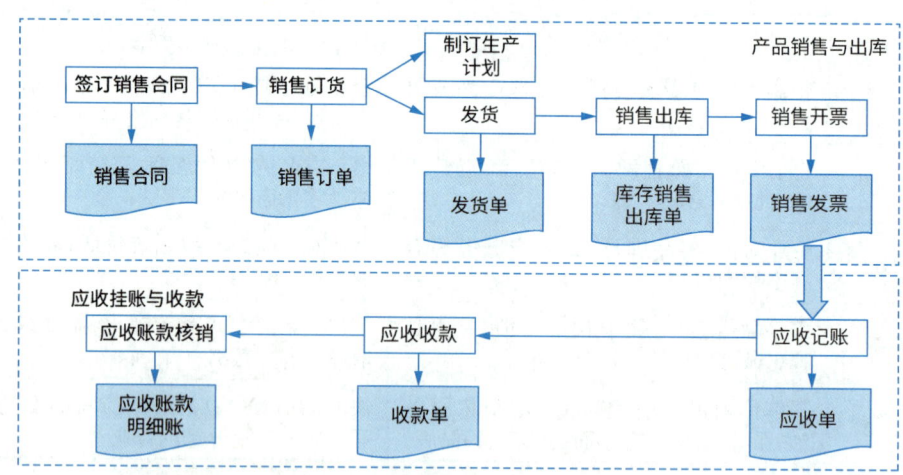

图5-1 鸿途集团总体销售流程

二、产成品销售共享前业务流程分析

(一)产成品销售业务现状问题

鸿途集团的销售业务主要集中在水泥板块、铸造板块和旅游板块,主营销售应收业务包括水泥销售、熟料销售、铸件销售、酒店客房销售、门票娱乐销售等。销售业务结构如图5-2所示。

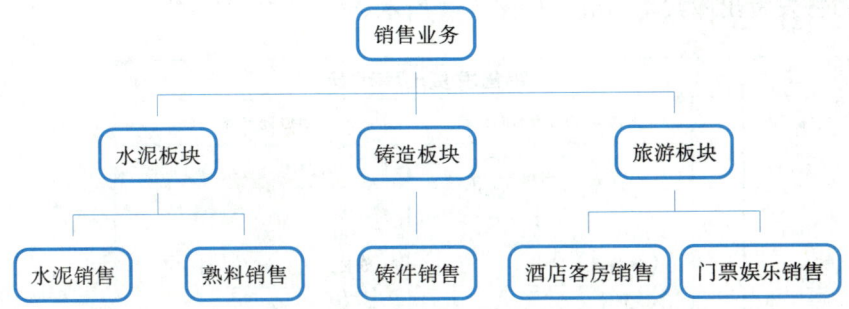

图 5-2 销售业务结构

从产成品销售到收款业务,往往是企业的核心业务。集团在实现产成品销售到收款的端到端流程共享前,典型的"痛点"有以下几个方面:

(1) 水泥板块大部分单位已实施 ERP 系统,基本已实现供应链业务的业务财务一体化销售,业务流程基本一致,业务关键控制点略有不同。

(2) 销售价格多样化,审批、执行及监管不便捷。

(3) 手工工作量大,较易出现错误(客户余额计算、返利计算等)。

(4) 工厂布局、硬件不同,发货流程无固定形式、单据格式不同、流转不统一,不便于统一化和精细化管理。

(5) 统计报表以手工为主,工作量大,及时性较差。

(二) 产成品销售共享前业务流程现状

在鸿途集团成立财务共享服务中心前,产成品销售需要经过 4 个步骤,包括签订销售合同、销售发货出库、应收挂账、应收收款。具体流程图如下:

(1) 签订销售合同共享前流程如图 5-3 所示。

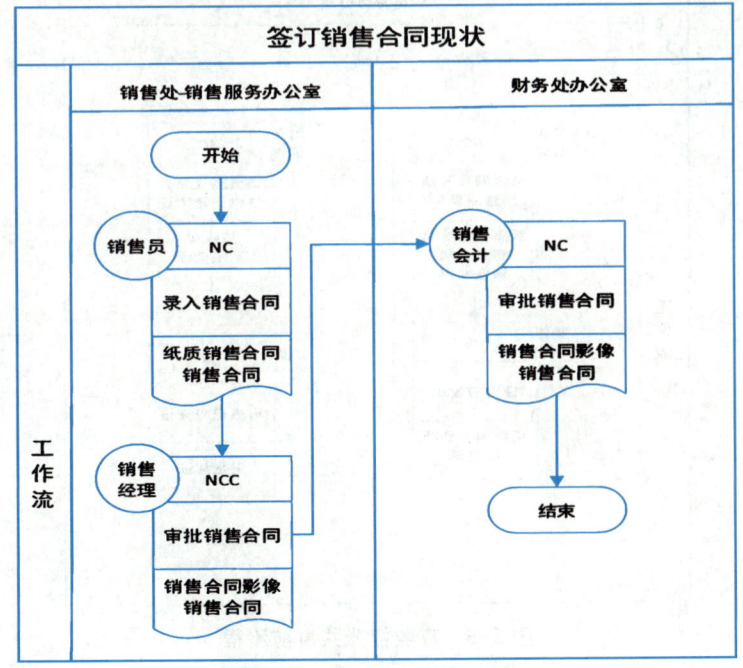

图 5-3 签订销售合同共享前流程

（2）销售发货出库共享前流程如图 5-4 所示。

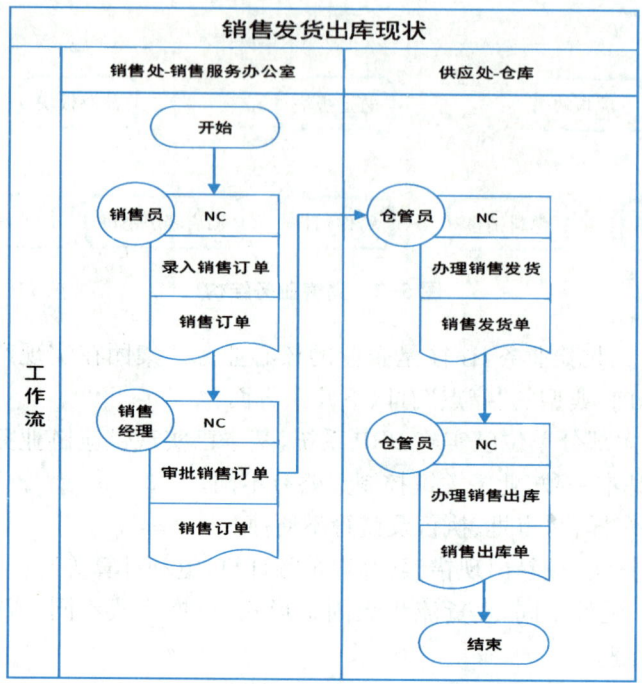

图 5-4　销售发货出库共享前流程

（3）应收挂账共享前流程如图 5-5 所示。

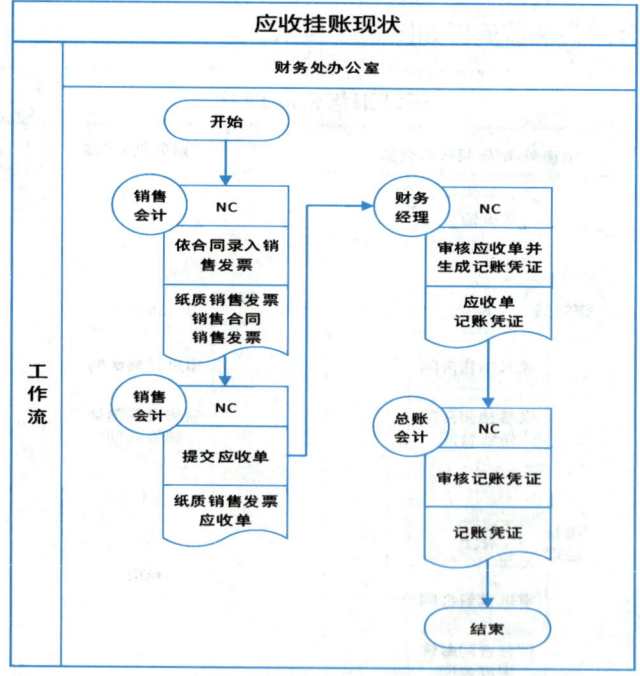

图 5-5　应收挂账共享前流程

（4）应收收款共享前流程如图 5-6 所示。

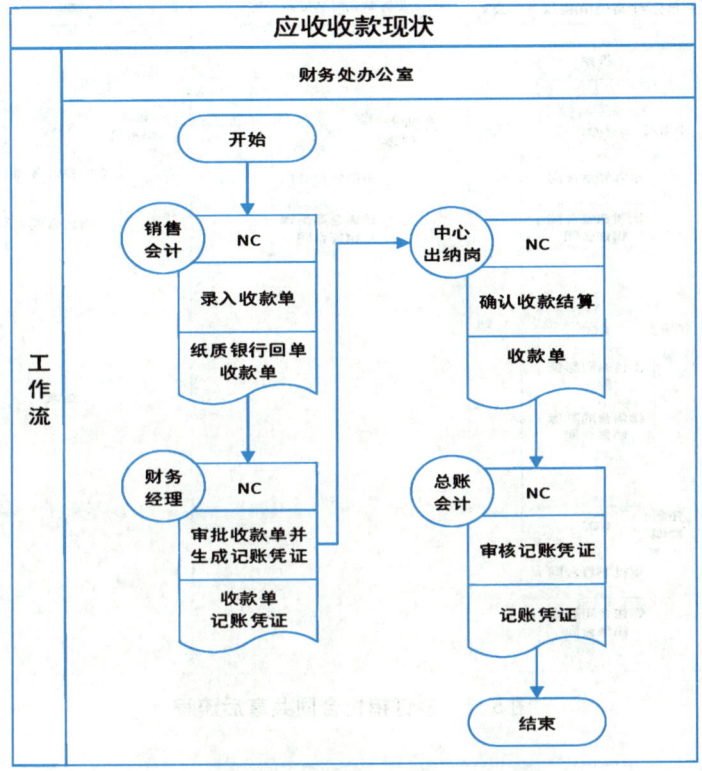

图 5-6　应收收款共享前流程

三、产成品销售共享后业务流程

鸿途集团引入财务共享服务中心后，对财务共享服务业务单据进行规划。财务共享服务业务单据如表 5-2 所示。

表 5-2　财务共享服务业务单据

序号	名称	是否进 FSSC	是否属于作业组工作	流程设计工具
1	销售合同	Y	N	审批流
2	销售订单	N	—	审批流
3	销售发货单	N	—	审批流
4	销售出库单	N	—	审批流
5	销售发票	N	—	审批流
6	应收单	Y	Y	工作流
7	收款单	Y	Y	工作流

产成品销售共享后业务流程主要包括以下 4 个步骤：
（1）签订销售合同共享后流程如图 5-7 所示。
（2）销售发货出库共享后流程如图 5-8 所示。

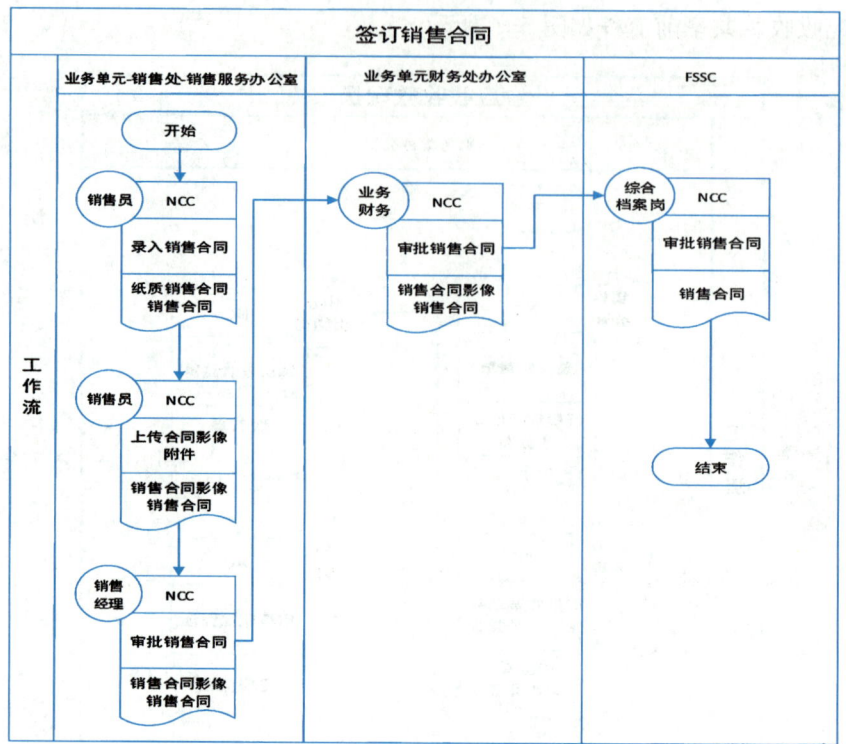

图 5-7 签订销售合同共享后流程

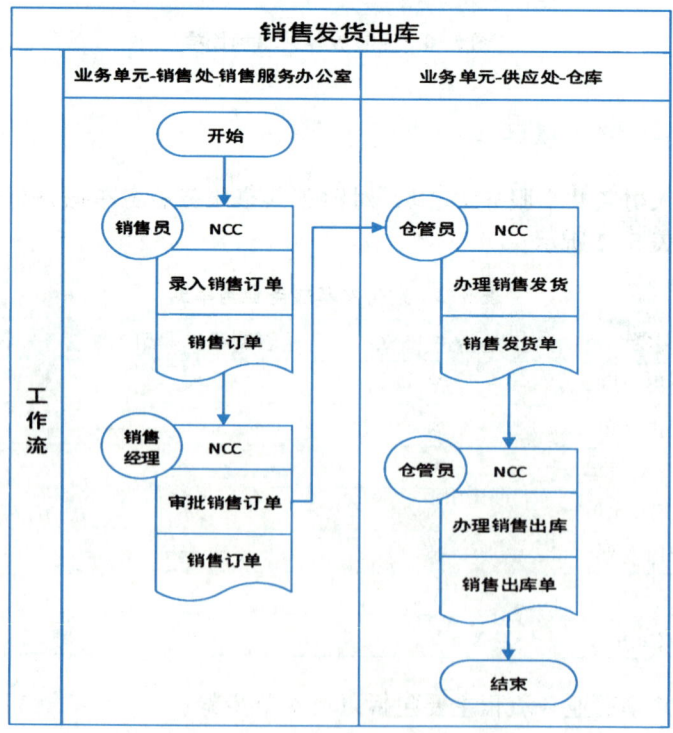

图 5-8 销售发货出库共享后流程

（3）应收挂账共享后流程如图 5-9 所示。

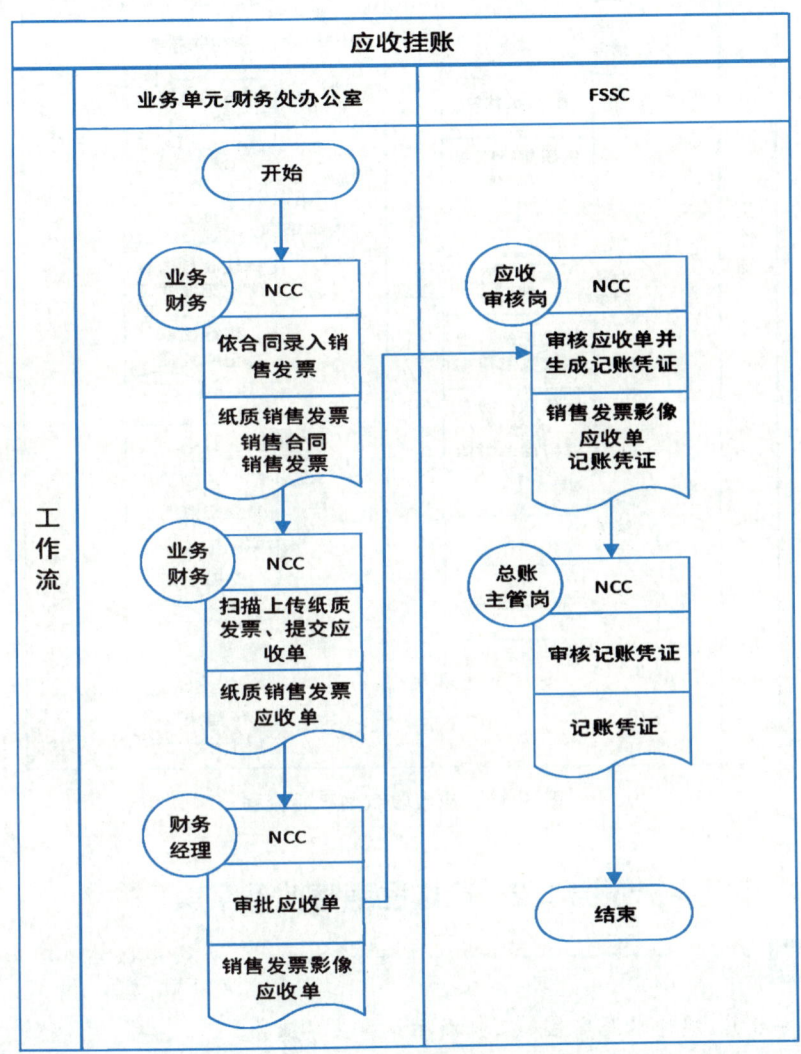

图 5-9　应收挂账共享后流程

（4）应收收款共享后流程如图 5-10 所示。

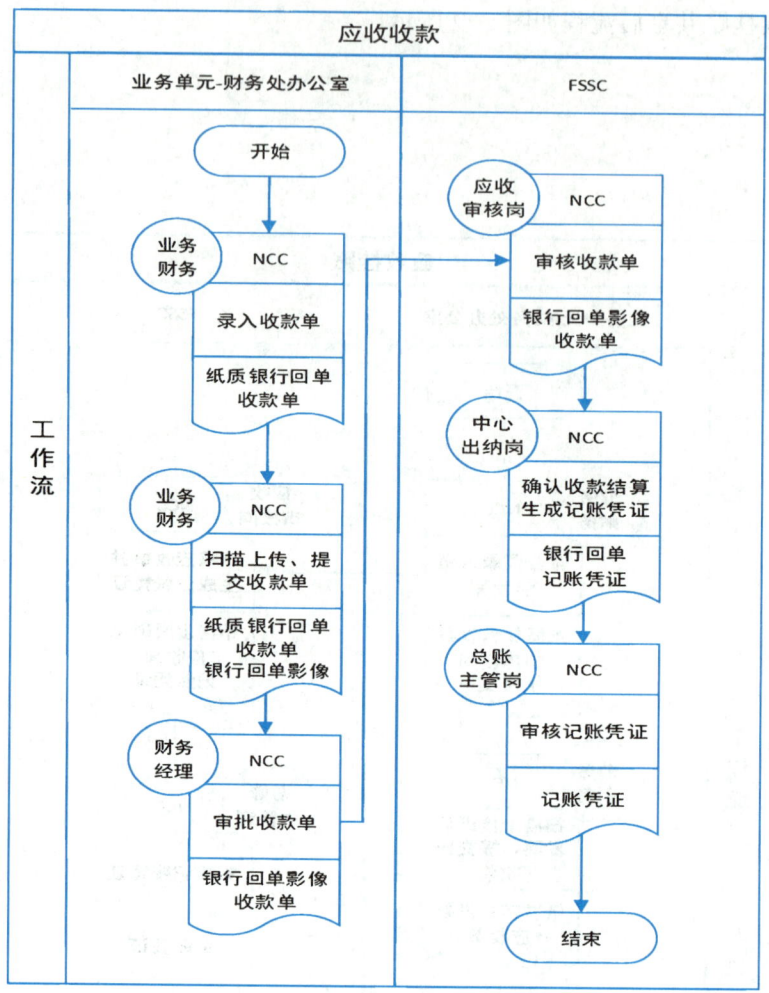

图 5-10 应收收款共享后流程

任务 1.2 产成品销售业务实操

> **任务情景**
>
> 2023 年 3 月,鸿途水泥发生如下产成品销售共享业务。
> 1. 签订销售合同
> 2023 年 3 月 1 日鸿途水泥与天海集团总公司签署《水泥销售合同(合同编码:SC20230182)》,合同主要信息如下。
> 合同甲方:天海集团总公司
> 合同乙方:鸿途集团水泥有限公司
> 乙方为甲方提供通用水泥产品,供应天海集团的袋装 PC32.5 水泥价格为 300 元/吨(含增值税),月供应数量为 1 000 吨左右,实际数量依据每月的要货申请。
> 发票随货,并于当月底完成收款结算。

此合同有效期 2023 年 3 月 1 日～2023 年 12 月 31 日。水泥销售合同如图 5-11 所示。

【10120045 产成品销售】销售合同

水泥销售合同

合同编码：SC20230182

甲方：天海集团总公司
地址：河北省张家口市尚义县平安街 15 号
开户银行：中国工商银行尚义县支行
银行账号：5001942094567821 03

乙方：鸿途集团水泥有限公司
地址：郑州市管城区第八大街经北一路 136 号
开户银行：中国工商银行郑州分行管城支行
银行账号：3701239319189278309

为了保护甲乙双方的合法权益，甲乙双方根据《中华人民共和国民法典》的有关规定，经友好协商，一致同意签订本合同。本合同自双方签字盖章之日起至 2023 年 12 月 31 日止有效。

一、销售合同明细

乙方为甲方提供袋装 PC32.5 水泥，供应鸿途集团水泥有限公司的 PC32.5 水泥价格为 300 元/吨（含增值税），月供应数量为 1000 吨左右，实际数量依据每月甲方所提交的采购订单。

二、付款时间与付款方式

发票随货，并于当月底完成当月订单的总款项结算。

三、交货地址及到货日期

乙方在甲方发出采购订单后的 10 日内，将货物送至：河北省张家口市尚义县平安街 15 号 天海集团总公司库房。

四、运输方式与运输费

1. 合同金额已包含运费，买方不再额外支付运费。运输方式由卖方安排，卖方务必确保按合同的"到货日期"将货物运抵天海集团总公司库房；如延迟交货，每日按该笔货物金额的 2%收取。

甲方：天海集团总公司
授权代表：马建国
（盖章）合同专用章
日期：2023 年 3 月 1 日

乙方：鸿途集团水泥有限公司
授权代表：李军辉
（盖章）合同专用章
日期：2023 年 3 月 1 日

图 5-11 水泥销售合同

2. 销售发货出库

2023年3月5日鸿途集团水泥有限公司与天海集团总公司签订一笔销售订单并录入系统。销售订单审批通过后,2023年3月6日,办理"PC32.5水泥"出库,并通过公路运输发货。销售订单信息如表5-3所示。

表5-3 销售订单信息

项目名称	需求数量(吨)	含税单价(元)	客户
PC32.5水泥	1 000	300	天海集团总公司

3. 应收挂账

2023年3月6日,针对"PC32.5水泥"发货,鸿途集团水泥有限公司开具增值税专用发票,票随货走。开具发票的同日,鸿途集团水泥有限公司完成了应收挂账流程。开票相关信息如表5-4所示,增值税专用发票如图5-12所示。

表5-4 开票相关信息

项目名称	需求数量(吨)	含税单价(元)	价税合计(元)	税率	税额(元)	客户
PC32.5水泥	1 000	300	300 000	13%	34 513.27	天海集团总公司

图5-12 增值税专用发票

4. 应收收款

2023年3月31日,客户全额打款30万元到账。银行收款电子回单如图5-13所示。

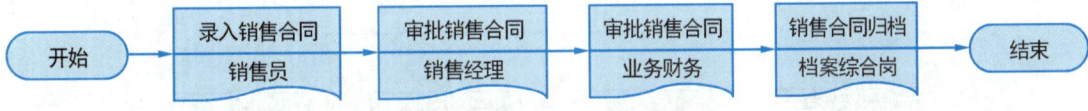

图 5-13 银行收款电子回单

要求：（1）在 NCC 系统中完成签订销售合同任务。
（2）在 NCC 系统中完成产成品销售发货出库任务。
（3）在 NCC 系统中完成产成品销售应收收款任务。

> **注意事项**
>
> 原始凭证（销售合同、销售发票的发票联、收款入账的银行电子回单）作为本课程的教辅资源，教师在上课时将其以物理单证的形式发放给学生。

操作步骤

（一）签订销售合同任务实操

签订销售合同流程如图 5-14 所示。

开始 → 录入销售合同 销售员 → 审批销售合同 销售经理 → 审批销售合同 业务财务 → 销售合同归档 档案综合岗 → 结束

图 5-14 签订销售合同流程

1. 录入销售合同

学生按照角色上岗，然后点击 进入系统 按钮跳转进 NCC 系统，修改右上角的 业务日期 为 2023 年 3 月 1 日，从 NCC 操作桌面打开 我的报账 下的 销售合同通用类型 ，根据任务背景要求填制销售合同，销售合同填制完成并检查无误后点击 保存 ，保存后点击 影像扫描 按钮进入新道影像系统，进入影像管理系统之后如果需要用高拍仪进行扫描则点击扫描按钮，将对应的纸质原始单据用高拍仪进行扫描，如果通过本地上传则点击 导入 按钮，将对应的原始单据影像扫描上传到影像系统，影像扫描完成后依次点击 保存 、 提交 按钮，影像扫描完成后返回销售合同填报界面点击 提交 按钮。

具体操作过程扫描二维码 5-1 查看操作步骤。

二维码 5-1
录入销售
合同具体
操作步骤

2. 销售经理审批（审批销售合同）

学生按照角色上岗，然后点击 进入系统 按钮跳转进 NCC 系统，修改右上角的 业务日期 为 2023 年 3 月 1 日，从 NCC 操作桌面点击 审批中心 、 未处理 ，根据任务背景要求检查销售合同填报和上传的影像是否有误，检查无误则 审批通过 ，否则 驳回 到制单人。

具体操作过程扫描二维码 5-2 查看操作步骤。

二维码 5-2
销售经理
审批具体
操作步骤

3. 业务财务审批（审批销售合同）

学生按照角色上岗，然后点击 进入系统 按钮跳转进 NCC 系统，修改右上角的 业务日期 为 2023 年 3 月 1 日，从 NCC 操作桌面点击 审批中心 、 未处理 ，根据任务背景要求检查销售合同填报和上传的影像是否有误，检查无误则 审批通过 ，否则 驳回 到制单人。

具体操作过程扫描二维码 5-3 查看操作步骤。

二维码 5-3
业务财务
审批具体
操作步骤

4. 销售合同归档

学生按照角色上岗，然后点击 进入系统 按钮跳转进 NCC 系统，修改右上角的 业务日期 为 2023 年 3 月 1 日，从 NCC 操作桌面点击 审批中心 、 未处理 ，根据任务背景要求检查销售合同填报和上传的影像是否有误，检查无误则 审批通过 ，否则 驳回 到制单人。从 NCC 操作桌面点击 销售合同维护 ，根据查询条件查询出当前合同，点击打开合同页面，点击 生效 。

具体操作过程扫描二维码 5-4 查看操作步骤。

二维码 5-4
销售合同
归档具体
操作步骤

（二）产成品销售发货出库任务实操

产成品销售发货出库流程如图 5-15 所示。

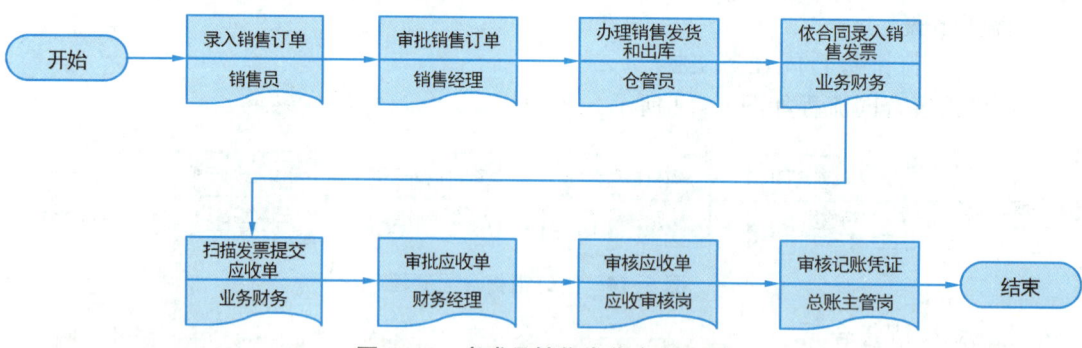

图 5-15 产成品销售发货出库流程

1. 录入销售订单

学生按照角色上岗，然后点击 进入系统 按钮跳转进 NCC 系统，修改右上角的 业务日期 为 2023 年 3 月 5 日，从 NCC 操作桌面打开 销售订单维护 ，点击 新增 、 销售合同生成订单 根据任务背景选择销售合同，点击 生成销售订单 填制完成并检查无误后点击 保存 、 提交 按钮。

具体操作过程扫描二维码 5-5 查看操作步骤。

二维码 5-5
录入销售
订单具体
操作步骤

2. 审批销售订单

学生按照角色上岗，然后点击 进入系统 按钮跳转进 NCC 系统，修改右上角的

[业务日期] 为 2023 年 3 月 5 日，从 NCC 操作桌面点击 [审批中心]、[未处理]，根据任务背景要求检查销售订单填报和上传的影像是否有误，检查无误则 [审批通过]，否则 [驳回] 到制单人。

具体操作过程扫描二维码 5-6 查看操作步骤。

二维码 5-6 审批销售订单具体操作步骤

3. 销售发货和出库

学生按照角色上岗，然后点击 [进入系统] 按钮跳转进 NCC 系统，修改右上角的 [业务日期] 为 2023 年 3 月 6 日，从 NCC 操作桌面打开 [发货单维护]，点击 [发货]，根据任务背景要求填制发货单，发货单填制完成并检查无误后点击 [保存]、[提交] 按钮，从 NCC 操作桌面打开 [销售出库]，根据条件查询出上面已提交的到货单，点击 [生成销售出库单]，根据任务背景要求填制出库单，出库单填制完成并检查无误后点击 [保存]、[签字] 按钮。

具体操作过程扫描二维码 5-7 查看操作步骤。

二维码 5-7 销售发货和出库具体操作步骤

4. 录入销售发票

学生按照角色上岗，然后点击 [进入系统] 按钮跳转进 NCC 系统，修改右上角的 [业务日期] 为 2023 年 3 月 6 日，从 NCC 操作桌面打开 [销售发票维护]，点击 [销售开票]，根据任务背景要求填制销售发票，销售发票填制完成并检查无误后点击 [保存]、[提交] 按钮。

具体操作过程扫描二维码 5-8 查看操作步骤。

二维码 5-8 录入销售发票具体操作步骤

5. 提交应收单

学生按照角色上岗，然后点击 [进入系统] 按钮跳转进 NCC 系统，修改右上角的 [业务日期] 为 2023 年 3 月 6 日，从 NCC 操作桌面打开 [应收单管理]，根据任务背景要求填制应收单，应收单填制完成并检查无误后点击 [保存]，保存后点击 [影像扫描] 按钮进入新道影像系统，进入影像管理系统之后如果需要用高拍仪进行扫描则点击 [扫描] 按钮，将对应的纸质原始单据用高拍仪进行扫描，如果通过本地上传则点击 [导入] 按钮，将对应的原始单据影像扫描上传到影像系统，影像扫描完成后依次点击 [保存]、[提交] 按钮，影像扫描完成后返回应收单填报界面点击 [提交] 按钮。

具体操作过程扫描二维码 5-9 查看操作步骤。

二维码 5-9 提交应收单具体操作步骤

6. 审批应收单

学生按照角色上岗，然后点击 [进入系统] 按钮跳转进 NCC 系统，修改右上角的 [业务日期] 为 2023 年 3 月 6 日，从 NCC 操作桌面点击 [审批中心]、[未处理]，根据任务背景要求检查应收单填报和上传的影像是否有误，检查无误则 [审批通过]，否则 [驳回] 到制单人。

具体操作过程扫描二维码 5-10 查看操作步骤。

二维码 5-10 审批应收单具体操作步骤

7. 审核应收单

学生按照角色上岗，然后点击 [进入系统] 按钮跳转进 NCC 系统，修改右上角的 [业务日期] 为 2023 年 3 月 6 日，从 NCC 操作桌面点击 [审批中心]、[未处理]，根据任务背景要求检查应收单填报和上传的影像是否有误，检查无误则 [审批通过]，否则 [驳回] 到制单人。

具体操作过程扫描二维码 5-11 查看操作步骤。

二维码 5-11 审核应收单具体操作步骤

8. 产成品销售应收（审核记账凭证）

学生按照角色上岗，然后点击 进入系统 按钮跳转进 NCC 系统，修改右上角的 业务日期 为 2023 年 3 月 6 日，从 NCC 操作桌面点击 凭证审核 ，在搜索框输入查询条件：财务组织选择 鸿途集团水泥有限公司 ，查询日期区间为 2023-03-01～2023-03-31 审核状态为 待审核 ，检查凭证，检查无误后点击 审核 。

具体操作过程扫描二维码 5-12 查看操作步骤。

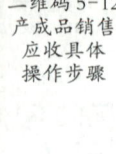

二维码 5-12 产成品销售应收具体操作步骤

（三）产成品销售应收收款任务实操

1. 提交收款单

学生按照角色上岗，然后点击 进入系统 按钮跳转进 NCC 系统，修改右上角的 业务日期 为 2023 年 3 月 31 日，从 NCC 操作桌面打开 收款单管理 ，根据任务背景要求填制收款单，收款单填制完成并检查无误后点击 保存 ，保存后点击 影像扫描 按钮进入新道影像系统，进入影像管理系统之后如果需要用高拍仪进行扫描则点击 扫描 按钮，将对应的纸质原始单据用高拍仪进行扫描，如果通过本地上传则点击 导入 按钮，将对应的原始单据影像扫描上传到影像系统，影像扫描完成后依次点击 保存 、 提交 按钮，影像扫描完成后返回收款单填报界面点击 提交 按钮。

具体操作过程扫描二维码 5-13 查看操作步骤。

二维码 5-13 提交收款单具体操作步骤

2. 审批收款单

学生按照角色上岗，然后点击 进入系统 按钮跳转进 NCC 系统，修改右上角的 业务日期 为 2023 年 3 月 31 日，从 NCC 操作桌面点击 审批中心 、 未处理 ，根据任务背景要求检查收款单填报和上传的影像是否有误，检查无误则 审批通过 ，否则 驳回 到制单人。

具体操作过程扫描二维码 5-14 查看操作步骤。

二维码 5-14 审批收款单具体操作步骤

3. 审核收款单

学生按照角色上岗，然后点击 进入系统 按钮跳转进 NCC 系统，修改右上角的 业务日期 为 2023 年 3 月 31 日，从 NCC 操作桌面点击 审批中心 、 未处理 ，根据任务背景要求检查收款单填报和上传的影像是否有误，检查无误则 审批通过 ，否则 驳回 到制单人。

具体操作过程扫描二维码 5-15 查看操作步骤。

二维码 5-15 审核收款单具体操作步骤

4. 确认收款结算

学生按照角色上岗，然后点击 进入系统 按钮跳转进 NCC 系统，修改右上角的 业务日期 为 2023 年 3 月 31 日，从 NCC 操作桌面点击 结算 ，在搜索框输入查询条件：财务组织选择 鸿途集团水泥有限公司 ，查询日期区间为 2023-03-01～2023-03-31 ，在 待结算 页面中点击 业务单据编号 进入结算详细信息界面，检查无误后点击 结算 。

具体操作过程扫描二维码 5-16 查看操作步骤。

二维码 5-16 确认收款结算具体操作步骤

5. 产成品销售收款（审核记账凭证）

学生按照角色上岗，然后点击 进入系统 按钮跳转进 NCC 系统，修改右上角的 业务日期 为 2023 年 3 月 31 日，从 NCC 操作桌面点击 凭证审核 ，在搜索框输入查询条件：财务组织选择 鸿途集团水泥有限公司 ，查询日期区间为 2023-03-01～2023-03-31 ，审

核状态为 待审核，检查凭证，检查无误后点击 审核。

具体操作过程扫描二维码 5-17 查看操作步骤。

二维码 5-17 产成品销售收款具体操作步骤

任务 2　其他商品销售业务

任务 2.1　其他商品销售业务概述

一、其他商品销售简介

其他商品，是指企业除了产成品以外的商品，如原材料等。其他商品销售业务在共享前一般需要经过 6 个步骤。其他商品销售流程如图 5-16 所示。

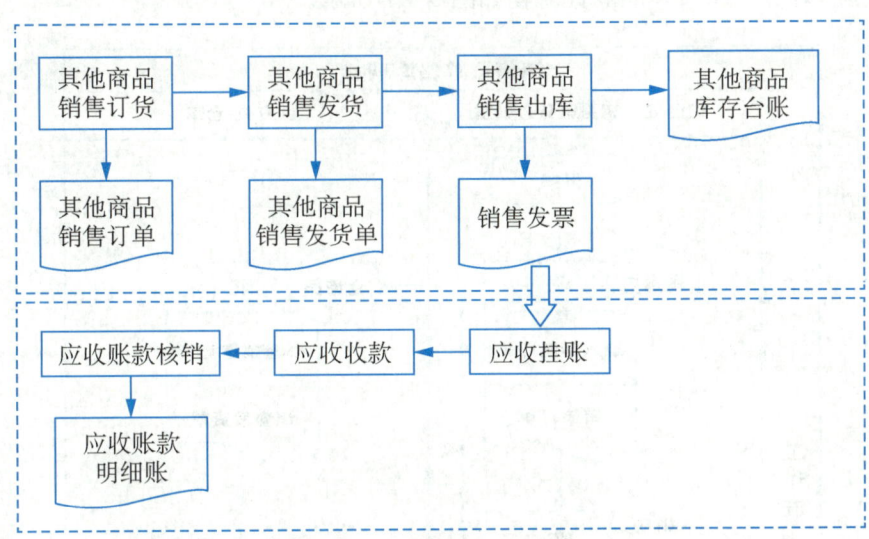

图 5-16　其他商品销售流程

（1）销售订货。销售订货是指客户发出采购订货请求，企业在系统中录入采购并审批订单。

（2）销售发货。销售发货是指销售部门向仓库发出发货指令。

（3）销售出库。销售出库是指仓库装货发运。

（4）应收挂账。应收挂账是指依据双方商定的收款条件，销售部门向财务部门申请开具销售发票，财务部门确认对客户的应收账款。

（5）应收账款收款。应收账款收款是指收到客户的款项后，在信息系统中确认收款记录。

（6）应收账款核销。应收账款核销是指匹配收款记录和应收账款记录，进行应收账款核销。

二、其他商品销售共享前业务流程分析

(一) 其他商品销售业务现状问题

其他商品销售业务在集团企业建立财务共享中心前与产成品销售业务存在类似的几点问题：

(1) 与产成品的销售业务流程基本一致，但业务关键控制点不同。

(2) 销售价格多样化，审批、执行及监管不便捷。

(3) 手工工作量大，较易出现错误，比如客户余额的计算、返利计算等等。

(4) 工厂布局、硬件不同，发货流程无固定形式、单据格式不同、流转不统一，不便于统一化和精细化管理。

(5) 统计报表以手工为主，工作量大，及时性较差。

(二) 其他商品销售共享前业务流程现状

(1) 销售订货出库共享前业务流程如图 5-17 所示。

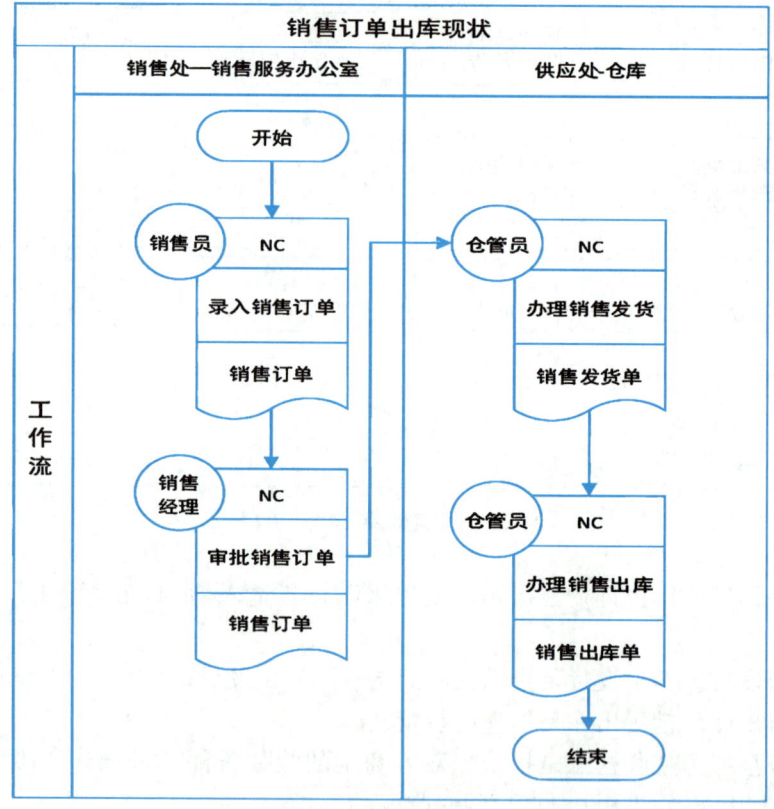

图 5-17 销售订货出库共享前业务流程

(2) 应收挂账共享前业务流程如图 5-18 所示。

(3) 应收收款共享前业务流程如图 5-19 所示。

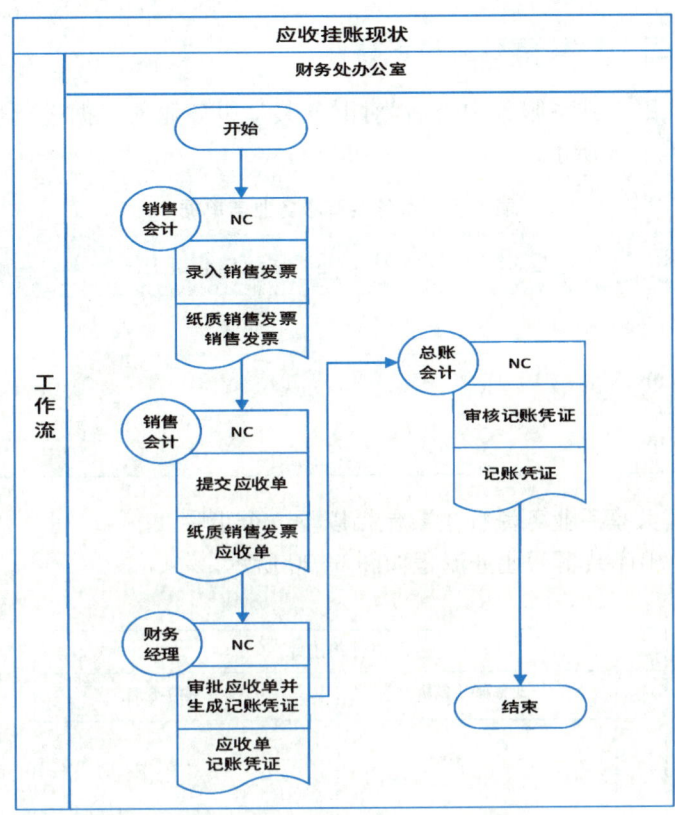

图 5-18 应收挂账共享前业务流程

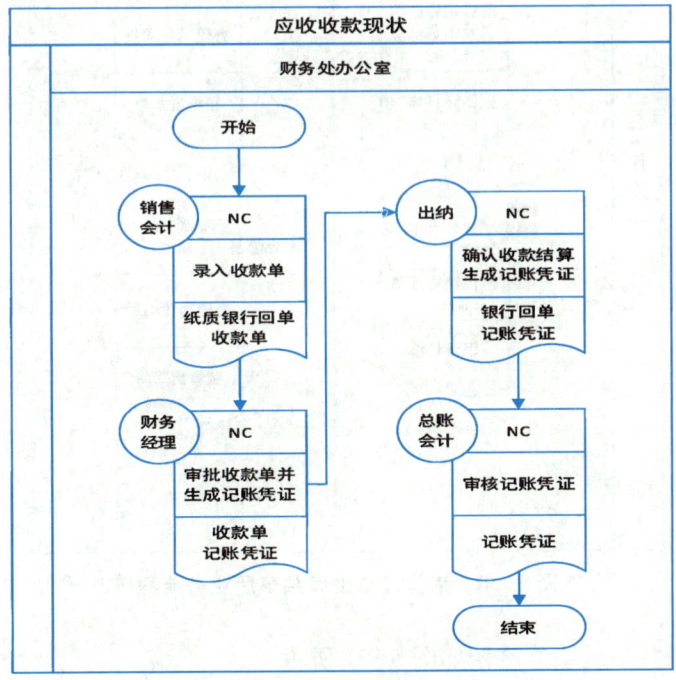

图 5-19 应收收款共享前业务流程

三、其他商品销售共享后业务流程

鸿途集团引入财务共享服务中心后,对财务共享服务业务单据进行规划。财务共享服务业务单据如表 5-5 所示。

表 5-5　财务共享服务业务单据

序号	名称	是否进 FSSC	是否属于作业组工作	流程设计工具
1	销售订单	N	—	审批流
2	应收单	Y	Y	工作流
3	收款单	Y	Y	工作流

其他商品销售共享后业务流程主要包括以下 3 个步骤。

(1) 销售订单出库共享后业务流程如图 5-20 所示。

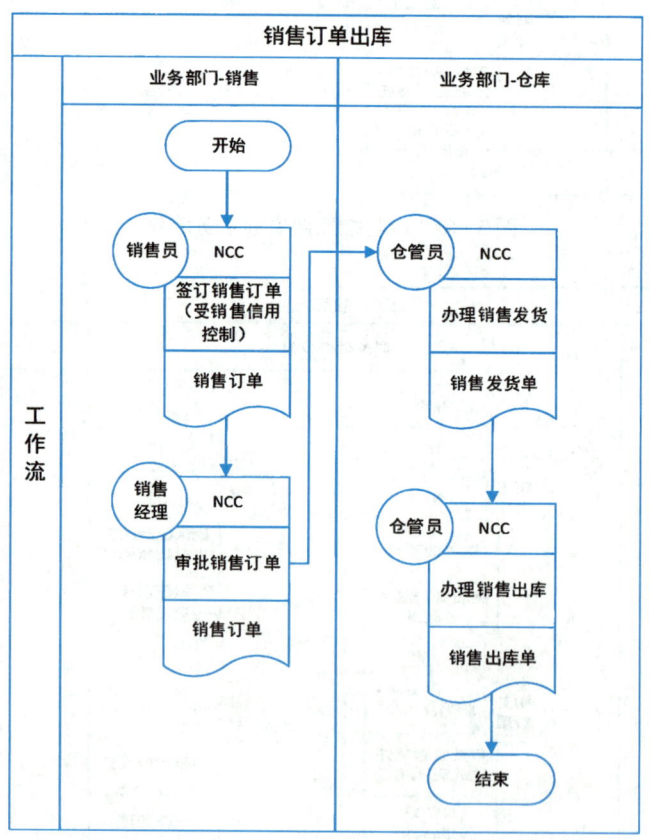

图 5-20　销售订单出库共享后业务流程

(2) 应收挂账共享后业务流程如图 5-21 所示。
(3) 应收收款共享后业务流程如图 5-22 所示。

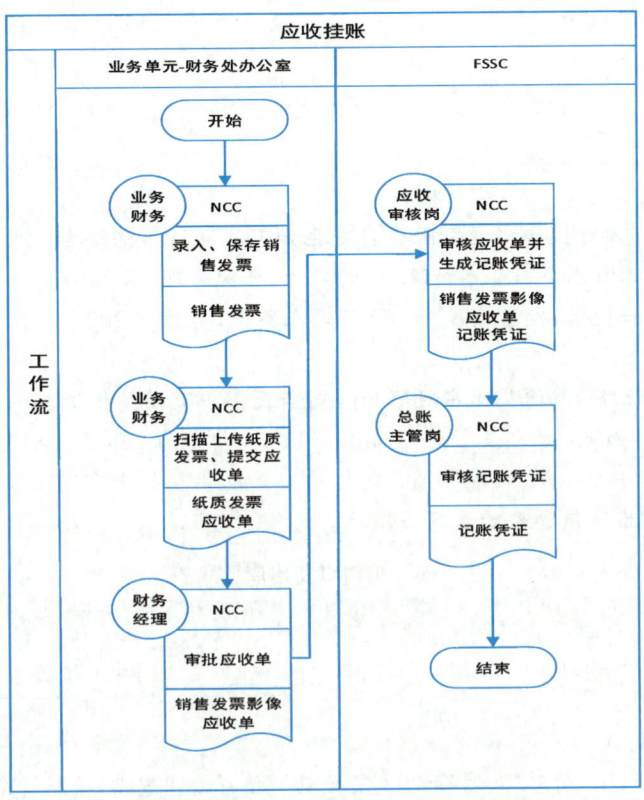

图 5-21 应收挂账共享后业务流程

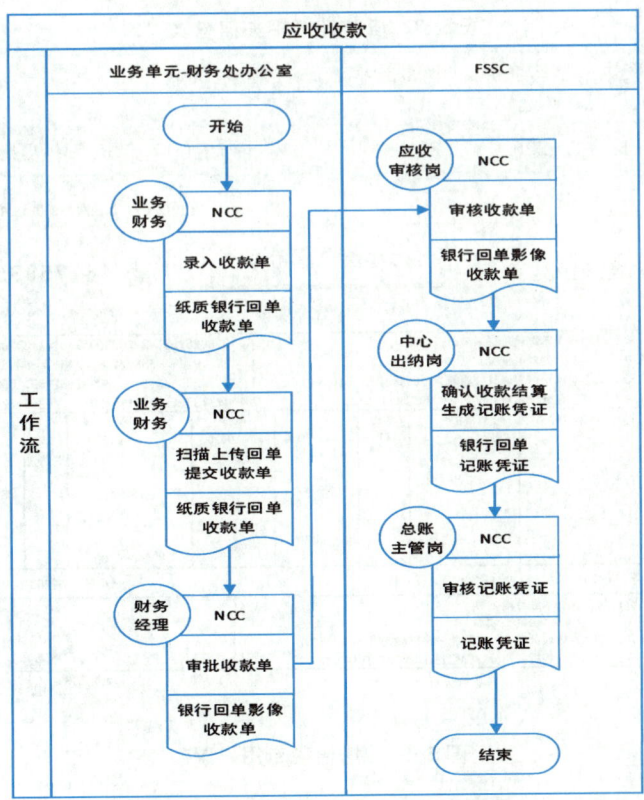

图 5-22 应收收款共享后业务流程

任务 2.2　其他商品销售业务实操

任务情景

2023 年 3 月，鸿途集团水泥有限公司发生如下其他商品销售共享业务。鸿途集团对天海中天精细化工有限公司基本情况、履约能力、合同管理、信用记录四个方面进行综合评估后由集团统一授信，授信额度为 100 万元人民币，有效期 2023.3.1～2023.12.31。

1. 销售订货出库

2023 年 3 月 5 日，鸿途集团水泥有限公司与天海中天精细化工有限公司签订一笔材料销售订单，信息如下：计划发货时间为 3 月 11 日，价格为 226 元/吨（含增值税）。并生成销售发货单，3 月 11 日“天然石膏”发货出库，从销售发票审核日期开始算起账期 10 天。销售订货出库信息表如表 5-6 所示。

表 5-6　销售订货出库信息表

项目名称	需求数量（吨）	含税单价（元）	客户
天然石膏	1 000	226	天海中天精细化工有限公司

2. 应收挂账

2023 年 3 月 11 日，针对“天然石膏”发货开具增值税专用发票，票随货走，当日完成了后续的应收挂账流程。应收挂账相关信息表如表 5-7 所示。增值税专用发票如图 5-23 所示。

表 5-7　应收挂账相关信息表

项目名称	需求数量（吨）	含税单价（元）	价税合计（元）	税率	税额（元）	客户
天然石膏	1 000	226	226 000	13%	26 000	天海中天精细化工有限公司

【10120049 其他商品销售】 增值税专用发票（记账联）

河南增值税专用发票

4100193130　　№ 44775835　4100193130 44775835

此联不作报销、扣税凭证使用　　开票日期：2023年3月11日

购买方　名　　称：天海中天精细化工有限公司
纳税人识别号：91141022254836101T
地 址、电 话：山西省临汾市翼城县红旗街28号0357-49273518
开户行及账号：中国工商银行翼城县支行40033902304942123

密码区　035926>3>2<0230937-8>1*26906
374*91/- +588247>>/*6+>-89233
785926>3>2<0230937*57+89>097
4/ 737-++ 690195*6067/ /42+4-72

货物或应税劳务、服务名称	规格型号	单位	数量	单价	金额	税率	税额
天然石膏		吨	1000	200.00	200000.00	13%	26000.00
合　计					¥200000.00		¥26000.00
价税合计（大写）	⊗ 贰拾贰万陆仟元整				（小写）¥226000.00		

销售方　名　　称：鸿途集团水泥有限公司
纳税人识别号：91410000416067532K
地 址、电 话：郑州市管城区第八大街经北一路136号0371-82738651
开户行及账号：中国工商银行郑州分行管城支行3701239319189278309

备注　鸿途集团水泥有限公司 91410000416067532K 发票专用章

收款人：王丽丹　　复核：吴英　　开票人：刘海燕　　销售方：（章）

税总函〔2015〕340号北京印刷有限公司

第一联：记账联　销售方记账凭证

图 5-23　增值税专用发票

3. 应收收款

2023年3月11日,客户全额打款到账。收到客户通知并从网银系统获得银行收款电子回单的打印件后,在系统里录入该笔收款单。应收收款相关信息表如表5-8所示,银行收款电子回单如图5-24所示。

表5-8 应收收款相关信息表

客户名称	收款金额(元)
天海中天精细化工有限公司	226 000

10120049-6 其他商品销售-银行收款电子回单

中国工商银行 金融@家

入账日期:2023-03-31　　　　　电子回单号:20230331005120

付款单位	户名	天海中天精细化工有限公司	收款单位	户名	鸿途集团水泥有限公司
	账号	40033902304942123		账号	3701239319189278309
	开户行	中国工商银行翼城县支行		开户行	中国工商银行郑州分行管城支行
金额(大写)		贰拾贰万陆仟圆整	金额(小写)		¥226,000.00
转账用途		202303天然石膏款			

制单人:lg0005　　流水号:008361　　银行签章:(中国工商银行电子回单专用章)

图5-24 银行收款电子回单

要求:(1) 在NCC系统中完成其他商品销售发货出库任务。
　　　(2) 在NCC系统中完成其他商品销售应收账款任务。

> **注意事项**
>
> (1) 原始凭证(收款入账的银行电子回单和增值税专用发票),作为本课程的教辅资源,在上课时以物理单证的形式发放给学生。
> (2) 在NCC系统中,其他商品销售业务包括销售发货出库与销售应收收款两个子项目,部分步骤与产成品销售业务相同,下文仅列示主要操作步骤,未列示操作步骤请参见任务1.2产成品销售业务实操相关部分内容及书中相应的二维码。

操作步骤

(一)其他商品销售发货出库任务实操

1. 签订销售订单

学生按照角色上岗,然后点击 进入系统 按钮跳转进NCC系统,修改右上角的

业务日期 为 2023 年 3 月 5 日，从 NCC 操作桌面打开 销售订单维护 ，点击 新增 、 自制 ，根据任务背景要求填制销售订单，销售订单填制完成并检查无误后点击 保存 、 提交 按钮。

具体操作过程扫描二维码 5-18 查看操作步骤。

2. 审批销售订单

学生按照角色上岗，然后点击 进入系统 按钮跳转进 NCC 系统，修改右上角的 业务日期 为 2023 年 3 月 5 日，从 NCC 操作桌面点击 审批中心 、 未处理 ，根据任务背景要求检查销售订单填报和上传的影像是否有误，检查无误则 审批通过 ，否则 驳回 到制单人。

具体操作过程扫描二维码 5-19 查看操作步骤。

3. 销售发货出库

学生按照角色上岗，然后点击 进入系统 按钮跳转进 NCC 系统，修改右上角的 业务日期 为 2023 年 3 月 11 日，从 NCC 操作桌面打开 发货单维护 ，点击 发货 ，根据任务背景要求填制发货单，发货单填制完成并检查无误后点击 保存提交 ，返回 NCC 操作桌面打开 销售出库 ，点击 新增 、 销售业务出库 ，根据任务背景要求填制销售出库，销售出库填制完成并检查无误后点击 保存提交 。

具体操作过程扫描二维码 5-20 查看操作步骤。

4. 录入保存销售发票

学生按照角色上岗，然后点击 进入系统 按钮跳转进 NCC 系统，修改右上角的 业务日期 为 2023 年 3 月 11 日，从 NCC 操作桌面打开 销售发票维护 ，根据任务背景要求填制销售发票，销售发票填制完成并检查无误后点击 保存 。

具体操作过程扫描二维码 5-21 查看操作步骤。

5. 提交应收单

学生按照角色上岗，然后点击 进入系统 按钮跳转进 NCC 系统，修改右上角的 业务日期 为 2023 年 3 月 11 日，从 NCC 操作桌面打开 应收单管理 ，根据任务背景要求填制应收单，应收单填制完成并检查无误后点击 保存 ，保存后点击影像扫描按钮进入新道影像系统，进入影像管理系统之后如果需要用高拍仪进行扫描则点击 扫描 按钮，将对应的纸质原始单据用高拍仪进行扫描，如果通过本地上传则点击导入按钮，将对应的原始单据影像扫描上传到影像系统，影像扫描完成后依次点击 保存 、 提交 按钮，影像扫描完成后返回应收单填报界面点击 提交 按钮。

具体操作过程扫描二维码 5-22 查看操作步骤。

6. 审批应收单

学生按照角色上岗，然后点击 进入系统 按钮跳转进 NCC 系统，修改右上角的 业务日期 为 2023 年 3 月 11 日，从 NCC 操作桌面点击 审批中心 、 未处理 ，根据任务背景要求检查应收单填报和上传的影像是否有误，检查无误则 审批通过 ，否则 驳回 到制单人。

具体操作过程扫描二维码 5-23 查看操作步骤。

7. 审核应收单

学生按照角色上岗，然后点击 进入系统 按钮跳转进 NCC 系统，修改右上角的

`业务日期` 为2023年3月11日,从NCC操作桌面点击 `审批中心`、`未处理`,根据任务背景要求检查应收单填报和上传的影像是否有误,检查无误则 `审批通过`,否则 `驳回` 到制单人。

具体操作过程扫描二维码5-24查看操作步骤。

二维码5-24
审核应收
单具体操
作步骤

8. 其他销售应收

学生按照角色上岗,然后点击 `进入系统` 按钮跳转进NCC系统,修改右上角的 `业务日期` 为2023年3月11日,从NCC操作桌面点击 `凭证审核`,在搜索框输入查询条件:财务组织选择 `鸿途集团水泥有限公司`,查询日期区间为 `2023-03-01～2023-03-31`,审核状态为 `待审核`,检查凭证,检查无误后点击 `审核`。

具体操作过程扫描二维码5-25查看操作步骤。

二维码5-25
其他销售
应收具体
操作步骤

(二) 其他商品销售应收账款任务实操

1. 提交收款单

学生按照角色上岗,然后点击 `进入系统` 按钮跳转进NCC系统,修改右上角的 `业务日期` 为2023年3月31日,从NCC操作桌面打开 `收款单管理`,根据任务背景要求填制收款单,收款单填制完成并检查无误后点击 `保存`,保存后点击 `影像扫描` 按钮进入新道影像系统,进入影像管理系统之后如果需要用高拍仪进行扫描则点击 `扫描` 按钮,将对应的纸质原始单据用高拍仪进行扫描,如果通过本地上传则点击 `导入` 按钮,将对应的原始单据影像扫描上传到影像系统,影像扫描完成后依次点击 `保存`、`提交` 按钮,影像扫描完成后返回收款单填报界面点击 `提交` 按钮。

具体操作过程扫描二维码5-26查看操作步骤。

二维码5-26
提交收款
单具体操
作步骤

2. 审批收款单

学生按照角色上岗,然后点击 `进入系统` 按钮跳转进NCC系统,修改右上角的 `业务日期` 为2023年3月31日,从NCC操作桌面点击 `审批中心`、`未处理`,根据任务背景要求检查收款单填报和上传的影像是否有误,检查无误则 `审批通过`,否则 `驳回` 到制单人。

具体操作过程扫描二维码5-27查看操作步骤。

二维码5-27
审批收款
单具体操
作步骤

3. 审核收款单

学生按照角色上岗,然后点击 `进入系统` 按钮跳转进NCC系统,修改右上角的 `业务日期` 为2023年3月31日,从NCC操作桌面点击 `审批中心`、`未处理`,根据任务背景要求检查收款单填报和上传的影像是否有误,检查无误则 `审批通过`,否则 `驳回` 到制单人。

具体操作过程扫描二维码5-28查看操作步骤。

二维码5-28
审核收款
单具体操
作步骤

4. 确认收款结算

学生按照角色上岗,然后点击 `进入系统` 按钮跳转进NCC系统,修改右上角的 `业务日期` 为2023年3月31日,从NCC操作桌面点击 `结算`,在搜索框输入查询条件:财务组织选择 `鸿途集团水泥有限公司`,查询日期区间为 `2023-03-01～2023-03-31`,在 `待结算` 页面中点击 `业务单据编号` 进入结算详细信息界面,检查无误后点击 `结算` 进行结算。

具体操作过程扫描二维码5-29查看操作步骤。

二维码5-29
确认收款
结算具体
操作步骤

5. 其他销售收款

二维码 5-30
其他销售
收款具体
操作步骤

学生按照角色上岗，然后点击 进入系统 按钮跳转进 NCC 系统，修改右上角的 业务日期 为 2023 年 3 月 31 日，从 NCC 操作桌面点击 凭证审核 ，在搜索框输入查询条件：财务组织选择 鸿途集团水泥有限公司 ，查询日期区间为 2023-03-01～2023-03-31 ，审核状态为 待审核 ，检查凭证，检查无误后点击 审核 。

具体操作过程扫描二维码 5-30 查看操作步骤。

同步练习

一、单项选择题

1. 在财务共享的销售应收共享中,某集团的A销售中心向甲客户卖集团内B工厂的货,由B工厂发货,但由A销售中心开票、收款,这描述的是(　　)销售类型。
   A. 单组织销售　　B. 直销　　C. 分销　　D. 跨组织销售

2. 在财务共享的销售应收共享中,销售发货出库的销售订单录入,以及销售订单的审批,分别是由(　　)完成的。
   A. 销售员,仓管员　　　　B. 销售员,销售经理
   C. 仓管员,销售员　　　　D. 销售经理,销售员

3. 在财务共享的销售应收共享中,企业因销售产品、商品或提供劳务等业务,应向购货单位或接受劳务单位及个人收取的款项是(　　)。
   A. 应付账款　　B. 应收账款　　C. 预收账款　　D. 预付账款

4. 在财务共享的销售应收共享中,以下不属于接单销售的总流程的是(　　)。
   A. 销售发货安排　　　　B. 销售开票登记
   C. 销售付款　　　　　　D. 出库或发票立账

5. 销售应收共享服务的核心目标是(　　)。
   A. 提高产品销量　　　　B. 降低生产成本
   C. 提高财务流程效率　　D. 增加市场份额

6. 销售应收共享服务通常不涉及(　　)活动。
   A. 订单处理　　　　　　B. 发票开具
   C. 客户关系管理　　　　D. 产品制造

7. 在销售应收共享服务中,负责信用管理的部门通常是(　　)。
   A. 销售部　　B. 财务部　　C. 人力资源部　　D. 研发部

8. 销售应收共享服务中,提高收款效率的关键是(　　)。
   A. 快速响应客户询问　　B. 定期审查信用政策
   C. 及时更新客户信息　　D. 所有上述选项

9. 销售应收共享服务中,遇到客户投诉应该(　　)。
   A. 通过客户服务团队直接处理　　B. 由共享服务中心统一处理
   C. 忽略不处理　　　　　　　　　D. 以上都不是

10. 销售应收共享服务中,体现数据安全的重要性的是(　　)。
    A. 防止数据泄露　　　　B. 确保数据完整性
    C. 遵守法律法规　　　　D. 以上都是

11. 销售应收共享服务中,可以用于减少坏账风险的是(　　)。
    A. 信用控制　　　　　　B. 客户忠诚度计划
    C. 产品多样化　　　　　D. 市场促销活动

二、多项选择题

1. 在财务共享的销售应收共享中,销售总流程涉及的票据有(　　)。
   A. 销售合同　　　　B. 销售发票　　　　C. 发货单　　　　D. 应收单
2. 销售应收共享服务可以带来的好处有(　　)。
   A. 提高流程效率　　　　　　　　　B. 降低运营成本
   C. 加强风险管理　　　　　　　　　D. 提升客户满意度
3. 销售应收共享服务中,有助于降低信用风险的措施有(　　)。
   A. 信用评分系统　　　　　　　　　B. 定期信用审查
   C. 客户信用限额管理　　　　　　　D. 应收账款保险
4. 销售应收共享服务中,可以提高流程质量的因素有(　　)。
   A. 流程文档化　　　　　　　　　　B. 持续地流程改进
   C. 员工参与和反馈　　　　　　　　D. 顾客投诉的快速解决
5. 销售应收共享服务中的风险包括(　　)。
   A. 信用风险　　　　　　　　　　　B. 操作风险
   C. 法律和合规风险　　　　　　　　D. 市场风险
6. 销售应收共享系统中,客户信用管理的关键指标有(　　)。
   A. 客户信用额度　　　　　　　　　B. 客户付款周期
   C. 客户历史交易记录　　　　　　　D. 客户地理位置
7. 在销售应收共享中,应收账款催收的常用方式有(　　)。
   A. 电话催收　　　　　　　　　　　B. 邮件催收
   C. 上门拜访　　　　　　　　　　　D. 提高销售价格
8. 销售应收共享系统中,可能导致数据错误的操作有(　　)。
   A. 未及时更新客户信用信息　　　　B. 重复录入销售订单
   C. 忽略应收账款对账　　　　　　　D. 定期备份系统数据
9. 销售应收共享服务的优势有(　　)。
   A. 减少重复性人工操作　　　　　　B. 提升客户付款及时性
   C. 增强财务数据透明度　　　　　　D. 缩短产品研发周期
10. 销售应收共享服务的标准化流程可能包括(　　)。
    A. 客户主数据统一维护　　　　　　B. 销售合同电子化归档
    C. 应收账款对账自动化　　　　　　D. 库存盘点管理

三、判断题

1. 在财务共享的销售应收共享中,分销是指生产者不经过中间环节,把自己的产品直接卖给消费者。(　　)
2. 销售应收共享服务可以完全自动化,不需要人工干预。(　　)
3. 销售应收共享服务只适用于大型跨国公司。(　　)
4. 销售应收共享服务可以提高客户满意度,因为它减少了客户等待响应的时间。(　　)
5. 销售应收共享服务中的所有流程都必须遵循统一的标准操作程序。(　　)

6. 销售应收共享服务只能通过内部团队来实施,不能外包给第三方服务提供商。

( )

7. 销售应收共享服务可提高企业的现金流量管理效率。 ( )
8. 销售应收共享服务的存在,意味着客户可以直接与共享中心沟通。 ( )
9. 共享服务中心的设立会减少企业对财务专业人员的需求。 ( )
10. 销售应收共享服务不涉及任何数据安全和隐私问题。 ( )

四、拓展思考题

销售应收共享服务在实施过程中可能会遇到哪些挑战,如何克服?

模块 6 资金结算共享业务处理

学习目标

知识目标

1. 掌握收付款合同的概念和适用条件
2. 熟悉收付款合同结算的典型流程
3. 理解外部委托付款业务的概念

技能目标

1. 能在财务共享信息系统中完成收付款合同结算业务处理
2. 能在财务共享信息系统中完成收款单的录入与审核,并依据收款单生成记账凭证
3. 能依据审批通过的付款申请单,在财务共享信息系统中生成付款单、确认现金支付,并生成记账凭证

素养目标

1. 培养学生严谨细致的工作作风,鼓励其严格审批资金支出
2. 培养学生熟悉企业资金安全管理制度,鼓励其实施会计监督

学习重点

1. 在财务共享信息系统中完成收付款合同结算业务处理
2. 在财务共享信息系统中完成收款单的录入与审核,并依据收款单生成记账凭证
3. 在财务共享信息系统中生成付款单、确认现金支付,并生成记账凭证

学习难点

1. 在财务共享信息系统中完成收付款合同业务处理
2. 在财务共享信息系统中完成外部委托付款业务处理

模块6 资金结算共享业务处理 | 183

思维导图

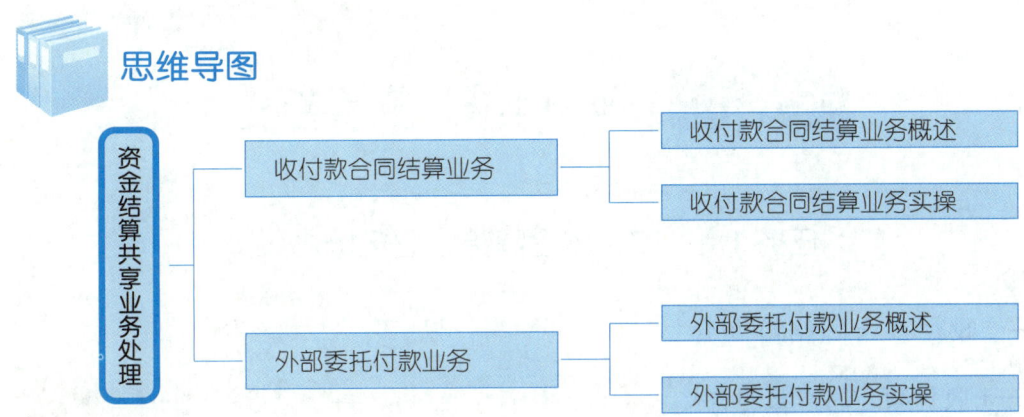

思政导读

匠心守责：资金管理中的细节力量与使命传承

鸿途水泥的财务部新来了一个年轻员工，名叫小林。她刚刚从大学毕业，虽然理论知识丰富，但实践经验不足。入职后，小林被分配到财务共享服务中心，负责处理公司的收付款合同结算业务。

一天，公司行政办公区的水费账单送到了财务部。由于公司支出账户余额不足，财务部决定通过外部委托付款的方式支付这笔费用。小林接到任务后，心里有些忐忑，毕竟这是她第一次独立处理外部委托付款业务。她仔细阅读了操作手册，按照流程一步步操作：填写付款结算单、提交审批、审核付款结算单、办理付款委托书……每一步她都小心翼翼，生怕出错。

然而，就在她准备提交付款委托书时，系统突然提示"付款失败"。小林心里一紧，赶紧检查原因，发现是付款金额填写错误，导致系统无法通过。她立刻意识到，如果这笔款项不能及时支付，可能会影响公司的正常运营，甚至导致停水。

小林没有慌乱，她冷静下来，重新核对账单金额，确认无误后，再次提交了付款委托书。这一次，系统顺利通过了审批，款项成功支付。小林长舒了一口气，心里充满了成就感。

事后，财务经理找到小林，表扬了她的冷静和细致。经理说："财务工作无小事，每一笔款项的支付都关系到公司的运营和信誉。你今天的表现，不仅体现了你的专业能力，更展现了你的责任感和担当精神。"

小林听后，心里暖暖的。她明白，作为一名财务人员，不仅要具备扎实的专业技能，而且要有高度的责任心和职业道德。只有严谨细致、严格审批每一笔资金支出，才能确保公司的资金安全，为企业的健康发展保驾护航。

任务 1　收付款合同结算业务

任务 1.1　收付款合同结算业务概述

一、收付款合同结算简介

（一）收付款合同结算的含义

收付款合同，是指企业签署的、具有收款或付款条款的、不属于销售合同、采购合同、项目合同等的合同。收付款合同结算，是指企业与外部结算对象之间虽无有形产品购销合同，但存在明确双方结算权利与义务的收付款合同，依据收付款合同的收款或付款条款进行结算的行为。企业结算业务的起点是收付款合同的缔结，当收付款条件满足后，合同双方依据收付款合同的收款或付款条款进行结算。

（二）收付款合同结算的场景

1. 收付款合同签订

企业的业务部门与客户或供应商经过协商、谈判并达成一致后，拟定收款或付款合同，合同在按照企业合同审批流程通过后正式生效，同时合同进入履行状态。

2. 收付款合同立账（应收、应付挂账）

当企业与合同中指定的客户或供应商发生应收或应付业务时，财务部参照合同进行应收或应付账款的确认。

3. 收付款结算

合同执行人与收付款计划或按照企业结算审批流程通过后，进行收款或付款。

二、收付款合同结算共享前业务流程分析

（一）收付款合同结算现状问题

在实现财务共享服务前，案例企业收付款合同结算都是在业务单元内部完成的。从集团结算管理的角度考虑，存在以下问题：

(1) 收付款合同的签订流程，各子公司各自为政、流程不统一。
(2) 集团无法及时获得准确的收付款合同执行情况。
(3) 超合同金额的收付款控制，集团没有统一的控制点，增加了合同执行风险。

（二）收付款合同结算共享前业务流程现状

(1) 付款合同签订共享前业务流程如图 6-1 所示。
(2) 付款合同应付挂账共享前业务流程如图 6-2 所示。
(3) 付款合同付款结算共享前业务流程如图 6-3 所示。

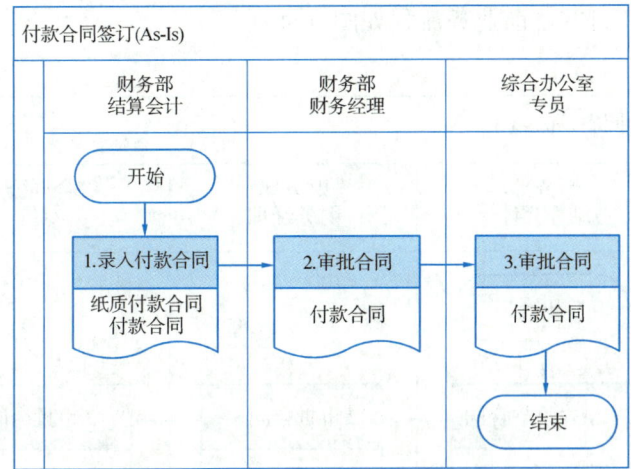

图 6-1　付款合同签订共享前业务流程

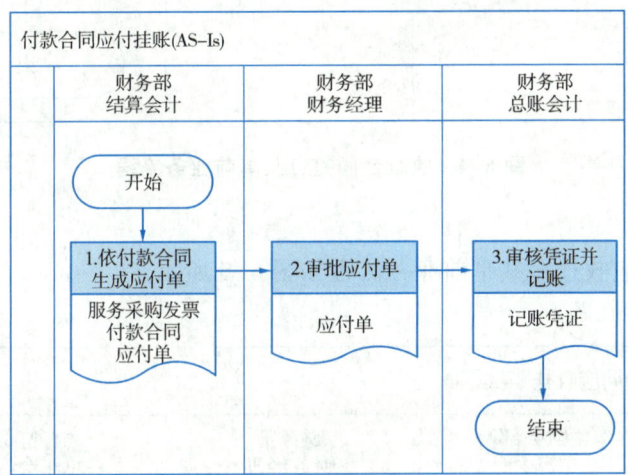

图 6-2　付款合同应付挂账共享前业务流程

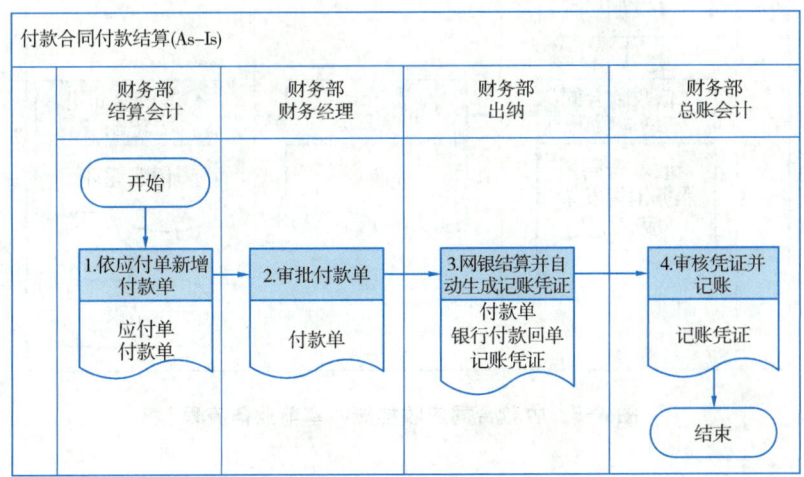

图 6-3　付款合同付款结算共享前业务流程

（4）收款合同签订共享前业务流程如图 6-4 所示。

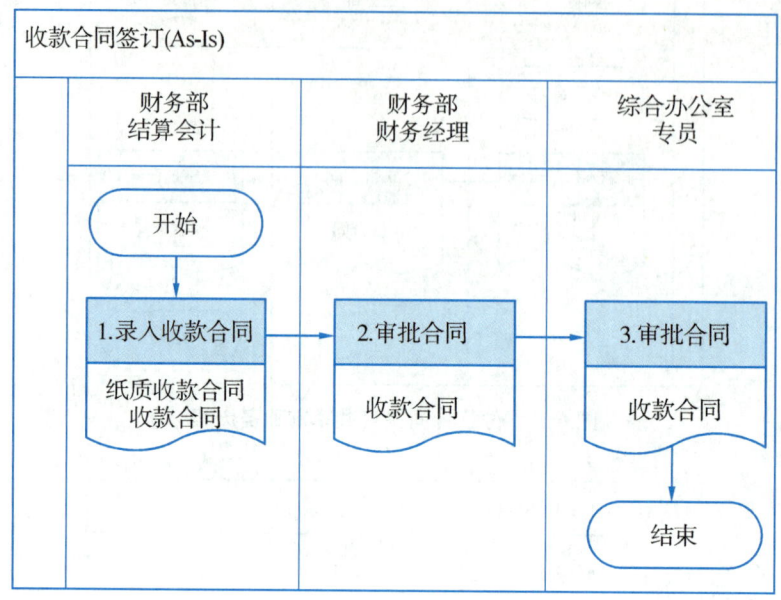

图 6-4　收款合同签订共享前业务流程

（5）收款合同应收挂账共享前业务流程如图 6-5 所示。

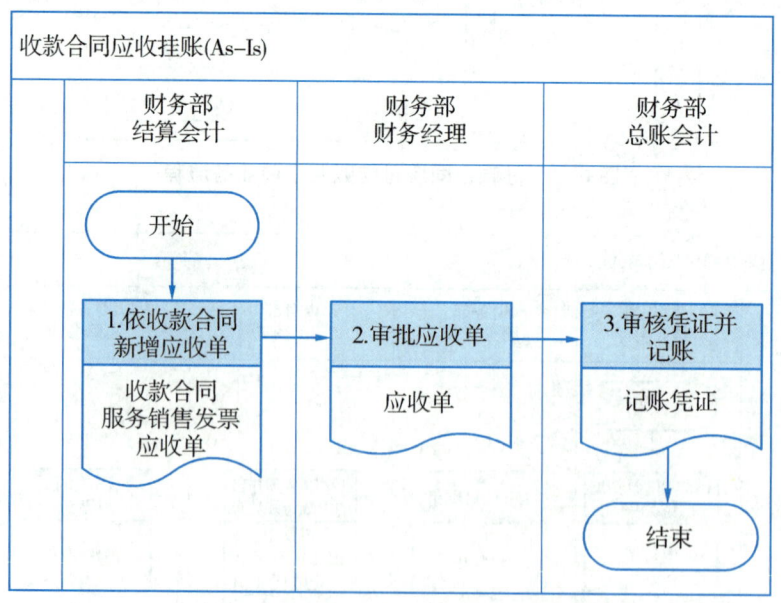

图 6-5　收款合同应收挂账共享前业务流程

（6）收款合同收款结算共享前业务流程如图 6-6 所示。

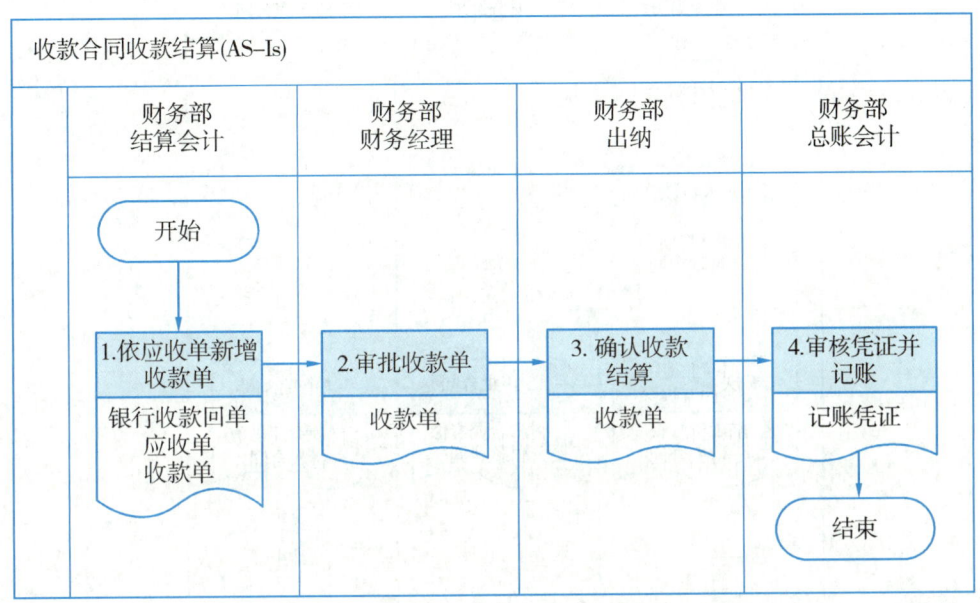

图 6-6　收款合同收款结算共享前业务流程

三、收付款合同结算共享后业务流程

（一）收付款合同结算共享后目的
企业集团建立财务共享中心后，收付款合同结算业务共享后的功能有以下几点变化：

（1）收款合同、付款合同的审批均实现共享，由财务共享服务中心的档案综合岗负责。

（2）业务财务发起的流程需财务经理审批。

（3）集团的所有收付款，均以网银（银企直连）方式完成。

（4）集团通常选择单共享中心模式。

（二）收付款合同结算共享前业务流程现状
（1）付款合同签订共享后业务流程如图 6-7 所示。

（2）付款合同应付挂账共享后业务流程如图 6-8 所示。

（3）付款合同付款结算共享后业务流程如图 6-9 所示。

（4）收款合同签订共享后业务流程如图 6-10 所示。

（5）收款合同应收挂账共享后业务流程如图 6-11 所示。

（6）收款合同收款结算共享后业务流程如图 6-12 所示。

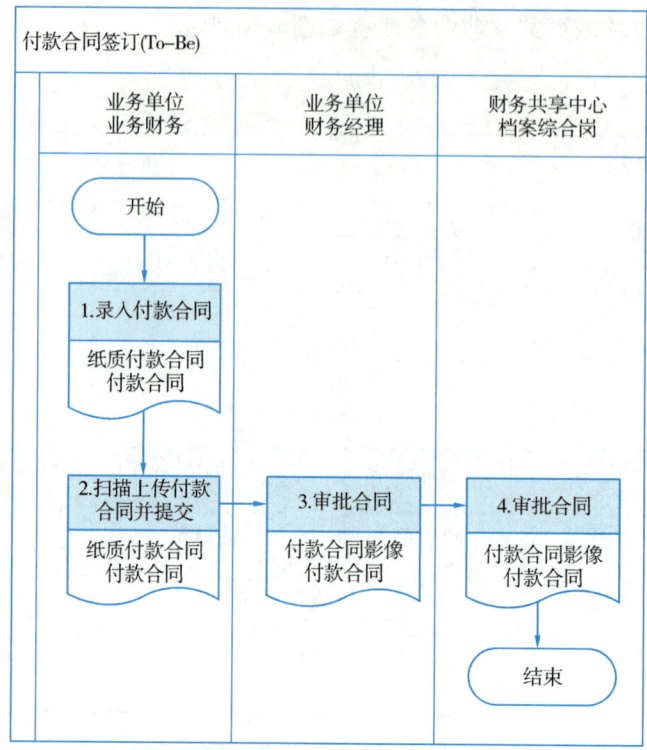

图 6-7　付款合同签订共享后业务流程

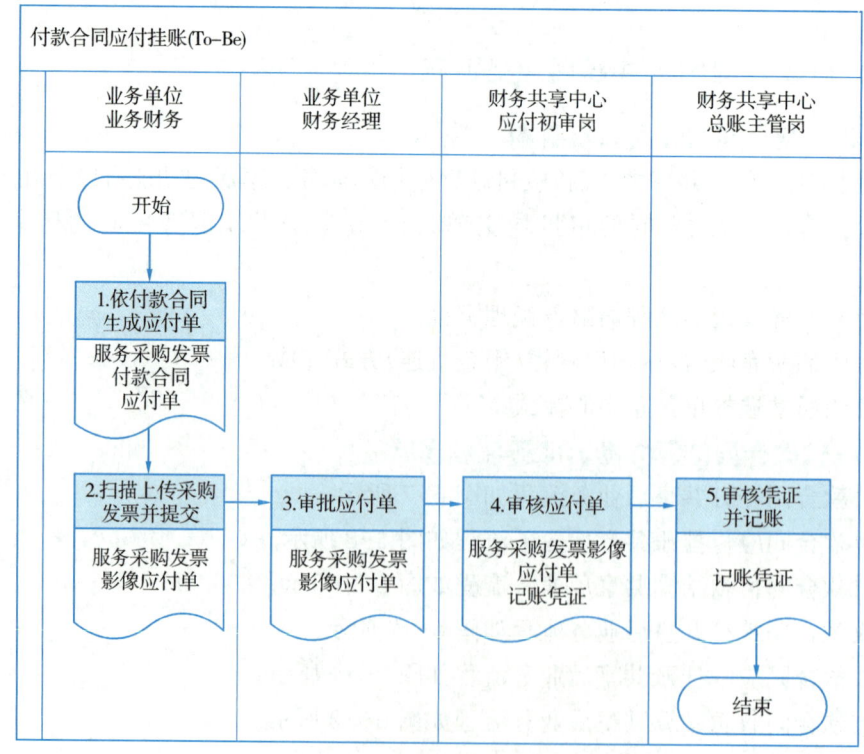

图 6-8　付款合同应付挂账共享后业务流程

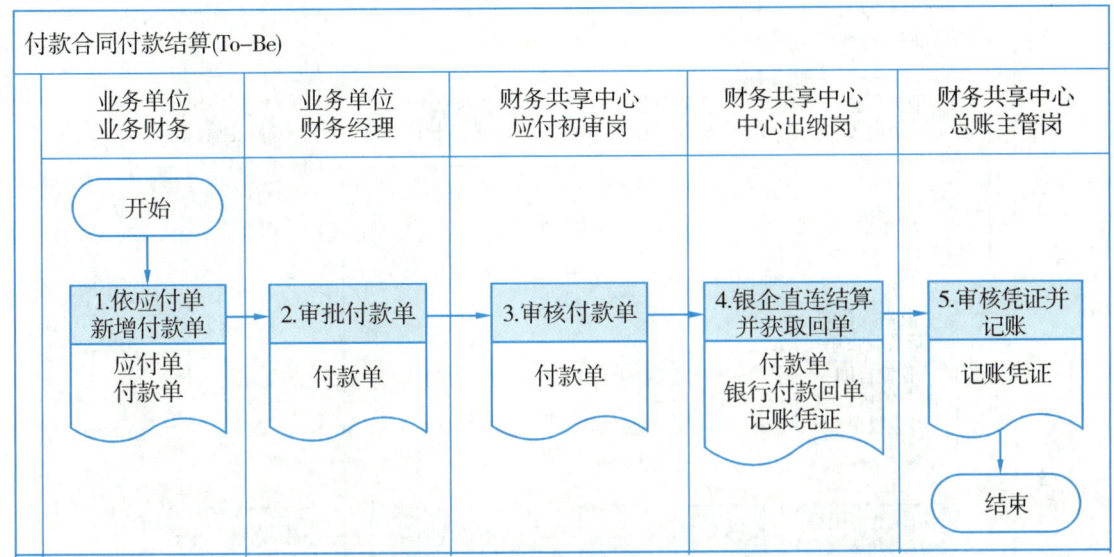

图 6-9　付款合同付款结算共享后业务流程

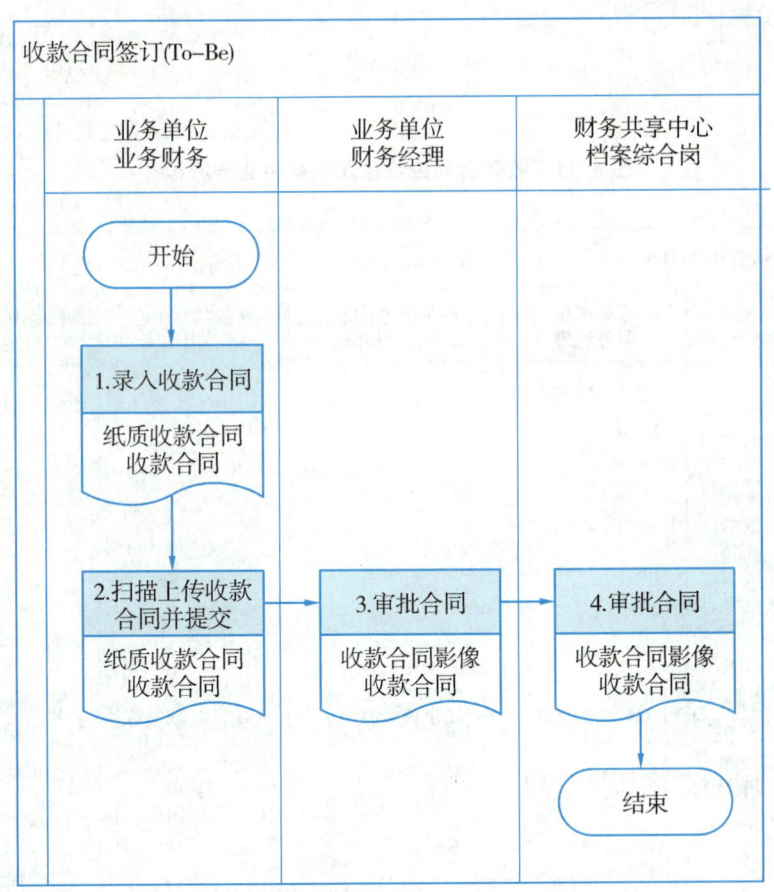

图 6-10　收款合同签订共享后业务流程

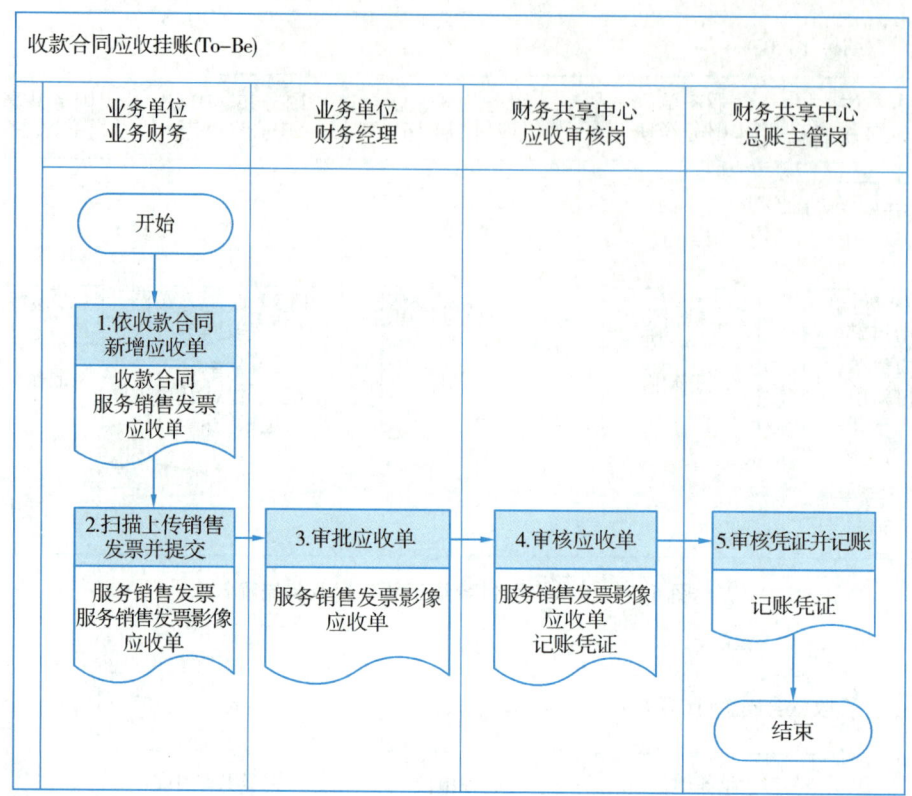

图 6-11　收款合同应收挂账共享后业务流程

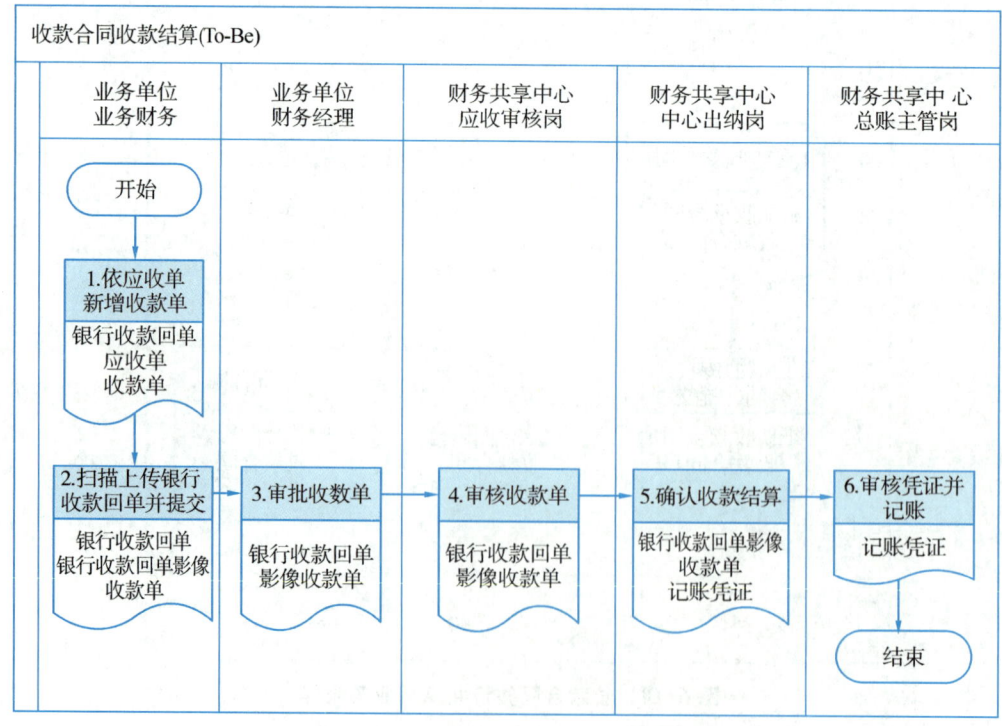

图 6-12　收款合同收款结算共享后业务流程

任务1.2　收付款合同结算业务实操

任务情景

1. 付款合同结算

2023年3月1日,鸿途水泥销售处拟聘请广东万昌印刷包装有限公司为服务方,为公司设计新产品广告文案,合同签订时间为2023年3月1日,合同金额5.30万元,其中包括增值税0.30万元(增值税税率6%),设计方案通过验收并收到发票时间为2023年3月15日,付款日期为2023年3月20日。设计服务合同如图6-13所示,增值税专用发票如图6-14。

设计服务合同

合同编号：FK-202303012

甲方：鸿途集团水泥有限公司
地址：郑州市管城区第八大街经北一路136号
开户银行：中国工商银行郑州分行管城支行
银行账号：3701239319189278310

乙方：广东万昌印刷包装有限公司
地址：佛山市顺德区乐从镇细海工业区横溪路
开户银行：中国工商银行佛山顺德德富支行
银行账号：500923099456012345

为了保护双方的合法权益,甲乙双方根据《中华人民共和国民法典》的有关规定,经友好协商,一致同意签订本合同。本合同的有效期自双方签字盖章之日起至2023年9月30日止。

一、委托合同明细

甲方委托乙方制作新产品广告文案设计服务,乙方将在本合同签署后10日内完成制作并交付甲方。

二、付款时间与付款方式

乙方交付的文案设计结果得到甲方认可后的5日内,甲方需通过网上银行预付全部服务费价税合计人民币伍万叁仟圆整（￥53,000.00元）。

三、特别约定

1. 乙方有权在版面上标注设计单位名称,未经许可甲方不可修改。
2. 甲方对乙方提供服务过程中使用的技术、软件、设备等所涉及的包括知识产权在内的一切法律问题不承担任何责任。

甲方：鸿途集团水泥有限公司　　　乙方：广东万昌印刷包装有限公司
授权代表：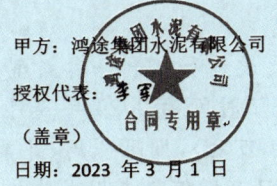　　　　授权代表签字：
　　（盖章）　　　　　　　　　　　　　（盖章）
日期：2023 年 3 月 1 日　　　　　日期：2023 年 3 月 1 日

图6-13　设计服务合同

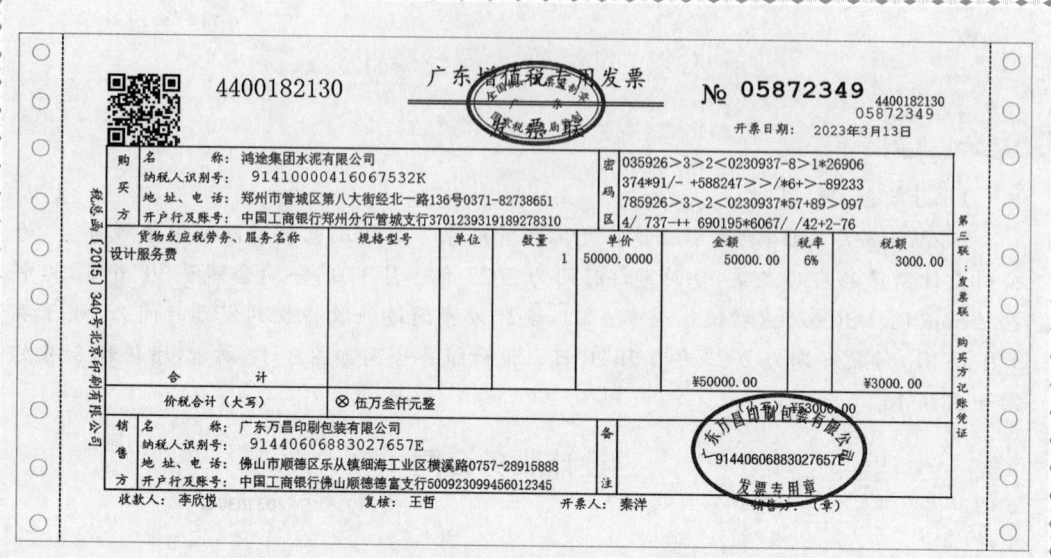

图 6-14　增值税专用发票(设计服务)

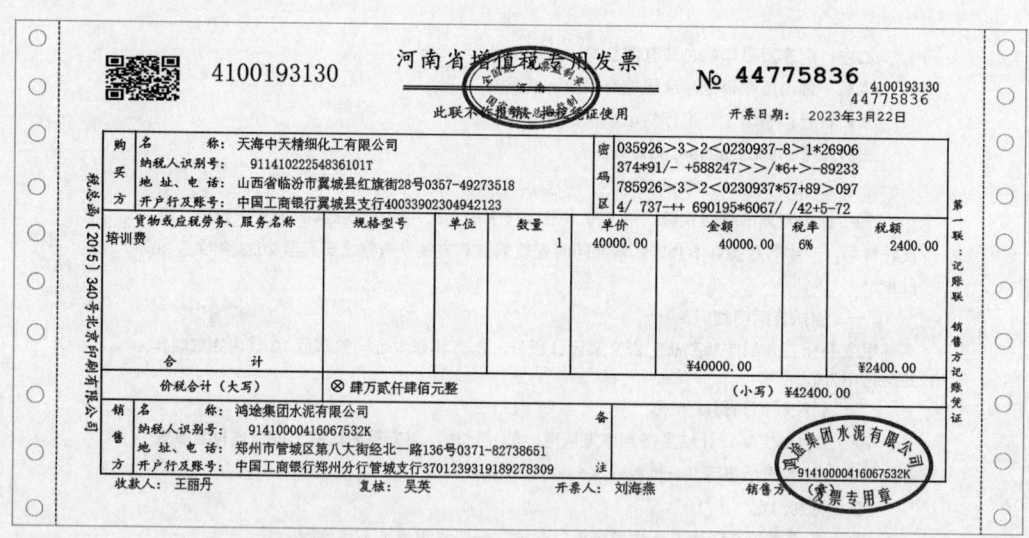

图 6-15　增值税专用发票(培训服务)

2. 收款合同结算

2023 年 3 月 8 日,天海中天精细化工有限公司要设计和试制一种新型水泥石,特聘请鸿途水泥为其提供水泥石研制培训方案,合同登记时间为 2023 年 3 月 3 日,合同金额 4.24 万元(其中增值税税率 6%、增值税额 0.24 万元),期限一周,开票确定应收日为 2023 年 3 月 22 日,收款日期为 2023 年 3 月 30 日。增值税专用发票如图 6-15 所示,培训服务合同如图 6-16 所示。

【10120055 收付款合同】收款合同

培训服务合同

合同编号：SK-202303005

甲方： 天海中天精细化工有限公司
地址：山西省临汾市翼城县红旗街 28 号
开户银行：中国工商银行翼城县支行
银行账号：40033902304942123

乙方： 鸿途集团水泥有限公司
地址：郑州市管城区第八大街经北一路 136 号
开户银行：中国工商银行郑州分行管城支行
银行账号：3701239319189278309

为了保护双方的合法权益，甲乙双方根据《中华人民共和国民法典》的有关规定，经友好协商，一致同意签订本合同。本合同的有效期自双方签字盖章之日起至 2023 年 9 月 30 日止。

一、委托合同明细

2023 年 3 月 15 日至 2023 年 3 月 17 日，乙方为甲方提供 3 天的水泥石研制方法培训课程，甲方参训人员不超过 30 人。经双方协商一致后，具体培训时间在本合同有效期内可适当延后，但培训内容、课时量和参训人数保持不变。

二、付款时间与付款方式

本合同的合计金额（包括增值税额）为人民币　肆万贰仟肆佰元整　（¥42,400.00 元）。培训结束后 10 日内，乙方向甲方开具增值税专用发票、甲方向乙方全额支付本合同的款项。

三、双方约定

本次培训所使用到的全部教学资源（含纸质、电子）其版权均归乙方所有。

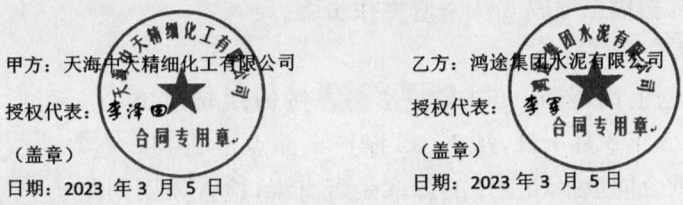

甲方：天海中天精细化工有限公司　　乙方：鸿途集团水泥有限公司
授权代表：李泽田　　　　　　　　　授权代表：李军
（盖章）　　　　　　　　　　　　　（盖章）
日期：2023 年 3 月 5 日　　　　　　日期：2023 年 3 月 5 日

图 6-16　培训服务合同

要求：(1) 在 NCC 系统中完成付款合同结算任务。
　　　(2) 在 NCC 系统中完成收款合同结算任务。

操作步骤

（一）付款合同结算任务实操

付款合同结算实操过程中，操作流程可以分为三个部分，一是付款合同签订流程，二是付款合同应付流程，三是付款合同结算流程。每个部分又包括若干操作步骤，具体操作步骤如下所示。

> **注意事项**
>
> 付款合同签订的流程中包括了录入付款合同、审批付款合同和付款合同归档。付款合同签订流程如图 6-17 所示。

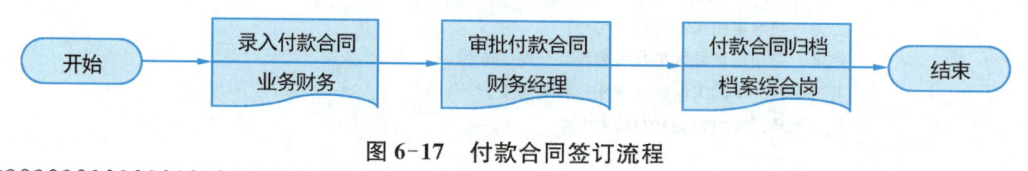

图 6-17　付款合同签订流程

1. 录入付款合同

学生按照角色上岗，然后点击 进入系统 按钮跳转进 NCC 系统，修改右上角的 业务日期 为 2023 年 3 月 1 日，从 NCC 操作桌面打开 付款合同管理 ，点击 新增 ，根据任务背景要求填制付款合同，付款合同填制完成并检查无误后点击 保存 ，保存后点击 影像扫描 按钮进入新道影像系统，进入影像管理系统之后如果需要用高拍仪进行扫描则点击 扫描 按钮，将对应的纸质原始单据用高拍仪进行扫描，如果通过本地上传则点击 导入 按钮，将对应的原始单据影像扫描上传到影像系统，影像扫描完成后依次点击 保存 、 提交 按钮，影像扫描完成后返回付款合同填报界面点击 提交 按钮。

二维码 6-1
录入付款合同具体操作步骤

具体操作过程扫描二维码 6-1 查看操作步骤。

2. 审批付款合同

学生按照角色上岗，然后点击 进入系统 按钮跳转进 NCC 系统，修改右上角的 业务日期 为 2023 年 3 月 1 日，从 NCC 操作桌面点击 审批中心 、 未处理 ，根据任务背景要求检查付款合同填报和上传的影像是否有误，检查无误则 审批通过 ，否则 驳回 到制单人。

二维码 6-2
审批付款合同具体操作步骤

具体操作过程扫描二维码 6-2 查看操作步骤。

3. 付款合同归档

学生按照角色上岗，然后点击 进入系统 按钮跳转进 NCC 系统，修改右上角的 业务日期 为 2023 年 3 月 1 日，从 NCC 操作桌面点击 我的作业 、 待提取 ，根据任务背景要求检查付款合同填报和上传的影像是否正确，检查无误则 审核通过 ，否则 驳回 到制单人。

二维码 6-3
付款合同归档具体操作步骤

具体操作过程扫描二维码 6-3 查看操作步骤。

> **注意事项**
>
> 付款合同应付的流程中包括生成应付单、审批应付单、审核应付单、复核应付单、审

核记账凭证。如果付款合同应付规划设计中没有涉及共享复核,可忽略"复核应付单"环节。

付款合同应付流程如图 6-18 所示。

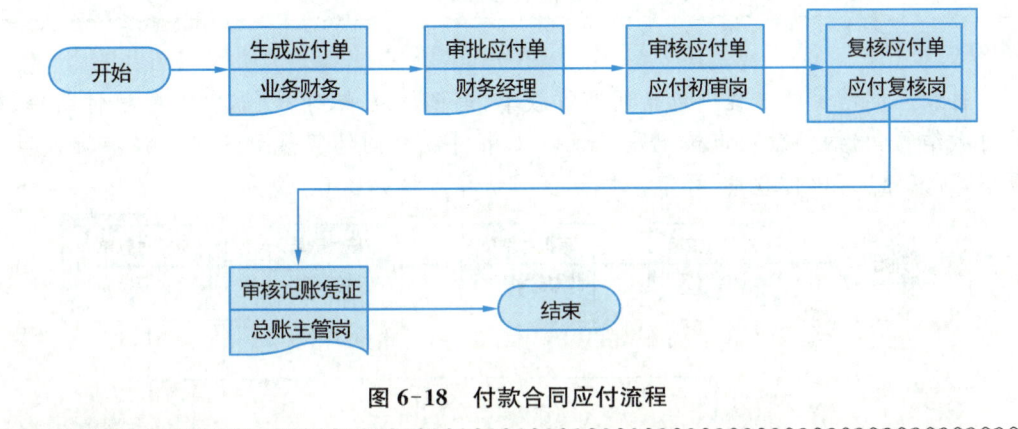

图 6-18　付款合同应付流程

4. 生成应付单

学生按照角色上岗,然后点击 进入系统 按钮跳转进 NCC 系统,修改右上角的 业务日期 为 2023 年 3 月 15 日,从 NCC 操作桌面打开 应付单管理 ,根据任务背景要求填制应付单,应付单填制完成并检查无误后点击 保存 ,保存后点击 影像扫描 按钮进入新道影像系统,进入影像管理系统之后如果需要用高拍仪进行扫描则点击 扫描 按钮,将对应的纸质原始单据用高拍仪进行扫描,如果通过本地上传则点击 导入 按钮,将对应的原始单据影像扫描上传到影像系统,影像扫描完成后依次点击 保存 、 提交 按钮,影像扫描完成后返回应付单填报界面点击 提交 按钮。

具体操作过程扫描二维码 6-4 查看操作步骤。

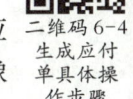

二维码 6-4 生成应付单具体操作步骤

5. 审批应付单

学生按照角色上岗,然后点击 进入系统 按钮跳转进 NCC 系统,修改右上角的 业务日期 为 2023 年 3 月 15 日,从 NCC 操作桌面点击 审批中心 、 未处理 ,根据任务背景要求检查应付单填报和上传的影像是否有误,检查无误则 审批通过 ,否则 驳回 到制单人。

具体操作过程扫描二维码 6-5 查看操作步骤。

二维码 6-5 审批应付单具体操作步骤

6. 审核应付单

学生按照角色上岗,然后点击 进入系统 按钮跳转进 NCC 系统,修改右上角的 业务日期 为 2023 年 3 月 15 日,从 NCC 操作桌面点击 审批中心 、 未处理 ,根据任务背景要求检查差旅费报销单填报和上传的影像是否有误,检查无误则 审批通过 ,否则 驳回 到制单人。

具体操作过程扫描二维码 6-6 查看操作步骤。

二维码 6-6 审核应付单具体操作步骤

7. 审核记账凭证

学生按照角色上岗,然后点击 进入系统 按钮跳转进 NCC 系统,修改右上角的

业务日期 为2023年3月15日,从NCC操作桌面点击 凭证审核 ,在 搜索框 输入查询条件:财务组织选择 鸿途集团水泥有限公司 ,查询日期区间为 2023-03-01～2023-03-31 ,审核状态为 待审核 ,检查凭证,检查无误后点击 审核 。

具体操作过程扫描二维码6-7查看操作步骤。

> **注意事项**
>
> 付款合同结算的流程中包括新增付款单、审批付款单、审核付款单、复核付款单、确认付款结算(出纳付款)、审核记账凭证。如果付款合同结算规划设计中没有涉及共享复核,可忽略"复核付款单"环节。付款合同结算流程如图6-19所示。

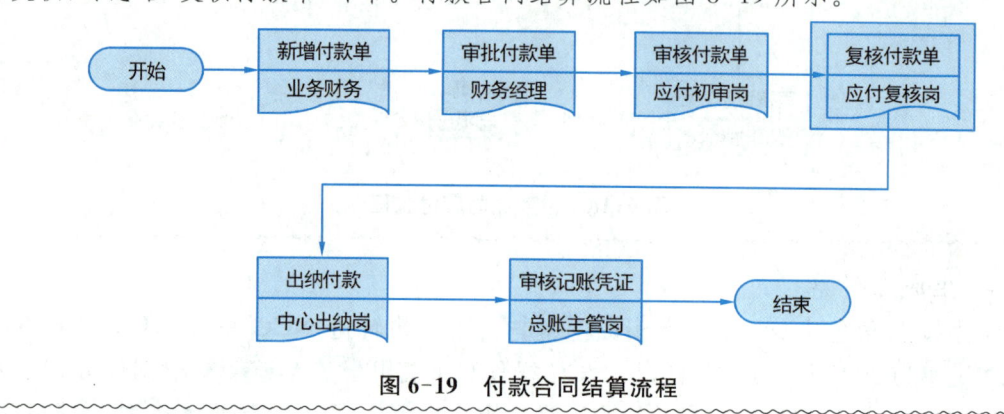

图 6-19 付款合同结算流程

8. 新增付款单

学生按照角色上岗,然后点击 进入系统 按钮跳转进NCC系统,修改右上角的 业务日期 为2023年3月20日,从NCC操作桌面打开 付款单管理 ,点击 新增 、 应付单 ,根据任务背景要求填制付款单,付款单填制完成并检查无误后点击 保存 ,保存后点击 影像扫描 按钮进入新道影像系统,进入影像管理系统之后如果需要用高拍仪进行扫描则点击 扫描 按钮,将对应的纸质原始单据用高拍仪进行扫描,如果通过本地上传则点击 导入 按钮,将对应的原始单据影像扫描上传到影像系统,影像扫描完成后依次点击 保存 、 提交 按钮,影像扫描完成后返回应付单填报界面点击 提交 按钮。

具体操作过程扫描二维码6-8查看操作步骤。

9. 审批付款单

学生按照角色上岗,然后点击 进入系统 按钮跳转进NCC系统,修改右上角的 业务日期 为2023年3月20日,从NCC工作桌面点击 审批中心 、 未处理 ,根据任务背景要求检查付款单填报和上传的影像是否有误,检查无误则 审批通过 ,否则 驳回 到制单人。

具体操作过程扫描二维码6-9查看操作步骤。

10. 审核付款单

学生按照角色上岗,然后点击 进入系统 按钮跳转进NCC系统,修改右上角的 业务日期 为2023年3月20日,从NCC操作桌面点击 审批中心 、 未处理 ,根据任务背景要求检查付款单填报和上传的影像是否有误,检查无误则 审批通过 ,否则 驳回 到制单人。

具体操作过程扫描二维码 6-10 查看操作步骤。

11. 确认付款结算（出纳付款）

学生按照角色上岗，然后点击 进入系统 按钮跳转进 NCC 系统，修改右上角的 业务日期 为 2023 年 3 月 20 日，从 NCC 操作桌面点击 结算 ，在 搜索框 输入查询条件：财务组织选择 鸿途集团水泥有限公司 ，查询日期区间为 2023-03-01～2023-03-31 ，在 待结算 页面中点击 业务单据编号 进入结算详细信息界面，检查无误后点击 支付 、 网上转账 进行结算。

二维码 6-11
确认付款结算具体操作步骤

具体操作过程扫描二维码 6-11 查看操作步骤。

12. 审核记账凭证

学生按照角色上岗，然后点击 进入系统 按钮跳转进 NCC 系统，修改右上角的 业务日期 为 2023 年 3 月 20 日，从 NCC 操作桌面点击 凭证审核 ，在 搜索框 输入查询条件：财务组织选择 鸿途集团水泥有限公司 ，查询日期区间为 2023-03-01～2023-03-31 ，审核状态为 待审核 ，检查凭证，检查无误后点击 审核 。

二维码 6-12
审核记账凭证具体操作步骤

具体操作过程扫描二维码 6-12 查看操作步骤。

（二）收款合同结算任务实操

在收款合同结算实操过程中，操作流程可以分为三个部分，一是收款合同签订流程，二是收款合同挂账流程，三是收款合同结算流程。每个部分又包括若干操作步骤，具体操作步骤如下所示。

> **注意事项**
> 收款合同签订的流程包括录入收款合同、审批收款合同和收款合同归档。收款合同签订流程如图 6-20 所示。

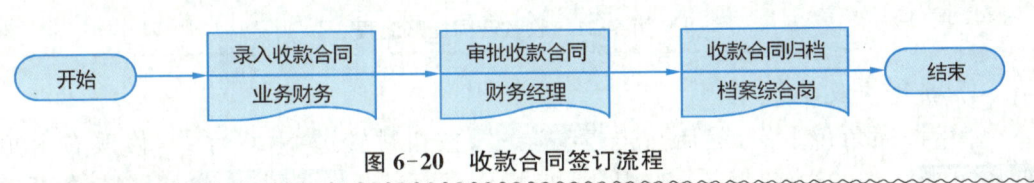

图 6-20 收款合同签订流程

1. 录入收款合同

学生按照角色上岗，然后点击 进入系统 按钮跳转进 NCC 系统，修改右上角的 业务日期 为 2023 年 3 月 8 日，从 NCC 操作桌面打开 收款合同管理 ，点击 新增 ，根据任务背景要求填制付款合同，付款合同填制完成并检查无误后点击 保存 ，保存后点击 影像扫描 按钮进入新道影像系统，进入影像管理系统之后如果需要用高拍仪进行扫描则点击 扫描 按钮，将对应的纸质原始单据用高拍仪进行扫描，如果通过本地上传则点击 导入 按钮将对应的原始单据影像扫描上传到影像系统，影像扫描完成后依次点击 保存 、 提交 按钮，影像扫描完成后返回收款合同填报界面点击 提交 按钮。

二维码 6-13
录入收款合同具体操作步骤

具体操作过程扫描二维码 6-13 查看操作步骤。

2. 审批收款合同

学生按照角色上岗，然后点击 进入系统 按钮跳转进 NCC 系统，修改右上角的 业务日期 为 2023 年 3 月 8 日，从 NCC 操作桌面点击 审批中心 、 未处理 ，根据任务背景要求检查收款合同填报和上传的影像是否有误，检查无误则 审批通过 ，否则 驳回 到制单人。

具体操作过程扫描二维码 6-14 查看操作步骤。

二维码 6-14 审批收款合同具体操作步骤

3. 收款合同归档

学生按照角色上岗，然后点击 进入系统 按钮跳转进 NCC 系统，修改右上角的 业务日期 为 2023 年 3 月 8 日，从 NCC 操作桌面点击 我的作业 、 待提取 ，根据任务背景要求检查收款合同填报和上传的影像是否正确，检查无误则 审核通过 ，否则 驳回 到制单人。

具体操作过程扫描二维码 6-15 查看操作步骤。

二维码 6-15 收款合同归档具体操作步骤

> **注意事项**
>
> 收款合同挂账的流程中包括了新增应收单、审批应收单、审核应收单、审核记账凭证。收款合同挂账流程如图 6-21 所示。

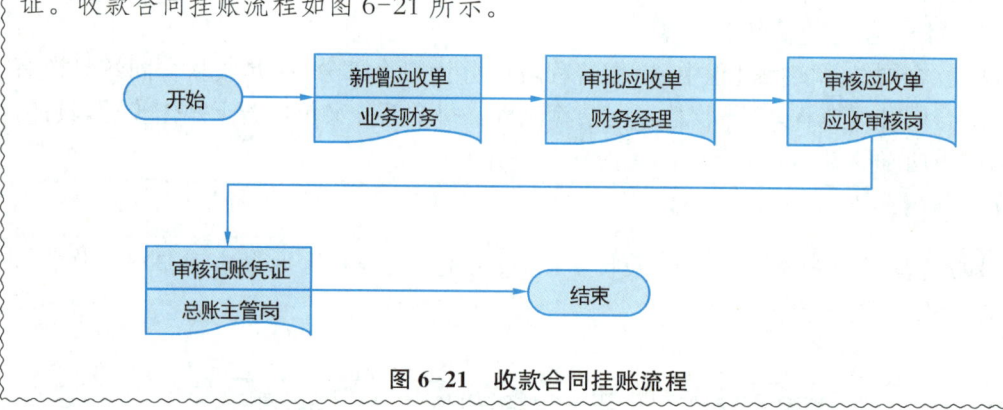

图 6-21 收款合同挂账流程

4. 新增应收单

学生按照角色上岗，然后点击 进入系统 按钮跳转进 NCC 系统，修改右上角的 业务日期 为 2023 年 3 月 22 日，从 NCC 操作桌面打开 应收单管理 ，根据任务背景要求填制应收单，应收单填制完成并检查无误后点击 保存 ，保存后点击 影像扫描 按钮进入新道影像系统，进入影像管理系统之后如果需要用高拍仪进行扫描则点击 扫描 按钮，将对应的纸质原始单据用高拍仪进行扫描，如果通过本地上传则点击 导入 按钮，将对应的原始单据影像扫描上传到影像系统，影像扫描完成后依次点击 保存 、 提交 按钮，影像扫描完成后返回应收单填报界面点击 提交 按钮。

具体操作过程扫描二维码 6-16 查看操作步骤。

二维码 6-16 新增应收单具体操作步骤

二维码 6-17 审批应收单具体操作步骤

5. 审批应收单

学生按照角色上岗，然后点击 进入系统 按钮跳转进 NCC 系统，修改右上角的 业务日期 为 2023 年 3 月 22 日，从 NCC 操作桌面点击 审批中心 、 未处理 ，根据任务背景要求检查应收单填报和上传的影像是否有误，检查无误则 审批通过 ，否则 驳回 到制单人。

具体操作过程扫描二维码 6-17 查看操作步骤。

6. 审核应收单

学生按照角色上岗，然后点击 进入系统 按钮跳转进 NCC 系统，修改右上角的 业务日期 为 2023 年 3 月 22 日，从 NCC 操作桌面点击 审批中心 、未处理 ，根据任务背景要求检查应收单填报和上传的影像是否有误，检查无误则 审批通过 ，否则 驳回 到制单人。

二维码 6-18 审核应收单具体操作步骤

具体操作过程扫描二维码 6-18 查看操作步骤。

7. 审核记账凭证

学生按照角色上岗，然后点击 进入系统 按钮跳转进 NCC 系统，修改右上角的 业务日期 为 2023 年 3 月 22 日，从 NCC 操作桌面点击 凭证审核 ，在 搜索框 输入查询条件：财务组织选择 鸿途集团水泥有限公司 ，查询日期区间为 2023-03-01～2023-03-31 ，审核状态为 待审核 ，检查凭证，检查无误后点击 审核 。

二维码 6-19 审核记账凭证具体操作步骤

具体操作过程扫描二维码 6-19 查看操作步骤。

> **注意事项**
>
> 收款合同结算的流程中包括了新增收款单、审批收款单、审核收款单、确认收款结算、审核记账凭证。收款合同结算流程设计如图 6-22 所示。

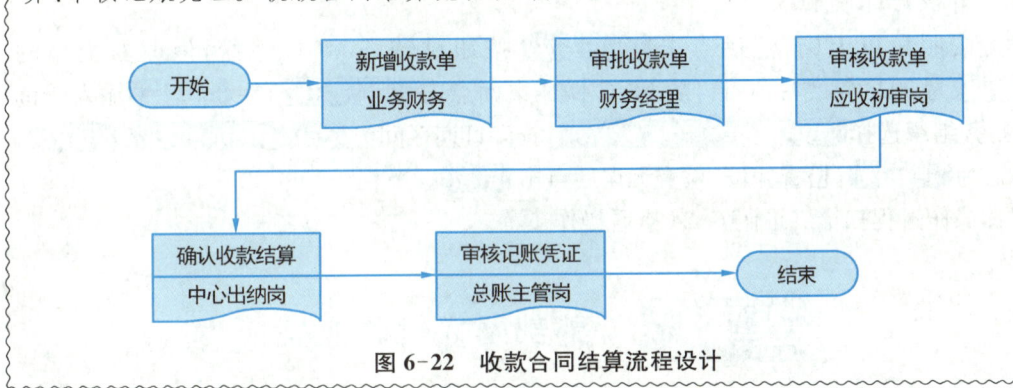

图 6-22 收款合同结算流程设计

8. 新增收款单

学生按照角色上岗，然后点击 进入系统 按钮跳转进 NCC 系统，修改右上角的 业务日期 为 2023 年 3 月 30 日，从 NCC 操作桌面打开 收款单管理 ，点击 新增 、应收单 ，根据任务背景要求填制收款单，收款单填制完成并检查无误后点击 保存 ，保存后点击 影像扫描 按钮进入新道影像系统，进入影像管理系统之后如果需要用高拍仪进行扫描则点击 扫描 按钮，将对应的纸质原始单据用高拍仪进行扫描，如果通过本地上传则点击 导入 按钮，将对应的原始单据影像扫描上传到影像系统，影像扫描完成后依次点击 保存 、提交 按钮，影像扫描完成后返回应收单填报界面点击 提交 按钮。

二维码 6-20 新增收款单具体操作步骤

具体操作过程扫描二维码 6-20 查看操作步骤。

9. 审批收款单

学生按照角色上岗，然后点击 进入系统 按钮跳转进 NCC 系统，修改右上角的

二维码6-21 审批收款单具体操作步骤

业务日期 为2023年3月30日，从NCC操作桌面点击 审批中心 、 未处理 ，根据任务背景要求检查收款单填报和上传的影像是否有误，检查无误则 审批通过 ，否则 驳回 到制单人。

具体操作过程扫描二维码6-21查看操作步骤。

10．审核收款单

学生按照角色上岗，然后点击 进入系统 按钮跳转进NCC系统，修改右上角的 业务日期 为2023年3月30日，从NCC操作桌面点击 审批中心 、 未处理 ，根据任务背景要求检查收款单填报和上传的影像是否有误，检查无误则 审批通过 ，否则 驳回 到制单人。

二维码6-22 审核收款单具体操作步骤

具体操作过程扫描二维码6-22查看操作步骤。

11．确认收款结算

学生按照角色上岗，然后点击 进入系统 按钮跳转进NCC系统，修改右上角的 业务日期 为2023年3月30日，从NCC操作桌面点击 结算 ，在 搜索框 输入查询条件：财务组织选择 鸿途集团水泥有限公司 ，查询日期区间为 2023-03-01~2023-03-31 ，在 待结算 页面中点击 业务单据编号 进入结算详细信息界面，检查无误后点击 结算 进行结算。

二维码6-23 确认收款结算具体操作步骤

具体操作过程扫描二维码6-23查看操作步骤。

12．审核记账凭证

学生按照角色上岗，然后点击 进入系统 按钮跳转进NCC系统，修改右上角的 业务日期 为2023年3月30日，从NCC操作桌面点击 凭证审核 ，在 搜索框 输入查询条件：财务组织选择 鸿途集团水泥有限公司 ，查询日期区间为 2023-03-01~2023-03-31 ，审核状态为 待审核 ，检查凭证，检查无误后点击 审核 。

二维码6-24 审核记账凭证具体操作步骤

具体操作过程扫描二维码6-24查看操作步骤。

任务2　外部委托付款业务

任务2.1　外部委托付款业务概述

一、外部委托付款业务简介

（一）外部委托付款的含义

外部委托付款简称委托付款，是指由成员单位在内部账户上发起的、经审批后由结算中心外部账户实际对外支付的支付方式。从发起方角度划分，委托付款业务主要包括业务单位发起委托付款、结算中心发起委托付款、多结算中心下的委托付款。从付款结算方式角度划分，委托付款业务主要包括转账支付、票据支付、现金支付、代发工资等。

（二）外部委托付款的场景

外部委托付款需要从内部账户发起，发起后内部账户暂时冻结相应金额，当结算中心外部账户实际付款成功时,扣减委托方内部账户相应金额。

二、外部委托付款共享前业务流程分析

(一)外部委托付款现状问题

外部委托付款业务在集团企业建立财务共享中心前存在以下两点问题:

(1)不能进行集团级统一的结算处理,无法满足外部委托付款应用的方便性。

(2)不能将资金支付与审批流程、CA认证和数字签名等进行有效整合,无法满足外部委托付款的安全性。

(二)外部委托付款共享前业务流程现状

外部委托付款共享前业务流程如图6-23所示。

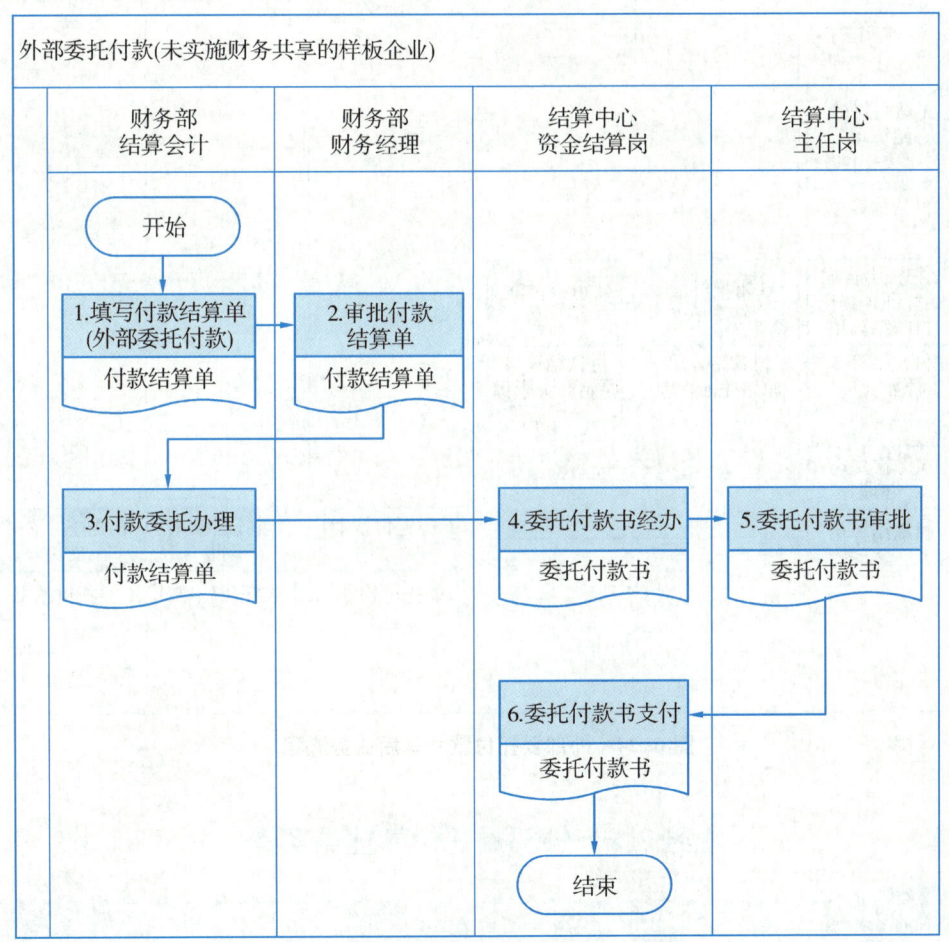

图6-23 外部委托付款共享前业务流程

三、外部委托付款共享后业务流程分析

(一)外部委托付款共享后目的

企业集团建立财务共享中心后,外部委托付款业务共享后的功能有以下几点变化:

（1）在支付信息确认单审核后再支付。

（2）合并支付处理，即单张委托付款书可以存在多条支付记录、合并向银行发送一笔网银支付指令。

（3）在确认支付失败后，通过支付信息变更单进行变更，变更后再次支付。

（二）外部委托付款共享后业务流程现状

外部委托付款共享后业务流程如图6-24所示。

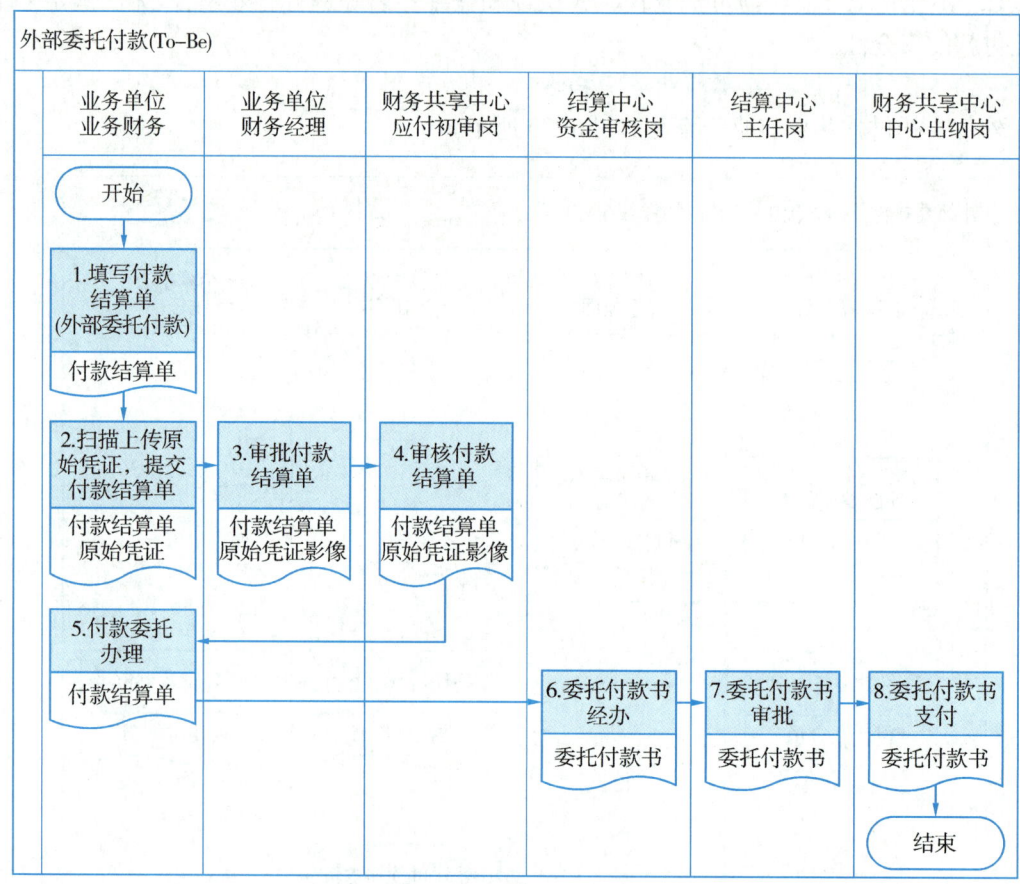

图6-24 外部委托付款共享后业务流程

任务2.2 外部委托付款业务实操

> **任务情景**
>
> 2023年3月5日，卫辉市鸿途水泥办公室向绿城物业服务集团有限公司缴纳上个月公司行政办公区水费，后者已经开具增值税专用发票、税率（征收率）3%。根据发票所记载的情况，上个月应缴纳的税费总额为29 426.07元（不含增值税金额为28 569.00元）。因公司支出户余额不足，卫辉市鸿途水泥通过外部委托付款流程进行付款。增值税专用发票如图6-25所示。

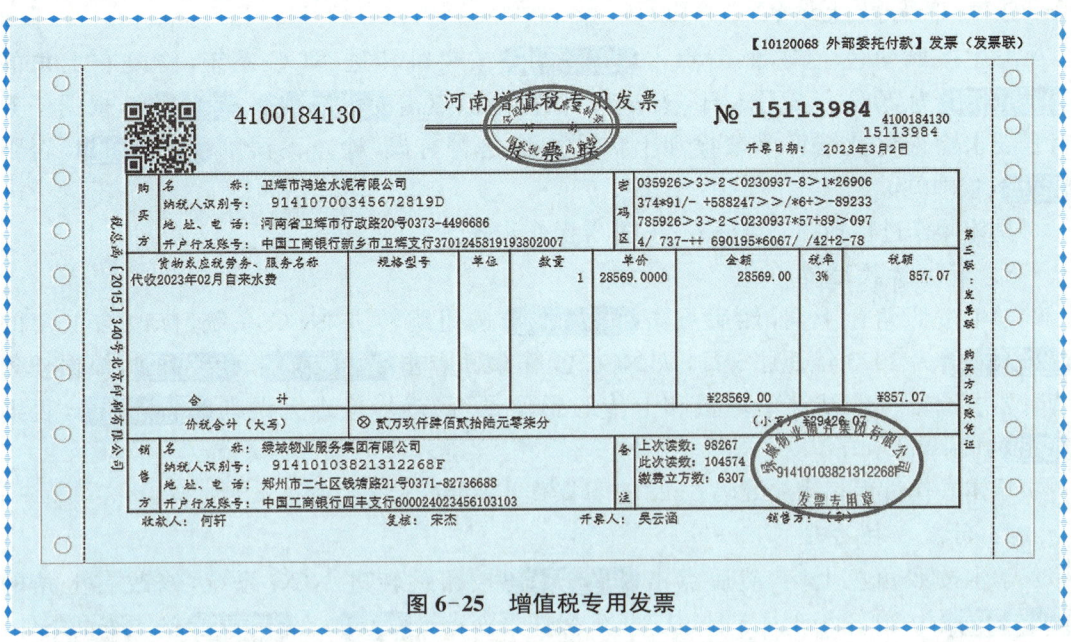

图 6-25 增值税专用发票

要求：在 NCC 系统中完成外部委托付款任务。

操作步骤

外部委托付款流程如图 6-26 所示。

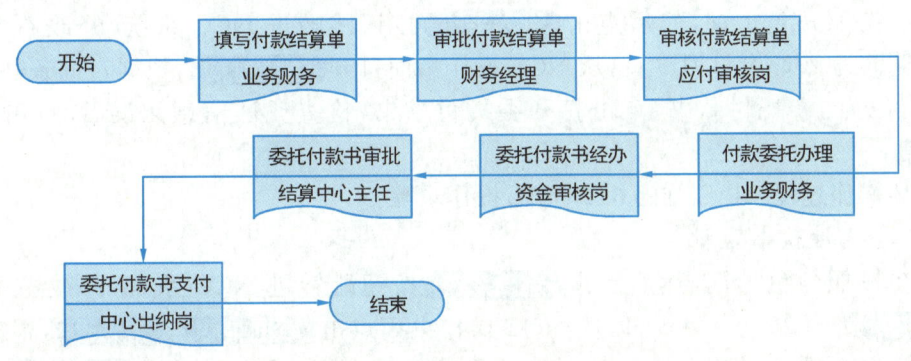

图 6-26 外部委托付款流程

1. 填写付款结算单

学生按照角色上岗，然后点击 进入系统 按钮跳转进 NCC 系统，修改右上角的 业务日期 为 2023 年 3 月 5 日，从 NCC 操作桌面打开 付款结算 ，点击 付款交易类型 选择外部委托付款，根据任务背景要求填制付款结算，付款结算填制完成并检查无误后点击 保存 ，保存后点击 影像扫描 按钮进入新道影像系统，进入影像管理系统之后如果需要用高拍仪进行扫描则点击 扫描 按钮，将对应的纸质原始单据用高拍仪进行扫描，如果通过本地上传则点击 导入 按钮，将对应的原始单据影像扫描上传到影像系统，影像扫描完成后依次点击 保存 、 提交 按钮，影像扫描完成后返回付款结算填报界面点击 提交 按钮。

具体操作过程扫描二维码 6-25 查看操作步骤。

二维码 6-25 填写付款结算单具体操作步骤

2. 审批付款结算单

学生按照角色上岗,然后点击 进入系统 按钮跳转进 NCC 系统,修改右上角的 业务日期 为 2023 年 3 月 5 日,从 NCC 操作桌面点击 审批中心 、 未处理 ,根据任务背景要求检查付款结算单填报和上传的影像是否有误,检查无误则 审批通过 ,否则 驳回 到制单人。

具体操作过程扫描二维码 6-26 查看操作步骤。

二维码 6-26 审批付款结算单具体操作步骤

3. 审核付款结算单

学生按照角色上岗,然后点击 进入系统 按钮跳转进 NCC 系统,修改右上角的 业务日期 为 2023 年 3 月 5 日,从 NCC 操作桌面点击 审批中心 、 未处理 ,根据任务背景要求检查付款结算单填报和上传的影像是否有误,检查无误则 审批通过 ,否则 驳回 到制单人。

具体操作过程扫描二维码 6-27 查看操作步骤。

二维码 6-27 审核付款结算单具体操作步骤

4. 付款委托办理

学生按照角色上岗,然后点击 进入系统 按钮跳转进 NCC 系统,修改右上角的 业务日期 为 2023 年 3 月 5 日,从 NCC 操作桌面点击 结算 ,在 搜索框 输入查询条件:财务组织选择 卫辉市鸿途水泥有限公司 ,查询日期区间为 2023-03-01~2023-03-31 ,在 待结算 页面中点击 业务单据编号 进入结算详细信息界面,检查无误后点击 委托 。

具体操作过程扫描二维码 6-28 查看操作步骤。

二维码 6-28 付款委托办理具体操作步骤

5. 委托付款书经办

学生按照角色上岗,然后点击 进入系统 按钮跳转进 NCC 系统,修改右上角的 业务日期 为 2023 年 3 月 5 日,从 NCC 操作桌面打开 委托付款 ,根据查询条件 查询 出需要经办的委托付款书,点击打开委托付款书,检查凭证信息无误后,点击 经办 并 保存 。

具体操作过程扫描二维码 6-29 查看操作步骤。

二维码 6-29 委托付款书经办具体操作步骤

6. 委托付款书审批

学生按照角色上岗,然后点击 进入系统 按钮跳转进 NCC 系统,修改右上角的 业务日期 为 2023 年 3 月 5 日,从 NCC 操作桌面点击 审批中心 、 未处理 ,根据任务背景要求检查委托付款书填报和上传的影像是否有误,检查无误则 审批通过 ,否则 驳回 到制单人。

具体操作过程扫描二维码 6-30 查看操作步骤。

二维码 6-30 委托付款书审批具体操作步骤

7. 委托付款书支付

学生按照角色上岗,然后点击 进入系统 按钮跳转进 NCC 系统,修改右上角的 业务日期 为 2023 年 3 月 5 日,从 NCC 操作桌面打开 委托付款支付 ,根据任务背景要求填制委托付款支付,点击 支付 。返回 NCC 操作桌面打开 支付指令状态 ,打开单据,点击 状态确认 ,完成后依次点击 保存 、 提交 按钮。

具体操作过程扫描二维码 6-31 查看操作步骤。

二维码 6-31 外部委托付款具体操作步骤

同步练习

一、单项选择题

1. 收付款合同结算的起点是（　　）。
   A. 收付款合同的缔结　　　　　B. 收付款合同的立账
   C. 收付款合同的审批　　　　　D. 收付款合同的归档
2. 在财务共享信息系统中，负责收款单的录入与审核的岗位是（　　）。
   A. 财务经理　　　B. 业务财务　　　C. 中心出纳岗　　　D. 档案综合岗
3. 外部委托付款业务中，实际对外支付的账户是（　　）。
   A. 成员单位内部账户　　　　　B. 成员单位外部账户
   C. 结算中心外部账户　　　　　D. 结算中心内部账户
4. 下列选项中，不属于收付款合同结算流程设计前的典型痛点的是（　　）。
   A. 各子公司流程不统一　　　　B. 集团无法及时获取合同执行情况
   C. 超合同金额付款控制不统一　D. 合同签订效率低下
5. 在NCC系统中，生成应付单后需要进行的操作是（　　）。
   A. 审批应付单　　B. 归档应付单　　C. 付款合同应付　D. 新增付款单
6. 在NCC系统中进行付款合同结算时，首先需要（　　）。
   A. 审批付款合同　B. 录入付款合同　C. 生成应付单　　D. 新增付款单
7. 外部委托付款业务中，委托付款书审批的岗位是（　　）。
   A. 业务财务　　　　　　　　　B. 财务经理
   C. 结算中心主任　　　　　　　D. 中心出纳岗
8. 在财务共享服务实现后，负责收付款合同的审批的岗位是（　　）。
   A. 档案综合岗　　B. 业务财务　　　C. 财务经理　　　D. 中心出纳岗
9. 下列选项中，属于收款合同结算流程中的必要步骤的是（　　）。
   A. 填写付款结算单　　　　　　B. 审批付款结算单
   C. 委托付款书审批　　　　　　D. 确认收款结算
10. 在NCC系统中，进行收款单影像扫描后需要进行的操作是（　　）。
    A. 归档收款单　　B. 提交收款单　　C. 审核收款单　　D. 生成记账凭证

二、多项选择题

1. 收付款合同结算流程设计后的功能要求包括（　　）。
   A. 收款合同、付款合同的审批实现共享
   B. 业务财务发起的流程需财务经理审批
   C. 集团的所有收付款以网银方式完成
   D. 集团通常选择单共享中心模式
2. 在财务共享信息系统中，完成收付款合同业务处理所涉及的岗位有（　　）。
   A. 业务财务　　　B. 财务经理　　　C. 档案综合岗　　D. 中心出纳岗

3. 收付款合同结算的典型流程包括( )。
   A. 收付款合同签订　　　　　　　　B. 收付款合同立账
   C. 收付款结算　　　　　　　　　　D. 收付款合同归档
4. 外部委托付款业务的特点包括( )。
   A. 由成员单位在内部账户上发起
   B. 由结算中心在内部账户上发起
   C. 经审批后由结算中心外部账户实际对外支付
   D. 无需审批即可支付
5. 在NCC系统中进行付款合同结算时,需要填制的单据包括( )。
   A. 付款合同　　　B. 应付单　　　C. 收款合同　　　D. 收款单
6. 在NCC系统中需要进行上岗操作的岗位有( )。
   A. 业务财务　　　B. 财务经理　　C. 结算中心主任　D. 中心出纳岗
7. 收付款合同结算流程中,审批环节包括( )。
   A. 付款合同审批　B. 应付单审批　C. 收款合同归档　D. 付款单生成
8. 外部委托付款流程中,需要审批的单据包括( )。
   A. 付款结算单　　B. 应付单　　　C. 委托付款书　　D. 收款单
9. 在财务共享信息系统中,确保资金安全的重要措施包括( )。
   A. 严格审批资金支出　　　　　　　B. 提高付款效率
   C. 减少审批环节　　　　　　　　　D. 实施会计监督
10. 下列选项中,属于收付款合同结算流程中的关键控制点的是( )。
    A. 合同签订流程的统一性　　　　　B. 合同执行情况的及时获取
    C. 超合同金额付款的控制　　　　　D. 付款方式的规范性

三、判断题

1. 收付款合同结算的起点是收付款合同的审批。( )
2. 在财务共享信息系统中,业务财务负责收款单的录入与审核,并依据收款单生成记账凭证。( )
3. 外部委托付款业务中,委托方内部账户的金额在结算中心外部账户实际付款成功后不会发生变化。( )
4. 在实现财务共享服务前,各子公司的收付款合同结算流程都是统一的。( )
5. 在NCC系统中进行付款合同结算时,需要先审批付款合同,再生成应付单。( )
6. 外部委托付款业务中,委托付款书审批的岗位是业务财务。( )
7. 收付款合同结算流程设计后,集团的所有收付款都以现金方式完成。( )
8. 在财务共享信息系统中,档案综合岗负责收付款合同的审批和归档工作。( )
9. 收款合同结算流程中不需要进行付款操作。( )
10. 在NCC系统中进行收款单影像扫描后,需要提交收款单才能进行后续操作。( )

四、拓展训练题

1. 鸿途水泥采用单共享中心模式,该集团公司所有收付款均以网银(银企直联)方式完成。2023年3月5日,鸿途集团水泥有限公司向绿城物业服务集团有限公司缴纳上个月公司行政办公大楼水费,后者已经开具增值税专用发票、税率(征收率)3%。根据发票所记载的情况，上个月应缴纳的水费总金额为 36 676.24 元（不含增值税金额为 35 608.00 元）。增值税专用发票（发票联）如图 6-27 所示。

要求：绘制本付款结算业务流程图；在用友 NCC 中完成本付款结算业务的完整流程。

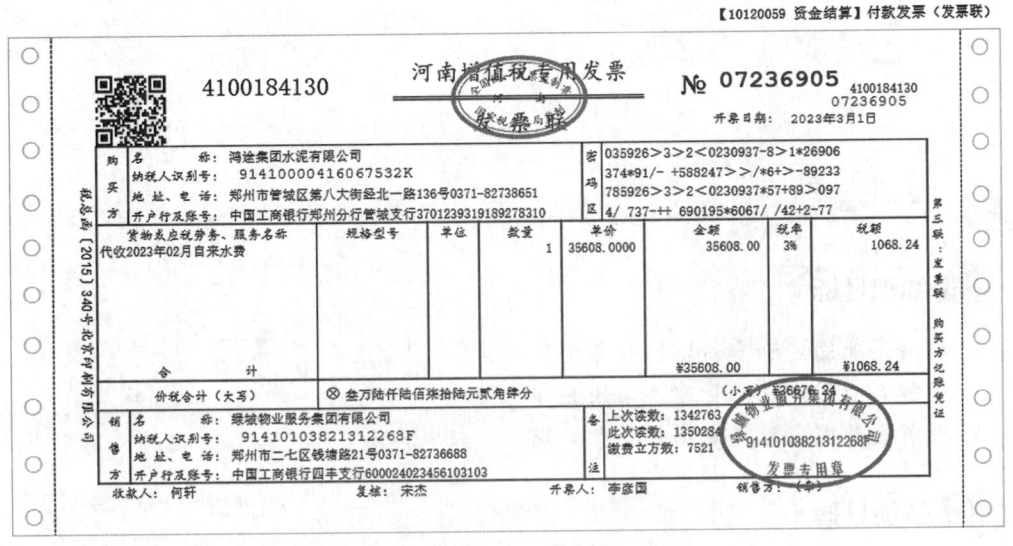

图 6-27　增值税专用发票（发票联）

2. 鸿途水泥综合办公室经理杨天波，在公司 2023 年 3 月 8 日召开中层干部工作会议时无故缺席，被罚款 300 元。3 月 8 日，杨天波已经通过网银将罚款转入公司收款账户。银行收款电子回单如图 6-28 所示。

要求：绘制本收款结算业务流程图；在用友 NCC 中完成本收款结算业务的完整流程。

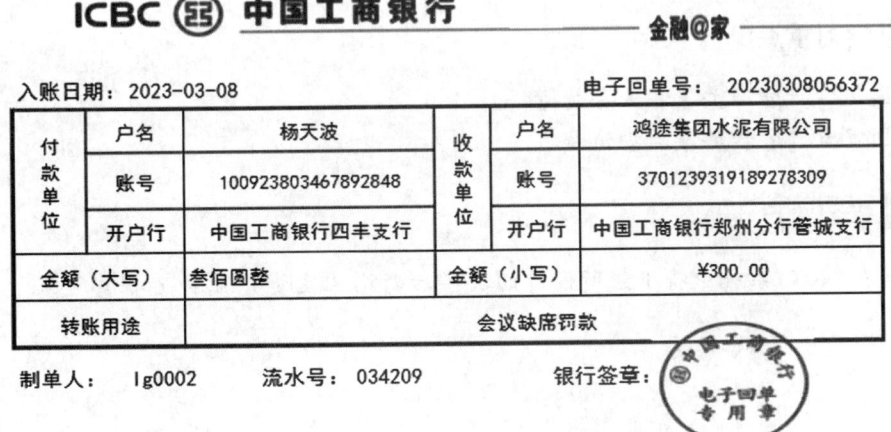

图 6-28　银行收款电子回单

模块 7　固定资产共享业务处理

学习目标

知识目标

1. 熟悉企业固定资产新增的业务场景
2. 理解企业固定资产管理共享的业务场景
3. 理解企业固定资产变动的业务场景

技能目标

1. 能完成财务共享模式下新增固定资产业务的处理
2. 能完成财务共享模式下固定资产变动业务的处理

素养目标

1. 培养学生严肃认真、严谨细致的工作态度
2. 培养学生提高专业技能的自觉性
3. 鼓励学生熟悉企业资产管理制度,实施会计监督、保全企业资产

学习重点

1. 固定资产管理共享的业务场景
2. 固定资产管理共享典型流程

学习难点

在用友 NCC 系统中将小组所设计的共享后新增固定资产业务流程实施配置及进行测试

思维导图

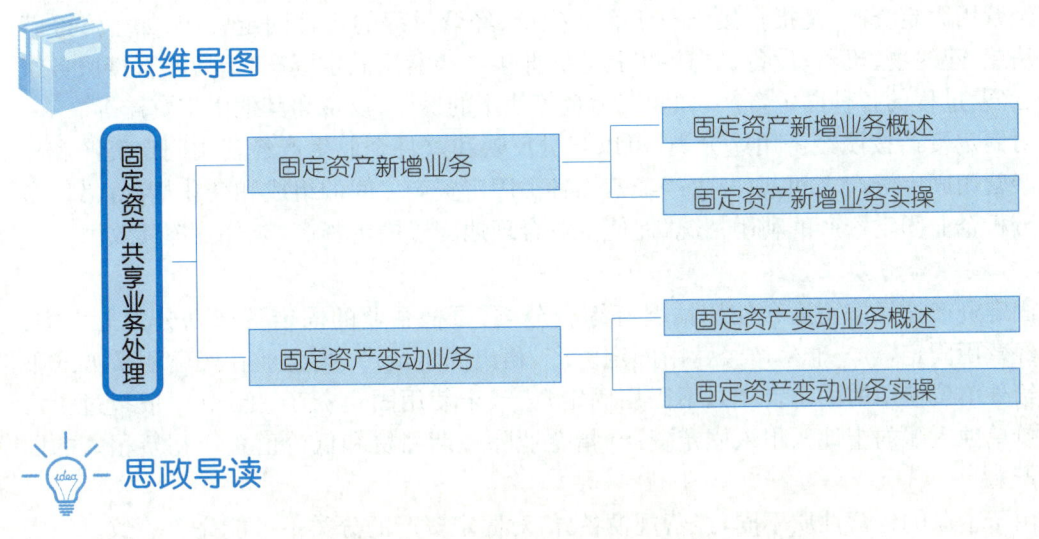

思政导读

加强国有资产管理，防止国有资产流失

习近平总书记在中国共产党第二十次全国代表大会上作报告时强调："要加强国有资产管理，防止国有资产流失。完善各类国有资产管理体制和制度，加强国有企业、金融机构的内部控制和管理。"国有资产作为国家经济的重要支柱，对其管理水平的高低直接关系到国家经济的稳定与发展。党的二十大报告为国资国企改革指明了方向，强调了深化国资国企改革、优化国有经济布局、做强做优做大国有资本和国有企业的重要性。本模块要求学生学习过程中树立资产管理意识，加强资产保管的责任感，合理配置资产，定期建立台账，培养学生资产管理责任感。

任务1 固定资产新增业务

任务1.1 固定资产新增业务概述

一、固定资产新增业务简介

（一）固定资产的含义

固定资产是指企业为生产产品、提供劳务、出租或者经营管理而持有的、使用时间超过12个月的、价值达到一定标准的非货币性资产，包括房屋、建筑物、机器、机械、运输工具以及其他与生产经营活动有关的设备、器具、工具等。

（二）固定资产分类

根据不同的管理需要和核算要求以及不同的分类标准，可以对固定资产进行不同的分类。

1. 按经济用途分类

固定资产按经济用途分类，可分为生产经营用固定资产和非生产经营用固定资产。

生产经营用固定资产,是指直接服务于企业生产、经营过程的各种固定资产,如生产经营用的房屋、建筑物、机器、设备、器具、工具等。非生产经营用固定资产,是指不直接服务于生产、经营过程的各种固定资产,如职工宿舍等使用的房屋、设备和其他固定资产等。

对固定资产按照经济用途分类,可以归类反映和监督企业生产经营用固定资产和非生产经营用固定资产之间,以及生产经营用各类固定资产之间的组成和变化情况,借以考核和分析企业固定资产的利用情况,促使企业合理地配置固定资产,充分发挥其效用。

2. 按综合分类

固定资产按经济用途和使用情况等综合分类,可把企业的固定资产划分为七大类:生产经营用固定资产、非生产经营用固定资产、租出固定资产(指企业在经营租赁方式下出租给外单位使用的固定资产)、不需用固定资产、未使用固定资产、土地(一般指过去已经估价单独入账的土地)、租入固定资产(指企业除短期租赁和低价值资产租赁租入的固定资产)。

由于企业的经营性质不同,经营规模各异,对固定资产的分类不可能完全一致。但实际工作中,企业大多采用综合分类的方法作为编制固定资产目录、进行固定资产核算的依据。

鸿途水泥属于重资产行业,主要资产集中于大型生产设施、设备。根据企业制定的《固定资产管理制度》,鸿途水泥固定资产分类如下:房屋及建筑物、机器设备、运输工具、办公设备、生活设备、电子设备等。

(三) 固定资产日常管理

固定资产是指企业生产经营管理过程中重要的劳动资料和物质基础,是固定资本的实物形态。企业应结合实际情况加强固定资产的监督管理,规范固定资产管理流程,明确固定资产的申请采购、验收、交付使用、处置报废等各环节的权、责、利,强化各有关部门及员工的职责、落实经管责任,保证固定资产会计核算资料的真实、准确、完整。防范固定资产更新改造不够、使用效能低下、维护不当、产能过剩,导致企业缺乏竞争力、资产价值贬损、安全事故频发或资源浪费等风险。固定资产的价值管理由财务部负责,固定资产的实物管理由综合办公室负责,具体内容包括:

(1) 公司固定资产实物管理工作归口综合办公室负责,财务部按照《企业会计准则》负责固定资产的财务核算管理工作。综合办公室与财务部应配合共同定期检查核实公司固定资产情况,确保资产安全、账实相符。

(2) 公司各项固定资产,由综合办公室负责统筹计划,统一采购,统一建立实物卡片,登记入账。固定资产使用部门对使用的固定资产定期检查和维护。综合办公室对各部门保管和使用的固定资产进行定期或不定期检查。

(3) 每年年终公司对固定资产进行一次盘点,如发现有流失或损害等情况,应及时查明原因,追究处理使用者的责任。凡遗失和因个人原因造成损害的,应由责任人赔偿。

(4) 固定资产使用人因故离职前,应通知综合办公室对该部门固定资产使用人进行核实,并认真办理交接手续。

(5) 所有固定资产未经公司同意,不得无偿提供(借)给外单位或个人使用。

(四) 固定资产共享业务部门

固定资产共享业务部门很多,财务共享服务中心根据业务构成设 9 个专业处室。

其中,资产税务处主要进行资产核算和税务核算。固定资产共享业务部门岗位职责如图 7-1 所示。

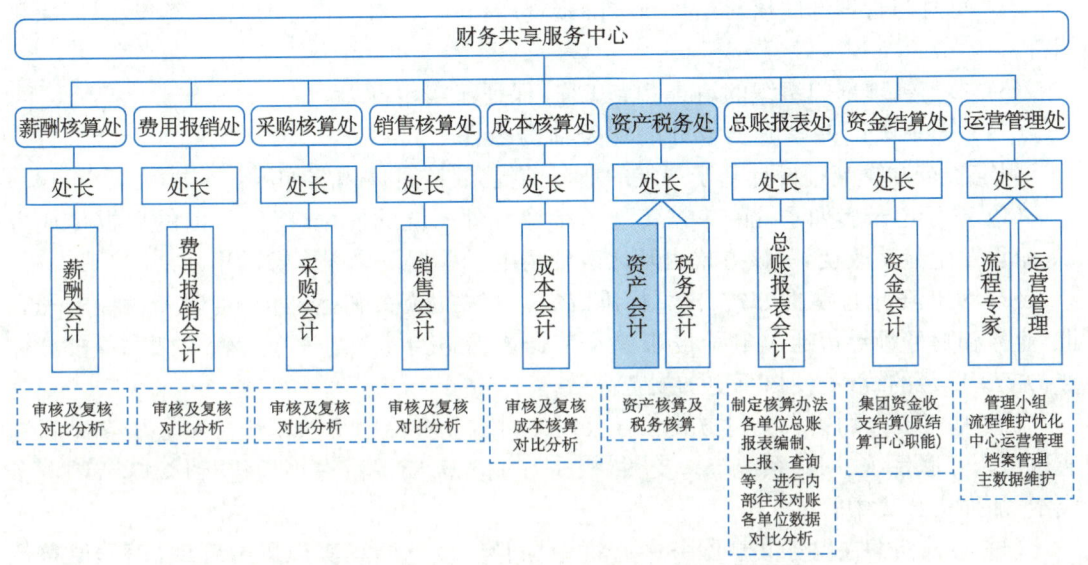

图 7-1 固定资产共享业务部门岗位职责

(五) 固定资产共享业务部门职责切分

1. **固定资产责任归口部门为固定资产的管理部门**

(1) 生产设备部门、技术部门、总工部、研发部门负责生产部门所使用的机器设备、仪器仪表等的管理。行政部门、基建部负责房屋、运输设备、办公设备(除电脑)、空调及取暖降温设备、安防设备、厨房设备等的管理。IT 信息部门负责公司办公电脑、外接设备、监控设备、门禁考勤设备的管理。

(2) 资产管理员应设置固定资产实物台账,及时反映固定资产的增减变动情况,做到管理部门、使用部门、财务部三账一致,账、卡、物一致。

(3) 审核办理本部门管理的固定资产从请购、资产编号、验收、调拨、维修到处置报废等事宜,使用部门必须服从管理部门指导和管理。

(4) 定期组织清查盘点,提出盘点报告。健全档案资料,编制固定资产编号,制作并粘贴固定资产标签。

(5) 定期与财务部核对台账,保证台账与财务总账相符。

2. **固定资产使用部门为固定资产的日常维护和保养部门**

(1) 使用部门负责人为第一责任人,对固定资产的安全性负责。使用人为第二责任人,对固定资产的完好性负责。

(2) 及时反映固定资产的增减变动情况,做到台账与实物一致。

(3) 正确使用固定资产,做好维护保养。

(4) 定期进行清查盘点。

3. **财务共享服务中心为固定资产各类账务处理部门**

(1) 负责固定资产的价值核算,建立固定资产卡片账、登记台账。

(2) 办理固定资产购置、出售、盈亏报废等财务手续。

(3) 正确计提折旧和摊销。

(4) 每月与管理部门核对当月新增固定资产,每年核对一次全部固定资产,保证账账相符。

(5) 参与管理部门组织的清查盘点工作,保证账实相符。

(六) 固定资产共享流程设计的业务前提条件

固定资产共享流程设计基于一定的业务前提条件,具体内容如下:

(1) 基于电子影像系统的单据传递。影像管理系统的使用,将使目前的单据传递方式、流程发生显著改变,审核方式也随之改变为电子单据及单据影像的审核。

(2) 实现各单位审批方式、核算标准、核算方法的统一和标准化,实现全过程电子审批,业务和财务领导都通过电子报账单及单据影像进行审批。核算业务的集中,核算标准、方法、口径的统一,使核算更加规范高效。

(3) 基于资金的集中支付方式。各公司的付款业务由财务共享服务中心资金结算岗通过银企互联系统、网银系统统一支付,极少数业务需要保留在当地进行付款,节约资金成本,加强资金集中管控。

(4) 会计档案在财务共享服务中心集中保管。会计档案实现集中管理,用影像替代实物进行审核,减少实物单据流转,加强档案管理标准的统一规范。

二、固定资产新增业务简介

(一) 固定资产新增含义

固定资产新增是指购置、改造、改良、受赠、调拨和划转等活动所引起的固定资产数量和价值量的变化。

(二) 固定资产新增业务场景

固定资产新增业务场景较多,包括但不限于以下几点。

1. 手工新增

不通过资产新增申请等业务流程,直接手工增加固定资产卡片。适用于对固定资产管理比较粗放的企业。

2. 资产购置申请

使用部门需要新增固定资产时,提交新增资产申请,由部门领导和主管部门经办人、领导审批后,增加固定资产。

3. 工程转固

工程项目竣工后,形成的产出物达到预计可使用状态,转为固定资产管理。

4. 盘盈新增

企业在定期的资产盘点中,如发现有盘盈资产,需要将盘盈的资产入账。

(三) 固定资产请购新增流程

(1) 固定资产的请购由固定资产使用部门提出申请并填制"固定资产请购单"。

(2) "固定资产请购单"由部门经理审核签字后,提交至综合办公室经理审核,若属预算外采购,还需递交预算外固定资产请购说明。

(3) 综合办公室经理对使用部门提交的"请购单"进行审核签字后,提交至财务部经理审核。

(4) 财务部经理审核签字后,提交至财务副总经理审核。

(5) 财务副总经理审核签字后,提交至主管领导或总经理审批。

(6) 总经理审批签字或主管领导批准后,送交综合办公室进行采购。

(四) 固定资产请购新增环节内部控制

(1) 固定资产使用部门应根据年度固定资产预算以及实际使用需要,详细填列"固定资产请购单"。

(2) "固定资产请购单"的内容应包括固定资产名称、规格、型号、预算金额、实际价格、主要制造厂商以及购置原因等。

(3) 预算外请购应详细说明购置原因。

(4) 请购审核审批的内容包括购置目的、购置金额、购置数量、是否符合公司实际需要、请购申请是否由部门经理审核、是否属于预算外购置、是否超预算和超预算原因等。

三、固定资产新增共享前业务流程分析

(一) 固定资产新增现状问题

(1) 采购订单审批完成后直接填制付款单,采购流程不严谨。

(2) 原始单据还是纸质单据,审批时较为不方便。

(3) 接收到通知之后就记录固定资产卡片,没有系统支撑。

(二) 固定资产新增共享前业务流程现状

固定资产新增共享前业务流程如图 7-2 所示。

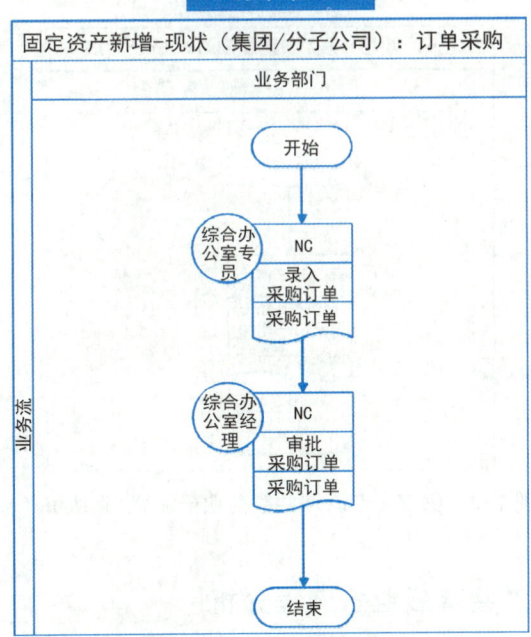

图 7-2　固定资产新增共享前业务流程(订单采购)

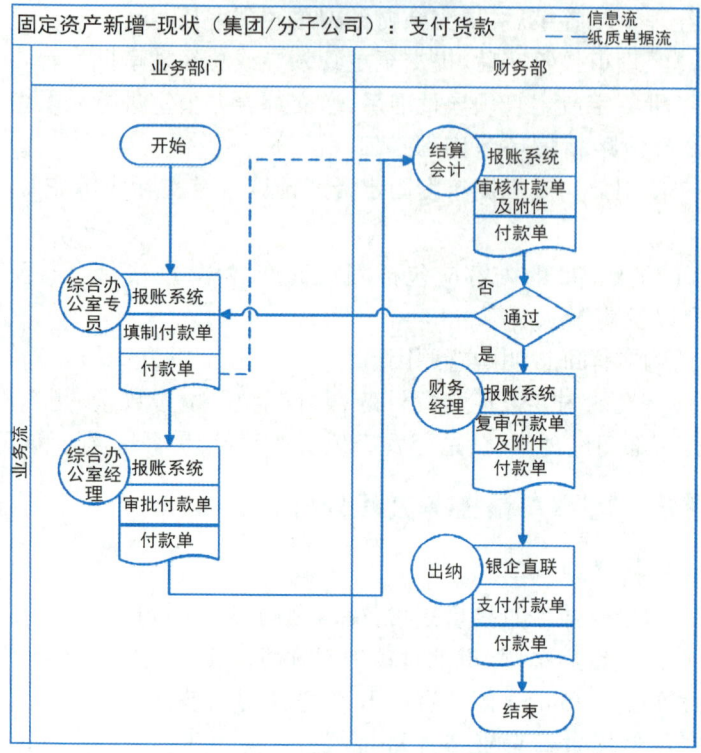

图 7-2　固定资产新增共享前业务流程(支付货款)

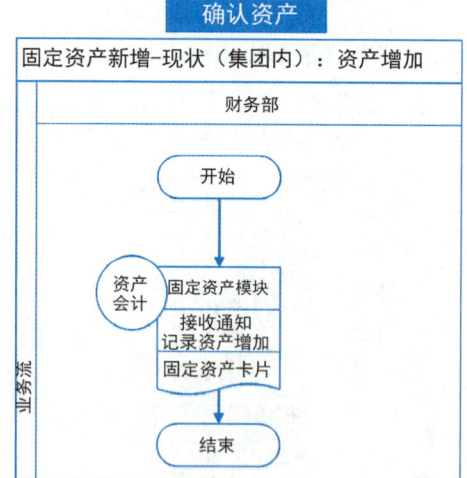

图 7-2　固定资产新增共享前业务流程(确认资产)

四、固定资产新增共享后业务流程分析

为了解决固定资产新增共享前流程现状问题,固定资产新增流程从确认应付、支付货款、确认资产等方面进行了设计,以提高固定资产新增共享服务质量。固定资产新增共享

后业务流程如图 7-3 所示。

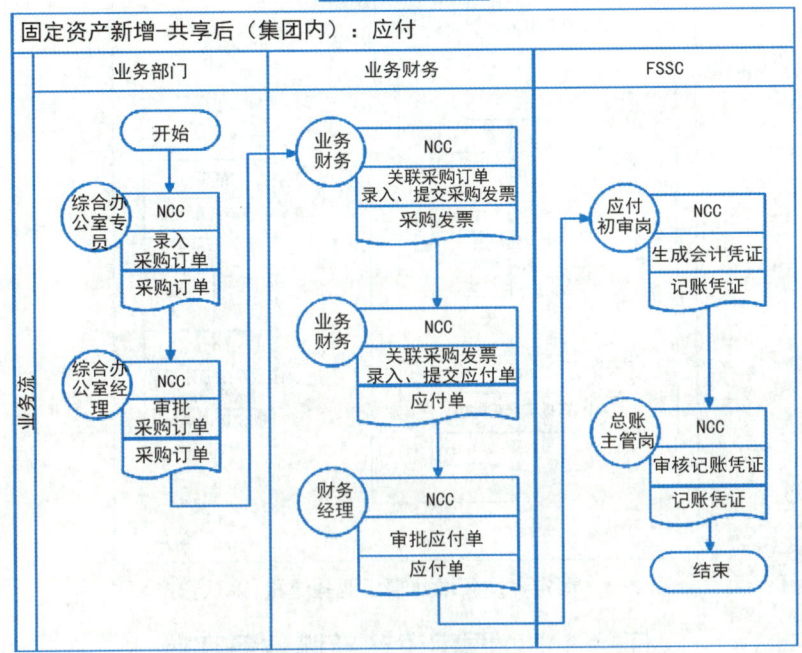

图 7-3　固定资产新增共享后业务流程(确认应付)

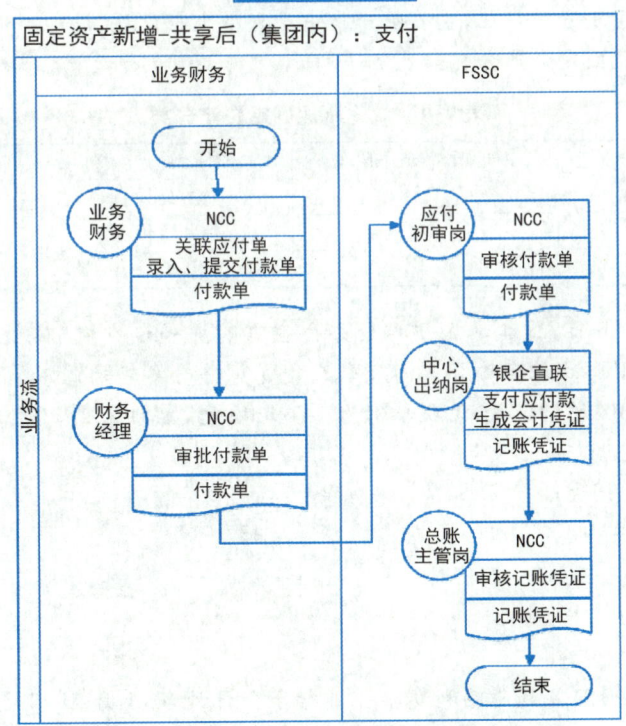

图 7-3　固定资产新增共享后业务流程(支付货款)

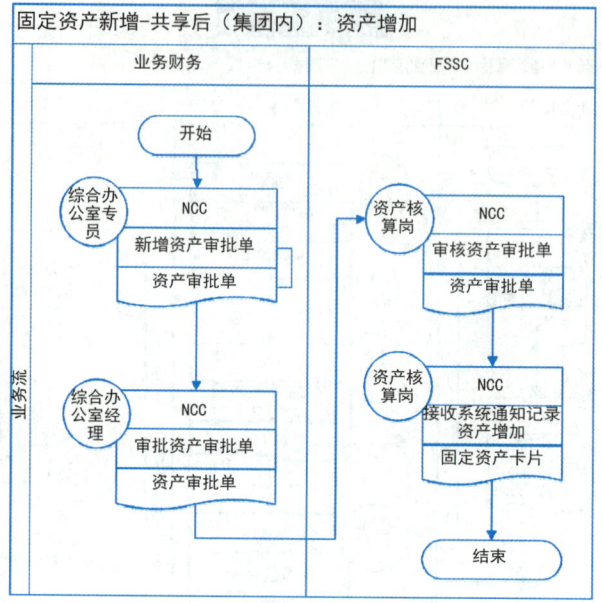

图 7-3　固定资产新增共享后业务流程（确认资产）

任务 1.2　固定资产新增业务实操

任务情景

鸿途水泥属于重资产行业，主要资产集中于大型生产设施、设备。根据《固定资产管理制度》，鸿途水泥固定资产分类如表 7-1 所示。

表 7-1　鸿途水泥固定资产分类

固定资产类别	折旧计提年限	固定资产类别	折旧计提年限
房屋及建筑物	25	办公设备	5
机器设备	10	生活设备	5
运输工具	5	电子设备	3

2023 年 3 月 15 日，鸿途水泥质控处办公室需购置一台空调（属于：生活设备），经 OA 审批通过后，具体由综合办公室向庆峰五金贸易公司发起采购申请。请购信息如下（其中单价含有 13% 的增值税，无税单价为 1 769.03 元，税额 229.97 元）。

商品名称：空调

商品产地：中国大陆

变频/定频：定频

商品匹数：1.5 匹（15～25 m²）

物料分类：壁挂式空调

含税价格：1 999 元

2023 年 3 月 20 日收到货物和发票并进行了会计处理，3 月 25 日支付了全额款项。增值税专用发票如图 7-4 所示。

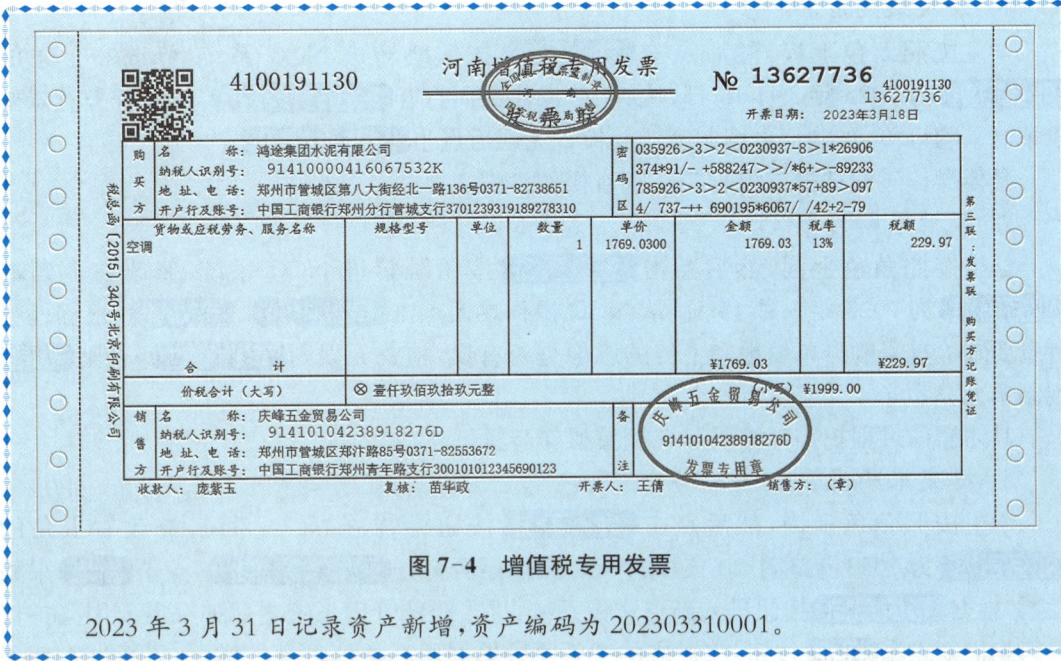

图 7-4 增值税专用发票

2023 年 3 月 31 日记录资产新增,资产编码为 202303310001。

要求：**(1)** 在 NCC 系统中完成资产确认采购应付任务。

(2) 在 NCC 系统中完成资产采购支付货款任务。

(3) 在 NCC 系统中完成确认固定资产新增任务。

◆注意事项

（1）原始凭证（采购发票等）作为本课程的教辅资源，在上课时以物理单证的形式发放给学生。

（2）付款回单若要作为原始凭证存档，教学平台将提供银行回单查询与打印功能。

◆操作步骤

（一）资产确认采购应付任务实操

固定资产确认采购应付流程如图 7-5 所示。

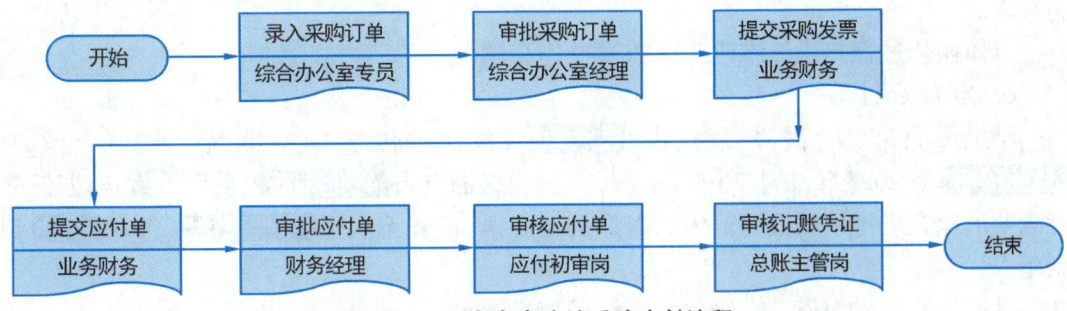

图 7-5 固定资产确认采购应付流程

1. 录入采购订单

学生按照角色上岗,然后点击 进入系统 按钮跳转进 NCC 系统,修改右上角的 业务日期 为 2023 年 3 月 15 日,从 NCC 操作桌面打开 采购订单维护 ,根据任务背景要求填制采购订单,采购订单填制完成并检查无误后点击 保存 、 提交 。

具体操作过程扫描二维码 7-1 查看操作步骤。

二维码 7-1 录入采购订单具体操作步骤

2. 审批采购订单

学生按照角色上岗,然后点击 进入系统 按钮跳转进 NCC 系统,修改右上角的 业务日期 为 2023 年 3 月 15 日,从 NCC 操作桌面点击 审批中心 、 未处理 ,根据任务背景要求检查采购订单填报和上传的影像是否有误,检查无误则 审批通过 ,否则 驳回 到制单人。

具体操作过程扫描二维码 7-2 查看操作步骤。

二维码 7-2 审批采购订单具体操作步骤

3. 提交采购发票

学生按照角色上岗,然后点击 进入系统 按钮跳转进 NCC 系统,修改右上角的 业务日期 为 2023 年 3 月 20 日,从 NCC 操作桌面打开 采购发票维护 ,点击 新增 采购发票,根据 影像扫描 按钮进入新道影像系统,进入影像管理系统之后如果需要用高拍仪进行扫描则点击 扫描 按钮,将对应的纸质原始单据用高拍仪进行扫描,如果通过本地上传则点击 导入 按钮,将对应的原始单据影像扫描上传到影像系统,影像扫描完成后依次点击 保存 、 提交 按钮,影像扫描完成后返回采购发票填报界面点击 提交 按钮。

具体操作过程扫描二维码 7-3 查看操作步骤。

二维码 7-3 提交采购发票具体操作步骤

4. 提交应付单

学生按照角色上岗,然后点击 进入系统 按钮跳转进 NCC 系统,修改右上角的 业务日期 为 2023 年 3 月 20 日,从 NCC 操作桌面打开应付单管理,根据任务背景要求搜索应付单,应付单填制完成并检查无误后点击 提交 。

具体操作过程扫描二维码 7-4 查看操作步骤。

二维码 7-4 提交应付单具体操作步骤

5. 审批应付单

学生按照角色上岗,然后点击 进入系统 按钮跳转进 NCC 系统,修改右上角的 业务日期 为 2023 年 3 月 20 日,从 NCC 操作桌面点击 审批中心 、 未处理 ,根据任务背景要求检查应付单填报和上传的影像是否有误,检查无误则 审批通过 ,否则 驳回 到制单人。

具体操作过程扫描二维码 7-5 查看操作步骤。

二维码 7-5 审批应付单具体操作步骤

6. 审核应付单

学生按照角色上岗,然后点击 进入系统 按钮跳转进 NCC 系统,修改右上角的 业务日期 为 2023 年 3 月 20 日,从 NCC 操作桌面点击 审批中心 、 未处理 ,根据任务背景要求检查应付单填报和上传的影像是否有误,检查无误则 审批通过 ,否则 驳回 到制单人。

具体操作过程扫描二维码 7-6 查看操作步骤。

二维码 7-6 审核应付单具体操作步骤

7. 固定资产应付(审核记账凭证)

学生按照角色上岗,然后点击 进入系统 按钮跳转进 NCC 系统,修改右上角的

`业务日期`为 2023 年 3 月 20 日,从 NCC 操作桌面点击`凭证审核`,在`搜索框`输入查询条件:财务组织选择`鸿途集团水泥有限公司`,查询日期区间为`2023-03-01～2023-03-31`审核状态为`待审核`,检查凭证,检查无误后点击`审核`。

具体操作过程扫描二维码 7-7 查看操作步骤。

(二)资产采购支付货款任务实操

资产采购支付货款流程如图 7-6 所示。

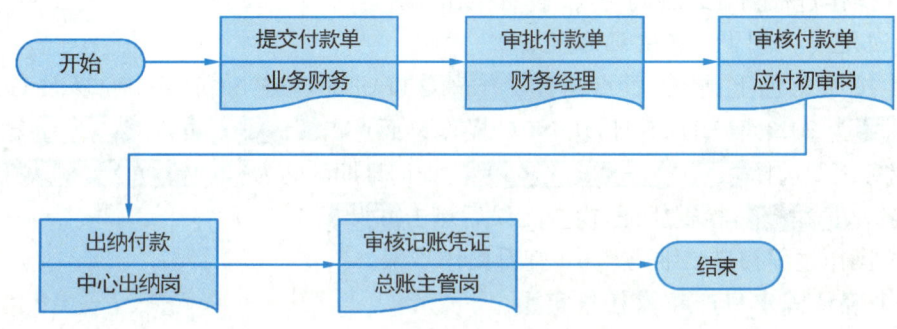

图 7-6 资产采购支付货款流程

1. 提交付款单

学生按照角色上岗,然后点击`进入系统`按钮跳转进 NCC 系统,修改右上角的`业务日期`为 2023 年 3 月 25 日,从 NCC 操作桌面打开`付款单管理`,根据任务背景要求搜索应付单,应付单填制完成并检查无误后点击`保存`,保存后点击`影像扫描`按钮进入新道影像系统,进入影像管理系统之后如果需要用高拍仪进行扫描则点击`扫描`按钮,将对应的纸质原始单据用高拍仪进行扫描,如果通过本地上传则点击`导入`按钮,将对应的原始单据影像扫描上传到影像系统,影像扫描完成后依次点击`保存`、`提交`按钮,影像扫描完成后返回付款单填报界面点击`提交`按钮。

具体操作过程扫描二维码 7-8 查看操作步骤。

2. 审批付款单

学生按照角色上岗,然后点击`进入系统`按钮跳转进 NCC 系统,修改右上角的`业务日期`为 2023 年 3 月 25 日,从 NCC 操作桌面点击`审批中心`、`未处理`,根据任务背景要求检查付款单填报和上传的影像是否有误,检查无误则`审批通过`,否则`驳回`到制单人。

具体操作过程扫描二维码 7-9 查看操作步骤。

3. 审核付款单

学生按照角色上岗,然后点击`进入系统`按钮跳转进 NCC 系统,修改右上角的`业务日期`为 2023 年 3 月 25 日,从 NCC 操作桌面点击`审批中心`、`未处理`,根据任务背景要求检查付款单填报和上传的影像是否有误,检查无误则`审批通过`,否则`驳回`到制单人。

具体操作过程扫描二维码 7-10 查看操作步骤。

4. 出纳付款

学生按照角色上岗,然后点击 进入系统 按钮跳转进 NCC 系统,修改右上角的 业务日期 为 2023 年 3 月 25 日,从 NCC 操作桌面点击 结算 ,在 搜索框 输入查询条件:财务组织选择 鸿途集团水泥有限公司 ,查询日期区间为 2023-03-01～2023-03-31 ,在 待结算 页面中点击 业务单据编号 进入结算详细信息界面,检查无误后点击 支付 、 网上转账 进行结算。

具体操作过程扫描二维码 7-11 查看操作步骤。

5. 固定资产付款(审核记账凭证)

学生按照角色上岗,然后点击 进入系统 按钮跳转进 NCC 系统,修改右上角的 业务日期 为 2023 年 3 月 25 日,从 NCC 操作桌面点击 凭证审核 ,在 搜索框 输入查询条件:财务组织选择 鸿途集团水泥有限公司 ,查询日期区间为 2023-03-01～2023-03-31 ,审核状态为 待审核 ,检查凭证,检查无误后点击 审核 。

具体操作过程扫描二维码 7-12 查看操作步骤。

(三)确认固定资产新增任务实操

确认固定资产新增流程如图 7-7 所示。

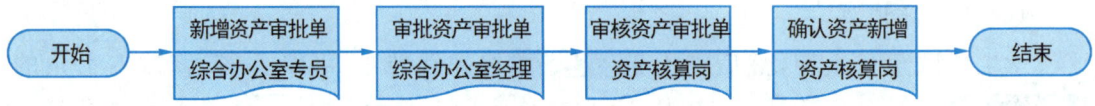

图 7-7 确认固定资产新增流程

1. 新增资产审批单

学生按照角色上岗,然后点击 进入系统 按钮跳转进 NCC 系统,修改右上角的 业务日期 为 2023 年 3 月 31 日,从 NCC 操作桌面打开 新增资产审批单维护 ,根据任务背景要求填制资产审批单,资产审批单填制完成并检查无误后点击 保存 、 提交 。

具体操作过程扫描二维码 7-13 查看操作步骤。

2. 审批资产审批单

学生按照角色上岗,然后点击 进入系统 按钮跳转进 NCC 系统,修改右上角的 业务日期 为 2023 年 3 月 31 日,从 NCC 操作桌面点击 审批中心 、 未处理 ,根据任务背景要求检查资产审批单填报和上传的影像是否有误,检查无误则 审批通过 ,否则 驳回 到制单人。

具体操作过程扫描二维码 7-14 查看操作步骤。

3. 审核资产审批单

学生按照角色上岗,然后点击 进入系统 按钮跳转进 NCC 系统,修改右上角的 业务日期 为 2023 年 3 月 31 日,从 NCC 操作桌面点击 审批中心 、 未处理 ,根据任务背景要求检查资产审批单填报和上传的影像是否有误,检查无误则 审批通过 ,否则 驳回 到制单人。

具体操作过程扫描二维码 7-15 查看操作步骤。

4. 确认固定资产新增

学生按照角色上岗,然后点击 进入系统 按钮跳转进 NCC 系统,修改右上角的 业务日期 为 2023 年 3 月 31 日,点击全局导航,打开 固定资产 、固定资产信息 、待生成固定资产卡片 ,根据任务背景要求填制待生成固定资产卡片,待生成固定资产卡片填制完成并检查无误后点击 保存 。回到首页,打开 固定资产卡片维护 ,根据任务背景要求编辑资产增加。

具体操作过程扫描二维码 7-16 查看操作步骤。

二维码 7-16
确认固定资产新增具体操作步骤

任务 2　固定资产变动业务

任务 2.1　固定资产变动业务概述

一、固定资产变动简介

(一) 固定资产变动含义

固定资产在其全生命周期的管理过程中发生变化时,可通过资产变动单来记录完成,例如,原值调整、累计折旧调整、使用部门调整、管理部门调整、存放地点调整等。其中有以下几点需要注意:

(1) 使用部门变动。使用部门变动后,折旧归属于变动后部门。

(2) 使用寿命变动。使用寿命预计数与原先估计数有差异的,应当调整固定资产使用寿命,并按照会计估计变更的有关规定进行处理。

(3) 预计净残值变动。预计净残值预计数与原先估计数有差异的,应当调整预计净残值,并按照会计估计变更的有关规定进行处理。

(4) 折旧方法变动。与固定资产有关的经济利益预期实现方式有重大改变的,应当改变固定资产折旧方法,并按照会计估计变更的有关规定进行处理。

(二) 固定资产变动业务分类

固定资产变动业务可分为两大类,一类为直接影响资产折旧摊销数额的变动,如本币原值变动、累计折旧变动等;另一类为影响折旧计提费用归集汇总的变动,如资产使用部门变动、资产管理部门变动等。固定资产变动业务分类如图 7-8 所示。

二、固定资产折旧简介

(一) 固定资产折旧含义

固定资产折旧是指固定资产在使用寿命内,按照确定的方法对应计折旧额进行的系统分摊。固定资产的损耗方式包括有形损耗和无形损耗。

$$应计折旧额 = 原价 - 预计净残值 - 已计提减值准备$$

(二) 固定资产折旧的影响因素

影响固定资产折旧的因素主要包括:固定资产原值,即取得固定资产时的原始成本;

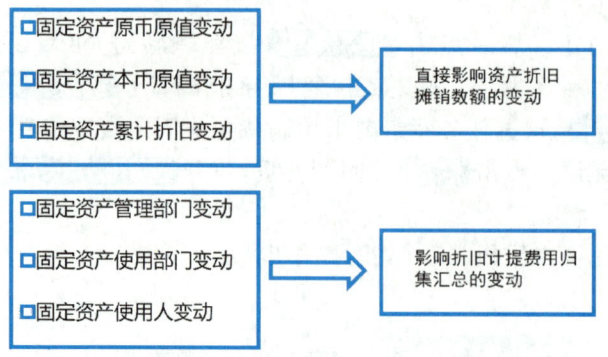

图 7-8　固定资产变动业务分类

预计净残值,即企业目前从该项资产处置中获得的扣除预计处置费用后的金额;固定资产减值准备;预计使用寿命,即经济年限而不是物理年限;折旧方法等。

其中预计净残值、预计使用寿命、折旧方法均需合理确定,一经确定,不得随意变更。

(三) 固定资产折旧计提范围

企业应对所有固定资产进行计提折旧,但有两种情况除外:一是已提足折旧仍继续使用的固定资产;二是按照规定单独计价作为固定资产入账的土地。

企业在对固定资产计提折旧时有以下几点注意事项:

(1) 企业应当按月计提固定资产折旧,当月增加的固定资产,当月不计提折旧,从下月起计提折旧;当月减少的固定资产,当月仍计提折旧,从下月起不计提折旧。

(2) 未使用、不需用的固定资产照提折旧,计入管理费用。

(3) 处于更新改造过程中,停止使用的固定资产,应将其账面价值转入在建工程,不再计提折旧。更新改造项目达到预定可使用状态转为固定资产后,再按照重新确定的使用寿命、预计净残值和折旧方法计提折旧。

(4) 提前报废的固定资产不再补提折旧。

(四) 固定资产折旧方法

企业应当根据与固定资产有关的经济利益的预期实现方式,合理选择固定资产折旧方法。固定资产的折旧方法一经确定,不得随意变更。固定资产折旧方法如图 7-9 所示。

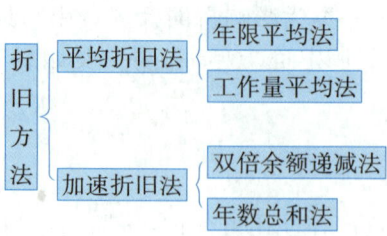

图 7-9　固定资产折旧方法

(五) 固定资产折旧账务处理

销售部门使用的固定资产,折旧应计入销售费用;基本生产车间使用的固定资产,折旧应计入制造费用,并最终计入所生产产品成本;管理部门使用的固定资产,折旧应计入管理费用;未使用的固定资产,折旧应计入管理费用;用于建造工程的固定资产,折旧应计入在建工程。

任务2.2 固定资产变动业务实操

> **任务情景**
>
> 2023年3月12日,鸿途水泥原由销售服务办公室(部门编码:0501)使用的一台笔记本电脑(属于:电子设备)调整至供应处办公室(部门编码:0601)。具体笔记本电脑信息如下。
>
> 商品名称:ThinkPad翼480
>
> 屏幕尺寸:14.0英寸
>
> 系列:ThinkPad-E系列
>
> 分类:轻薄本
>
> 原值:4 900元
>
> 2023年3月31日,鸿途水泥资产核算岗完成当月固定资产折旧的计提。

要求:(1) 在NCC系统中完成固定资产变动任务。
(2) 在NCC系统中完成固定资产折旧任务。

操作步骤

（一）固定资产变动任务实操。

固定资产变动流程如图7-10所示。

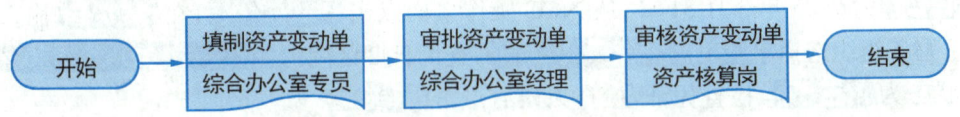

图7-10 固定资产变动流程

1. 填制资产变动单

学生按照角色上岗,然后点击 进入系统 按钮跳转进NCC系统,修改右上角的 业务日期 为2023年3月12日,从NCC操作桌面打开 固定资产变动 ,点击 新增 ,根据任务背景要求填制固定资产变动单,固定资产变动单填制完成并检查无误后点击 保存 、 提交 。

具体操作过程扫描二维码7-17查看操作步骤。

二维码7-17 填制资产变动单具体操作步骤

2. 审批资产变动单

学生按照角色上岗,然后点击 进入系统 按钮跳转进NCC系统,修改右上角的 业务日期 为2023年3月12日,从NCC操作桌面点击 审批中心 、 未处理 ,根据任务背景要求检查固定资产变动单填报和上传的影像是否有误,检查无误则 审批通过 ,否则 驳回 到制单人。

具体操作过程扫描二维码7-18查看操作步骤。

二维码7-18 审批资产变动单具体操作步骤

3. 审核资产变动单

二维码7-19
审核资产变动单具体操作步骤

学生按照角色上岗，然后点击 进入系统 按钮跳转进NCC系统，修改右上角的 业务日期 为2023年3月12日，从NCC操作桌面点击 审批中心 、 未处理 ，根据任务背景要求检查固定资产变动单填报和上传的影像是否有误，检查无误则 审批通过 ，否则 驳回 到制单人。

具体操作过程扫描二维码7-19查看操作步骤。

（二）固定资产折旧任务实操。

固定资产折旧流程如图7-11所示。

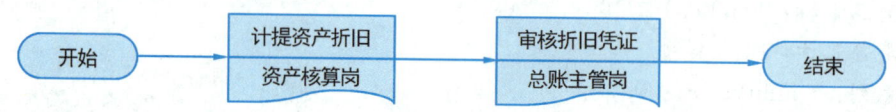

图7-11 固定资产折旧流程

1. 计提资产折旧

二维码7-20
计提资产折旧具体操作步骤

学生按照角色上岗，然后点击 进入系统 按钮跳转进NCC系统，修改右上角的 业务日期 为2023年3月31日，从NCC操作桌面打开 折旧与摊销 ，根据任务背景要求填制折旧与摊销，折旧与摊销填制完成并检查无误后点击 保存 。

具体操作过程扫描二维码7-20查看操作步骤。

2. 固定资产折旧（审核折旧凭证）

二维码7-21
固定资产折旧具体操作步骤

学生按照角色上岗，然后点击 进入系统 按钮跳转进NCC系统，修改右上角的 业务日期 为2023年3月31日，从NCC操作桌面点击 凭证审核 ，在 搜索框 输入查询条件：财务组织选择 鸿途集团水泥有限公司 ，查询日期区间为 2023-03-01~2023-03-31 ，审核状态为 待审核 ，检查凭证，检查无误后点击 审核 。

具体操作过程扫描二维码7-21查看操作步骤。

同步练习

一、单项选择题

1. 固定资产变动业务共享后流程所用到的业务单据是（　　）。
   A. 固定资产卡片　　B. 采购发票　　C. 付款单　　D. 使用部门调整单
2. 固定资产新增业务，资产核算岗进行共享后业务处理应登录的端口是（　　）。
   A. 重量端　　B. 轻量端　　C. 资产核算　　D. 固定资产管理
3. 固定资产变动的业务场景不包括（　　）。
   A. 盘盈新增　　　　　　　　　　B. 固定资产价值调整
   C. 固定资产使用部门调整　　　　D. 固定资产追溯调整
4. 固定资产核算系统启用之后的日常处理主要包括（　　）。
   A. 增减变动处理与计提折旧　　　B. 凭证的输入、审核与记账
   C. 计提折旧与成本核算　　　　　D. 设备采购与应付款管理
5. 固定资产变动包括（　　）。
   A. 部门转移　　　　　　　　　　B. 净残值调整
   C. 工作量调整　　　　　　　　　D. 三者都是
6. 固定资产核算的主要任务包括计算、汇总和分配固定资产的（　　）。
   A. 生产成本　　B. 工作时间　　C. 原值　　D. 折旧费用
7. 固定资产是指企业为生产商品、提供劳务、出租或经营管理而持有，并预期在一个会计年度以外使用的有形资产。以下选项中，不属于固定资产的是（　　）。
   A. 办公设备　　B. 存货　　C. 厂房　　D. 运输工具
8. 固定资产的初始计量应按照（　　）价值进行。
   A. 历史成本　　B. 公允成本　　C. 重置成本　　D. 净现值
9. 固定资产折旧的方法不包括以下哪一项（　　）。
   A. 平均年限法　　　　　　　　　B. 双倍余额递减法
   C. 年数总和法　　　　　　　　　D. 先进先出法
10. 202×年12月31日，计提减值准备前甲公司某固定资产原价为1 200万元、已计提折旧660万元、已计提减值准备40万元。经减值测试，该固定资产的可收回金额为580万元。不考虑其他因素，202×年12月31日，甲公司应为该固定资产计提减值准备的金额为（　　）万元。
    A. 30　　B. 0　　C. 80　　D. 120

二、多项选择题

1. 固定资产共享业务包括（　　）。
   A. 固定资产新增　　　　　　　　B. 固定资产变动
   C. 固定资产折旧　　　　　　　　D. 固定资产减少
2. 在用固定资产的折旧范围包括（　　）。

A. 房屋、建筑物以外的未使用、不需用的固定资产

B. 以租赁方式租出的固定资产

C. 季节性停用的固定资产

D. 在用机器设备

3. 下列固定资产管理业务中,登录端口是轻量端的是(　　)。

　　A. 固定资产卡片维护　　　　　　B. 固定资产使用部门调整

　　C. 折旧与摊销　　　　　　　　　D. 月末结转

4. 固定资产新增业务进入财务共享中心后,对其进行共享后业务处理的是(　　)。

　　A. 应付初审岗　　B. 总账主管岗　　C. 会计　　D. 资产核算岗

5. 以下选项中,属于固定资产的特征的是(　　)。

　　A. 为生产商品、提供劳务、出租或经营管理而持有的

　　B. 使用寿命超过一个会计年度

　　C. 必须是有形资产

　　D. 价值必须很高

6. 企业购入固定资产的成本包括(　　)。

　　A. 购买价款

　　B. 相关税费

　　C. 使固定资产达到预定可使用状态前所发生的可归属于该项资产的运输费、装卸费、安装费和专业人员服务费等

　　D. 员工培训费

7. 固定资产处置的方式有(　　)。

　　A. 出售　　　　　B. 转让　　　　　C. 报废　　　　　D. 毁损

8. 下列各项固定资产中,企业应于当月计提折旧的有(　　)。

　　A. 本月到期报废的运输工具

　　B. 本月因债务重组而转让的厂房

　　C. 本月购入不需要安装的设备

　　D. 本月预计发生减值的使用中的生产设备

9. 以下关于固定资产折旧说法中正确的有(　　)。

　　A. 销售部门的折旧计入销售费用

　　B. 自行研发使用的固定资产折旧计入研发支出

　　C. 基本生产车间的固定资产折旧计入制造费用

　　D. 经营租出的固定资产折旧计入主营业务成本

10. 下列关于固定资产的说法中,正确的是(　　)。

　　A. 固定资产的各组成部分具有不同使用寿命或者以不同方式为企业提供经济利益,适用不同折旧率或折旧方法的,应当分别将各组成部分确认为单项固定资产

　　B. 以一笔款项购入多项没有单独标价的固定资产,应当按照各项固定资产公允价值比例对总成本进行分配,分别确定各项固定资产的成本

　　C. 处于更新改造过程中的固定资产不再计提折旧

　　D. 提前报废的固定资产,不再补提折旧

三、判断题

1. 固定资产折旧业务所涉及的业务单据包括折旧清单。（　　）
2. 固定资产减少业务属于审批流。（　　）
3. 企业外购固定资产的成本，包括购买价款、相关税费、使固定资产达到预定可使用状态前所发生的可归属于该项资产的运输费、装卸费、安装费和专业人员服务费等。（　　）
4. 企业以一笔款项购入多项没有单独标价的固定资产，应将各项资产单独确认为固定资产，并按照各项固定资产公允价值的比例对总成本进行分配，分别确定各项固定资产的成本。（　　）
5. 自行建造固定资产达到预定可使用状态前，该项目的工程物资盘盈应当计入当期营业外收入。（　　）
6. 处于更新改造过程中停止使用的固定资产，应将其账面价值转入在建工程，不再计提折旧。（　　）
7. 企业的固定资产因自然灾害等原因发生的净损失应计入资产处置损益。（　　）

四、拓展训练题

某公司一项设备的原价为 100 000 元，预计使用年限 5 年，预计净残值为 4 000 元。要求分别采用直线法和双倍余额递减法计算该项固定资产各年的折旧额。

模块 8 总账报表与税务共享业务处理

学习目标

知识目标

1. 掌握总账共享的含义
2. 熟悉总账月结检查 RPA 机器人的工作过程
3. 掌握税务云基本情况
4. 理解税务云的应用场景

技能目标

1. 能应用 RPA 机器人完成总账月结处理业务
2. 能够进行税务云共享业务处理

素养目标

1. 培养学生面对工作困难时主动学习、积极向上的精神
2. 引导学生熟悉税务管理相关规定

学习重点

1. 总账月结检查 RPA 机器人的工作过程
2. 税务云的应用场景

学习难点

1. 总账月结检查 RPA 机器人的工作过程
2. 税务云的应用场景

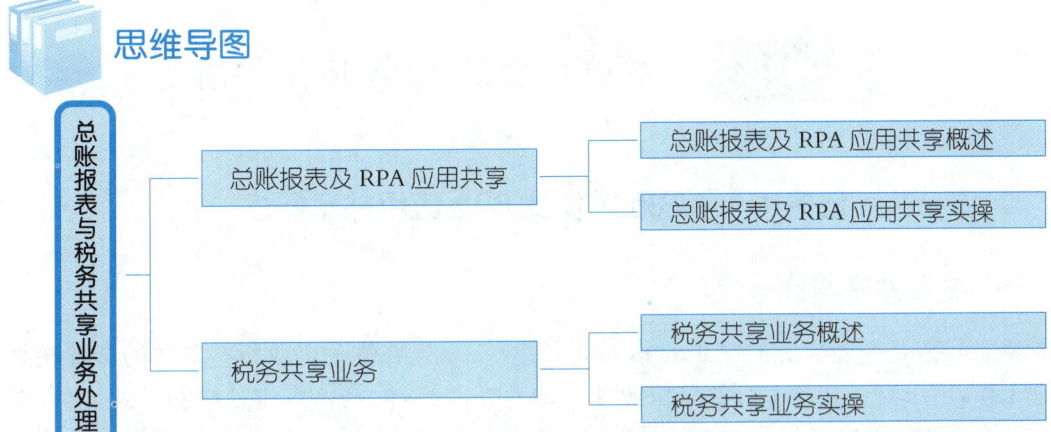

 思政导读

法理为纲：税务共享业务中的合规坚守与职业信仰

鸿途集团财务共享服务中心的税务专员小王，最近负责集团下属公司的增值税纳税申报工作。随着税务云的引入，小王的工作变得更加高效，但也面临着新的挑战。

一天，集团下属的广东海地格电器有限公司的增值税申报表出现了异常，系统提示"数据不一致，无法生成申报表"。小王接到任务后，立刻登录税务云平台，仔细检查了每一张附表的数据。经过一番排查，他发现是进项发票的认证信息未及时更新，导致系统无法自动生成正确的申报表。

小王没有急于求成，而是耐心地与子公司财务人员沟通，确认了所有发票的认证情况，并手动更新了系统中的数据。随后，他重新启动了税务云的自动申报功能，顺利生成了增值税纳税申报表。小王松了一口气，心里充满了成就感。

然而，就在他准备提交申报表时，子公司财务人员突然打来电话，表示有一张发票的金额有误，希望小王帮忙"调整"一下数据，以便少缴一些税款。小王听后，立刻意识到这是一个严重的合规问题。他严肃地告诉对方："税务申报必须严格按照法律法规进行，任何人为调整数据的行为都是违法的。我们不能为了短期利益而触犯法律。"

小王坚持按照实际情况提交了申报表，并向财务经理汇报了此事。经理对他的做法表示高度认可，并强调："税务工作不仅关乎企业的合规经营，更关系到国家的税收安全。我们必须严格遵守税法，绝不能有任何侥幸心理。"

事后，小王在部门会议上分享了这个案例，提醒大家要时刻保持法治意识，严格遵守税务法规。他的行为不仅维护了企业的合规经营，也体现了财务人员的职业操守和法治精神。

任务 1　总账报表及 RPA 应用共享

任务 1.1　总账报表及 RPA 应用共享概述

一、总账共享简介

总账共享是企业财务共享中心核心业务之一，承担着整个企业所有单位的会计核算管理工作，由于财务共享中心各单位业务处理存在差异，但是核算口径必须一致，所以财务共享服务中心的业务处理标准需要统一，通常总账共享财务会计业务处理标准内容主要包括：会计核算方法统一、会计科目核算口径统一、财务报表口径统一、流程标准化、操作规范标准化、岗位职能标准化等。

（一）总账报表处组织结构设计

总账报表处是财务共享服务中心根据业务构成设置的 9 个专业处室之一。总账报表处主要是制定核算办法，进行各单位总账报表统一编制、上报、查询，进行报表内部往来对账和各单位数据对比分析。财务共享服务中心总账报表处设置如图 8-1 所示。

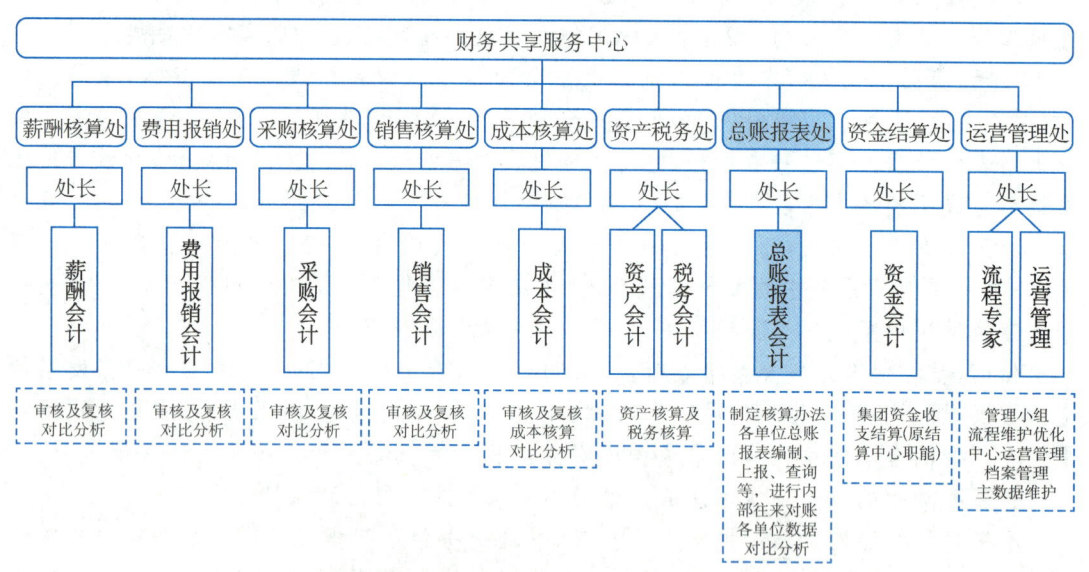

图 8-1　财务共享服务中心总账报表处设置

（二）总账业务场景及解决方案

总账业务场景及解决方案包括总账业务和税费业务两个部分内容。

1. 总账业务

总账业务包括除费用报支、销售应收、采购应付、资金结算业务、成本业务外，其他无信息系统支撑的，需要手工处理的核算业务。除此以外，总账业务还有些需要财务人员手工录入系统，包括计提、结转、调整、分摊等业务。

针对总账业务场景,应该采取以下的解决方案:对于涉及核销的业务,如押金业务,建议采用收付款单据进行业务承载;对于不涉及核销的业务,如罚款、滞纳金等结算业务,建议采用收付结算单据进行业务承载;对于有规则类的业务建议使用工单进行业务承载,依据业务逻辑梳理相关的服务流程;对于无规则类的业务,如审计调整、调整类等需要财务人员才能完成的业务,使用通用凭证单进行承载。

需要强调的是,当每月成员单位的账务需要进行调整处理时或审计部门审计后需要进行审计调整时,成员单位的财务人员登录共享平台,填写通用凭证单,补充相关业务信息和影像信息后,提交财务领导审批,共享中心总账复核岗进行复核,生成相应的凭证。在这种业务场景下,其解决方案为:新建交易凭证单类型,集团级模板设置,模板上增加备注和相关业务信息的自定义项,单据控制规则上绑定相应的收支项目。

2. 税费业务

税费业务适用于成员单位税费的缴纳业务,主要包括增值税、消费税、所得税、增值税附加(城市维护建设税、教育费附加、地方教育附加)、消费税附加、房产税、城镇土地使用税、土地增值税、资源税、车船税、个人所得税、社会保险费(养老、失业、工伤、基本医疗保险)等。

针对税费业务场景,应该采取以下的解决方案:

(1) 对于已经签订三方协议的,由税管人员登录国税申报系统划出款项,付款成功后,银行会推送相关的到账信息到共享平台到账通知认领池,税管人员在认领池认领并完善相关信息,扫描完税证明后并提交。提交成功后,由财务领导审批通过,单据线上流转至共享中心审核人员,审核人员审核通过后生成税费缴款凭证,凭证信息推送核算系统生成记账凭证,税费业务流程如图8-2所示。

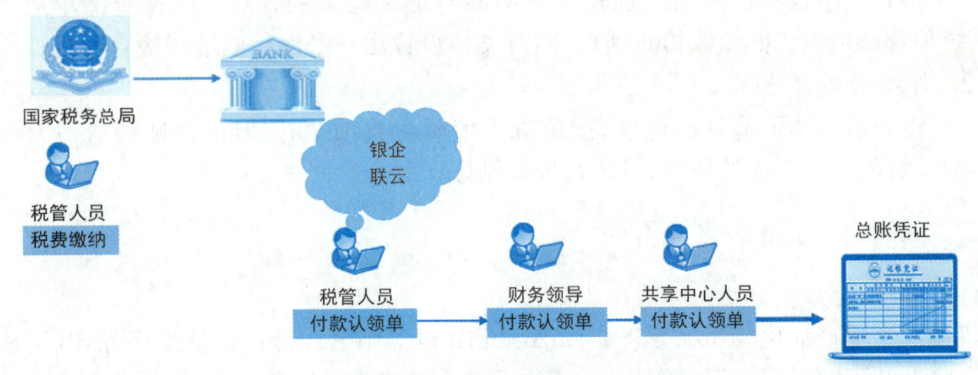

图8-2 税费业务流程

(2) 对于未签订三方协议的,由税管人员到税务部门打印税票,然后到银行柜台划款,划款回单信息由财务公司资金管理系统推送回共享平台,税管人员认领后,完善付款认领单信息,扫描完税证明并扫描影像后提交。提交成功后,由财务领导审批通过,单据线上流转至共享中心审核人员,审核人员审核通过后生成税费缴款凭证,凭证信息推送核算系统生成记账凭证。

需要强调的是,成员单位税费管理人员每月税费计提后,登录税管平台进行纳税申报和税费的划转缴纳，登录共享平台到账通知认领池进行税费缴纳到账通知的认领，完善相关业务信息后，生成税费缴纳凭证。在这种业务场景下，其解决方案为：建立税费缴纳交易类型，单据控制规则上绑定相应的收支项目，建立税费缴纳的模板设置并进行分配。

（三）总账月结处理

总账月结是企业财务管理日常工作中非常重要的一项内容，企业建成财务共享中心后，总账共享核算组每个月要按时完成所有单位的月结工作，总账月结时可以设置月结检查清单和月结协作工作台。总账月结处理如图8-3所示。

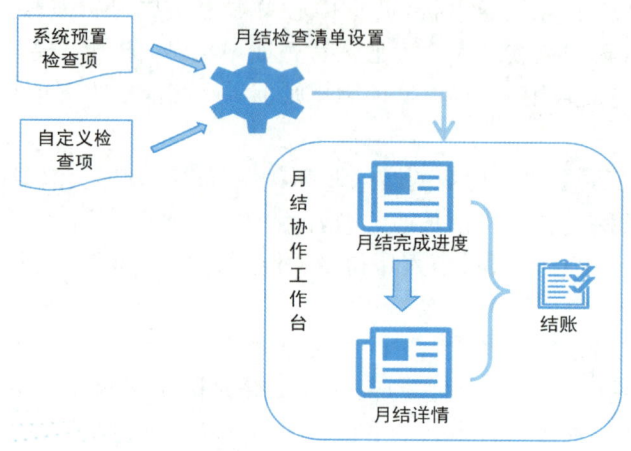

图8-3 总账月结处理

1. 月结检查清单设置

月结检查清单设置包括系统预置检查项和自定义检查项。对月结检查清单进行设置，系统预置必须检查的结账检查项目，同时支持设置用户个性化的结账检查项目。

2. 月结协作工作台

可直观查看多个账簿月结进度，按负责人编辑检查项执行情况、按账簿查看月结详情，详细了解账簿未完成的原因，可执行批量结账。

二、RPA流程自动化简介

（一）RPA含义

机器人流程自动化（Robotic Process Automation，RPA），是一款软件产品，其可模拟人在电脑上的不同系统之间操作行为，替代人在电脑前执行具有规律、重复性高的办公流程。因其可以将办公室工作自动化，7×24小时全天候命，提高生产效率，彻底消除人为错误，非侵入性程序及可高度扩展性，而受到了很多发达国家企业的青睐。

当前，RPA正在席卷全球各行各业，从金融行业到医疗行业再到零售行业。多种重复有规律的工作流程正在被代替。在各种岗位上都或多或少地存在对RPA的需求，并且这些企业也在积极地探索、尝试、开展以RPA/AI为基础的数字化转型。通过RPA的实施，将员工从简单、重复的工作中释放出来，使他们得以更专注于具有更高附加值的数据分析、决策和创新工作，以此提高企业在市场上的竞争力，实现共赢。

(二) RPA 类型与特点

1. 月结机器人

月结机器人根据单位范围结账,并自动记录结账中的问题。

2. 发票验伪机器人

业务人员收到纸质发票后,拍照上传到固定文件夹,发票机器人将定时启动对文件夹中的纸质发票照片进行 OCR 识别,并自动进行验伪。

3. 发票认证机器人

发票认证机器人定时启动后,可以自动对采购发票进行认证。

4. 三单匹配机器人

入库单匹配机器人针对验伪通过的发票,与 NC Cloud 中的采购入库单进行智能匹配,匹配成功后自动生成 NC Cloud 中的采购发票,并自动进行采购结算,同时可以自动生成应付单,确定应付。

5. 久其预算报表填报机器人

久其预算报表填报机器人可以将多个单位多张报表进行批量导入,自动捕获异常信息并生成报告。

6. 总账月结检查机器人

总账月结检查机器人根据提供的账簿以及会计期间自动检查人工检查项的完结情况,并可以进行自动结账并生成结账报告。

7. 内部交易对账机器人

内部交易对账机器人根据查询条件自动进行查询并进行对账,同时记录对账结果。

8. 银行对账机器人

银行对账机器人根据对账参数文件中的内容进行自动对账,并生成对账报告。

(三) RPA 功能

1. 月结机器人

(1) 设置待结账单位清单。

(2) 由机器人按待结账单位清单自动结账,结账过程中的问题自动生成结账报告。

2. 发票验伪机器人

(1) 支持业务员收到纸质发票,进行拍照,存放在固定的文件夹里,机器人手工或者定时调取该文件夹的发票图片,导入 OCR 扫描记录,同时根据电子底账记录进行发票验伪,验伪通过后,生成收票数据。

(2) 对于验伪不通过的发票,只会生成 OCR 扫描记录数据。

(3) 对于验伪中的发票,机器人会重复操作"生成发票",直到返回验伪结果,停止此操作。

(4) 支持设置验伪接收人,同时在验伪结束后,给接收人发送验伪结果,验伪结果可查看验伪失败原因及生成收票失败原因等明细信息。

3. 发票认证机器人

(1) 支持设置接收人邮箱,以及本月需认证税额合计。

(2) 支持查询出 360 天内待认证的发票,自动勾选满足条件的发票进行直连认证。

其中需按日期从小到大勾选待认证发票,所勾选待认证发票税额合计小于等于机器人设置的本月需认证的税额合计。

4. 三单匹配机器人

(1) 支持对验伪通过且生成收票的发票进行智能匹配入库单,智能勾选,确认匹配结果,自动生成供应链下审核状态的采购发票,自动结算。

(2) 本次入库匹配的发票范围是"验伪通过发票"文件夹下的"验伪通过发票清单"内已生成收票的发票。

(3) 支持给接收人发送匹配结果,匹配结果可查看匹配失败的原因。

5. 久其预算报表填报机器人

(1) 可以将多个单位多张报表进行批量导入。

(2) 自动捕获异常信息并生成报告。

6. 总账月结检查机器人

(1) 设置待结账单位 Excel 清单。

(2) 设置待结账单位检查项相关的 Excel 清单信息。

(3) 由机器人按以上清单自动检查出厂提供的月结检查项清单中的检查项,执行检查操作。

(4) 做完上述检查操作后,由机器人按待结账单位清单自动执行结账,结账过程中的问题自动生成结账报告。

7. 内部交易对账机器人

(1) 在自动对账报告 Excel 清单中设置对账单位以及对账条件。

(2) 由机器人按自动对账报告 Excel 清单中的设置自动执行对账,对账执行情况自动生成内部交易对账结果报告。

8. 银行对账机器人

(1) 根据对账文件中的内容进行自动对账。

(2) 对账完成后,自动生成对账报告。

任务 1.2　总账报表及 RPA 应用共享实操

> **任务情景**
>
> 　　鸿途集团财务共享服务中心实现了总账共享,涵盖辽宁辽西水泥集团有限公司等子公司以及所有纳入财务共享服务范围的业务单元,其月结、总账月结检查等工作均由鸿途财务共享服务中心总账主管岗负责。为了提升月结效率和准确性,鸿途财务共享服务中心引入了用友总账月结检查小友 RPA 机器人。

要求:(1) 在 NCC 系统中完成小友 RPA 机器人客户端安装与配置任务。

(2) 在 NCC 系统中完成机器人总账月结检查任务。

> **注意事项**
>
> 　　想要获取所属的组别,可单击 D-FSSC1.0 左侧的"团队管理"菜单进行查询。

> 操作步骤

（一）小友 RPA 机器人客户端安装与配置任务实操

学生按照角色上岗，然后点击 进入系统 按钮跳转进 NCC 系统， 下载 并 安装 小友 RPA 客户端。

具体操作过程扫描二维码 8-1 查看操作步骤。

二维码 8-1 小友 RPA 客户端安装与配置具体操作步骤

（二）机器人总账月结检查任务实操

学生按照角色上岗，然后点击 进入系统 按钮跳转进 NCC 系统，点击 任务资料 查看总账月结检查机器人 NCC 系统操作手册， 下载 月结账簿列表到本地电脑，点击 机器人管理 ，创建机器人，录入名称和描述并选择客户端，选择 总账月结检查机器人 ，修改 NCC 服务的 IP 地址 ，创建文件，启用 报告接收人 ，点击 完成 。

具体操作过程扫描二维码 8-2 查看操作步骤。

二维码 8-2 机器人总账月结检查具体操作步骤

任务 2　　税务共享业务

任务 2.1　税务共享业务概述

一、税务云简介

（一）税务云产生的背景

在新的税务政策实施、金税三期系统监管和电子发票普及的大背景下，纳税人的财务、税务、发票管理必须适应国税监管和企业财税转型的需要。借助"互联网＋税务"契机，规范企业发票管理，打通"业财税"管理流程，实现税务集中管理，成为更多企业"财税数字化"的切入点。

（二）税务云含义

税务云基于最新的互联网、云计算、大数据等技术，基于社会化商业这一新的商业模式，为企业提供以销项管理、进项管理、纳税申报为核心的增值税服务，为企业提供经营过程中所有涉税环节的解决方案。税务云打通企业业务、财务、税务数据，为企业提供智能税务服务，帮助企业做最佳税务决策，建立具有连接、高效、智能新特性的税务云平台。

（三）税务云应用价值

1. 多场景发票开具服务

税务云支持与财务共享系统对接实现一键开票的功能，支持扫描开票、支付开票、App 开票、公众号开票、预约开票等多种开票场景，同时支持纸质发票和电子发票的开具，支持企业销项发票集中管理和监控。

开票模式分为集成模式开票和非集成模式开票。非集成模式是业务系统与税务服务系统没有直接对接，需要通过财务数字化平台上的税务服务手工开具发票。集成模式是业务系统与税务服务系统集成，销售系统中的数据可以同步到财务数字化平台的税务云服务未开票列表中，实时进行开票。

2. 深度融合的税务服务

税务云支持发票信息;支持与财务共享系统对接,实现电子发票报销和发票查验查重;支持与选择确认平台对接,与财务共享中的应收应付、供应链销售发票和采购发票的深度融合,实现在财务共享系统直接开具发票,并回写实现 T+1 进项发票获取,智能勾选认证;支持财务数据抽取、进销项发票管理,辅助生成纳税申报表。

3. 集团化税务管理解决方案

税务云包括集团企业的发票管理、增值税管理、所得税管理、影像及 OCR 系统对接、纳税申报管理、税务风险管理、税务共享服务解决方案等,对未达、逾期和异常预警,降低损失,辅助纳税申报,提高申报效率,控制申报比对风险。

二、税务云共享业务场景

(一) 纳税管理认知

1. 税务登记管理

税务登记是税务机关对纳税人的生产活动和经营活动进行登记,并据此对纳税人实施税务管理的一种法定制度,我国税务登记制度包括开业税务登记、变更税务登记、注销税务登记、外出经营报验登记以及停业、复业登记等。税务登记的作用在于掌握纳税人的基本情况和税源分布,从税务登记开始,纳税人的身份及征纳双方的法律关系得到确认。

2. 凭证和账簿管理

凭证是纳税人用来记录经济业务、明确经济责任,并据以登记账簿的书面证明,账簿是纳税人、扣缴义务人连续地记录其各项经济业务的账册或簿籍。

从事生产、经营的纳税人应当自领取营业执照或者发生纳税义务之日起 15 日内设置账簿;生产、经营规模小,又确实无建账能力的纳税人,可以聘请经批准从事会计代理记账业务的专业机构或经税务机关认可的财会人员代为建账和办理账务;扣缴义务人应当自税收法律、行政法规规定的扣缴义务发生之日起 10 日内,按照所代扣、代收的税种,分别设置代扣代缴、代收代缴税款账簿。

记账凭证、账簿、报表、完税凭证、发票、出口凭证以及其他有关涉税资料应保存 10 年,另有规定的除外。

3. 发票管理

发票是指在购销商品、提供或者接受服务以及从事其他经营活动中,开具、收取的收付款凭证。发票是确定经济行为发生的法定凭证,是会计核算的原始依据。发票分为增值税专用发票、增值税普通发票和其他发票,纳税人可以根据自己的需要申请领购普通发票,增值税专用发票只限于增值税一般纳税人领购使用。

开具发票应当按照规定的时限、顺序、栏目等,全部联次一次性如实开具,并加盖发票专用章。开具发票的单位及个人应当建立发票使用登记制度,设置发票登记簿,并定期向主管税务机关报告发票使用情况。已开具的发票存根联和发票登记簿,应当保存 5 年,保存期满报经税务机关查验后销毁。

4. 纳税申报管理

纳税申报是指纳税人和扣缴义务人按照税法规定,定期就计算缴纳税款的有关事项向税务机关提交书面报告的法定手续。

纳税申报的主要内容包括：税种、税目、应纳税项目或者应代扣、代收税款项目，计税依据，扣除项目及标准，适用税率或单位税额，应退税项目及税额、应减免税项目及税额，应纳税额或应代扣代缴、代收代缴税额，税款所属期限，延期缴纳税额、欠税、滞纳金等。

纳税申报的形式主要有直接申报、邮寄申报、数据电文和简易申报。

（二）税务云共享业务与财务共享服务中心融合场景

企业发票管理业务与纳税申报在企业集团实施财务共享服务前普遍存在一些问题，例如，纸质发票经常开错，报销单填报数据多，人工查验工作量大、易出错、处理不及时，异常发票风险高等。税务云共享业务的建设方向，是接入税务服务，通过自动归集、一键报销、自动查验查重发票，自动数据抽取生成申报表，实现一键申报，具体包括能够进行手工开票、预约开票、码上开票、文件导入开票、集成开票等多种方式开票，能够完成智能开票，能够完成电子发票上传与查验，能处理增值税发票登记与认证业务、纳税申报业务等。税务云共享服务如图8-4所示。

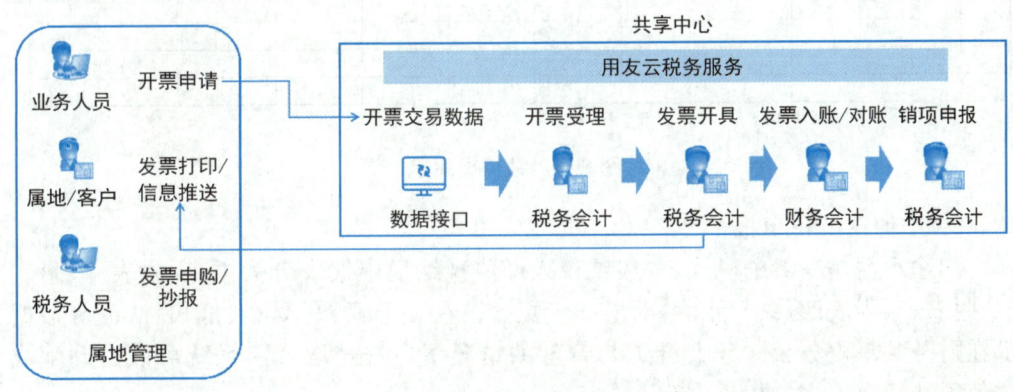

图8-4　税务云共享服务

任务2.2　税务共享业务实操

任务情景

1. 开具增值税专用发票

2023年3月1日，鸿途水泥销售经理周进代表公司与天海中天精细化工有限公司签订销售合同，销售1 000吨天然石膏，约定发货时间为2023年3月6日。客户开票信息如下：

客户名称：天海中天精细化工有限公司
纳税人识别号：91141022254836101T
地址、电话：山西省临汾市翼城县红旗街28号　0357-49273518
开户行及账号：中国工商银行翼城县支行　40033902304942123
销售订单如图8-5所示，销售出库单如图8-6所示。

图 8-5 销售订单

图 8-6 销售出库单

2. 增值税纳税申报

鸿途水泥是一般纳税人，一般纳税人增值税纳税申报表分为主表、附表一、附表二、附表三、附表四，共 5 张表，对应 5 个页签。在企业开票、受票、抵扣、认证等数据都在财务共享税务云服务上维护与管理的情况下，点击"取数"，系统可以自动生成增值税纳税申报表的相关内容。

要求：(1) 在 NCC 系统中完成增值税专用发票开具任务。
(2) 在 NCC 系统中完成增值税纳税申报任务。

操作步骤

（一）增值税专用发票开具任务实操

学生按照角色上岗，然后点击 进入系统 按钮跳转进税务云，点击 企业开票 、开具蓝票 、增值税专用发票 ，根据任务背景要求填制增值税专用发票，点击 开票 。
具体操作过程扫描二维码 8-3 查看操作步骤。

（二）增值税纳税申报任务实操

学生按照角色上岗，然后点击 进入系统 按钮跳转进税务云，点击 纳税申报 、增值税申报表 ，点击 取数 ，根据任务背景查看表，填写数据，点击 保存 。
具体操作过程扫描二维码 8-4 查看操作步骤。

二维码 8-3
增值税专用
发票开具具
体操作步骤

二维码 8-4
增值税纳税
申报具体操
作步骤

同步练习

一、单项选择题

1. 根据查询条件自动进行查询并进行对账,同时记录对账结果的机器人是( )。
   A. 月结机器人   B. 发票认证机器人
   C. 内部交易对账机器人   D. 银行对账机器人
2. 从事生产、经营的纳税人应当自领取营业执照或发生纳税义务之日起,( )天内按照国家有关规定设置账簿。
   A. 10   B. 15   C. 7   D. 30
3. 扣缴义务人应当在法定扣缴义务发生之日起( )天内,按所代扣、代收的税种,分别设置代扣代缴、代收代缴税款账簿。
   A. 10   B. 15   C. 7   D. 30
4. 下列选项中,无须至少要保存10年(另有规定除外)的是( )。
   A. 账簿   B. 完税凭证   C. 报表   D. 发票登记簿

二、多项选择题

1. RPA的特点有( )。
   A. 程序自动化   B. 不间断工作
   C. 快速上线、实施简单   D. 高可扩展性
2. RPA的应用领域有( )。
   A. 账单处理自动化   B. 审单自动化
   C. 税务自动化   D. 发票查验自动化
3. RPA的类型有( )。
   A. 月结机器人   B. 发票认证机器人
   C. 银行对账机器人   D. 三单匹配机器人
4. 属于纳税申报方式的有( )。
   A. 邮寄申报   B. 数据电文申报
   C. 自行申报   D. 简易申报

三、判断题

1. 财务机器人是将基于规则的常规操作自动化,执行读取邮件和系统、计算、生成、检查文件和报告等操作,可以记录人在计算机上的操作并重复运行的软件。( )
2. 企业通过RPA,可以将员工从简单、重复的工作中释放出来,使他们得以更专注于具有更高附加值的数据分析、决策和创新工作。( )
3. 企业在外地设立从事生产、经营的场所不需要办理税务登记。( )
4. 已经开具的发票存根联保存期满后,应直接销毁。( )

四、拓展训练题

1. 以"总账主管"岗登录平台,运行发票认证机器人。
2. 以"总账主管"岗登录平台,运行银行对账机器人。

模块 9

财务共享服务中心运营管理

学习目标

知识目标

1. 了解财务共享绩效看板的功能和内容
2. 了解财务共享作业质量稽核的概念
3. 熟悉财务共享作业绩效看板的配置方法
4. 熟悉财务共享作业稽核内容和配置方法
5. 能够根据集团公司需求完成其财务共享服务中心绩效看板展示方案并形成文案
6. 掌握财务共享作业绩效看板和作业稽核的需求
7. 能够测试所配置的财务共享服务中心绩效看板展示方案和作业稽核方案

技能目标

1. 绩效看板综合主题定义
2. 作业组主题定义
3. 资金签字与结算量统计
4. 绩效数据提取技能目标
5. 稽核内容档案
6. 增加作业任务
7. 单据稽核

素养目标

1. 培养学生面对工作困难时主动学习、积极向上的精神
2. 培养学生严肃认真,严谨细致的工作作风
3. 引导学生熟悉企业财务共享作业绩效考核制度,养成爱岗敬业的职业精神

学习重点

1. 掌握财务共享作业绩效看板和作业稽核的需求
2. 能够测试所配置的财务共享服务中心绩效看板展示方案和作业稽核方案

学习难点

1. 稽核问题档案
2. 生成稽核报告

思维导图

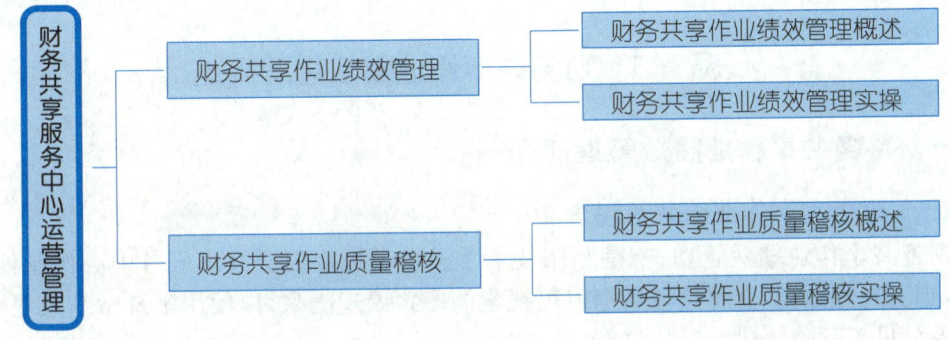

思政导读

责任驱动、协同破局、诚信固本、匠心提质

某集团财务共享服务中心运营管理中出现下列四个方面的情况。

一、影像扫描方面

新员工小李在绩效看板中发现扫描岗的"影像清晰度"指标持续不达标,他主动请教老员工,发现部分同事为追求速度,忽略扫描质量。小李没有选择沉默,而是提议建立"质量控制小组",利用午休时间录制教学视频,分享正确扫描技巧,最终,团队在绩效看板中实现了质量与效率的双提升。

二、绩效看板的个性化配置方面

集团要求一周内完成绩效看板的个性化配置。技术员小陈因不熟悉业务逻辑,多次与财务岗的小刘沟通不畅,两人意识到问题后,主动建立"每日碰头会",小刘用业务流程图解释需求,小陈用技术语言反馈可行性,最终协同完成高质量看板设计。

三、稽核方面

稽核员小张在抽查单据时,发现一张报销单的金额被故意涂改,经核实,该单据由同事小王处理,小王因担心延误时效而擅自修改数据。小张顶住压力如实上报,并协助小王重新规范流程,最终,公司避免了潜在风险,小王也因诚信改进获得认可。

四、单据归档错误率方面

稽核组长老杨发现某项目单据的归档错误率高达30%,他深入调查发现,归档员因工作量大经常省略复核环节,老杨没有简单处罚,而是优化流程,增设"双人交叉检查"机制,并亲自示范装订标准,半年后,错误率降至3%,团队效率提升。

以上事情说明在财务共享服务中心运营管理中主动发现问题、解决问题的责任感,严谨细致的工作作风以及"小岗位也能有大作为"的敬业精神极其重要;部门协作很重要,需换位思考、主动沟通的团队精神，以及"求同存异"的和谐理念；强调"诚信为本"的职业底线，引导学生理解"数据真实"是企业生命线，坚守原则才能赢得长远信任；传递"细节决定成败"的严谨态度，倡导以改进代替指责的管理智慧，体现"以人为本"的治理理念。

任务 1　财务共享作业绩效管理

任务 1.1　财务共享作业绩效管理概述

一、财务共享作业绩效管理简介

（一）财务共享作业绩效管理含义

财务共享作业绩效管理，就是利用技术手段自动提取财务共享服务中心作业处理的数据、加工处理数据，并将这些数据以可视化的形式展现出来，以便用于日常绩效显示、监控以及为员工评价提供参考依据等。

（二）财务共享作业绩效看板的价值

财务共享作业绩效看板是集中以可视化形式展示财务共享服务中心作业处理数据的载体，它可以满足共享中心管理层对共享整体业务管理、监管的需要，实现对共享业务数字化跟踪管理，方便时时查看相关业务数据。财务共享绩效看板价值在于可以关注、对比、分析共享流程中每个环节的工作量、工作效率、工作质量。通过绩效看板可以帮助企业集团了解共享中心任务的执行情况和运行效率，有效提高企业内部管理决策的有效性、可靠性和准确性。

（三）衡量财务作业共享绩效的数据

用来衡量财务共享作业绩效的指标有很多，NCC 系统能够跟踪每一个业务单据在处理时的众多指标数据。NCC 支持的财务共享作业绩效指标如图 9-1 所示。

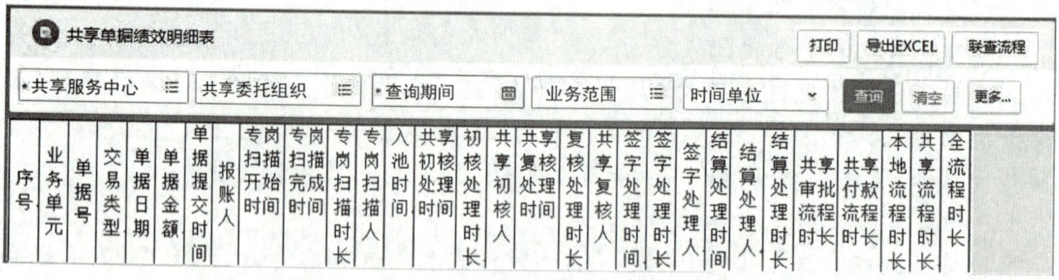

图 9-1　NCC 支持的财务共享作业绩效指标

任务 1.2　财务共享作业绩效管理实操

任务情景

鸿途集团的财务共享中心绩效考评方案。

要求：分析哪些绩效考评指标可以通过绩效看板获取相关数据。请设计财务共享服务中心的绩效看板指标与展示方案,并在系统中进行设置与展示。展示形式与风格尽量美观大方,展示内容适合财务共享服务中心绩效大屏投放。

操作步骤

1. 评价组织与标准

(1) 评价组织。财务共享中心各业务处室业务处理人员既是质量管理对象,又是一级质量管理员,在保证本岗位工作质量的同时,负责管控上一工序工作质量,并进行本工序的交叉复核,提供质量检测数据。

财务共享中心总经理负责共享中心工作质量、效率、态度的日常评价,并定期(至少每月)向集团财务部财务总监提交质量报告。

集团财务部财务总监负责财务共享中心工作质量效率、态度的总体评价,评价频率根据财务部财务稽核工作计划安排。

财务共享服务中心运营管理处处长负责组织与整体协调质量管理有关工作,组建质量管理团队;对各处室的质量管控工作进行指导;组织质量检查工作;按时发布各类质量报告,提供考核依据;督促有关人员对有关问题进行整改,对整改情况进行通报;负责质量管理体系建立和完善;负责质量环境建设规范工作;协助培训负责人组织质量管理培训工作。

(2) 财务共享服务中心业务质量评价标准如表9-1所示。

表9-1 财务共享服务中心业务质量评价标准

业务类型	评价标的和分值	责任人	考核办法
扫描 (100分)	扫描质量(50分)	扫描员	扫描影像不清楚或重叠,单据漏扫或夹页,每单扣5分,本小项分值扣光为止,下同
	原始单据(20分)	扫描员	原始单据不符合公司要求的,每单扣2分
	单据台账记录(20分)	扫描员	台账内容未核对,每发现一次扣5分
	影像效果(10分)	扫描员	单据影像未上传或不能辨认的,每单扣5分
归档 (100分)	档案装订质量(20分)	归档员	档案装订错误,包括:倒装、缺页、装订错页、卷宗编号错误等。每单扣5分
	单据匹配(30分)	归档员	匹配错误,每单扣5分
	归档及时性(15分)	归档员	未及时归档,每发现一次,扣5分
	档案调阅(15分)	归档员	档案调阅未经审批、登记,每单扣5分
	档案安全(20分)	归档员	档案丢失、毁损,每单扣5分
审核核算 (100分)	审核报账信息准确(30分)	审核会计	未依照制度正确审核,每单扣5分
	会计核算的科目、金额、币种、期间等正确(20分)	审核会计	科目核算信息错误,每单扣5分
	原始凭证审核无误(20分)	审核会计	使用不当原始凭证做账,每单扣5分
	其他信息准确无误,包括摘要规范、调整说明等(20分)	审核会计	错误处理,每单业务扣5分
	内部对账准确、及时(10分)	审核会计	未按时对账或对账错误未查明,每检测出一次扣5分

(续表)

业务类型	评价标的和分值	责任人	考核办法
资金结算 (100分)	准确支付：账户信息准确、金额准确、及时处理未成功支付问题(50分)	出纳	支付错误，每单扣5分
	收付款及时准确(30分)	出纳	未及时准确进行收付款确认，每单扣5分
	系统密码及银行支付保密工具管理(20分)	出纳	未按照规定保管密匙和其他银行加密工具，每一项扣5分
企业报表 (100分)	及时编制个体报表(40分)	报表会计	未按时提交报表，每延迟一天扣10分
	保证报表的信息准确(60分)	报表会计	报表信息错误，每检测出一项扣10分

(3) 工作时效评价标准。时效目标值是每笔业务从发起流程到处理完毕流程关闭期间所用时间的目标值，时效评价每月进行一次，在次月的6日前完成上月份的时效评价。财务共享服务中心时效考核指标如表9-2所示。

表 9-2　财务共享服务中心时效考核指标

考察岗位	考察内容	说明	时效目标	评价人
票据档案岗	单据接收	从员工提交实物单据到会计初审岗在影像系统中完成接收	2个工作日	绩效负责人
	扫描上传	从影像系统接收到影像扫描并上传完成	2个工作日	
	单据邮寄	从员工提交单据(项目部无扫描点)或单据扫描上传后到整理汇总邮寄至共享服务中心	1周	
	单据移交	从单据扫描上传后到分类整理移交至归档岗	2个工作日	
归档岗	打印凭证	从账务处理完成到打印生成的会计凭证	2个工作日	
	匹配顺号	将打印的凭证与原始单据匹配并顺号	2个工作日	
	影像复核	从实物单据匹配顺号到影像复核确认无误	2个工作日	
	装订归档	从影像复核无误到会计档案装订成册并移送至档案室	2个工作日	
结算、费用审核岗	单据初审	从接收审核任务到初审完成	2个工作日	
	单据复审	从接收到复审任务到复审完成生成会计凭证	2个工作日	
资金结算岗	出纳付款	从生成会计凭证到出纳付款成功并确认	2个工作日	

2. 工作质量评价方法

工作质量评价所覆盖的范围主要是业务处理的全过程，包括账务处理、审批流及相关附件单据的真实性、准确性及完整性。质量检测的主要方法为工序检测及分析性检测，因此评价对象既包括财务共享中心工作岗位，也包括在机构财务部门设置的财务初审及扫描岗位。

(1) 工序性检测规范通过工序性检测规范表进行，工序性检测规范表如表9-3所示。

表 9-3　工序性检测规范表

岗位	内容
会计初审岗 （本地财务）	原始单据粘贴规范性 原始凭证完整性、合规性 发票真实性、合规性
票据档案岗	实物单据提交及时完整,并按索引号顺序排列 单据登记与实物单据一致,无缺漏或不符情况 原始实物单据与会计凭证匹配无误,装订整洁、及时 会计档案借阅经过审批、登记,并及时归还
费用/结算审核岗 （含收入、费用、 成本、工程、资产）	单据影像清晰,符合扫描要求,没有夹单、漏扫现象 原始单据提供完整,并符合相关法律法规要求 报销内容符合公司财务制度,报销金额无误 业务类型、科目、辅助等选择正确 前端审批流程完整 系统自动生成的凭证中会计分录正确,金额无误 税金计提、申报、缴纳是否及时、准确
资金审核/支付岗	银行收款信息是否与经办人提交信息一致付款信息、网银制单信息是否完整准确资金收付确认是否及时、准确
总账主管岗	账务处理及时准确 总账凭证稽核完整 对账、结账及时 会计档案归档完整,装订规范
报表分析岗	报表编制准确、及时 报表项目无遗漏,无错误 财务分析编制及时 响应业务管理需求分析

（2）分析性检测规范。分析性检测是通过数据的逻辑性判断检查质量、工序问题,即通过抽样、专项检查、专项统计、专项分析、流程梳理等方法,定期或专项对工序、质量等指标进行逻辑性、合理性、实操性、规范性等方面的检测、检查和核对。通过检测、检查、核对纠正偏差,完善质量体系和工序,查找偏差的原因,以保证集中核算工作的质量和时效。

分析性检测由共享中心运营管理处通过对会计核算、资金结算、稽核管理、档案管理、运营支撑管理等数据、工序的逻辑性判断,检查其是否符合质量规范的要求。

> **任务情景**
>
> 用友 NCC 共享服务新一代绩效看板,采用了最新的技术,可以定义多组绩效看板,同时在多个大屏上展示不同的内容。每组绩效看板可以定义多块展板,每块展板可以设置不同的停留时间。每块展板按照 16 宫格细分,可以自由合并或拆分,并定义展示内容。绩效看板支持多个共享中心定义看板。

要求：根据案例企业的需求描述,设计案例企业财务共享服务中心的绩效看板展示方案。

操作步骤

财务共享服务中心绩效看板操作业务流程如图9-2所示。

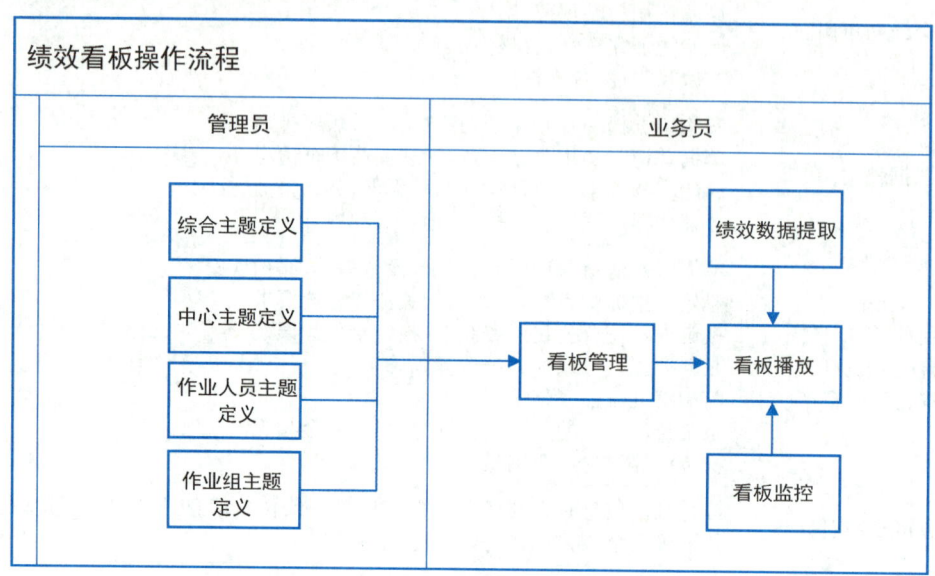

图9-2　财务共享服务中心绩效看板操作业务流程

财务共享服务中心绩效看板操作应用时,节点清单如表9-4所示。

表9-4　节点清单

领域	产品模块	应用点/功能节点	应用类型	职责类型
共享服务	绩效看板	综合主题定义	小应用	管理类
		中心主题定义	小应用	管理类
		作业人员主题定义	小应用	管理类
		作业组主题定义	小应用	管理类
		看板管理	小应用	业务类
		绩效数据提取	小部件	管理+业务类
		看板监控	小部件	管理+业务类

1. 综合主题定义

以共享中心运营管理岗位角色进入NCC。点击 看板管理 模块。在看板管理界面,点击 综合主题定义 功能,选择共享中心下的 作业组 ,可以查询到对应的日监控和月监控图表。

注意事项

(1)确定一个共享服务中心,系统会自动根据这个中心找到已定义的作业组,作业组只能单选,在作业组下可以定义日监控主题和月监控主题。

(2) 通过保存图表功能可以把当前图表保存起来,之后能被看板定义时引用。

(3) 通过图表清单功能查看当前主题下定义的图表,可进行删除操作。

(4) 日监控主题包含的内容有:当日关键数据统计(待处理、已处理、当日新增、上日留存、驳回次数等),业务量日排行(按人)柱形图(大图),分时已处理趋势图,平均处理时长(按人)柱形图,分时待处理趋势图。

(5) 月监控主题包含的内容有:当月关键数据统计(本月新增、已处理、日均处理量、驳回次数等),业务量月排行(按人)柱形图(大图),已处理趋势图,平均处理时长(按人)柱形图,驳回量趋势图。

2. 中心主题定义

以共享中心运营管理岗位角色进入 NCC。点击 看板管理 模块。在看板管理界面,点击 中心主题定义 功能,选择共享中心下的 作业组 ,可以查询到对应的月监控图和当日分组统计图表,如图 9-3 所示。

> **注意事项**
>
> (1) 确定一个共享服务中心,系统会自动根据这个中心找到已定义的作业组,然后可以选择一个作业组或多个作业组。
>
> (2) 选定了当前共享中心作业组后,可以定义该中心的月监控主题。
>
> (3) 通过保存图表,把当前图表保存起来,才可以被看板定义时引用。
>
> (4) 通过图表清单功能查看当前主题下定义的图表,并进行删除操作。
>
> (5) 中心月监控主题包含的内容有:当月关键数据统计(本月总业务量、当月日均业务量、本年月均业务量等)、业务量月排行(按人)柱形图(大图)、月业务量占比、平均处理时长(按人)柱形图、总业务量趋势图。
>
> (6) 中心当日分组统计主题包含的内容有:本月累计单数、当日单据量、已初审(签字)单数、已复审(结算)单数、已退单数、待初审(签字)单数、待复审(结算)单数。

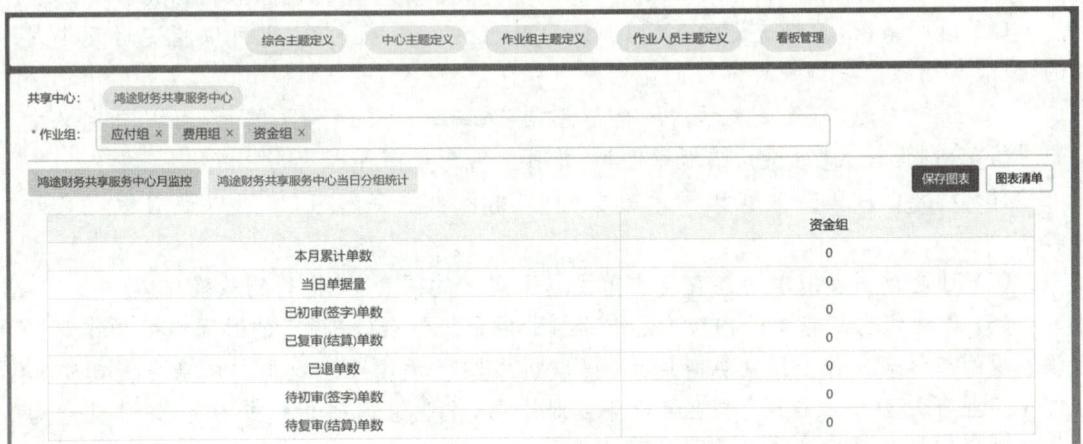

图 9-3 月监控图和当日分组统计图

3. 作业组主题定义

以共享中心运营管理岗位角色进入 NCC。点击 看板管理 模块。在看板管理界面，点击 作业组主题定义 功能，选择共享中心下的 作业组 、 时间维度 、 时间范围 ，可以查看作业组业务量统计表、作业组业务量趋势图、作业组业务量面积堆积图、作业组业务量对比图和作业组单据量分布图。作业组业务量统计表如图9-4所示。

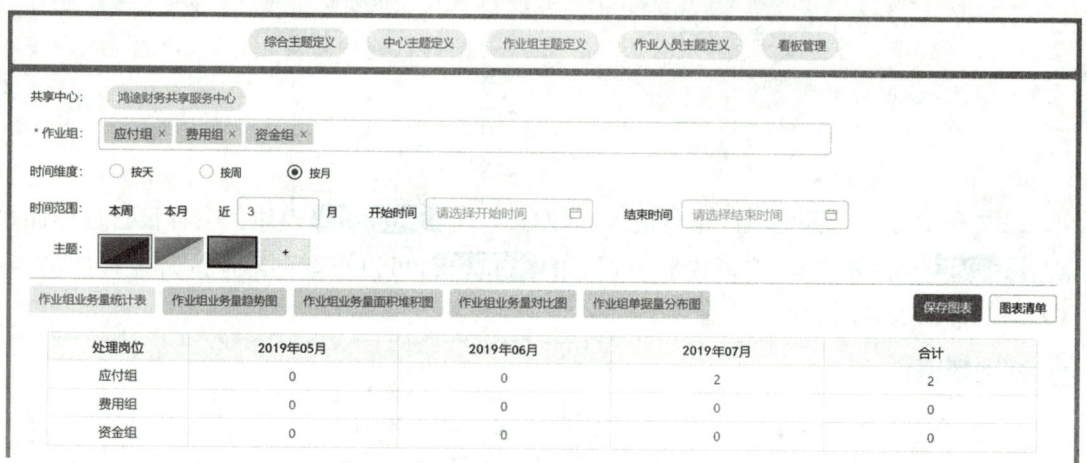

图 9-4　作业组业务量统计表

> ●**注意事项**
>
> （1）确定一个共享服务中心，系统会自动根据这个中心找到已定义的作业组，然后再选择一个或多个作业组。
>
> （2）选定当前共享中心作业组后，可以定义所选作业组的各种业务量统计。
>
> （3）定义这些统计表时，还需要确定时间维度，分别是按天、按周、按月，所谓按天是指以每天为单位进行统计和展示，按周是指以周为单位进行统计和展示，不足一周的按整周对待，按月是指以月为单位进行统计和展示，不足一个月的按整月对待。
>
> （4）时间范围，是指统计的时间区间，可选值为本周或本月，也可以指定近几个月的，或者自由指定查询统计的时间区间。
>
> （5）选择主题，即确定展示的风格与色调，系统默认了三种风格，还可以自定义主题风格，分别选择文字颜色、图形颜色等，并可上传背景图片。
>
> （6）定义以后还需要操作保存图表，把当前图表保存起来，才可以被看板定义时引用。
>
> （7）可通过图表清单功能查看当前主题下定义的图表，并进行删除操作。
>
> （8）作业组主题包含的内容有：作业组业务量统计表（按指定的时间维度和作业岗位展现的二维表），作业组业务量趋势图（以折线图展示作业组或岗位的业务量趋势），作业组业务量面积堆积图，作业组业务量对比图，作业组单据量分布图等，以作业组为集合进行统计和展现的各种形式的图或表。

4. 作业人员主题定义

以共享中心运营管理岗位角色进入 NCC。点击 看板管理 模块。在看板管理界面，点击 作业人员主题定义 功能，选择共享中心下的 作业组 、 时间维度 、 时间范围 ，可以查看人员作业量统计表、人员驳回率统计图、人员作业量统计图和作业组作业量统计图。人员作业量统计如图 9-5 所示。

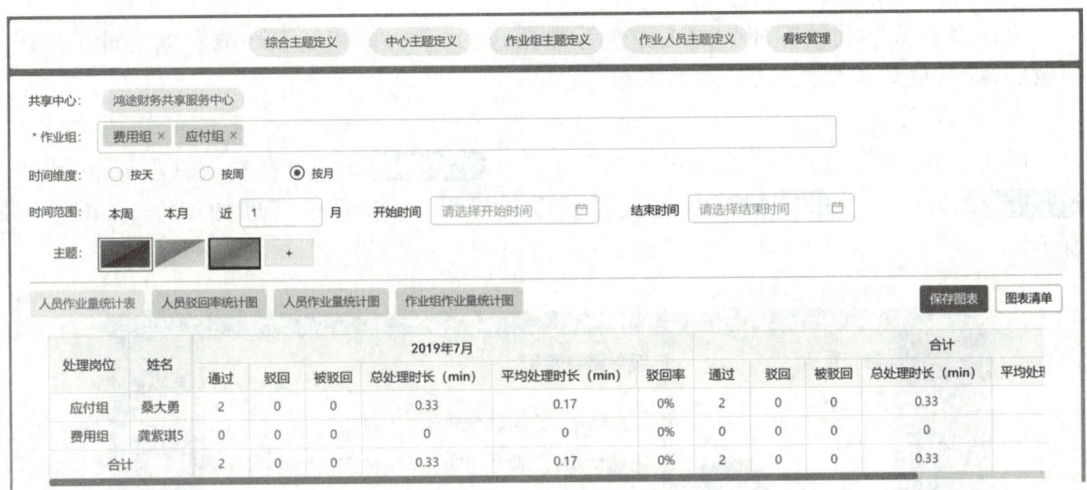

图 9-5　人员作业量统计

> **注意事项**
>
> （1）确定一个共享服务中心，系统会自动根据这个中心找到已定义的作业组，然后再选择一个或多个末级作业组（代表岗位），所选作业组必须同属于一个上级作业组。
> （2）选定了当前共享中心作业组后可以定义所选作业组下各个人员的业务量统计。
> （3）定义这些统计表时，还需要确定时间维度，分别是按天、按周、按月，所谓按天，是指以每天为单位进行统计和展示，按周是指以周为单位进行统计和展示，不足一周的按整周对待，按月是指以月为单位进行统计和展示，不足一个月的按整月对待。
> （4）时间范围，是指统计的时间区间，可选值为本周或本月，也可以指定近几个月的，或者自由指定查询统计的时间区间。
> （5）选择主题，即确定展示的风格与色调，系统默认了三种风格，还可以自定义主题风格，分别选择文字颜色、图形颜色，并上传背景图片。
> （6）定义以后还需要操作保存图表，把当前图表保存起来，才可以被看板定义时引用。
> （7）通过图表清单功能查看当前主题下定义的图表，并进行删除操作。
> （8）作业人员主题包含的内容有：人员作业量统计表（按指定的时间维度和作业人员展现的二维表。其包含的指标有：通过数量、驳回数量、被驳回的数量、总处理时长 min、平均处理时长 min、驳回率）、人员驳回率统计图（以柱形图展示作业人员的审批通过业务量，驳回业务量和驳回率情况）、人员作业量统计图（以柱形图展示指定区间内每个作业人员的作业量）、作业组业务量统计图等，以所选作业组下的作业人员为单元统计和展现的各种形式的图或表。

5. 资金签字与结算

绩效看板支持同时统计资金签字和结算环节的工作量,由于资金签字和结算环节没有定义在流程中,也不能像共享那样定义作业组和作业岗位,所以在实现过程中,就把资金签字和结算固化成两个固定的岗位。取这两个环节的绩效数据时,不能按照实际客户定义的作业组进行选择统计,只能选择系统固化的资金签字和结算这两个作业组进行统计,否则不能得到正确的统计结果。

统计资金签字和结算环节的工作量等数据,与共享初审和复审环节数据统计思路是一致的,如待处理单据数,已处理单据数等。

6. 看板管理

以共享中心运营管理岗位角色进入 NCC。点击 看板管理 模块。在看板管理界面,点击 看板管理 功能,点击 设置 按钮,进入看板设置界面,绩效看板管理如图 9-6、图 9-7 所示。

图 9-6 绩效看板管理(进入)

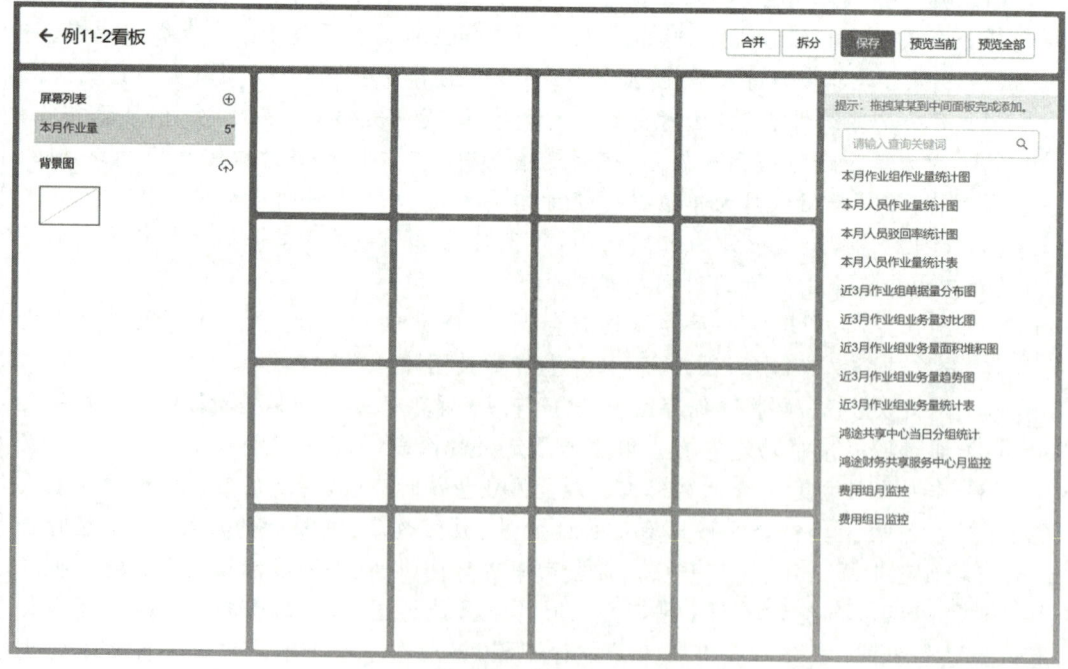

图 9-7 绩效看板管理(设置)

> **注意事项**
>
> （1）打开看板管理，可通过"新增"并录入看板名称和序号后，增加一组看板并对该组看板进行设置。
>
> （2）设置界面的左侧为已增加的每一块看板及排列顺序，中间为当前看板的预览效果图，右侧为待选的资源，具体为之前在各个主题定义保存的各类图表。
>
> （3）设置界面左侧的屏幕列表里增加一块看板，录入每一块看板的名称、显示时间、排列序号后，点击"确定"即增加一块空的看板。
>
> （4）空的看板默认为16宫格，16宫格是最细的颗粒度，不可再细分。一张图表只能在同一个宫格展现，不可以跨宫格展现。可以拖选相邻的四方格，进行"合并"宫格的操作，合并后的区域即可以完整地定义和展现图表，还可以对已合并的宫格进行拆分操作。
>
> （5）通过预览当前展板看实际效果，当整组看板定义好，可通过预览全部看实际滚动效果，不满意也可重新编辑修改。
>
> （6）实际展示的时候，先切换到预览的效果，然后用 Windows 的连接到投影仪的，把当前浏览器视窗拖到另外界面上。

7．绩效数据提取

以共享中心运营管理岗位角色进入 NCC。点击 `看板管理`、`绩效数据提取` 模块。绩效看板所使用的数据，需要先进行 `提取`，然后才能被看板统计并展现。第一次使用绩效看板时，需要手工触发提取动作，后续则由系统按照每五分钟的频率自动提取数据。看板实际展示时，自动根据提取的最新数据实时刷新。绩效数据提取自动执行，是通过预置了一个后台任务实现的，当数据提取失败时，可以通过定义后台任务的通知方式，如邮件通知提醒客户。

配置方法是依次点击 `动态建模平台`、`客户化配置`、`后台任务中心`、`后台任务部署`，找到 `共享服务绩效取数` 的任务，`修改`、`消息接收` 配置页签，增加 `用户` 即可。

8．看板监控

以共享中心运营管理岗位角色进入 NCC。点击 `看板管理`、`看板监控` 模块。看板监控小部件的功能主要面向管理员使用，在有多组看板的情况下，可以在该小部件上轮流展示每一组看板。当看板监控上展示有异常情况时，实际大屏上该组的看板展示也是异常的，可提醒管理员及时处理。

任务 2　财务共享作业质量稽核

任务 2.1　财务共享作业质量稽核概述

一、财务共享作业质量稽核简介

（一）财务共享作业质量稽核的含义

1．稽核

稽核是稽查和复核的简称，内部稽核制度是内部控制制度的重要组成部分。会计稽核是会计机构本身对于会计核算工作进行的一种自我检查或审核工作。建立会计机构内部稽核制度,其目的在于防止会计核算工作上的差错和有关人员的舞弊。通过稽核,对日常会计核算工作中出现的疏忽、错误等及时加以纠正或者制止,以提高会计核算工作的质量。会计稽核是会计工作的重要内容,也是规范会计行为、提高会计资料质量的重要保证。

2．样本

所考察对象的某一数值指标的全体构成的集合看作总体,构成总体的每一个元素作为个体,从总体中抽取一部分的个体所组成的集合叫做样本,样本中的个体数目叫做样本数量。

3．分层抽样

抽样时,将总体分成互不交叉的层,然后按照一定的比例,从各层中独立抽取一定数量的个体,得到所需样本,这样的抽样方法为分层抽样。

4．共享稽核

共享稽核,是针对流入了共享中心的单据为目标范围进行的稽核,即以共享服务中心的作业任务为对象而进行的。通过检查共享服务各个岗位人员是否按照操作规范及操作要求处理作业,加强中心所有员工的质量意识,产出符合质量保证的作业成果;同时根据检查结果不断总结、归纳发生问题的原因,并提出解决办法,从而为不断完善制度和规则提供依据。

（二）财务共享作业质量稽核的价值

利用分层抽样的技术,从共享服务处理的历史作业任务中抽取有代表性的单据,进行检查,对发现的问题进行记录,通知作业人员整改,描述整改过程,进而评估共享服务的作业处理情况,指导共享服务中心建立健全内控制度,堵塞漏洞,提高管理水平。

任务2.2　财务共享作业质量稽核实操

任务情景

要求:根据"鸿途集团财务共享绩效稽核需求",参照"鸿途集团财务共享中心绩效考评方案",设计并创建鸿途集团财务共享中心稽核任务,抽查并稽核单据,最终能够查看到鸿途集团财务共享中心稽核报告。

操作步骤

财务共享稽核业务流程如图9-8所示,其中"整改"环节为信息系统外的线下操作。NCC相关功能节点清单如表9-5所示。

表9-5　NCC相关功能节点清单

领域	产品模块	应用点、功能节点
共享服务	共享稽核	稽核内容
		稽核问题类型
		稽核任务
		单据抽取
		单据稽核
		稽核报告

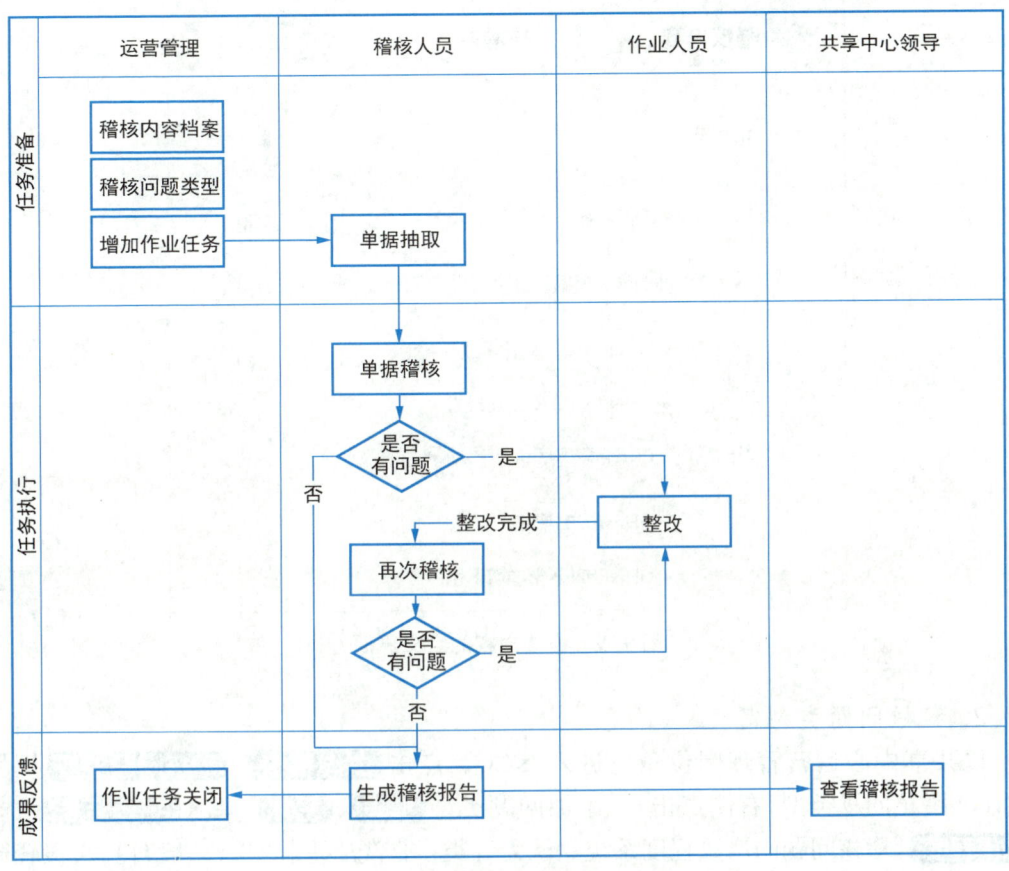

图 9-8　财务共享稽核业务流程

1. 稽核内容定义

以共享中心运营管理岗位角色进入 NCC。点击 共享稽核 、 稽核内容 模块。在"root 稽核内容"右侧点击＋,添加内容 编码 和内容 名称 。定义稽核内容时,可以设置多级档案, 保存 后自动启用。稽核内容的定义界面如图 9-9 所示。

> **注意事项**
>
> （1）已启用的稽核内容档案可以停用,已停用的稽核内容档案不可以被稽核任务引用;已停用的稽核内容末级档案可以删除,即使该档案已被稽核任务引用;非末级档案不可以删除。
> （2）非末级档案的停用,会把所有下级均停用,但启用时,只启用本级。
> （3）已删除的稽核内容档案不会再显示在单据稽核界面,即使它已经被分配给当前任务。
> （4）这是一个全局型的档案,可以被所有的共享服务中心使用。
> （5）随着业务复杂度的提高,需要检查稽核的内容也越来越多,容易在稽核时漏掉关键内容未检查,所以要先定义稽核的检查内容,然后再明确到任务中,在稽核时给以提醒,确保稽核的有效性。

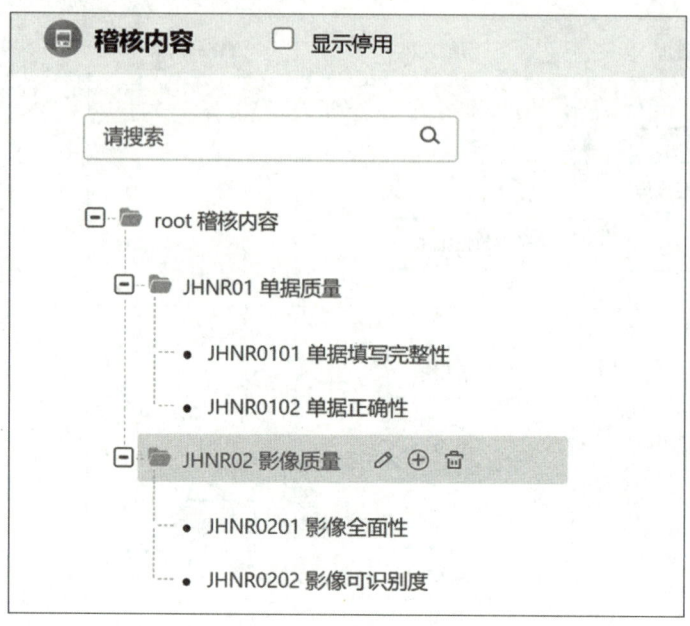

图 9-9　稽核内容的定义界面

2. 稽核问题类型定义

以共享中心运营管理岗位角色进入 NCC。点击 共享稽核 、 稽核问题类型 模块。在"root 稽核问题类型"右侧点击＋，添加问题类型 编码 、 名称 ，录入 扣分标准 ，选择 严重程度 ，稽核问题的严重程度系统默认为五类：非常严重、严重、一般、轻微、很轻微，稽核问题类型界面如图 9-10 所示。

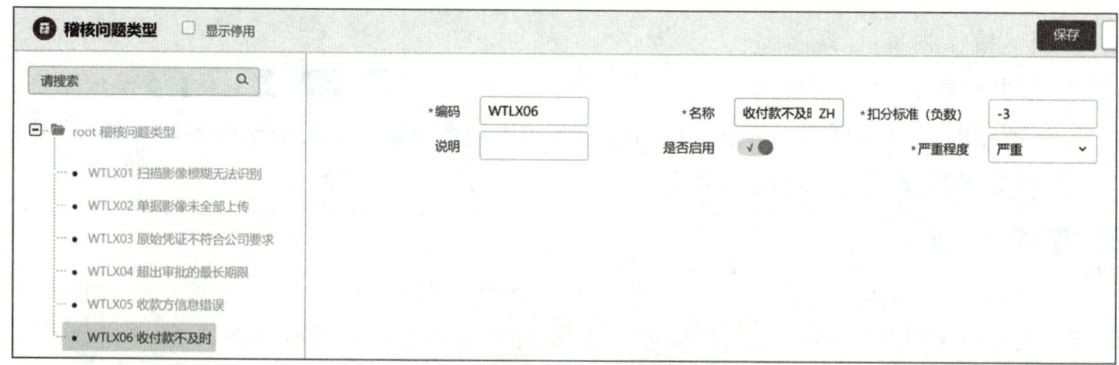

图 9-10　稽核问题类型界面

> 🔔 **注意事项**
>
> （1）在启用稽核任务时，应先尽可能列举出可能会出现的所有问题，统一规划并对这些问题进行归类，确定其严重程度和扣分值。
>
> （2）定义稽核问题时，可以设置多级档案，保存后自动启用。

(3) 已启用的稽核问题档案可以停用,已停用的稽核问题档案不可以被稽核时选择和计算;已停用的稽核问题末级档案可以删除,但如果该档案已被稽核时选择引用,则不可以删除。

(4) 非末级档案不可以删除;已被使用的问题档案不可以修改扣分标准和严重程度等内容。

(5) 非末级档案的停用,会把所有下级均停用,但启用时,只启用本级。

(6) 已被使用的稽核问题档案也不可以被修改,应谨慎并事先规划好各类问题档案。

(7) 这是一个全局型的档案,可以被所有的共享服务中心使用。

(8) 稽核问题类型,用于在稽核时发现了问题以后,标记出该问题的类型,自动显示当前问题的严重程度,进而计算出因为该问题的出现应该扣分数,统一标准,减少稽核人员的主观性,使评价更为客观。

3. 稽核任务创建

每一次稽核都需要由管理人员发起一个稽核事项,明确本次稽核包含的单据范围,比如时间区间、作业组、本次稽核要关注的重点内容等,以及稽核以后的阶段性评价和成果汇报,这个事项的表现形式就是稽核任务。稽核任务有多个状态,稽核任务状态内容如表 9-6 所示。

表 9-6 稽核任务状态内容

序号	状态	解释
1	保存	任务保存或启用后的取消
2	已启用	任务已启用
3	已抽取	单据按照抽样范围进行了抽取
4	已确认	对单据抽取的结果进行了确认
5	已稽核	只要有一张单据的稽核状态为已稽核
6	已报告	生成了稽核报告
7	已关闭	报告审核通过后自动关闭

以共享中心运营管理岗位角色进入 NCC。点击 共享稽核 、 稽核任务 模块。在稽核任务窗口,点击 新增按钮 ,录入稽核任务参数后点击 保存 按钮,录入稽核任务参数后的定义界面如图 9-11 所示。

> **注意事项**
>
> (1) 稽核任务是在每一个共享服务中心下定义的,不同的共享服务中心不可以共用同一个稽核任务;稽核任务定义以后,还需要给这些任务分配稽核内容,使得稽核人员在稽核时,清楚自己需要关注哪些方面。稽核内容在稽核任务保存以后,只要该任务未关闭可以随时分配和取消分配;稽核时按照最新的分配内容显示。

(2) 定义稽核任务时,必须要确定抽样范围及抽样比例,抽样范围有日期范围、组织范围、金额范围、单据范围、作业组等维度,其中日期范围是必须指定的,其他的维度可指定也可不指定;定义稽核任务时,如果对稽核的单据有较高的要求,希望能最大可能地抽出有代表性的单据,也可以定义分层规则。

(3) 所谓分层规则,就是在大的样本总体里划分出若干区域,然后对这些区域分别对待,根据每个区域的重要程度和风险程度指定不同的抽样比例;分层规则最多只能定义五个,也可以不定义。

(4) 分层比例是指按照这一规则下抽取的样本数占所有样本的比例要在指定的比例之上,除非按照分层比例的所有单据合计数达不到分层比例;所有的分层比例之和就小于等于100%,如果小于100%,剩余的抽取就随机了;如果不同的分层规则条件圈定的范围相互之间有交叉,则按照各自的规则抽取。分层规则的分层条件不能全部为空,至少应限定一个条件。

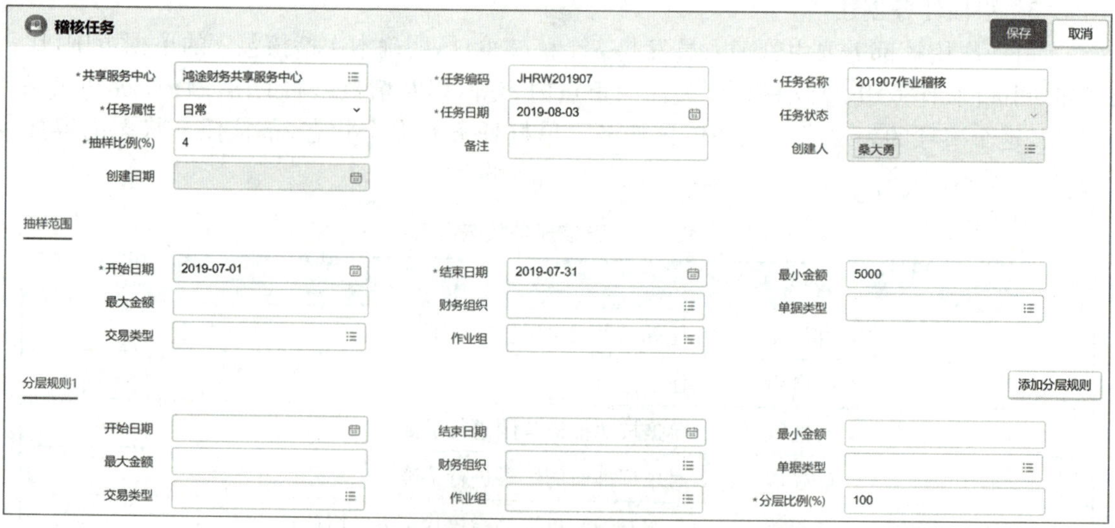

图 9-11 录入稽核任务参数后的定义界面

延展思考

财务共享单据库里总共有 10 万多张单据。本次指定的抽样如下:

(1) 总体范围。A、B、C 三个财务组织内,单据日期为 2020 年 7 月 1 日至 2020 年 7 月 31 日,总体单据数为 1 000 张。指定的抽样比例为 10%。则抽样样本数为 1 000×10%=100(张)单据。

(2) 定义分层规则。因为指定了财务组织的范围,所以分层规则只能在 A、B、C 三个组织内定义,因为指定了日期范围,所以分层规则只能是 7 月份的单据,其他不限。

（3）定义了分层规则。财务组织 A 中，金额范围为 1 000～10 000 元，分层比例为 20%，则抽取满足这个要求的单据数至少为 20 张（100×20%）。如果在这个范围的单据不足 20 张时，也算符合要求。（由于已经在抽样的总体范围里指定了要抽取 7 月份单据，所以如果分层规则没有指定日期范围，则仍然隐含着要抽 7 月份的单据条件），假如此次抽取了 10 张。

注意：指定分层时，不应超过抽样范围，否则会导致不能正确地抽取样本单据。

（4）如果又定义了一条规则，A、B 两个财务组织内，单据日期为 2020 年 7 月 5 日至 2020 年 7 月 31 日，分层比例为 15%，则在上一个条件抽取完单据后，按照这个条件接着抽取，只要满足这个条件即可，即使这个规则与上一个规则的集合有部分交叉。此次足额抽取了 15 张单据。

（5）继续抽取 75 张（100 张单据中已经抽取了 2 次，分别是 10 张和 15 张）单据，这些单据应该在剩余的 975 张（总体单据 1 000 张中扣除已抽取的 25 张）单据里随机抽取，这些单据有的符合上面两个分层条件，有的不符合，均属正常。

4. 单据抽取和确认

以共享中心作业组长岗位角色进入 NCC。点击 共享稽核 、单据抽取 模块。在单据抽取界面，选择 共享服务中心 、稽核任务 、财务组织 等信息，点击 查询 ，进行 抽取 数据处理，待稽核的共享单据抽取后，需要进行 确认 。单据抽取和确认的界面，如图 9-12 所示。

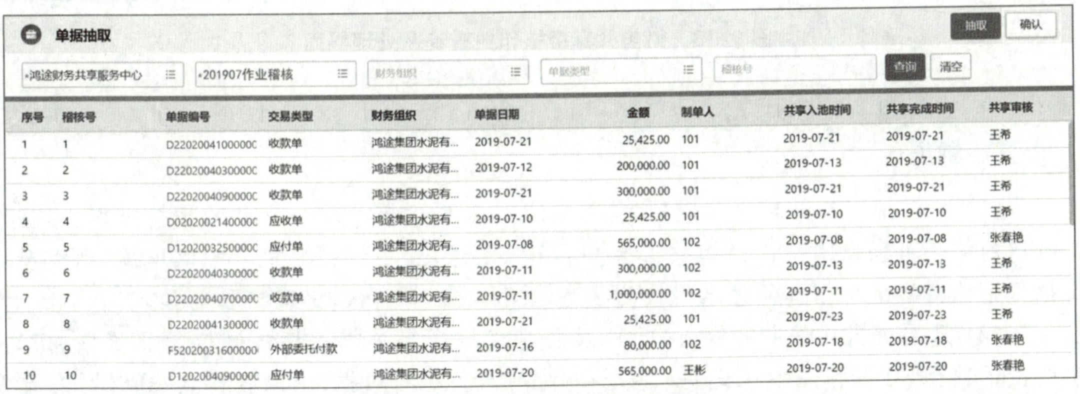

序号	稽核号	单据编号	交易类型	财务组织	单据日期	金额	制单人	共享入池时间	共享完成时间	共享审核
1	1	D2202004100000C	收款单	鸿途集团水泥有...	2019-07-21	25,425.00	101	2019-07-21	2019-07-21	王希
2	2	D2202004030000C	收款单	鸿途集团水泥有...	2019-07-12	200,000.00	101	2019-07-13	2019-07-13	王希
3	3	D2202004090000C	收款单	鸿途集团水泥有...	2019-07-21	300,000.00	101	2019-07-21	2019-07-21	王希
4	4	D0202002140000C	应收单	鸿途集团水泥有...	2019-07-10	25,425.00	101	2019-07-10	2019-07-10	王希
5	5	D1202003250000C	应付单	鸿途集团水泥有...	2019-07-08	565,000.00	102	2019-07-08	2019-07-08	张春艳
6	6	D2202004030000C	收款单	鸿途集团水泥有...	2019-07-11	300,000.00	102	2019-07-13	2019-07-13	王希
7	7	D2202004070000C	收款单	鸿途集团水泥有...	2019-07-11	1,000,000.00	102	2019-07-11	2019-07-11	王希
8	8	D2202004130000C	收款单	鸿途集团水泥有...	2019-07-21	25,425.00	101	2019-07-23	2019-07-23	王希
9	9	F52020031600000	外部委托付款	鸿途集团水泥有...	2019-07-16	80,000.00	102	2019-07-18	2019-07-18	张春艳
10	10	D1202004090000C	应付单	鸿途集团水泥有...	2019-07-20	565,000.00	王彬	2019-07-20	2019-07-20	张春艳

图 9-12　单据抽取和确认的界面

注意事项

（1）任务启用以后，就可以进行单据抽取了。单据抽取就是按照当前稽核任务所定义的抽样范围和分层规则从样本总体里随机抽取单据，供稽核使用。

（2）在当前抽取的结果未确认前，可以无限次抽取单据，下一次抽取的结果覆盖上一次的结果。

（3）抽取结果未确认前，任务还可以取消启用。抽取结果确认后，任务就不可以取消启用了。抽取结果确认后,不可以再抽取单据。

(4) 未进行稽核的任务可以取消单据抽取的确认。

(5) 稽核结果同时会反馈到已抽取的单据列表中,如果想实时查看当前任务的每张单据稽核明细情况,可以在此查看。

5. 单据稽核

以共享中心作业组长岗位角色进入 NCC。点击 共享稽核 、 单据稽核 模块。在单据稽核界面,选择 共享服务中心 、 稽核任务 、 财务组织 等信息,点击 查询 ,财务共享稽核作业查询及处理界面如图 9-13 所示。

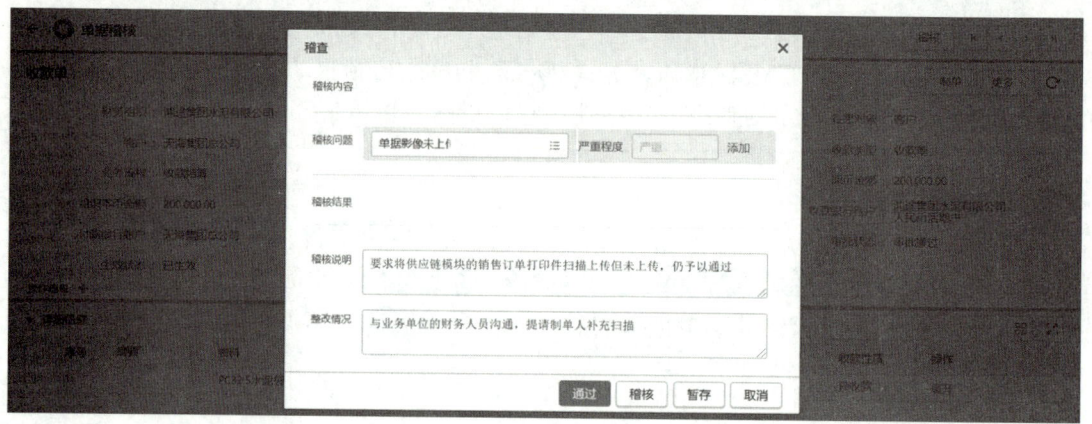

图 9-13　财务共享稽核作业查询及处理界面

> **注意事项**
>
> (1) 单据抽取的结果确认以后,就可以进行单据稽核了。一旦开始稽核操作,单据抽取的结果可以取消确认。如果已稽核了多张单据,发现还需要重新抽取单据,则需要把每张已稽核的单据恢复为未稽核的状态,才可以取消确认,重新抽取单据。
>
> (2) 只要有当前任务的权限,就可以同时稽核多个单据。稽核时应参照稽核内容的提示进行,可以标注稽核说明以备忘。针对无问题的单据,可以直接点"通过",当前单据自动更新为已稽核的状态。如果发现了当前单据的一个或多个问题,则需要选择发现的问题类型,系统自动带出所选问题的严重程度和扣分标准。对当前单据严重程度的评价,自动选取最严重问题的严重程度。发现了稽核问题,如果需要整改,应线下通知共享作业人员进行整改,并对整改的结果进行检查,符合要求后,记录整改过程,并完成稽核。如果不符合要求,可以要求作业人员重新整改。
>
> (3) 稽核时,支持根据单据列表上下翻页依次稽核。可以查看当前单据的卡片界面,包含联查凭证、联查影像、联查附件、联查电子发票、联查工作流、联查上下游单据等与当前单据有关的所有信息,但不可做任何修改。

6. 稽核报告

当前任务的所有单据均已稽核后,就可以生成稽核报告了。生成报告时,系统会自动计算出当前任务的单据抽取情况、稽核结果,并根据稽核的结果自动给出评分(满分为100)和该评分对应的此次整个稽核任务的评价,稽核结果评价如表9-7所示。系统默认给出的评分可以根据对稽核情况的评价进行人工修正。

表 9-7 稽核结果评价

序号	评分区间(分)	稽核评价
1	90～100	优秀
2	80～89	良好
3	60～79	中等
4	59以下	差

以共享中心作业组长岗位角色进入 NCC。点击 共享稽核 、 稽核报告 模块。在稽核报告界面,选择 共享服务中心 等信息,点击 查询 后生成财务共享稽核报告。

> **注意事项**
>
> (1) 生成报告的同时可以统计出各种稽核的问题,并可以按这些问题联查单据的明细情况。生成稽核报告时,还可以通过图形展示出抽样情况统计、稽核情况统计、稽核结果统计等。生成的稽核报告需要审核后才生效,审核通过后,此次的稽核任务工作就算全部完成了,系统会自动关闭当前稽核任务。此时不可以再对当前稽核任务做任何处理和修改了。
>
> (2) 如果取消审核当前的稽核报告,系统会自动打开当前的稽核任务。生成稽核报告以后,可以将稽核报告截图或打印出来送财务共享中心负责人审阅。

同步练习

一、单项选择题

1. 财务共享中心集团财务部财务总监负责的工作是( )。
   A. 负责共享中心工作质量、效率、态度的日常评价
   B. 负责财务共享中心工作质量、效率、态度的总体评价
   C. 负责组织与整体协调质量管理有关工作
   D. 负责质量管理体系建立和完善和质量环境建设规范工作

2. 财务共享稽核业务流程中,系统外线下操作的环节是( )。
   A. 单据抽取　　　B. 单据稽核　　　C. 整改　　　D. 生成稽核报告

3. 用友NCC共享服务绩效看板可以定义多组绩效看板,每块展板是按照多少宫格细分的( )。
   A. 9　　　B. 16　　　C. 25　　　D. 36

4. 财务共享服务中心绩效看板操作中,业务员能够执行的是( )。
   A. 中心主题定义　　　　　　B. 作业人员主题定义
   C. 作业组主题定义　　　　　D. 绩效数据提取

5. 下列关于稽核报告的说法中,有误的是( )。
   A. 生成报告时,系统会自动计算出当前任务的单据抽取情况、稽核结果情况
   B. 系统会根据稽核的结果自动给出一个评分
   C. 系统根据稽核评分对稽核任务做出评价
   D. 系统默认给评分是不可以进行人工修正

6. 会计稽核是会计工作的重要内容,也是规范会计行为、提高会计资料质量的( )。
   A. 重要保证　　　B. 重要依据　　　C. 重要内容　　　D. 重要信息

7. 质量检测的主要方法为工序检测及分析性检测,因此评价对象既包括财务共享中心工作岗位,也包括在机构财务部门设置的( )。
   A. 会计岗位　　　　　　　　B. 财务初审及扫描岗位
   C. 出纳岗位　　　　　　　　D. 财务岗位

8. 共享稽核是针对流入了共享中心的单据为目标范围进行的稽核,即以哪个中心的作业任务为对象而进行的( )。
   A. 服务中心　　　　　　　　B. 财务中心
   C. 共享服务中心　　　　　　D. 管理中心

9. 针对流入了共享中心的单据为目标范围进行的稽核,即以共享服务中心的作业任务为对象而进行的是( )。
   A. 共享稽核　　　B. 共享服务　　　C. 稽核目标　　　D. 稽核内容

10. 每一次稽核都需要由管理人员发起一个稽核事项,明确本次稽核包含的单据范围,比如时间区间、作业组、本次稽核要关注的重点内容等,以及稽核以后的阶段性评价和

成果汇报，这个事项的表现形式就是（　　）。
　　A. 稽核　　　　　　B. 任务　　　　　　C. 作业稽核　　　　D. 稽核任务

二、多项选择题

1. 共享中心业务质量评价指标包括（　　）。
　　A. 扫描　　　　　　B. 归档　　　　　　C. 审核核算　　　　D. 资金结算
2. 来衡量财务共享作业绩效的指标有（　　）。
　　A. 交易类型　　　　B. 单据金额　　　　C. 单据号　　　　　D. 入池时间
3. 系统默认稽核问题的严重程度分为（　　）。
　　A. 非常严重　　　　B. 严重　　　　　　C. 一般　　　　　　D. 轻微
4. 工作质量评价所覆盖的范围主要是业务处理的全过程，包括（　　）。
　　A. 账务处理
　　B. 审批流及相关附件单据的真实性
　　C. 准确性
　　D. 完整性
5. 财务共享中心总经理负责共享中心（　　）。
　　A. 工作质量　　　　　　　　　　　　　B. 效率
　　C. 态度的日常评价　　　　　　　　　　D. 服务
6. 定义稽核任务时，必须要确定抽样范围及抽样比例，抽样范围有（　　）。
　　A. 日期范围　　　　B. 组织范围　　　　C. 金额范围　　　　D. 单据范围
7. 生成稽核报告时，还可以通过图形展示出（　　）。
　　A. 抽样情况统计　　　　　　　　　　　B. 稽核情况统计
　　C. 稽核结果统计　　　　　　　　　　　D. 数据信息
8. 每一次稽核都需要由管理人员发起一个稽核事项，明确本次稽核包含的单据范围，比如（　　）。
　　A. 时间区间　　　　　　　　　　　　　B. 作业组
　　C. 本次稽核要关注的重点内容　　　　　D. 稽核人员
9. 稽核方案设计考虑的因素有（　　）。
　　A. 范围的设定　　　　　　　　　　　　B. 时间的设定
　　C. 抽检的比例　　　　　　　　　　　　D. 对抽检结果的统计分析
10. 分析性检测由共享中心运营管理处通过对下列选项中（　　）数据、工序的逻辑性判断，检查其是否符合质量规范的要求。
　　A. 会计核算　　　　B. 资金结算　　　　C. 稽核管理　　　　D. 档案管理

三、判断题

1. 财务共享绩效看板是集中以可视化形式展示财务共享服务中心作业处理数据的载体，它可以满足共享中心管理层对共享整体业务管理、监管的需要。（　　）
2. 从总体中抽取一部分的个体所组成的集合叫做样本，样本中的个体数目叫做样本数量。（　　）
3. 共享稽核是针对流入了共享中心的单据为目标范围进行的稽核。（　　）
4. 用来衡量财务共享作业绩效的指标有很多，NCC 系统能够跟踪每一个业务单据在处

理时的许多指标数据。（　　）
5. 共享中心总经理负责共享中心工作质量、效率、态度的日常评价,并定期(至少每季度)向集团财务部财务总监提交质量评价报告。（　　）
6. 时效目标值是每笔业务从发起流程到处理完毕流程关闭期间所用时间的目标值。
（　　）
7. 质量检测的主要方法为工序检测及分析性检测,因此评价对象既包括财务共享中心工作岗位,也包括在机构财务部门设置的财务初审及扫描岗位。（　　）
8. 绩效看板支持多个共享中心定义看板,根据案例企业的需求描述,设计案例企业财务共享服务中心的绩效看板展示方案。（　　）
9. 集团财务部财务总监负责财务共享中心工作质量、效率、态度的总体评价,评价频率根据财务部财务稽核工作计划安排。（　　）
10. 评价频率：时效评价每月进行两次,在次月的 6 日前完成上月的时效评价。（　　）

四、实训题
1. 分小组完成 NCC 系统的配置。
2. 小组将构建配置与测试过程视频或截图汇集以 WORD 格式上传分享。

参考文献

[1] 新道科技股份有限公司,梁毅炜.财务共享服务业务处理[M].2版.北京:高等教育出版社,2025.
[2] 新道科技股份有限公司.DBE Cloud智能会计实验实训平台:财务共享服务业务处理模块组教学资源与实操平台[M/OL].北京:新道科技股份有限公司,2024.
[3] 高晓华,陈小梅,吴晓莉.智能财务共享服务[M].上海:立信会计出版社,2024.
[4] 王忠孝.财务共享服务实务[M].上海:立信会计出版社,2024.
[5] 何曦,吴建功,罗姣.智能财务共享理论与实践[M].北京:清华大学出版社,2024.
[6] 石鹤鹏.企业固定资产全生命周期管理研究[J].乡镇企业导报,2024(23):189-191.
[7] 新道科技股份有限公司.财务共享服务业务处理[M].北京:高等教育出版社,2021.
[8] 张洪波,李迎,翟晶晶.财务共享服务实务[M].北京:高等教育出版社,2021.
[9] 用友网络科技股份有限公司.企业数字化:目标、路径与实践[M].北京:中信出版集团股份有限公司,2019.
[10] 付建华,刘梅玲.财务共享:财务数字化案例精选[M].上海:立信会计出版社,2019.